"十二五"高等教育精品课程系列教材

电子电器商品学

（第 2 版）

白世贞　李　莹　主编

中国财富出版社

图书在版编目（CIP）数据

电子电器商品学/白世贞，李莹主编．—2 版．—北京：中国财富出版社，2015.3
（"十二五"高等教育精品课程系列教材）
ISBN 978 - 7 - 5047 - 4908 - 6

Ⅰ.①电…　Ⅱ.①白…②李…　Ⅲ.①日用电气器具—商品学—高等学校—教材　Ⅳ.①F764.5

中国版本图书馆 CIP 数据核字（2013）第 228230 号

| 策划编辑 | 张　茜 | | 责任印制 | 何崇杭 |
| 责任编辑 | 曹保利　禹　冰 | | 责任校对 | 杨小静 |

出版发行	中国财富出版社		
社　　址	北京市丰台区南四环西路 188 号 5 区 20 楼	邮政编码	100070
电　　话	010 - 52227568（发行部）	010 - 52227588 转 307（总编室）
	010 - 68589540（读者服务部）	010 - 52227588 转 305（质检部）
网　　址	http://www.cfpress.com.cn		
经　　销	新华书店		
印　　刷	北京京都六环印刷厂		
书　　号	ISBN 978 - 7 - 5047 - 4908 - 6 / F・2314		
开　　本	710mm×1000mm　1/16	版　　次	2015 年 3 月第 2 版
印　　张	19.75	印　　次	2015 年 3 月第 1 次印刷
字　　数	409 千字	定　　价	42.00 元

再 版 前 言

　　本次再版，主要对部分商品进行了更新，也适当地增加了一些商品。删掉了一些关于商品维修方面的知识，增加了关于商品标准、检验依据、仓储运输及养护方面的知识，同时对章节结构也进行了调整，使结构更加紧凑，体系脉络更加清晰。内容的调整使本书更适合于经管类学生使用。为了引导读者阅读，在每章的开头都增加了学习目标，便于学生依据需求进行学习。另外在课后设置了思考题，帮助读者强化理解章节内容。本书经过再编之后，更能适应社会需求，既适合向消费者普及商品学知识，也适用于相关从业人士作为标准类工具书使用，同时也适合本、专科作为教材进行深化学习。本书由白世贞、李莹主编，第一章至第五章由李莹编写，第六章由陶晓明编写，参加前期材料收集和后期整理工作的有汪洋洋、段铁建、于丽、姜曼等，在此表示衷心的感谢。全书由白世贞统审。

编　者

2015 年 1 月

目 录

第一章 概 述

学习目标

了解家用电器的定义、分类、发展史，了解家用电器未来发展的趋势和方向，熟悉家用电器行业的发展动态，掌握正确的用电器常识。

家用电器主要指在家庭及类似场所中使用的各种电气和电子器具，又称民用电器、日用电器。家用电器使人们从繁重、琐碎、费时的家务劳动中解放出来，为人类创造了更为舒适优美、更有利于身心健康的生活和工作环境，提供了丰富多彩的文化娱乐条件，已成为现代家庭生活的必需品。

第一节 家用电器商品发展史与分类

一、家用电器发展简史

1879 年，美国的 T. A. 爱迪生发明白炽灯，开创了家庭用电时代。20 世纪初，美国的 E. 理查森发明的电熨斗投放市场，促使其他家用电器相继问世。吸尘器、电动洗衣机、压缩机式家用电冰箱、电灶、空调器、全自动洗衣机应运而生。19 世纪 80 年代，爱迪生效应的发现和验证电磁波存在的实验，为电子学的诞生创造了条件。20 世纪初，英、美等国相继发明了第一代电子器件——电子管。1919 年，超外差式接收机问世，为收音机发展创造了条件。1923—1924 年，美国的 V. K. 兹沃雷金发明了摄像管和显像管，1931 年组装成世界上第一个全电子电视系统。1954 年美国始用彩色电视广播。磁性（钢丝）录音机和磁带录音机先后在 1898 年和 1935 年问世，在荷兰飞利浦公司 1963 年发明盒式磁带的基础上，盒式磁带录音机迅速普及。集成电路的发明使电子技术进入微电子技术时代，使家用电器提高到一个新的水平。

二、家用电器分类

家用电器的分类方法在世界上尚未统一。但按产品的功能、用途分类，大致分为八类。①制冷电器。包括家用冰箱、冷饮机等。②空调器。包括房间空调器、电扇、换气扇、冷热风器、空气去湿器等。③清洁电器。包括洗衣机、干衣机、电熨斗、吸尘器、地板打蜡机等。④厨房电器。包括电灶、微波炉、电磁灶、电烤箱、电饭锅、洗碟机、电热水器、食物加工机等。⑤电暖器具。包括电热毯、电热被、水热毯、电热服、空间加热器。⑥整容保健电器。包括电动剃须刀、电吹风、整发器、超声波洗面器、电动按摩器。⑦声像电器。包括微型投影仪、电视机、收音机、录音机、录像机、摄像机、组合音响等。⑧其他电器，如烟火报警器、电铃。

在家电行业中，家用电器分为大型家电和小家电。其中，大型家电包括白色家电、黑色家电和米色家电。白色家电指的是生活及家事用的家庭用电器，可以替代人们家务劳动的产品。早期这些家电大多是白色的外观，因此得名，如洗衣机、空调机、电冰箱、微波炉；黑色家电是可提供娱乐的家用电器，如彩电、音响、碟机，早期这些产品一般外观是黑色的，故而得名黑色家电；米色家电指打印机、复印机、电脑、信息产品等办公家电，因早期该类家电外观大部分为米色，故名米色家电。

三、家电技术发展趋势

传统家用电器有空调、电冰箱、吸尘器、电饭煲、洗衣机等，新型家用电器有电磁炉、消毒碗柜、蒸炖煲等。无论新型家用电器还是传统家用电器，其整体技术都在不断提高。家用电器的进步，关键在于采用了先进控制技术，从而使家用电器从一种机械式的用具变成一种具有智能的设备，智能家用电器体现了家用电器最新的技术面貌。微处理器和计算机技术引入家电设备，一方面使家电设备具有智能化的功能，另一方面使开关电器，包括智能化断路器和智能化电动机控制器实现与中央控制计算机双向通信。进入20世纪90年代，随着计算机信息网络的发展，配电系统和电动机控制中心已形成了智能化监控、保护与信息网络系统。智能家电的迅猛发展已变成一种必然趋势。未来智能家电主要将朝三个方向发展：多种智能化，自适应进化，网络化。多种智能化是家用电器尽可能在其特有的工作功能中模拟多种人的智能思维或智能活动的功能。自适应进化是家用电器根据自身状态和外界环境自动优化工作方式和过程的能力，这种能力使得家用电器在其生命周期中都能处于最有效率、最节省能源和最好品质的状态。网络化是建立家用电器社会的一种形式，网络化的家用电器可以由用户实现远程控制，在家用电器之间也可以实现互操作。

家电发展主要得益于以下几点：①网络技术和通信技术的成熟和广泛应用。②信息化水平的不断提高，逐渐达到支持智能家电产业大规模发展的水平。③目前的互联网和基础设施和技术条件，为智能家电的发展做了必要的准备。④用户对高水平家电的需求。家用电器要实现智能化控制，必然把软件嵌入其内部，需要有智能理论指导进行软件编制，这些理论就是智能基础理论。现阶段，可以嵌入家电之中的主要智能技术方法归纳如下：①启发式搜索。启发式搜索是人工智能求解中开发出来的对目标求解的最优化方法。它主要依靠和任务无关的信息来简化搜索进程，但它可以从任务中得到的启发信息来确定搜索方向，从而大大减少优化时间。这种方法在洗衣机的程序选择过程中十分有用。②人工神经网络。人工神经网络控制最突出的功能是经验的学习。家用电器在运行中其参数会随着时间的迁移而变化，在神经网络不断运行中进行性能学习，预测出家电变化的趋向，以及在参数变化后的最优控制方法，从而保持家电始终处于一种优秀的工作状态。这种智能方法用于有运行损耗的动力系统中最有效，例如洗衣机、洗碗机等。③模糊逻辑理论。模糊逻辑控制在家电指标控制中是一种极有效的智能化方法。这种控制方法所用的技术指标或任务是模糊的，这是因为人在日常生活中的感觉，包括触觉、嗅觉、视觉都是以模糊量描述的。以模糊控制方法控制家用电器更适合人类的智慧思维及处理过程。④遗传算法。遗传算法是一种模拟自然选择及遗传的随机搜索算法，它的原则是适者生存，不适者淘汰。这种优化方法在家电中较适用于进行状态参数最优组合。在洗衣机中，可对洗涤过程的自适应优化；对电冰箱中的制冷过程自适应优化；空调机对外部环境包括室外季节、室内人员情况的自适应优化控制。

可以预见，未来家电将具有以下特点：

（1）网络化功能。各种智能家电可以通过家庭局域网连接到一起，还可以通过家庭网关接口同制造商的服务站点相连，最终可以同互联网相连，实现信息的共享。

（2）智能化。智能家电可以根据周围环境的不同自动做出响应，不需要人为干预。例如，智能空调可以根据不同的季节、气候及用户所在地域，自动调整其工作状态以达到最佳效果。

（3）开放性、兼容性。由于用户的智能家电可能来自不同的厂商，智能家电平台必须具有开放性和兼容性。

（4）节能化。智能家电可以根据周围环境自动调整工作时间和工作状态，从而实现节能。

（5）易用性。由于复杂的操作流程已由内嵌在智能家电的控制器解决，因此用户只需了解非常简单的操作。

智能家电并不是单指某一个家电，而应是一个技术系统，随着人类应用需求和家电智能化的发展，其内容也会更加丰富，根据实际应用环境的不同智能家电的功能也会有所差异，但一般具备以下基本功能：

（1）通信功能。包括电话、网络、远程控制/报警等。

（2）消费电子产品的智能控制。例如，可以自由控制加热时间、加热温度的微波炉，可以自动调节温度、湿度的智能空调，可以根据指令自动搜索电视节目并摄录的电视机等。

（3）交互式智能控制。可以通过语音识别技术实现智能家电的语言控制功能；通过各种主动式传感器实现智能家电的主动式动作响应；用户还可以自己定义不同场景下不同家电的响应。

（4）安防控制功能。包括门禁系统、火灾自动报警、煤气泄漏、漏电、漏水等。

（5）健康与医疗功能。包括监看设备监控、远程诊疗、老人/病人异常监护等。

随着技术的不断发展，智能家用电器结构也在不断改变。随着智能程度的进步、家用电器状态采样的传感器增加、状态显示器件水平的提高、控制元件的功率及能力的增强，家用电器在结构上也需要进行改进。首先，随着家用电器智能水平的不断上升，家用电器的内、外部需要增加检测及采样点。这些采样检测点分为两种：一种是不同状态类型的采样点；另一种是同一状态类型的采样点。智能电冰箱和非智能电冰箱相比，其不同状态类型采样点增加的有蒸发器压力、冷凝器压力、冷藏室风门开度等；同一状态类型采样点增加的有冷凝器温度、蒸发器温度、冷藏室温度、压缩机温度等。这些采样点的增加就要求其结构做相应的改进。例如，空调使用时，室内和室外的温度、湿度以及氧含量对其工作状态有很大影响，对智能家电外部环境进行检测要求智能空调结构必须改变。其次，状态显示器件水平的提高对家用电器的结构也提出了改进的要求。液晶显示器、高亮度 LED 显示器以及特殊荧光显示器对家用电器的结构提出了相应的改进要求。此外，控制元件及控制结构发展对家用电器的结构变化也有相应要求。

四、家用电器的养护

热、潮、尘是危害家用电器的重要影响因素，高温的环境会使家用电器的绝缘材料加速老化，而绝缘材料一旦损坏，即可引起漏电、短路，从而导致人身触电甚至引发火灾事故。不应将家用电器长时间放在潮湿环境内，也不要把家用电器放在花盆及鱼缸附近，还要注意不要在家用电器上放置装有液体的容器，更不得用湿布带电擦洗或用水冲洗电器设备。对于家用电器，特别是电子类产品，应该特别注意防尘，用完散热充分后应用外罩套起来，避免灰尘进入电器内部，降低电器的寿命。家电的外壳及绝缘材料受到化学物质的长期侵蚀，会缩短使用寿命。所以电冰箱、洗衣机等家用电器不宜放置在腐蚀性及污染性较严重的厨房内，以免受到煤气、液化石油气或油烟的侵蚀。家用电器一般都应摆放在安全、平稳的地方，千万不要放置在有震动、易撞击的过道处。若放置的地方不安全，一不小心使家用电器遭到剧烈的震动和猛烈的撞击，会使螺丝松动、焊点脱落、电气及机械等零部件移位，甚至会造成家电外壳凹陷开裂、零部件错位、导线断裂等损坏。

五、家用电器行业的市场前景

家电行业自 2009 年起就享受政策红利滋润，在经济下行的情况下仍能保持一定增速，被业内视为"靠政策吃饭"。资料显示，2008 年受金融危机影响，中国家电业规模增速从之前的 14%～15% 骤降至 4.5%。为扩大内需保持经济平稳，同时帮助家电行业渡过难关，国家先是在 2009 年 2 月全国推广"家电下乡"政策，对多个品类的家电给予销售价格 13% 的财政补贴；同年 5 月，国家又出台了"以旧换新"政策，进一步拉动国内需求。在这两个重量级"推手"的推动下，家电销售量一日千里，市场呈现出极热状态。资料显示，2010 年家电业规模增长近 30%，美的、格力等一线家电品牌营收和净利润增长均在 40% 以上，而在补贴中收益极大的二三线家电品牌，如志高控股，仅 2010 年上半年所获政府节能补贴就高达 5.9 亿元，该公司上半年的净利润却只有 2.78 亿元。根据商务部统计，截至 2012 年 10 月底，全国累计销售"家电下乡"产品 2.83 亿台，实现销售额 6811 亿元；截至 2011 年 11 月底，家电"以旧换新"政策落幕前夕，全国共销售五大类新家电 8130 万台，拉动直接消费超过 3000 亿元。节能补贴政策也对家电销售起到了极大的推动作用。2012 年 6 月，国务院决定安排财政补贴 265 亿元，推广节能家电产品，能效补贴 100～400 元/台。在这补贴之下，节能家电产品销量节节攀升。有数据显示，2012 年节能补贴带动 3270 多万台高效节能家电的推广，拉动消费 1154 亿多元，2013 年 5 月底政策结束时拉动了超过 2500 亿元的节能家电销售。

我们分析了 2008—2010 年这三年的月度家电销售数据，2009 年下半年家电业增速很高，主要是 2008 年需求的滞后反映。从全年看，2009 年空调、冰箱、洗衣机的城市零售量同比增速分别为 16%、5%、5%，明显低于 2006 年、2007 年的水平，2009 年城市家电市场并未明显透支未来成长空间，因此，2010 年城市家电市场具备较好的成长基础。同时，由于基数效应，2010 年第一季度城市家电业的销售量同比快速增长，之后虽具备增长基础，但增速弹性较大，且市场预期较高，尚需根据政策效果等多方因素再做判断。

在消费升级和更新需求的驱动下，2009 年全年变频空调、三门冰箱、滚筒洗衣机零售量占比分别为 16%、16%、20%，零售额占比分别为 22%、41%、39%，且连续三年呈快速提升趋势，12 月占比创新高。在节能补贴政策的驱动下，定频 1/2 级空调已成市场绝对主流。家电高端产品占比持续提升。

2009 年全年，液晶电视和空调整体均价同比下降了 6% 和 31%，但冰箱和洗衣机整体均价同比增长 4%、8%，且空调价格降幅也远低于成本降幅，家电龙头企业毛利率提升明显。

几年前，"高端家电"在消费者眼中还只是社会少数群体能够享受到的奢侈品。其中的原因自然是"高端"与"高价"基本等同。随着"家电下乡"并伴着"高端家电"商品的多样化、系列化，特别是消费者在收入增加的同时开始关注提高自己的生活质量与品位，"高端家电"似乎也走下了"神坛"，进入越来越多的普通消费者家中，越来越多的消费者成为了"高端家电"商品的消费群体，开始享受"高端家电"生活。

为了促进中国家电市场更好的发展，"中国家电市场研究小组"在国家信息中心信息资源开发部和中国家电网双方共同发起下应运而生，中国家用电器协会为小组业务支持单位，该小组的成立旨在整合双方在家电行业零售市场数据监测、市场调研、网络媒体、家电企业和零售渠道方面的强大资源优势，加强对家电行业发展状况、市场、企业、品牌、零售渠道等方面的研究，引领中国家电市场的高端发展，促进中国由"家电制造"向"家电创造"的华丽蜕变。

第二节　用电常识

电能被广泛地应用于社会生产和日常生活。按照电能本身所具有的特点，如何在用电过程中，最大限度地发挥它的效能，同时又要防止触电事故，保障人身和设备的安全，已经成为一项十分重要的工作。作为办公自动化设备的使用人员，几乎每天都要大量使用以电为能源的办公设备，对于他们来说，了解电的特性，掌握电气安全和技术，严格执行安全操作规程，不仅能保护自身的安全，而且也保护了设备的安全，使它们能发挥更大的作用。

一、微型计算机系统对供电的基本要求

为了保证微型计算机系统的正常运行，供电系统的质量和连续性至关重要，它直接关系到机器的使用寿命与运行的稳定性。

1. 供电电压的波动范围

微型计算机系统供电电压的允许波动范围一般是额定电压值的±5%。当电网电压过低时，某些种类的微机尚能自动保护，当电网电压过高时，则很容易损坏微机系统。

2. 供电电网的连续性

微型计算机系统要求供电电网在工作时间里连续供电。无规则的突然断电很容易造成微型计算机系统损坏、数据丢失及磁盘盘面划伤。因此，在供电电网经常发生断电的地区，必须配置不间断电源 UPS。UPS 主要包括电池、充电器、

逆变器和转换开关四部分。电池作为逆变器工作时的供电电源，充电器则用来给电池充电。逆变器是用来将直流电源转换为交流电源。转换开关用于切换逆变器的供电电源，当电网电压供电正常时，切断电池供电；当电网供电出现事故或停电、断电时，自动接通电池供电。

3. 避免与大容量感性负载的电网并联使用

微型计算机系统的电源线应当避免与带有大容量感性负载的电网并联使用，因为电感负载在启动和停止时会产生高压涌流和干扰，使微型计算机系统不能正常工作。如果确实不能做到分别供电，则可分别添加稳压电源以减少影响。

4. 避免供电电网带来的杂波干扰

电网带来的杂波干扰一般存在于两个载流导体（火线与零线）之间和载流导体与地线之间，前者称为差模（Normal‐mode）干扰，后者称为共模（Common‐mode）干扰。在干扰比较严重的场合，会造成计算机的错误计算，因此，必须在电网回路中引入低通滤波器、隔离变压器、压敏变阻器（吸收大幅度的电压尖峰，如抑制闪电带来的大幅度脉冲）等杂波干扰抑制设备。

5. 微型计算机系统的接地

微型计算机系统安装连接时，不仅应接好电源火线和零线，而且还应按说明书要求，严格将机器接地（不能因为国外插头与国内插座不匹配而放弃接地）。如果不接地，虽然计算机系统能使用，但却大大增加了因外来突发原因而造成计算机损坏的可能性。这是因为许多类型的计算机主机中的电源变压器，其中心抽头与机壳（即大地地线）相连，当机器未接地时，机壳上则会带有110V左右的"感应电压"，容易造成系统工作不稳定。如果主机接好了地线，但打印机未接地线，则在两者之间就会产生一定的电压差，严重时会将打印适配器或打印机接口板上的电路损坏。此外，接好地线还会减少因静电放电现象而造成的系统故障的可能性。

二、安全用电

（一）办公室电源

1. 办公室电源

办公室的电源不外乎是单相交流电和三相交流电两种。单相交流电由一根火线和一根中性线（零线）组成；三相交流电由三根火线和一根零线组成。一般较小功率的用电设备使用单相交流电，较大功率的用电设备（主要是动力设备）用的是三相交流电。用电设备使用单相交流电时，一般不用区分火线和零线（插入插头时不用刻意区分），三相交流电接入电路时必须要考虑火线之间的位置关系和零线的位置。

在建筑物设计和建设时，线路已经布置到房间，外部有过流自动化跳闸的开关，室内已接好了交流电插座，外接用电设备时，只要考虑线路的容量能否满足设备的功耗，如果能够满足，就可以接上使用。插座线路的正确接法如图1-1所示。

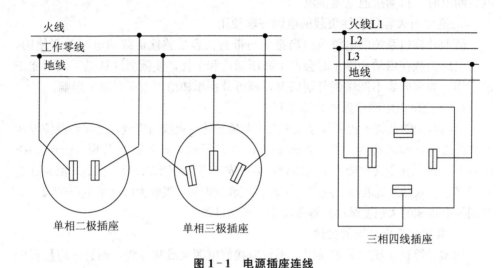

图1-1 电源插座连线

2. 电源布线

如果原有的电源插座不合理或者不符合要求，就需要自行布线。布线时有以下几方面的要求。

（1）导线的选择。导线的选择主要考虑两个方面的因素：一是导线的额定电压应大于线路的工作电压，绝缘应满足线路安装方式和敷设环境的要求；二是导线的截面积应满足供电安全电流和机械强度的要求，并且线路允许的电压损失不应超过规定值（室内布线线路电压的损失是很小的可以忽略）。导线能够承受的电流大小如表1-1所示。

（2）接头。室内布线及其他供电电路均应尽量避免接头。若有接头，应采取合乎电工要求的连接方法，并用绝缘胶布缠绕绝缘。

（3）布线的方式。根据实际情况和需要，可以采用以下几种方法进行布线，如瓷夹板布线、槽板布线、塑料护套管布线等。

（4）电线的识别。为了保证电线的正确连接，便于安装和检修，应有容易识别的标志。常用的标志方法有颜色识别和数字识别两种。

①颜色识别。

电线用的标准颜色有12种，即白色、红色、黑色、黄色、蓝色、绿色、橙色、灰色、棕色、青绿色、紫色、粉红色。电缆线5芯以下者，一般采用颜色识别；5芯以上者，可以用颜色识别，也可以用数字识别。

接地线（具有保护目的的线）必须采用绿、黄组合颜色的标志（且不能用于其他标志）。多芯电缆绝缘线采用的颜色规定为：二芯用红、蓝，三芯用红、黄、绿，四芯用红、黄、绿、蓝。其中红、黄、绿用于火线（端线），蓝色用于中性线。

②数字识别。

有些电缆芯线采用数字识别方式，二芯用0、1，三芯线用1、2、3，四芯线用0、1、2、3。其中1、2、3用于火线，0用于中性线。

表1-1　　　　　　　　　　　常用绝缘导线安全载流量

线芯横截面积（mm²）	橡皮绝缘导线安全载流量（A）		聚氯乙烯绝缘导线安全载流量（A）	
	铜芯	铝芯	铜芯	铝芯
0.75	18		16	
1	21		19	
1.5	27	19	24	18
2.5	33	27	32	25
4	45	35	42	32
6	58	45	55	42
10	85	65	75	59
16	110	85	105	80

3. 办公时电源安装要求

具体要求如下：

（1）采用专用地线，以消除采用公共地线带来的相互影响。

（2）电网零线不能作为计算机接地线。

（3）从三相平衡考虑，应根据用电设备的总功率和性质分配用电。

（4）选择较粗的多芯铜缆作地线，将其一端直接与室外紫铜带焊接（不宜用螺钉固定），另一端用单芯包皮粗铜缆焊接，再连接到三芯电源插座的接地端。

（5）接地线应尽量短，最大限度地减小干扰电压的影响。

（6）当一个机房安装多根地线时，从同一根紫铜带上引出的任意两根接地线不应形成回路，以减小高频干扰。

（7）对于三芯电源插座，按国际、国内标准，从插座的正面看，上面粗芯应接地线，下面两个细芯，左边接零线，右边接火线，即"左零右火"，电源插头也应与之对应。

（8）装稳压电源，应检查稳压电源是否漏电，即稳压电源零线对机壳（地）

电压应小于 5V（峰—峰值）。

（9）电源安装完毕，先在空载情况下测量中线对地电压（峰—峰值），然后逐步加载至所需功率，测量中线对地电压，其值应少于 5V（峰—峰值）。

（二）电气事故与防护

现代社会中，用电设备涉及方方面面。可以说，没有电，人们的生活将寸步难行。电在给人们带来方便与快捷的同时，也给人身和设备带来潜在的危险。电气事故是指由电流、电磁场、雷电、静电等直接或间接造成建筑设施、电气设备的毁坏、人身的伤亡以及引起的火灾和爆炸等后果的事件。人体的工频安全电压通常取 36V。

1. 电气事故的种类

（1）电气事故对人体的伤害。电气事故一般是指人身触电或设备的损坏。这里主要介绍交流电对人体的伤害。在办公场合下主要体现在以下几方面：

①电流对人体的伤害。人体触电事故从本质上讲是电流的影响，电流对人体的伤害可以分为电击和电伤。电击是指电流通过人体内部，由破坏人体内部组织、器官及神经系统等所造成的伤害；电伤则是指电流的热效应、化学效应或机械效应对人体造成的伤害。

②电磁场伤害是指人体在电磁场作用下，吸收辐射能量，使身体某些器官的功能发生病理或生理性改变而造成的伤害。在电磁场作用下，人体内会产生感应涡流，并产生热量，致使某些器官受到伤害。

③静电事故是指生产过程中产生的静电所酿成的事故。由于静电能产生很高的静电电压，进而引起现场易燃、易爆气体或液体、蒸汽的燃烧或爆炸。

（2）常见的触电形式。主要包括以下四种：

①单相触电。在触电事故中，最常见的是单相触电。单相触电是指当人站在地面上或与大地相连的金属体接触，又同时接触带电设备的其中一相或电源的一根相线时，电流经人体流入大地的一种触电形式。在普通终端的电路中，若中性线（零线）是直接接地的系统，当人体触及一相带电体时，该相电流通过人体经大地回到中性线（点）形成回路。由于人体电阻比中性点直接到地的电阻大得多，电压几乎全部加在人体上，造成触电。这种类型的触电方式在办公场所与家庭用户中最为常见。电路中，若中性线（零线）是不接地的系统，当人体触及一相带电体时，该相电不能形成回路。但由于室外传输线路很长，对地有一个较大的分布电容，通过此电容也能形成回路，但在人体中形成的电流很小，一般不至于造成对人体的伤害。

②两相触电。当人体同时接触供电线路的两相时，或在高压系统中，人体距高压带电体小于规定的安全距离，造成电弧放电。电流从一相导体经人体流入另一相导体的触电方式称为两相触电。低压的两相之间电压是 380V，触电危害性

要比单相的大得多。

③跨步电压触电。当架空线路的一根带电导线断落在地上时，就以落地点为中心，在地面上形成由中心向外、电压逐步降低的同心圆形的分布。当人靠近时，由于两脚之间的距离形成跨步电压，这个电压就会在人体中形成电流，人体就会有危险。一般人体与导线落地点距离达到20m以上时，可以认为此处的电压为0，一般就不会再发生危险了。

④接触式触电。由于电气设备的绝缘损坏造成金属外壳带电，当人体碰上时，就会有电流从带电体经人体到地，这种触电叫做漏电触电或接触电压触电。老化的设备应经常检查绝缘性能，以保证设备和人身的安全。

2. 电流对人体的影响

由于人体是电的导体，当人体接触带电体时就有可能构成电流的回路，就有电流流过人体，电流达到一定值时，就会对人体造成不同程度的伤害。

电压较低时，流过人体的电流较小，如果能够及时脱离电源，一般只对人体与带电体接触部位的表面造成轻微损伤；如果不能及时脱离电源，则可能对人体的内部组织造成严重伤害，直至死亡。电压较高时，只要人的肢体接近带电部位，就会在瞬间发生电弧放电，烧伤人体。电流通过人体时，一般表现为针刺感、压迫感、打击感，产生痉挛、疼痛、难受、心律不齐、心室颤动、失去知觉、心跳骤停、呼吸窒息等症状。

电流对人体伤害的严重程度一般与以下几方面有关：

（1）通过人体的电流大小。人体最小感知电流为0.5mA，人体的摆脱电流为10mA，致命的生命阈值电流为50mA，一般将人体能忍受的安全电流以30mA为界。在高度危险场所，应取摆脱电流10mA为安全标准；在潮湿或水中，应以5mA作为标准。

（2）电流通过人体的时间。电流流过人体的时间越长，危险性也就越大。

（3）电流流过人体的部位。电流通过人体大脑、心脏时，对人体的伤害程度最大。

（4）通过人体电流的频率。工频电流对人体的危害最大，直流电与高频电流对人体的影响较小。超声波可以用于医学理疗。

（5）触电者的身体状况。通过人体的电流与触电电压和人体电阻有关。人体电阻与人体的部位、环境（干燥等）、触电电压的高低都有关系，粗糙、干燥的皮肤电阻大（数万欧），细嫩、潮湿的皮肤电阻小（几百欧），触电电压高时人体电阻下降。人体电阻还与人的身体状况有关，女性对电的敏感度比男性高，儿童比成人易遭电击。体重、健康状况等也会影响人体的电阻。

3. 安全用电的基本方法与原则

人体触电危险的主要原因是一定量值的电流从人体流过所致。如果人体不直接接触带电导体，或某些带电导体与大地之间的电位相同，即使人接触它也不会产生电流。或某些带电导体具有的电压很低，当人体接触它，流过人体的电流很小，不足以引起任何危险，这样就能够预防触电事故的发生，或减轻触电产生的危害。这就是安全用电的基本原则。根据这些原则，可以采用以下各种有效的方法来预防电气安全事故。

（1）隔离。隔离法就是人体不能直接接触电器的带电部分，甚至不接触电器本身，这样就不会发生触电事故，这是一种最好的防护方法，如常见的拉线开关。国外出现了电气设备微波遥控等，避免了人体直接与电气设备的接触，保障了人身安全。

（2）绝缘。这种方法是当人体接触电器时，其带电导体部分都包封在绝缘材料里面，并且一般条件下都能保持绝缘良好，这样就不会产生不允许的触电电流，特别是经常接触人体或工作环境湿热的电器，常常采用包封带电导体的功能绝缘和与人体接触的保护绝缘，或两种绝缘合为一体的强化绝缘，这样就能在功能绝缘损坏的情况下，仍能有效地防止触电事故的发生，如塑料外壳的电气设备、计算机等。

（3）接地保护。这种方法是将电器不带电的金属外壳用导线将接地极与大地连接起来，使其保持与大地等电位，这样一旦电器内部的绝缘被损坏，其漏电电流就会通过接地系统流入大地，而金属外壳没有电压存在，人体接触后就不会发生危险。但是，这种方法只适用于三相三线的供电系统，没有中性线，中性点也不直接接地，同时切记不能将接地线随意就近接在暖气、煤气管道上，否则会带来其他危险。

（4）保安接零。这种方法适用于三相四线且中性线直接接地的供电系统，将电气设备不带电金属外壳与供电线路的零线连接起来，而不必另外接地线。一旦带电导体绝缘损坏，其相线、金属外壳、零线构成短路回路，于是产生很大的短路电流，足以将电源一侧的保险丝熔断或自动开关过流动作跳开。迅速切断电源，消除了触电危险，这种方法在性能上比防护接地更为安全。目前国内生活供电多为三相四线中性点直接接地系统。因此这种方法也便于被广泛采用。但是，在办公室只有一个供电电源的情况下，不要同时采用防护接地和保安接零两种防护方法。

（5）安全电压。这种方法只适用于使用电压低（36V）的电器。即使有漏电发生，所产生的电流在安全范围内，流过人体也不足以引起危害。如采用干电池的收音机、电动剃须刀以及装有变压器的低压（36V 或 12V）照明灯或电热褥等。

（6）切断保护。由于电气短路使电源一侧的保险丝熔断或开关自动跳开，从而切断电源，这是建立在发生大电流基础上的切断保护。除此之外，近期国内外采用的切断保护的方法，一般是电气设备不带电金属外壳出现高于安全电压时，则立即切断电源；或出现大于安全值的漏电流时，则立即切断电源。作为专门保护人身安全、防止触电事故发生的保护方法，这是非常有效的。

（7）使用电器十忌。

①切忌用铜丝或铁丝代替保险丝。

②计算机、打印机、复印机等电器设备，忌用两极插头（座）。

③擦洗显示器、复印机、打印机等电器切忌用湿手或湿布。

④电线破损时，切忌用橡皮膏、伤湿止痛膏包裹。

⑤切削带电的导线，忌用普通剪刀。

⑥检修或更换灯头，即使开关切断，也切忌手触及。

⑦敷设墙壁暗线，切忌用单根电线或软线。

⑧安装台灯，灯头切忌直接固定在金属外壳上。

⑨电器发生火灾，切忌直接用水扑灭。

⑩发现有人触电，切忌用手拉开。

4. 用电设备使用安全保护措施

（1）一般措施。购买用电设备，首先应认真查看产品说明书中的技术规格，如电源种类是交流还是直流，电源频率是否为一般工业频率 50Hz，电源电压是否为民用生活用电 220V。耗电功率多少，已有的供电能力是否满足，特别是插头座、保险丝、电度表和电线，如果负荷过大超过允许限度，便发热损坏绝缘，引起用电事故。上述内容核对无误，方可考虑安装通电。

（2）常用电器设备的安全使用要点。

①计算机：应放置在阴凉通风处，不要阳光直晒，不要碰撞，开机后不要用湿冷布或冷水滴接触显示器荧光屏，以免显像管爆炸。湿度大的地区或梅雨季节要坚持每天开机以防受潮，不允许带电打开盖板检查或清扫灰尘，电压过高或过低时不要开机。

②吸尘器：使用时注意避免电缆的挂、拉、压、踩，防止绝缘损坏，及时清除垃圾或灰尘，防止因吸尘口堵塞而烧坏电机，禁止吸入易燃粉尘，未采用双重绝缘或安全电压保护的应设置接地、接零保护，电源开关应便于紧急状况下切断电源。

③空调器：一般空调器消耗功率较大，使用前注意核对电源保险丝、电度表、电线是否有足够的余量。使用前一定取下进风罩，使进风口及毛细管畅通，以防内部冷却不足导致空压机烧毁，使用时制冷、制热开关不能立即转换，通断开关也不得操作频繁，否则会因增加压缩机压力而造成过热。必须采用接地或接零保护，热态绝缘电阻不低于 $2M\Omega$ 才能使用。

5. 电器事故的紧急处理措施

（1）处理方法。使用电器，必须重视安全，防患于未然。万一因某种原因不幸发生火灾或人身触电事故，就应该立即进行妥善处理，避免损失扩大。对于电器失火，首先应该切断电源，然后救火。如果在切断电源以前就急于用水灭火，往往火没扑灭，反而引发触电事故。因此，凡因电器失火，在切断电源以前，只能用砂土或二氧化碳灭火器扑救。对于人身触电，抢救必须迅速。人体触电时间越长越危险。因此应采用正确的方法，使受害者迅速离开带电物是最为重要的。一经发生触电，必须就近关断电器的开关或拔掉电源插头，一时拉不开电源开关的就应该用带绝缘的钳子、刀斧等将电源线割断，同时要注意割断后的带电电线，线头不要再触到人或导电物体上。如果触电人还有知觉，应该奋力跳起来，离开地面，因为手脚脱离了带电导体和地面，流经人体的电流就会失去通路而消失。当触电人不能摆脱电源时，抢救的人可使用干燥绝缘的木棍、衣服、绳子等工具，使触电人脱离电源，特别是抢救人用手去拉触电人的衣服时，抢救人自己应该穿绝缘鞋或站在木板上，用干燥的衣、帽、围巾将手包住，做好应急的绝缘措施，以防在抢救过程中触电。

（2）紧急救护。触电后的救护效果如何，往往取决于救护人行动的快慢和救护方法。其救护方法是根据触电人的伤势情况决定的。如果只是灼伤，就应该将灼伤或起泡的皮肤表面保护好，切勿碰到生水或不清洁的东西，用绷带扎好，送到医院诊疗。如果触电者脱离电源后，还能自己呼吸，但因触电时间较长或曾经一度昏厥，可以先将其搀扶或抬到温暖的地方躺下。天冷时，盖上毛毯或棉被，保持体温，解开其衣服、裤带，按摩全身，并马上请医生诊治。如果触电者呼吸很困难或呼吸已停止，甚至没有脉搏，心跳也停止了，但没有脑壳跌破、全身烧焦等明显的外伤，往往是"假死"，应该立即进行人工呼吸，帮助受害者恢复呼吸，绝大多数是可以救活的。

（3）人工呼吸与体外心脏按摩。触电事故的发生都是突然的，触电急救是刻不容缓的。现代医学证明，呼吸停止、心跳停止的受害者，在 1min 之内抢救，苏醒率可超过 95%；而在 6min 后抢救，其苏醒率在 1% 以下；如果脑中停止供血 5min，导致部分脑细胞不可恢复，即使人救活了，也会留下严重的后遗症。这就说明，在救护严重触电的人时，应坚持现场抢救，连续抢救，绝不能因为各种原因耽误了时间。因此，了解和学习紧急救护的知识是十分重要的。一般采用的紧急救护方法为人工呼吸方法和进行体外心脏按摩法。

实践证明，如果发生了触电，即使严重到"假死"状况，若能抢救及时，救护得当，绝大多数都能转危为安。

三、插座、插头安装要求

插座是一种低压电器，它与相应形式的插头配合使用。插座的主要作用是通过插头把用电设备和电源连接起来。插座一般分为明插座和暗插座，按其插孔的多少又可分为二极、三极、四极三种类型。在单相三极和三相四极插座中，较大的那个插孔是接地插孔，它的插套比较高。如此设计，是为了保证插头插入时，接地插脚能先接触到接地插套，而拔出插头时，接地插脚又能最后拔离接地插套，保证使用安全。单相二极插座则没有接地插孔，难以保证使用安全。

插头是一种连接插座与用电设备的电器，必须与相应形式的插座配合使用。单相三极、三相四极插头中，接地插脚比其他插脚粗而长，通过它与电气设备的金属外壳相连接，借助插座可靠接地，可防止因电气设备漏电而引起的触电事故。

安装插座、插头时必须注意以下几点：

（1）插座插头必须符合相应的国家标准。安装使用前，要经过严格检查，不合格的不准安装和使用。

（2）安装插座时必须保证一定的安装高度。明插座规定离地高度为 1.3～1.5m；暗插座离地高度可取 0.2～0.3m。

（3）使用插座时，开关与熔断器必须接在火线上。

（4）插座、插头的带电部件与导线均不得外露。

（5）严防插座、插头内因线头松脱或绝缘破损而造成短路或碰壳漏电。

（6）插座、插头的外壳应始终保持完整和具有良好的绝缘性能。

（7）插座、插头必须正确接线。

四、静电及其消除

当物体与物体摩擦时产生静电，这就是人们常说的摩擦起电。一般来说，物体带有等量的正电荷和负电荷，呈中性。然而，呈中性的两个不同物体相接触时，则在其界面上开始有电荷的移动，使一个物体带正电荷，另一个物体则带有过剩的负电荷。由于这种现象只是发生在接触面的界面上，因而不呈现静电现象。但是若加入机械作用使这两个物体相分离，则外部就会形成静电场，从而产生静电。这就是说，静电是经过物体的接触、电荷移动、电荷分离的过程之后产生的。物体产生的静电一部分被消灭，称为静电的漏泄，另一部分被积蓄起来，物体的电阻值越大，静电积蓄就越多。

（一）静电的产生

两种物体相互摩擦或某种物体受热、受压、电解以及受其他带电体的感应，均会发生电荷转移，破坏电荷的平衡，结果产生静电，使物体带电。常见的静电产生的途径有以下几种。

1. 摩擦带电

物体相互摩擦时，发生接触位置的移动和电荷的分离，结果产生静电。如纺织中的拉丝、梳棉、织布等工序；造纸行业的烘卷、裁切；印刷行业的纸张传印等。

2. 剥离带电

相互密切结合的物体被剥离时引起电荷分离，产生静电。如穿脱尼龙袜、化纤衣物等，产生的静电电压可达上千伏。

3. 流动带电

利用管道输送液体时，液体与管壁接触，液体和固体接触面上形成双电层，随着液体的流动，双电层中的一部分电荷被带走，产生静电。如在石油、化工等行业，在输送过程中就会使管道带电。

另外，产生静电的途径还有喷出带电、冲撞带电、破裂带电、飞沫带电、滴下带电、感应带电等。

（二）静电的危害

办公室往往使用很多绝缘材料和电阻率很高的化工合成材料，操作人员的衣着也大量使用化纤织物。当这些高分子材料相互摩擦时，便会产生静电，而且越积越多，静电压可达几千伏甚至上万伏。因此，静电的影响不容忽视。

1. 静电对计算机的影响

静电对计算机的影响，主要体现在对半导体器件的影响上，特别是 MOS 电路的应用，使得半导体器件对静电的影响越来越敏感。虽然大多数 MOS 电路都具有保护电路，提高了抗静电的能力，但在使用时，仍需注意静电的影响，因为过高的静电电压依然会使 MOS 电路击穿。

当静电带电体触及计算机时，有可能使计算机逻辑器件送入错误信号，引起计算机运算出错。严重时还会使计算程序紊乱。带阴极射线管的显示器受到静电干扰时，会引起图像紊乱，模糊不清。

静电引起的故障偶发性很多，一般是随机性故障，很难找出其诱发原因。

2. 静电对操作人员的影响

计算机操作人员往往穿着各种各样的化纤服装，当这些化纤制品相互摩擦产生的静电传递给人体时，便使人体也带上了电荷。当其静电电压达到一定程度时，就会放电。放电时会产生"嚓嚓"的响声，在黑暗中可以看到放电火花。对人体放电，会使人有不适的感觉。

静电产生的危害有以下几方面：

（1）静电引起火灾或爆炸。在有爆炸和火灾危险的场所，静电放电产生的火花有可能将可燃物引燃，造成爆炸或火灾。

（2）静电电击。静电放电时产生的瞬间冲击电流会通过人体内部，对人体心脏、神经等部位造成伤害。一般静电电荷的能量十分有限，不会达到致命的程度，但有可能导致二次事故。

（3）静电妨碍正常的生产。在某些生产过程中，静电的存在会妨碍生产或影响产品质量。如纺织过程中，静电会使抽的丝飘动、黏合、纠结等；印刷行业中，静电会使纸张运动受碍、不能分开、套印不准或出现溅墨等现象；胶片带的静电放电时会导致胶片感光，降低成像质量。

（三）静电的安全防护

静电的安全防护主要是控制静电的产生和积累。控制静电的产生应以控制工艺过程和选择在此过程中所用的材料为主；控制静电的积累，应设法加速静电的泄漏和中和。静电的安全防护可以从以下几个方面加以控制。

1. 从工艺过程中控制静电的产生

一种方法是选用不同的材料，使摩擦产生的电荷分别为正、负电荷，从而使它们相互抵消，消除静电的危险；另一种方法是选用导电性能较好的材料，它可以限制静电的产生与积累。

2. 具有良好的接地

这种方法主要用来消除导体上的静电。以下设备应接地良好：加工、储存、运输各类易燃材料的设备；车间里的氧气、乙炔瓶等；注油设备、油罐车等。

3. 增加导电覆盖层

可以在绝缘体表面加一导电覆盖层并接地，用以泄漏静电电荷。

4. 使用导电性地面

使用导电性地面实质上也是一种接地措施，不但能泄漏设备上的静电，而且有利于泄出人体上的静电。

5. 增加环境的湿度

在允许的情况下，可通过增加环境湿度使绝缘体表面的电荷泄漏。这种方法不宜用于高温环境下绝缘体静电的泄漏。

另外还可以使用抗静电剂，静电消除器也可以消除一定的静电，同时也能消除人体的静电。如在修理计算机等办公设备时，人体积累的电荷（高压）会造成部分元器件的损坏，因此修理人员应在手上佩戴接地良好的金属手镯。

办公室的静电防护措施归纳如下：

（1）接地与屏蔽：静电接地系统要经常进行维护。

（2）工作人员的着装：工作人员的衣服（包括内衣），最好选择不产生静电的衣料制作，所穿的鞋也要用合适的材料制作。

（3）控制湿度：关键是保证空调系统的安全运行以及恒温、恒湿设备的完好，使相对湿度保持在规定范围之内。

（4）使用静电消除器：如果使用静电消除器，应按规程操作，且经常维护，保证设备完好。

五、交流稳压电源

所有的用电设备对供电电压都有一定的要求。如果电压不稳，就不能保证设备正常地工作，甚至造成设备的损坏。因此不论是办公场所还是家庭，供电电压的波动都有一定的范围要求。在电压变化比较大的地方，可以使用自动交流调压器，即交流稳压器。

稳压器对于供电系统来说也是负载，其本身对于供电电压的变化范围也有要求，只是这个要求比较低。稳压器的输出电压并不是绝对不变的，只是变化很小。如 WYQ - 802 型交流稳压器，要求供电电压在 220V±20% 的范围内变化，即最高为 264V，最低为 176V。否则，稳压器也不能保证正常工作（甚至有可能损坏），也就不能保证输出电压的足够稳定。

引起输出电压变化的因素有两个：一个是输入电压的变化引起输出电压的变化；另一个是输出电流的变化（负载电阻的变化引起的）引起输出电压的变化。输出电压的变化很小，正是这个微小的变化经放大后，才能经反馈去抵消原有的大部分的变化。

（一）交流稳压器的分类与技术指标

1. 交流稳压器的分类

（1）按工作原理分。主要有磁饱和稳压器、恒压变压器、可控电抗式交流稳压器、调压器式稳压器、晶闸管交流电源、步进式交流稳压电源等。UPS 电源也是一种稳压电源。

（2）按输入输出功率分。可以分为大型交流稳压器、中型交流稳压器、小型交流稳压器以及微型交流稳压器等。

2. 交流稳压电源的主要技术指标

输入电压：交流稳压电源正常工作时要求的输入电压范围。

稳压性能：输出电压的稳定程度。

输出电压：正常工作时的输出电压，要求为 220V。

波形失真：输出交流电波形的失真程度。

瞬态恢复时间：交流稳压电源的响应时间。

负载功率因素：输出功率/视在功率，值越大越好。

效率：输出功率/输入功率，即电能的转换率。

尖峰抑制：电源纹波所产生的快速能量浪涌对稳压电源的正常工作会有影响，电源对纹波尖峰的抑制能力称为尖峰抑制。

过压保护：输出电压过高时稳压器的自我保护。

（二）稳压电源的使用与维护

1. 稳压电源的使用

交流稳压电源只要接入电路，在它的输出端接上用电设备（功耗要小于稳压输出电压）即可。

2. 稳压器的维护方法

稳压器有一个输入电压范围，当输入电压超出这个范围时，调压性能会下将，甚至会损坏；使用时应将金属外壳接地，防止触电；若内部有烧焦的气味或异常声音，应立即停机；不能长时间超负荷运行；应工作于干燥、通风、阴凉的环境中。

六、UPS 电源

随着时代的发展，计算机的应用越来越广泛，人们对于计算机的依赖程度越来越高。计算机不仅担负着日常事务的处理，而且可以实时控制各种信息、数据，有些甚至涉及国计民生的重要任务，这就要求计算机每时每刻都要正常地工作。如果由于某种原因造成停电，整个系统将陷入瘫痪状态。为此要为计算机配备不能间断的电源，这就是不间断电源（Uninterruptible Power Supply，UPS）。

使用 UPS 不仅能够提供连续的电源，而且还能够稳定交流电压、滤除杂波（电源污染）等。UPS 正越来越广泛地应用到国民经济的各个领域，如银行、证券交易所等金融管理系统，通信、航空、航天、工业自动化、气象、电视、广播等要求高度稳定的领域，商业领域、办公自动化以及家庭也已较多地使用。

近年来，微处理器、高速存储和高速锁存等数字信号处理技术快速发展，高速数据采样、A/D 变换技术、UPS 专用网络通信技术、远程监管和调制/解调调控技术、高频脉宽调制（SPWM）和内置完整的自我保护功能、输入功率因数校正技术、防雷击/抗瞬态高能浪涌抑制器、人机对话功能等使新型的 UPS 电源具有一定的智能化。UPS 的品种越来越多，性能越来越完善，UPS 的"自诊断"能力越来越强，可靠性很高，维护简单，能够提供从几百瓦的小型单相 UPS 电源到 6000kW 的大型 UPS 三相交流电源，可靠性可达几万小时到上百万小时。实践证明，只有 UPS 电源才可能向用户提供全天候、高质量的稳压、稳频、无干扰的高质量的正弦波电源。

（一）UPS 电源的种类与技术指标

1. UPS 的分类

UPS 的分类方法很多，主要有以下分类方法。

按工作原理分：可分为动态式和静态式两种。静态式又分为后备式和在线式，在线式有三端口式和串联在线式。

按输入与输出方式分：可分为单相输入单相输出、三相输入单相输出和三相输入三相输出三种。

按输出波形分：可分为方波、梯形波和正弦波三种。

按输出功率分：可分为小功率、中功率和大功率三种。

（1）动态式 UPS。动态式 UPS 主要由整流器、电池、直流电动机、惯性飞轮和交流发动机组成。系统中的飞轮是储能装置，当市电停电时，利用飞轮的巨大惯性使发电机组继续供电，同时启动内燃机，当内燃机转速与发电机转速相同时，内燃机离合器与发动机相联，依靠内燃机带动发电机发电。这是很早的一种方法，现在一般小功率的 UPS 都不使用这种方法。

（2）静态式 UPS。静态式 UPS 中的后备电源是蓄电池。当市电正常时，市电经高频滤波和抗涌浪无源滤波电路后直接输送给负载，同时充电器给蓄电池充电，这时逆变器不工作；市电断电后，逆变器启动，将电池的直流能量转变为正弦交流电，并输送给负载。在此期间有一个转换时间，转换时间主要由继电器的机械跳动时间和逆变器的启动时间决定，一般要求在 10ms 内完成。这种电源的特点是电路简单，价格便宜，但供电质量不高。

（3）串联型在线式（On line）UPS 供电系统。这种系统在市电正常时，输入的交流电先经滤波器将电网中的污染去掉，再经整流滤波，一路送给电池组进行充电，另一路送给逆变器提供工作电压。逆变器在调制信号的控制下，其输出波形经变压器和交流滤波后，输出一个稳压稳频的交流电为负载供电。在市电不正常或断电时，蓄电池将直流能量经逆变器转换成交流电，实现不间断供电。当输出过载或短路时，逆变器能自动关闭，不间断地转至交流旁路由市电提供给负载。在对 UPS 进行维修时，可将旁路开关闭合，不间断地对负载供电。这类 UPS 的线路复杂，保护功能、扩展功能、自动功能、网络管理功能都很强，价格也很高，能够向用户提供最高质量的正弦交流电源，单机输出功率范围为 $0.7\sim1500$kW。

（4）在线互动式（Interactive）UPS 电源。当市电电压在 $150\sim264$V 的范围内，这种电源向用户提供经铁磁谐振稳压器或经变压器抽头调压处理的一般市电。当市电电压超出上述范围时，UPS 才向用户提供真正经逆变的"高质量的正弦波"电源。根据上述工作特点，也称它为"准在线式 UPS"或"三端口 UPS"电源。这种电源系统单机可以输出 $0.7\sim20$kW 的功率。

（5）后备式（Off line）正弦波输出 UPS 电源。当市电电压在 $170\sim264$V 的范围内，这种电源向用户提供经变压器抽头输出的一般市电。仅当市电超出这个范围，它才向用户提供由逆变器逆变的较高质量的正弦交流电。单机输出功率为 $0.25\sim2$kW。

（6）后备式方波输出 UPS 电源。当市电电压在 $165\sim264$V 的范围内，这种电源向用户提供经变压器抽头调压的一般市电。当市电超出这个范围时，它向用户提供具有稳压输出特性的 50Hz 方波电源。当这种电源工作时，不允许用户使用感性负载（电风扇、日光灯等），否则就会造成 UPS 损坏或用户负载损坏。这种电源输出功率为 0.25~2kW。

当前较常用 UPS 的是后四种。从上面的简介中，我们可以看出，性能最好的是串联型在线式 UPS 电源，其次是在线互动式电源、后备式正弦波式电源，最后是后备方波式电源，但价格也是从高到低变化。

2. UPS 电源的主要性能指标

UPS 电源常见的技术指标如下。

（1）额定输出功率：这是指环境温度为 0℃~40℃时，标高为 1000m 以下，可连续运行的视在功率。

（2）交流输入电压：逆变器正常输出时所要求的输入电压。

（3）输出额定电压：UPS 输出的额定电压为 220V，一般的电压变化范围在 ±(1~2)%。

（4）功率因数：额定负载功率与允许有效输出功率的关系。

（5）输入市电频率：一般要求为 50Hz，允许的频率变化范围为 ±10%，有的要求范围更大。

（6）输出频率：在 UPS 内采用晶振控制，使输出频率的精度非常高。与外部相连时，由外部频率支配着，计算机允许的变动范围通常为 ±1%。因此，外部同步范围一般为 ±1%。

（7）输出电压的失真度：要求正弦波失真度通常为 5%。

（8）允许负载的不平衡：它表示三相输出时各相间的不平衡度。

（9）负载功率因数的允许范围：计算机一般是滞后功率因数，通常为 80%~95%，UPS 的允许范围为 70%~100%。如超过额定负载功率因数，则需要降低输出容量。

（10）额定负载时的效率：UPS 的效率应包括电池的效率和逆变器的效率。

（11）负载出故障时选择截断的能力：这是为了维护连续供给被指定负载功率，撤除出现故障的那部分负载的能力，可由规定的保护装置表现出这种能力。

（12）过负载时额定值：通常过负载电流为额定负载电流的 150%时，允许时间为 10s；120%时为 1min；110%时为 30min。

（13）限流特性：UPS 都有限流电路，限流值通常为额定电流的 150%。

（14）供电时间：UPS 对外提供正常工作的时间。

（二）UPS 电源的使用

1. UPS 安装注意事项

UPS 设备及配件在出厂前已经进行过严格的检查和测试，用户在购买后应做以下准备工作。

购买时应考虑的基本参数：如电源的典型输入输出电流、功耗、所需要的通风量等，以便配用合适的机房、线路等。

拆箱：拆箱时要小心拆卸，及时检查配件。

安全事项：在安装前应仔细阅读相关的"安装和操作"手册，注意上面的"警告"、"当心"、"接地"等提示信息。

场地环境要求：由于 UPS 较重，较大的 UPS 可以放置于地板上，小型的可以放到稳固的桌子上。应具有较好的通风条件、凉爽、无尘、远离热源，环境温度最好控制在 20℃～25℃，机柜周围应留有一定的空间的清洁环境。

2. 电缆和接线

在 UPS 供电系统中，主要用到三种电缆：电力电缆、接地电缆和控制电缆。

（1）电力电缆：主要是交流输入/输出电缆、电池电缆。

（2）接地电缆：与机壳相连的安全接地线，大型的还有逻辑控制板接地线。

（3）控制电缆：比较完善的控制线主要有从 UPS 接口到远程监视器之间的控制线；UPS 主机到电池断路器开关之间的控制线；从 RS232/RS485 接口到远程终端（调制解调器 MODEM）的控制线；UPS 主机到远程、紧急停机开关之间的控制线等。

3. UPS 开机与关机的步骤

经过上面的认识、安装与连接后，就可以按照下面的方法进行开机关机的操作了。我们以 PLUS 系列 UPS 为例，说明它的操作方法，如图 1-2 所示。

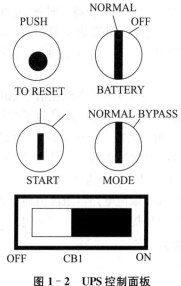

图 1-2　UPS 控制面板

（1）UPS 的开机步骤。

①加上市电之前，电池应处于"OFF"位置，CB1 输入断路器开关处于"OFF"位置，复位开关"RESET"处于按下状态。

②合上 UPS 的市电输入开关，将市电送到 UPS 的交流旁路，再将输入断路器 CB1 拨到 NORMAL 位置。

③将电池"BATTERY"拨到 NORMAL 位置；将工作状态选择"MODE"开关拨到 NORMAL 位置；将启动开关 START 向右拧一段时间，然后松手即可。

当启动开关向右拧时（此时有旁路将市电直接向负载供电），位于 UPS 内部的直流辅助电源控制板上的控制电源就被启动起来。当上述直流控制电路进入稳态时，UPS 中的整流器将在 4～6s 内逐渐上升到它的额定工作电压，这时 UPS 的逆变器就会自动开始启动；当逆变输出达到标称值并且波形与市电同步时，UPS 的输出就自动地切换成逆变器输出的电源，这就可以为用户提供高质量的逆变电源。上述的变化以及 UPS 的模拟流程都可以在 LCD 显示屏上看到。

（2）UPS 的关机步骤。

①将工作状态 MODE 拨到交流旁路 BYPASS 位置上。

②当显示屏出现切换到交流旁路信息"ON BYPASS"后，就可以将输入断路器 CB1 开关拨至"OFF"位置上。

③如果将 UPS 的市电输入开关断开，并且将电池开关置于 OFF 位置，UPS 就完全停机。

（3）执行 UPS 逆变器供电——交流旁路供电切换的步骤。

将 MODE 拨至 BYPASS 位置上，将 CB1 拨至 OFF 上即可。

（4）执行交流旁路供电＋UPS 逆变器供电切换的步骤。

将 CB1 拨至 ON 上，将电池置于 NORMAL 上，将 MODE 拨至 NORMAL 位置上，将启动开关 START 向右一拧即可。

（三）UPS 电源的维护

1. 安全注意

当用户对 UPS 进行维护时，应记住除非已切断了市电、交流旁路、电池组以及同用户相连的输出通道，否则 UPS 中总是带有高压电的。

2. 定期维护

（1）保持 UPS 使用环境的恒温与清洁。

（2）每日检查内容。每日检查 UPS 显示屏显示的工作状态是否正常，参数是否合适；检查是否有明显过热的痕迹；听听声音的变化，逆变器输出变压器出现"吱吱"声时，可能接触不良或匝间绝缘不良，确保 UPS 风扇处空气能够畅通流动；当发现输出电压有异常升高时，应检查逆变器输出端的滤波电容是否完好。

（3）进行周检、年检等检查。保养性维护是指用户应定期检查连线端子是否生锈，全面停机的时间不应超过三年。

3. 蓄电池的维护

一般来说，UPS中所使用的蓄电池都是密闭、免维护电池，只需要保持在温度适当、清洁干燥的环境中。

使用时的注意事项如下：

（1）尽量避免对UPS中的蓄电池进行"过电流"充电。

（2）尽量避免UPS中的蓄电池发生短路放电或过度放电。

（3）尽量避免UPS中的蓄电池进行"过电压"充电。

（4）尽量避免UPS中的蓄电池长期闲置不用或长期处于浮充状态而不放电。

（5）定期（如三个月）测量、记录电池组中各单元电池的端电压数据，以便预测电池的性能变化趋势。

 思考题

1. 电视机属于哪一类家用电器？

2. 洗衣机属于哪一类家用电器？

3. 物联网时代即将到来，未来家用电器都应具备哪些功能？

4. 使用稳压电源有哪些好处？

5. 如何控制静电的产生和积累？

6. 如何处理人身触电事故？

7. 如何养护家用电器？

第二章　电视机

学习目标

　　了解电视系统的基本工作原理，掌握电视机的分类，熟练掌握目前主流电视机的显像原理，相关技术参数以及性能对比的差异，并能够理论联系实际，学会用感官检验对电视机的质量进行初步判断。了解电视机技术的未来发展趋势和市场状况，掌握不同类型电视机保养的方法。

第一节　电视信号及传输原理

　　电视，就是根据人的视觉特性，经电子扫描，即通过电子传媒的方法来传送活动图像的技术。为了深入研究电视原理，首先必须了解光电转换、电子扫描、电视信号及传输问题。本节以早期的黑白电视系统为例，讲解现行的电视系统工作原理，帮助读者掌握电视机基本的工作方式及相关技术参数。

一、像素及其传输过程

　　传输语音信号的无线电广播，主要包括发射与接收两大部分，在发端主要完成将语音变为电信号（称音频信号），并经放大、调制，然后经天线以高频电磁波形式发射出去。收端则正好相反，将收到的高频电磁波经高放、解调、音频放大，最后推动扬声器发出声音。图2-1为无线电语音广播原理示意。

　　电视广播与语音广播原理相同，但无论是发端还是收端，都远比语音广播复杂。因为它除了要传送图像信号外，还要传送语音（称伴音）信号。电视广播的原理示意如图2-2所示。在发端由光电转换设备（摄像机）将图像光信号转变为电信号（称视频信号），再经过一系列加工处理然后调制到图像载频上，形成射频图像信号；同时，将伴音信号调制到伴音载频上，形成高频伴音信号，与高频图像信号共用一副天线发射出去。在接收端，电视接收天线将高频图像及伴音信号一起接收下来，送电视机分别还原出视频信号和伴音信号；前者送电光转换器件（显像管）重现原图像，后者送扬声器恢复伴音。可见，电视图像信号的传送过程，就是在发送端将光像转变为电信号，而在接收端是将电信号还原成光像的过程。

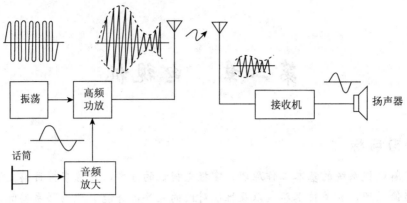

图 2-1　无线电语音广播原理示意

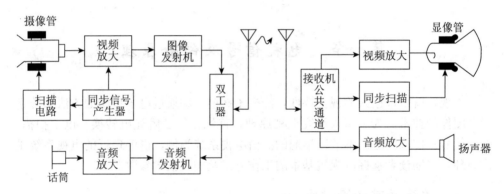

图 2-2　电视广播原理示意

以下，我们重点讨论光像到电信号的转换及电信号还原成光像的基本方法。

（一）像素及其传送

电视图像质量的好坏取决于很多因素，既依赖于电视台设备、电视发射机与接收机的质量，又依赖于传输线路的质量及电波的传播条件。

一幅图像，根据人眼对细节分辨力有限的视觉特性，总可以看成是由许许多多的小单元组成，这个组成画面的小单元称之为像素，像素越小，单位面积上的像素数目越多，图像就越清晰。

一幅黑白平面图像，表征它的基本参量是亮度。这就是说，组成黑白画面的每个像素不但有各自确定的几何位置，而且它们各自呈现出不同的亮度，又由于电视传送的是活动图像，因而每个在确定位置上的像素其亮度又随时间不断变化着，也就是说像素的亮度又是时间的函数。可见像素的亮度既是空间函数又是时间函数。

如果要把传送的每帧图像分解成许多像素，并同时把这些不同位置上具有不同亮度的像素转变成相应的电信号，再分别用各个信道把这些信号同时发送出去，接收端接收后又同时进行转换，恢复出原发送信号。采用这一传送办法，根据现代电视技术要求，一帧图像由 44 万个像素组成，则要有 44 万条通道才能传送一帧图像，这显然是不现实的。

考虑到视觉惰性，可把组成一帧图像的各个像素的亮度按一定顺序一个个地转换成相应的电信号并依次传送出去，按收端再按同样顺序将各个电信号在对应的位置上转变成具有相应亮度的像素。只要这种轮换进行得足够快，人眼就会认为重现图像是同时发光，而无顺序感。如图 2-3 所示。

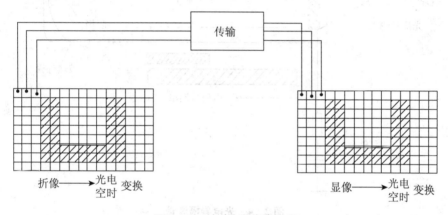

图 2-3　顺序传送像素示意

这种传送像素的特点一是要求传送速度快。只有传送迅速，重现图像才会给人以连续、活动且无跳动的感觉；二是要准确。每个像素一定要在轮到它时才被发送与接收，且收、发双方每个像素的几何位置要一一对应，即收发双方应同步工作。同步在电视系统中是十分重要的。

将组成一帧图像的像素，按顺序转换成电信号的过程称为扫描。扫描如同读书一样，视线从左到右，自上而下依次进行。从左至右的扫描称为行扫描；自上而下的扫描称为帧（或场）扫描。在电视系统中，扫描是由电子枪进行的，通常称其为电子扫描。

通过电子扫描与光电转换，就可以把反映一幅图像亮度的空间、时间函数，转变为只是时间的单值函数的电信号，从而实现平面图像的顺序传送。

（二）光电转换与电光转换

电视图像的传送，发端基于光电转换器件，收端基于电光转换器件。实现这两种转换的器件分别称作摄像管和显像管。

1. 摄像管及光电转换

图2-4为光电导摄像管。它主要由镜头、光电靶、电子枪、聚焦线圈和偏转线圈组成。

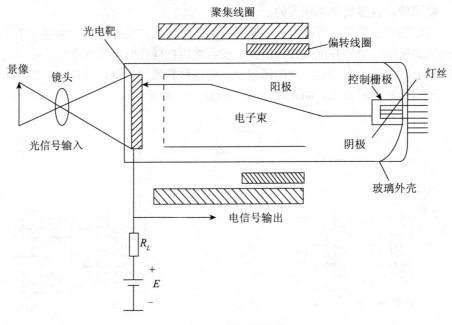

图2-4 光电导摄像管

光电导摄像管的工作原理是被摄景像通过光学系统在光电靶上成像。光电靶由光敏半导体材料构成，这种半导体材料具有受光作用后电阻率减小的性能，即光照越强，材料呈现的电阻越小。由于光像各点亮度不同，因而使靶面各单元受光照强度不同，导致靶面各单元电阻值不同。与较亮像素对应的靶单元阻值较小，与较暗像素对应的靶单元阻值较大。这样，一幅图像上各像素的不同亮度就表现为靶面上各单元的不同电阻值。从摄像管阴极发射出来的电子，在电子枪的电场及偏转线圈的磁场作用下，高速、顺序扫过靶面各单元。当电子束接触到靶面某单元时，就使阴极、信号板（靶）、负载、电源构成一个回路，如图2-5所示。在负载 R_L 中就有电流流过，其电流大小取决于光电靶在该单元的电阻值的大小。阻值越小，流过负载的电流就越大，因而 R_L 两端产生的压强也就越大。

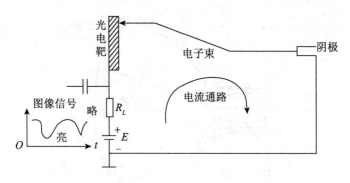

图 2-5　光电转换原理示意

可见，当被摄景像的某像素很亮时，在光电靶上对应成像的单元呈现的电阻值就越小，电子束扫到该单元时出现的回路电流就越大，这样在 R_L 上就产生很大的信号电压；反之，像素暗，在 R_L 两端产生的信号电压就小。因而当有电子束扫描时，在负载上就依次得到与图像上各亮度对应的电信号，从而完成了把一幅图像分解为像素，又把对应像素的亮度转变为大小变化的电信号的光电转换过程。

2. 显像管及电光转换

接收端重现图像的是显像管。如图 2-6 所示，主要由电子枪，荧光屏和偏转线圈等组成。其工作原理为：由阴极发射出的电子束，在电磁场的作用下，按一定的规律轰击荧光。屏上涂有一层荧光粉，在电子束轰击下发光，其发光的亮度正比于电束携带的能量。若把摄像端送来的信号加到显像管电子枪的阴极（或者栅极），用以控制电子束携带的能量，荧光屏的发光强度受图像信号的控制，设显像管电—光转换是线性的（实际为非线性关系），那么屏幕上重现的图像，其各像素的亮度都同比于所摄图像相应各像素的亮度，这样屏幕上便重现了发端原图像。

这里需要说明的是，对于摄像管来说，光—电转换特性可近似认为是线性的。然而对显像管来说，电—光转换特性则是非线性的。显像管的显示亮度 B_d 与其栅、阴极间所加的控制电压 μ_{gk} 的 γ 次方成正比例，即：

$$B_d = K_d \mu_{gk}{}^{\gamma} \tag{2-1}$$

式中：K_d——比例常数；

　　　γ——显像管光电转换特性的非线性失真系数，通常 $\gamma = 2 \sim 3$。

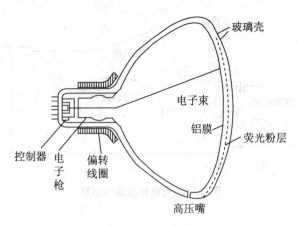

图 2 - 6　显像管

由式（2-1）可知，电视系统中重现亮度与摄取亮度之间存在着由于 γ 引起的非线性失真，这种失真常被称为 γ 失真。如果图像信号由发送端传到接收端，在传输过程中不产生失真，为保持重现图像与原景像亮度成正比，则需在摄像端预先将图像信号电压开 γ 次方，即：

$$\mu = \mu_0^{1/\gamma} = K_0^{1/\gamma} \cdot B_0^{1/\gamma} \tag{2-2}$$

式中：μ_0——摄像电压；

B_0——摄像亮度；

K_0——比例系数。

经预先失真校正（常称 γ 校正），重现亮度 B_d 为：

$$B_d = K_d \mu_{gk}^{\gamma} = K_d \ (\mu_0^{1/\gamma})^{\gamma} = K_d \mu_0 = K_d K_0 B_0 = K B_0 \tag{2-3}$$

由此可见，经校正，系统将不产生失真。

（三）黑白全电视信号

将图像信号（行、场同步信号）行、场消隐信号，槽脉冲和均衡脉冲等信号进行叠加，即构成黑白全电视信号，通常也称为视频信号。其波形如图 2-7 所示。

我国现行电视标准规定：以同步信号顶的幅值电平作为 100%，则黑色电平及消隐电平为 75%，白色电平为 $10\% \sim 12.5\%$；图像信号电平介于白色电平与黑色电平之间。

各脉冲的宽度为：行同步脉冲宽度 $4.7\mu s$；场同步脉冲宽度 $160\mu s$（2.5TH）；均衡脉冲宽度 $2.35\mu s$；槽脉冲宽度 $4.7\mu s$；场消隐脉冲宽度 $1612\mu s$；行消隐脉冲宽度 $12\mu s$。

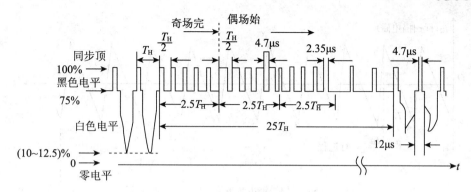

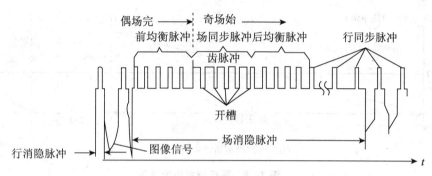

图2-7 黑白全电视信号

二、电子扫描

如前所述，将一幅图像上各像素的不同明暗程度转变为顺序传送的相应的电信号，以及将这些顺序传送的电信号再重现为一幅平面图像的过程，即图像的分解与复合过程，都是通过电子扫描来实现的。在摄像管和显像管中，电子束按一定规律在靶面上或荧光屏上运动，就可以完成摄像和显像的扫描过程。

（一）逐行扫描

在电视系统中，摄像管与显像管的外面都装有行与场的偏转线圈，当线圈中分别流过如图2-8所示的行、场锯齿波扫描电流时就会同时产生水平方向与垂直方向的偏转磁场，在这两个磁场的共同作用下，使电子束做水平和垂直方向的扫描运动。

由于在图2-8所示的锯齿波电流作用下，电子束产生自左向右自上而下一行紧挨一行的运动，因而称其为逐行扫描。

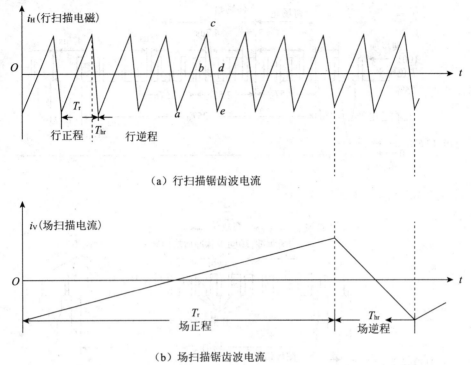

（a）行扫描锯齿波电流

（b）场扫描锯齿波电流

图 2-8　逐行扫描电流波形

当偏转线圈中通过电流时就产生磁场，磁场的方向决定于流过偏转线圈的电流方向，可以由右手定则判定。当电子束穿过磁场时，则在磁场力的作用下要发生偏转，其偏转方向遵从左手定则。若偏转线圈中电流方向改变，则电子束的偏转方向亦发生改变，偏转线圈中电流为零，则电子束不偏转，射向荧光屏的中央。因此，流过偏转线圈中电流的幅度和方向决定着偏转线圈中形成磁场的强弱和方向，最终决定了电子偏转角度的大小和方向。

例如在图 2-8（a）中，流入偏转线圈的电流，在 a 点时锯齿波电流为最大负值，使电子束偏至荧光屏的最左边（面对荧光屏），由 a 到 b，流过偏转线圈的锯齿波电流幅度逐渐减小，因而形成的磁场相应减小，导致电子束的偏转角减小。到 b 点时，锯齿波电流为零，因而磁场为零，电子束不偏转，射向荧光屏的中央。由 b 到 c 锯齿波电流从零开始逐渐增大，因而偏转线圈中形成的磁场也逐渐增强，但磁场方向与前面相反，导致穿过它的电子束向右偏转，且偏转角逐渐增大，至 c 点达到最大，到达荧光屏的最右边。由 c 到 e 锯齿波电流由最大正值很快变到最大负值，因此电子束迅速由荧光屏的最右边回到最左边，完成一个行周期的扫描。

可见，当流过行偏转线圈的锯齿波电流从 a 变到 c 时，电子束从荧光屏的最左边移到荧光屏的最右边，完成一行的正程扫描；当锯齿波电流从 c 变到 e 时，电子束又从荧光屏的最右边回到荧光屏的最左边，完成一行的逆程扫描。另外，由 a 到 c 锯齿波电流上升斜率小，因而正程扫描时间长，由 c 到 e 下降斜率大，因而逆程扫描时间短。

若只有行偏转线圈中有扫描电流流通，则仅会在屏幕中央出现一条水平亮线，如图 2-9（a）所示。

（a）只有行扫描　　　　　（b）只有场扫描　　　　　（c）行、场扫描同时存在

图 2-9　逐行扫描时出现的光栅

同理，若要求电子束在屏光屏上做上下移动，在场偏转线圈中也应加有锯齿波电流，如图 2-8（b）所示。但它与行锯齿波电流周期不同，当只有场扫描时，在荧光屏中央将出现一条垂直亮线，如图 2-9（b）所示。

行偏转线圈分成两部分，分别安放在显像管管颈接近圆锥体部分的上、下方，其平面是水平放置的，产生的磁场是垂直方向的。因此，使通过它的电子束做水平方向偏转。

场偏转线圈是绕在磁环上的，如图 2-10 所示。它形成的磁场是水平方向的，因而使通过它的电子束做垂直方向的偏转。

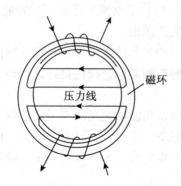

图 2-10　场偏转线圈的结构示意

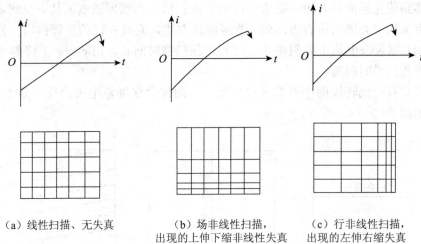

（a）线性扫描、无失真　　　（b）场非线性扫描，　　　（c）行非线性扫描，
　　　　　　　　　　　　　出现的上伸下缩非线性失真　　出现的左伸右缩失真

图 2-11　扫描锯齿电流与对应的重现图像

在电视接收机中，实际上是将行、场偏转线圈组合在一起安装在显像管的管颈上。当行、场偏转线圈中分别加有各自的扫描电流时，电子束在水平与垂直偏转力共同作用下进行扫描，屏幕上形成一条条的亮线（称为光栅），图 2-9（c）就是考虑了行逆程回扫线（以虚线表示）时的光栅图形。逐行扫描要求每场的光栅都能互相重合。

（二）扫描电流的非线性对显示图像的影响

若原图像为方格信号，当行、场扫描电流均为线性时，重现图像仍为方格图形，不会出现非线性失真。扫描锯齿电流与对应的重现图像如图 2-11 所示。当行、场扫描电流中只要有一项失真时，显示图像都将出现失真，图 2-11（b）、图 2-11（c）分别表示场、行扫描电流出现失真时的情况。若行、场扫描电流同时失真，则显示出复杂的失真图形。

由于电子束在扫描正程期间是传送图像信号的，因此在正程期间要求扫描速度均匀。这就要求流过偏转线圈的电流线性良好。否则重现图像将产生非线性失真，如图 2-12 所示。

当然，流过偏转线圈的锯齿波电流还要有足够的幅度，否则不能保证光栅布满屏幕。图 2-12（a）、图 2-12（b）分别表示行、场扫描电流幅度不足的情况。幅度不足时，同样会产生失真，如本来应显示正圆，结果变成椭圆。

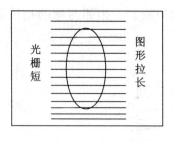

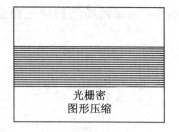

（a）行扫描电流幅度小　　　　　　（b）场扫描电流幅度小

图 2‑12　扫描电流幅度不足产生的光栅

（三）隔行扫描

在电视系统中，要使传送的图像清晰，并具有活动、连续而又无闪烁感，则要求每秒钟传送 46.8 场以上的图像，每帧图像能分解的有效行数约为 600，因此我国电视制式规定场扫描频率 f_v 为 50Hz，每帧图像的扫描行数 z 为 625。若采用逐行扫描的话，计算出来的电视图像信号的最高频率约为 11MHz，即视频信号带宽相当宽。要传送频谱这样宽的信号不但会使设备复杂化，而且使在规定的频段内可容纳的电视频道数目减少。如果为了减小图像信号的频带而减小场频，将会引起重现图像的闪烁，如果减少扫描行数，又会引起图像清晰度下降。因而提出了既可克服闪烁，又不增加图像信号带宽的隔行扫描方式。

所谓隔行扫描，即每帧的扫描行数仍为 625 不变，而图像清晰度并不下降，但每帧图像分为两场传送。第一场，也称奇数场，传送 1、3、5 等奇数行；第二场，也称偶数场，传送 2，4，6 等偶数行。但每秒钟仍然传送 50 场图像，即场频 f_v 不变，仍为 50Hz，这样将不会产生明显的闪烁。所以隔行扫描既保持了远行扫描的清晰度，避免了闪烁，又使图像信号的频带仅是逐行扫描的一半。因此，世界各国都采用隔行扫描的扫描方式。

图 2‑13 为隔行扫描光栅及扫描电流波形示意。为清楚起见，忽略了扫描逆程。

第一场（奇数场），从左上角开始按 1‑1′，3‑3′……顺序扫描，直到最下面的中点 A 为止，共计四行半，完成了第一场正程扫描。当电子束扫到荧光屏最下面后，又立即回到荧光屏的最上面 B，完成第一场的逆程扫描。

第二场（偶场）扫描从 B 点开始，先完成第一场扫描留下的半行 $B‑9′$ 的扫描，接着完成 2‑2′，4‑4′ 等偶数行的扫描。当电子束扫到荧光屏的右下角圈点时，第二场正程扫描结束，同样也完成四行半扫描。接着再返回左上角 O 的位置。到此共完成两场（一帧）的扫描运动。接下来第三场与第一场完全重合，第四场扫描轨迹也必定与第一帧的第二场完全重合，从而完成第二帧扫描。如此隔行扫描方式，相邻两场的扫描光栅必定均匀嵌套，相邻两帧的扫描光栅必定重合。

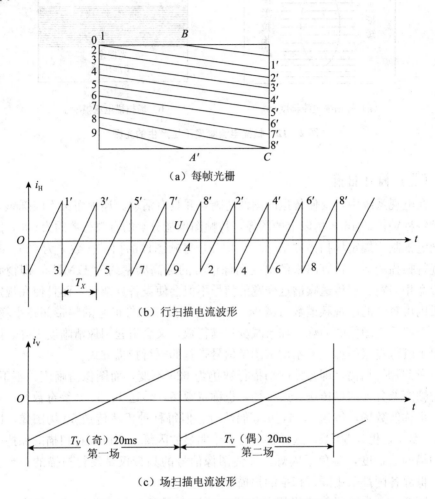

（a）每帧光栅

（b）行扫描电流波形

（c）场扫描电流波形

图 2－13　隔行扫描光栅及扫描电流波形示意

这里要特别声明两点：一是隔行扫描方式要求每帧扫描行数为奇数。因为只有这样，在扫描锯齿波顶点位置对齐的情况下方能使相邻两场均匀嵌套；二是在隔行扫描中整个屏幕的亮度是按场频重复的，它是高于临界闪烁频率（46.8Hz）的，但就每行亮度而言它仍是按帧频重复的，即每秒钟只出现 25 次，它是低于临界闪烁频率的。所以当我们接近电视机观看时，会感觉到行间闪烁。当离开一定距离时，行间闪烁就不怎么明显了，但却将视频带宽压缩为远行扫描时的 1/2（即大约仅为 5.5MHz）。我国规定视频信号带宽为 6MHz。

第二节　彩色电视制式及彩色电视信号

一、亮度信号与色差信号

根据三基色原理，必须传送 R、G、B 三个基色电压，或传送色调、色饱和度及亮度。为了传送彩色图像，从兼容的角度出发，彩色电视系统中应传送一个只反映图像亮度的亮度信号 Y，其特性应与黑白电视相同，同时还必须传送色度信息。例如，基色信号和亮度信号相减的色差信号 $R-Y$、$B-R$ 和 $G-Y$ 就不含亮度信息，可从中选取两个代表色度信号。因此，彩色广播电视系统中，为传送彩色图像，选用了一个亮度信号和两个色差信号。

（一）亮度和色差信号与 R、G、B 的关系

由：

$$Y=0.3R+0.59G+0.11B \tag{2-4}$$

可知：

$$\begin{aligned} R-Y &=R-(0.3R+0.59G+0.11B)\\ &=0.70R-0.59G-0.11B \end{aligned} \tag{2-5}$$

$$\begin{aligned} B-Y &=B-(0.3R+0.59G+0.11B)\\ &=-0.3R-0.59G+0.89B \end{aligned} \tag{2-6}$$

$$\begin{aligned} G-Y &=G-(0.3R+0.59G+0.11B)\\ &=-0.3R+0.41G-0.11B \end{aligned} \tag{2-7}$$

显然，三个色差信号只有两个是独立的。通常选用 $R-Y$ 和 $B-Y$ 两个色差信号代表色度信号，这是因为对大多数彩色来说，$G-Y$ 比 $R-Y$ 和 $B-Y$ 来说数值较小，如果传送 $G-Y$ 对改善信噪比不利。

在已知 $R-Y$ 和 $B-Y$ 的情况下，可以容易地按照下述步骤求得 $G-Y$。

$$Y=0.3Y+0.59Y+0.11Y \tag{2-8}$$

$$Y=0.3R+0.59G+0.11B \tag{2-9}$$

用式（2-9）减去式（2-8），得：

$$0.3(R-Y)+0.59(R-Y)+0.11(B-Y)=0$$

则：

$$\begin{aligned} G-Y &=-\frac{0.30}{0.59}(R-Y)-\frac{0.11}{0.59}(B-Y)\\ &=-0.51(R-Y)-0.19(B-Y) \end{aligned} \tag{2-10}$$

在彩色电视系统中，选用传送 Y、$R-Y$、$B-Y$ 三个信号来代替传送 R、G、

B 三个基色信号，或者说代替传送亮度、色调、色饱和度三个颜色参量。

接收端，由矩阵电路把收到的 $R-Y$ 和 $B-Y$ 按式（2-10）恢复出 $G-Y$，然后再以矩阵电路使它们分别与 Y 信号相加，从而恢复出三基色。即：

$$(R-Y)+Y=R$$
$$(B-Y)+Y=B \qquad (2-11)$$
$$(G-Y)+Y=G$$

在传送黑白电视信号时，因色度信号为零，R、G、B 应相等。设 $R=G=B=E_x$，则利用亮度方程可求出：

$$Y=0.3R+0.59G+0.11B=0.3\,E_x+0.59\,E_x+0.11\,E_x=E_x$$
$$R-Y=E_x-E_x=0$$
$$B-Y=E_x-E_x=0$$

这就说明，对于黑白电视信号，反映色调和色饱和度（即色度）的色差信号为 0，且亮度 Y 的电压值与三个基色电压值相等，即 $Y=R=G=B$。

在传送彩色图像时，三基色电压 R、G、B 不相同，若三个值都不为 0，则说明该被传送的彩色是不纯的（即非饱和色），因为其中必然包含有由相等的三基色量所组成的白光成分。若三个值中有一个或两个为 0，则所传送的彩色为纯色（即饱和色）。

例如传送饱和黄色，则可知 $R=G=1$，$B=0$，其亮度信号与色差信号分别为：

$$Y=0.3R+0.59G+0.11B=0.3+0.59+0=0.89$$
$$R-Y=1-0.89=0.11$$
$$B-Y=0-0.89=-0.89$$

可见，此时 $R-Y$、$B-Y$ 不再为 0。彩色电视机接收时，恢复过程为：

$$G-Y=-0.51(R-Y)-0.19(B-Y)$$
$$=-0.51\times0.11-0.19\times(-0.89)$$
$$=0.11$$
$$(R-Y)+Y=0.11+0.89=1$$
$$(G-Y)+Y=0.11+0.89=1$$
$$(B-Y)+Y=-0.89+0.89=0$$

故可恢复原三基色，正确呈现原彩色图像。

（二）标准彩条亮度与色差信号的波形与特点

标准彩条信号是由彩条信号发生器产生的一种测试信号。它是用电的方法产生的模拟彩色摄像机拍摄的光电转换信号，常用以对彩色电视系统的传输特性进行测试和调整。

标准彩条信号是由三个基色、三个补色、白色和黑色,依亮度递减的顺序排列。彩条电压波形是在一周期内用三个宽度倍增的理想方式构成的三基色信号。

标准彩条信号有多种规范,图2-14给出的波形称为"100％幅度、100％饱和度"彩条信号。对于这种规范,白条对应的电平为1,黑条对应的电平为0,三基色信号的电平非1即0,由其显示的彩色均为饱和色。

由式(2-4)和式(2-6)可求得100％彩条信号中各条相应的亮度信号和色差信号电平,其值列入表2-1。

表2-1　　100％幅度、100％饱和度彩条三基色、亮度、色差电平值

彩条	白	黄	青	绿	品	红	蓝	黑
R	1	1	0	0	1	1	0	0
G	1	1	1	1	0	0	0	0
B	1	0	1	0	1	0	1	0
Y	1	0.89	0.7	0.59	0.41	0.3	0.11	0.00
$R-Y$	0.00	+0.11	-0.7	-0.59	+0.59	+0.70	-0.11	0.00
$B-Y$	0.00	-0.89	+0.30	-0.59	+0.59	-0.30	+0.89	0.00
$G-Y$	0.00	+0.11	+0.30	+0.41	-0.41	-0.30	-0.11	0.00

彩条亮度信号的特点是亮度递减,但非等级差,含直流(单极性);而色差信号是交流,奇对称,不含直流分量的。

通常实际景物不会出现100％幅度、100％饱和度彩信号那样高的饱和度和大幅度的信号,而且由这种彩条信号形成的色度信号幅度较大,若再与亮度信号叠加,这样信号动态范围过大,传输过程中就容易产生失真。故我国"彩色电视暂行制式技术标准"规定使用75％幅度和100％饱和度信号作为标准测试信号,因为它更接近实际图像情况。该信号三基色电压波形如图2-14所示,三基色、亮度、色差电平如表2-2所示。

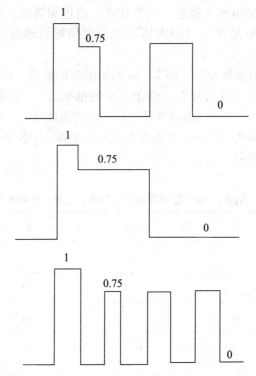

图 2-14　100％饱和度、75％幅度彩条信号波形

表 2-2　　75％幅度、100％饱和度标准彩条三基色、亮度、色差电平值

彩条	白	黄	青	绿	品	红	蓝	黑
R	1	0.75	0	0	0.75	0.75	0	0
G	1	0.75	0.75	0.75	0	0	0	0
B	1	0	0.75	0	0.75	0	0.75	0
Y	1.00	0.668	0.526	0.44	0.31	0.224	0.083	0.00
$R-Y$	0.000	+0.083	-0.526	-0.440	-0.440	+0.526	-0.083	0.000
$B-Y$	0.000	-0.668	+0.224	-0.440	-0.440	-0.224	+0.668	0.000
$G-Y$	0.000	+0.083	+0.224	+0.310	+0.310	-0.224	-0.083	0.000

二、PAL 制及其编、解码过程

　　NTSC 制根据人眼的视觉特性，采取了一些措施，较好地解决了彩色电视与黑白电视的兼容问题。它具有兼容性好、电视接收机电路简单、图像质量高等优

点。但它有一个主要缺点，相位敏感性高，即对相位失真较为敏感。为了克服这一缺点，在此基础上改进并发展产生了 PAL 制。

（一）PAL 制的特点及色度信号

PAL 制是采用逐行倒相正交平衡调制的一种彩电制式。这种调制方法也是先把三基色信号 R、G、B 组成一个亮度信号和两个色差信号，然后再用正交平衡调制的方法把色度信号安插到亮度信号的间隙中去，这些与 NTSC 制正交平衡调制方法大体相同。所不同的是，将色度信号中的 F_V 分量逐行倒相。逐行倒相的结果是：第一行发送的色度信号为 $U\sin\omega_{sc}t + V\cos\omega_{sc}t$，第二行发送的色度信号是 $U\sin\omega_{sc}t - V\cos\omega_{sc}t$，第三行所发送的色度信号与第一行相同，第四行与第二行色度信号相同，以此类推。因此 PAL 色度信号的数学表达式为：

$$F = U\sin\omega_{sc}t \pm V\cos\omega_{sc}t = F_m\sin(\omega_{sc}t \pm \varphi) \tag{2-12}$$

式中：$F_m = \sqrt{U^2 + V^2}$，$\varphi = \arctan\dfrac{V}{U}$。

上式中的"$\pm$"表示：第 n 行取正号，第 $n+1$ 行取负号。对于隔行扫描来说，奇数帧（第 1，3，5……帧）的奇数行取正号，偶数行取负号；偶数帧（第 2，4，6……帧）的奇数行取负号，偶数行取正号，如图 2-15 所示。为了以后分析问题方便，我们把与 NTSC 制一样取正号的行叫 NTSC 行，把取负号的行叫 PAL 行。要注意的是，逐行倒相并非将整个色度信号倒向，也不是指行扫描的方向逐行改变，而是将 F_V 色度分量的副载波相位逐行改变 $180°$。

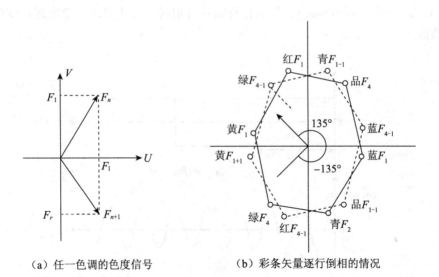

（a）任一色调的色度信号　　　（b）彩条矢量逐行倒相的情况

图 2-15　逐行倒相的色度信号矢量位置

实现逐行倒相较为简单的方法是将副载波逐行倒相。它与正交平衡调幅的区别在于增加了一个 PAL 开关，一个 90°移相器和一个倒相器。PAL 开关是一个由半行频对称方波控制的电子开关电路，它能逐行改变开关的接通点。其原理如图 2-16 所示。

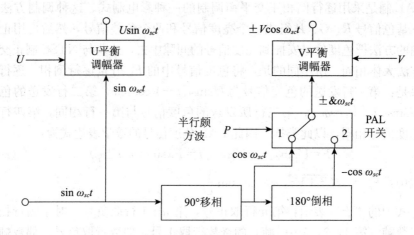

图 2-16　逐行倒相原理

各点波形如图 2-17 所示。图中，T_H 为行周期，T_{SC} 为副载波周期。第一行时方波为正值，使开关与接点"1"接通，输出为 $\sin(\omega_{sc}t+90°)=+\cos\omega_{sc}t$；第二行时方波为负值，使开关与接点"2"接通，输出 $\sin(\omega_{sc}t+90°-180°)=\sin(\omega_{sc}t-90°)=-\cos\omega_{sc}t$；第三行与第一行相同，以此类推，输出逐行变化的副载波。

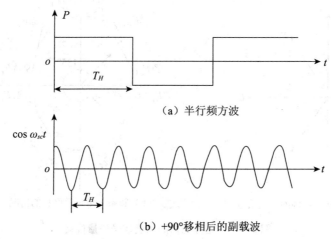

（a）半行频方波

（b）+90°移相后的副载波

图 2-17　逐行倒相波形关系

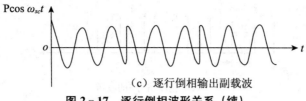

（c）逐行倒相输出副载波

图 2 - 17 逐行倒相波形关系（续）

在接收端，为了能正确地重现原来的色调，解调时必须采用相应的措施，把 PAL 行的色度信号分量重新倒回来。这只要在接收机的 V 同步解调器送入逐行倒相的副载波 $\pm\cos\omega_{sc}t$ 即可。因为只要电路保证 F_V 与 $\cos\omega_{sc}t$ 相乘，$-F_V$ 与 $-\cos\omega_{sc}t$ 相乘（同步解调电路实质是乘法器），无论倒相行还是非倒相行，V 同步解调器都可正确地解调出 V 色差信号。

色度信号 F_V 分量逐行倒相后，使色度信号的频谱结构发生了变化。其中 F_V 分量与倒相无关，它的谱线位置未变，仍以行频 f_H 为间距，对称地排列在副载波 f_{SC} 两旁，如图 2 - 18（a）所示。图中只画出各个谱线族的主谱线。F_V 分量的主谱线位置为 $f_{SC}\pm nf_H$（$n=1,2,3,\cdots$）。色度信号分量 $\pm F_V$ 的主谱线由于逐行倒相，位置发生了变化。因为逐行倒相的过程是半行频方波控制平衡调幅的过程，因此可以把逐行倒相过程看成是用半行频方波平衡调制的过程。所以可以把 F_V 原来的每一根主谱线的频率看成是载频，而将半行频方波的各个谐波看成调制信号，则半行频方波的各个谱线对称地排列在它的两旁。由于是平衡调幅，所以原来位置 $f_{SC}\pm nf_H$ 处不应再有 F_V 的谱线。理论与计算都说明，半行频方波的谐波谱线频率为 $\dfrac{1}{2}f_H$，$\dfrac{3}{2}f_H$，$\dfrac{5}{2}f_H$，$\cdots$

于是 $\pm F_V$ 的主谱线就占有 $f_{SC}\pm(n+1/2)f_H$（其中 $n=0,1,2,3,\cdots$），如图 2 - 18（b）所示。图 2 - 18（c）是逐行倒相正交平衡调幅后的色度信号频谱图，图中用 U、V 分别表示 F_V、$\pm F_V$ 的主谱线，可以看出 $\pm F_V$、F_U 的主谱线刚好错开了半个行频。

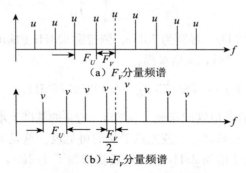

（a）F_V 分量频谱

（b）$\pm F_V$ 分量频谱

图 2 - 18 PAL 制色度信号频谱

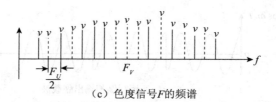

（c）色度信号F的频谱

图2-18 PAL制色度信号频谱（续）

（二）PAL制副载波的选择

为了满足兼容的要求，在彩色广播电视系统中，亮度信号和色度信号必须共同占用与黑白电视信号相同的信号带宽。由此确定副载波的选择原则应是：合理地选择副载波，使亮度信号与色度信号频谱的主谱线彼此错开；另外应尽量选择频率较高的副载波，以减小副载波的谐波干扰（使其谐波落在6MHz以外），但又不能使调制后的已调色差信号上边带超出规定的6MHz范围。只有这样才能有效地克服亮度与色度间的相互干扰。

由前面分析我们知道，PAL制中已调色差信号F_u与$\pm F_v$频谱的主谱线不是占有相同的位置，而是彼此错开半个行频，即它们的间距是$f_H/2$。如果将副载波频率选为与整数倍行频相差半行，即$f_{SC}=（n-1/2）f_H$，其中n为正整数，这种确定副载波频率的方法称为1/2行间置（NTSC制就是1/2行间置），它必然导致$\pm F_v$的主谱线与亮度信号主谱线重合，会造成亮度信号与色度信号的相互串扰。如果将副载波频率f_{SC}向右移动1/4行频，整个色度信号的频谱也随之移动1/4行频，即将F_u与$\pm F_v$主谱线也向右移动1/4行频。这样色度信号就与亮度信号的频谱错开了，从而实现了频谱交错。采用1/4行间置后的PAL制彩色全电视信号的频谱。由此可见，F_u与$\pm F_v$的主谱线以1/4行频间距分布在亮度信号主谱线两边，$\pm F_v$主谱线比亮度信号主谱线高$f_H/4$间距，而F_u主谱线比亮度信号主谱线低$f_H/4$间距，使$\pm F_v$、F_u与Y频谱相互错开。

1/4行间置副载波频率可按下式计算：

$$f_{SC}=\left(n-\frac{1}{4}\right)f_H \qquad (2-13)$$

对于行频为15625Hz、场频为50Hz、频带宽6MHz的彩电系统，根据f_{SC}尽量高的原则，可选$n=284$，从而求得：

$$f_{SC}=\left(284-\frac{1}{4}\right)f_H=283.75\ f_H=4.43359375\text{MHz}$$

实际上PAL制彩色电视副载波是在$283.75f_H$的基础上增加25Hz，称25Hz偏置。偏置的目的在于减轻副载波光点干扰的可见度。这是因为对场频50Hz的彩色电视当副载波频率增加25Hz后，每场就增加了1/2Hz，这相当于每场增加半个副载波周期。因此，原来相邻两场副载波同相；增加半个副载波周期后，相邻两场的副载波就倒相了，从而使副载波光点干扰大大减轻。采用 25Hz 偏置后，PAL 制式实际的副载波频率为：

$$f_{SC}=\left(284-\frac{1}{4}\right)f_H+25\text{Hz} \tag{2-14}$$

即：
$$f_{SC}=283.75f_H+25\text{Hz}=4.43361875\text{MHz}$$

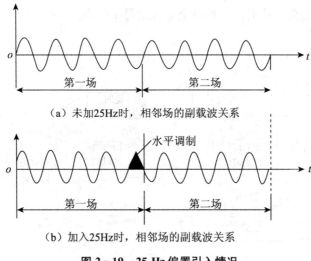

（a）未加25Hz时，相邻场的副载波关系

（b）加入25Hz时，相邻场的副载波关系

图 2-19　25 Hz 偏置引入情况

（三）PAL 制编码和解码过程

1. PAL 制编码器及编码过程

所谓编码，就是把三基色电信号 R、G、B 编制成彩色全电视信号 FBAS 的过程，编码器就是用来完成编码的电路，PAL 制编码器如图 2-20 所示。图中给出了方框图上各点的波形。

具体编码过程如下：

（1）将经过 γ 校正的 R、G、B 三基色电信号通过矩阵电路，变换成亮度信号 Y 和色差信号 $R-Y$ 和 $B-Y$。

（2）为了减小亮度信号对色度信号的干扰，让 Y 信号通过一个中心频率为副载波频率 f_{SC} 的陷波器，经放大后再与行、场同步及消隐信号混合。另外，由于色差信号经滤波器后会引起附加延时，为使亮度信号与色度信号同时进入信号混合电路，须将亮度信号 Y 延时约 $0.6\mu s$。

（3）色差信号 $R-Y$ 和 $B-Y$ 进行适当幅度和频谱压缩后，得到已压缩色差信号 U 和 V。色差信号 V 与 $+K$ 脉冲混合后，与副载波 $\pm\cos\omega_{sc}t$ 进行平衡调幅，得到已调色差信号 $\pm F_V$ 和色同步信号的 F_{bv} 分量；色差信号 U 与 $-K$ 脉冲混合后，与 $\sin\omega_{sc}t$ 进行平衡调幅，得到已调色差信号 F_u 和色同步信号分量 F_{bv}。以上两色差信号分量与色同步信号分量矢量求和，最后得到色度信号 F 和色同步信号 F_b。

为得到 $\pm\cos\omega_{sc}t$ 副载波，需设置 90°移相、180°倒相和 PAL 开关电路、逐行倒相的控制信号是半行频（即 7.8kHz）开关信号 $g(t)$。

（4）色度信号 F、色同步信号 F_b、亮度信号 Y 与消隐信号 A 及同步信号 S 在混合电路中混合，从而产生彩色全电视信号 FBAS。

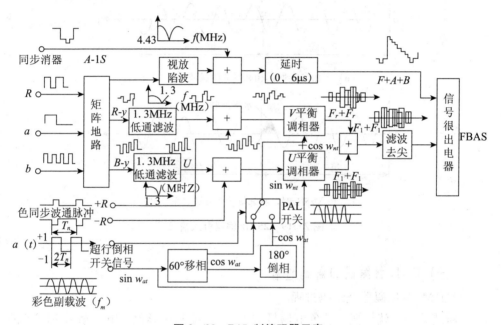

图 2-20　PAL 制编码器示意

2. PAL 制解码器及解码过程

把彩色全电视信号还原成三基色电信号的过程称为解码，完成解码的电路称解码器。解码是编码的逆过程。

PAL 制解码器有许多类型，如 PAL$_S$（简单解码），PAL$_N$（锁相解码）、PAL$_D$（延迟解码）等。其中 PAL$_D$ 应用较广，这种解码器是用超声延迟线构成梳状滤波器（该滤波器的频率特性像梳齿，由此而得名），它将色度信号分离为 F_U 与 $\pm F_V$ 两个分量。梳状滤波器在图 2-21PAL$_D$ 解码电路中以虚线框出，可见它主要由超声延迟线、加法器和减法器三部分电路构成。PAL$_D$ 解码器主要包括亮度通道、色度通道、基准副载波恢复及基色输出矩阵电路四部分，图中分别以点划线框出，具体工作过程可分别说明如下：

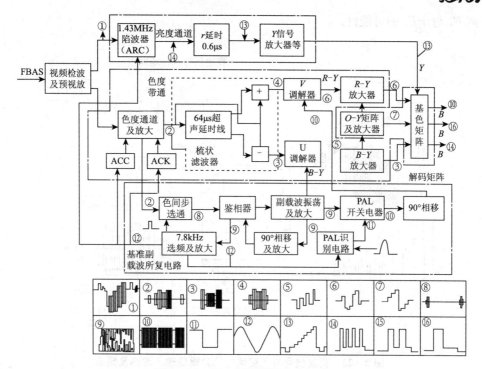

图 2 - 21 PAL 解码器及各点波形

(1) 预视放输出的彩色全电视信号，经滤波电路进行频率分离后，将彩色全电视信号分离为亮度信号和色度信号。在色度通道中，设置一中心频率为 4.43MHz 的色度带通滤波器，带宽约 2.6MHz，由它从 FBAS 中分离出色度信号。在亮度通道中，以 4.43MHz 的陷波器将彩色全电视信号中的色度信号滤除，保留亮度信号；其分离原理及波形表示如图 2 - 22 所示，图中的每种信号都分别给出了波形及频谱。

滤除了色度信号及副载波之后的亮度信号 Y，经 0.6μs 延迟电路延迟后再送入 y 信号放大器进行放大，放大后送基色矩阵电路。

(2) PAL$_D$ 解码器采用梳状滤波器将色度信号中的两个正交分量 F_u 与 $\pm F_v$ 分离。图 2 - 23 说明了其分离原理、波形及频谱。梳状滤波器具有梳齿形的频率特性，所谓梳齿形就是每隔一个行频有一个最大传输点，两个最大传输点的中心是吸收点，两个吸收点的间距为一个行频。将这样的两个滤波器的最大传输点和吸收点做成交错的，并将它们的最大传输点分别对准 F_u 与 $\pm F_v$ 的主谱线。此时，最大传输点对准 F_u 主谱线的滤波器，其吸收点也正好对准 $\pm F_v$ 主谱线。具有这种滤波特性的滤波器就称梳状滤波器。由于 $\pm F_v$ 逐行倒相，使两个色度信号分量 F_u 与 $\pm F_v$ 的主谱线刚好错开半行，因此才提供了梳状滤波器实现频域分

离 F_u 与 $\pm F_v$ 的可能性。

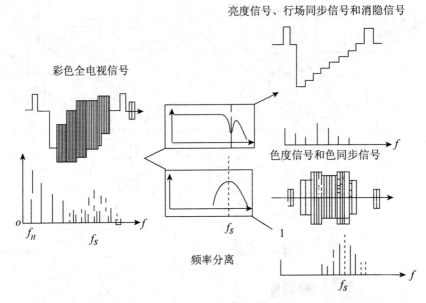

图 2‑22　亮度信号与色度信号的分离原理、波形及频谱

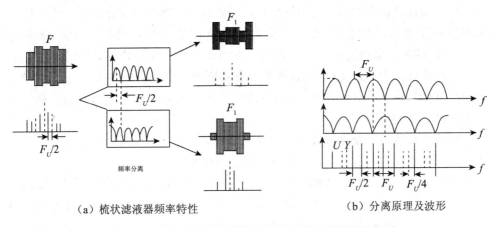

（a）梳状滤液器频率特性　　　　　　　　（b）分离原理及波形

图 2‑23　梳状滤波器的频率特性及分离 *F* 的波形和频谱

　　（3）梳状滤波器输出的 $\pm F_v$ 信号经 V 解调器解调后，输出 V 信号；梳状滤波器输出的 F_v 信号经 U 同步解调器解调后输出 U 信号，解调输出波形如图2‑24所示。U、V 信号经放大和矩阵电路输出三个色差信号 $R-Y$、$B-Y$ 和 $G-Y$。同步解调必须有一个基准副载波，这个基准副载波要与发端的副载波同

频同相。

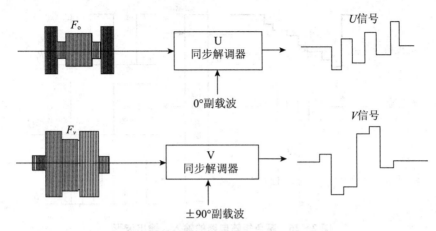

图 2 - 24　同步解调及输入、输出波形

（4）频率相同但时域错开的色度与色同步信号，经色同步选通电路，把色同步信号与色度信号分开，取出色同步信号。由于色度信号在行正程出现，色同步信号在行逆程出现，只要用两个门电路，就可将它们按时间分离法进行分离，这两个门电路在控制脉冲控制下交替导通即可实现两种信号的分离。分离原理如图 2 - 25 所示。图中，一个门电路用行逆程脉冲开门，另一个门用其反相脉冲来开门，这样两个门就分别输出色同步及色度信号。

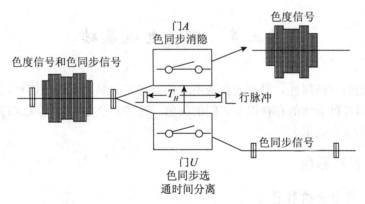

图 2 - 25　色度与色同步信号的分离原理及波形

（5）亮度通道输出的 Y 信号和色度通道输出的色差信号 U、V 同时输入基色矩阵电路，由基色矩阵电路输出三个基色电信号。其输入输出波形如图 2 - 26

所示。

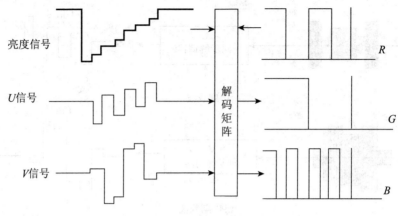

图 2 - 26　基色矩阵电路的输入、输出波形

（6）色同步信号与副载波压控振荡器输出的信号同时送鉴相器电路，二者进行相位比较输出一个与二者相位差成正比的直流控制电压，由它控制压控振荡器，使其频率与相位和发射端相同。恢复出相位正确的副载波，一路直接送 U 解调器进行解调，另一路先经 PAL 开关逐行倒相后，再经 90°移相电路送 V 解调器进行解调。半行频的 7.8kHz 也由鉴相器取得，经 PAL 识别用以控制 PAL 开关，此信号同时还要送 ACC（自动色饱和度控制）、ACK（自动消色器）、ARC（自动清晰度控制）电路。

第三节　彩色电视基础

色是光的一种属性，没有光就谈不上色。在光的照射下，人们可以通过眼睛感觉到周围各种景物的存在以及它们的颜色。这些彩色是人眼的视觉特性和物体客观特征的综合效果。

一、光和彩色

（一）可见光的特性

光学理论告诉我们，光是一种以电磁波形式存在的物质，人眼可以看见的光叫可见光，它是波长范围 $380 \sim 780$nm（1nm$=10^{-9}$m）之间的电磁波，如图 2 - 27 所示。由图可见，可见光的光谱只占整个电磁波波谱中极小的一部分。

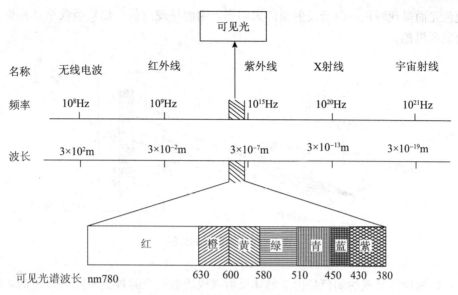

图 2 - 27　电磁波波谱及可见光谱

从电视角度来看，可见光有如下特性：

（1）可见光的波长范围有限，且不同波长的光呈现出的颜色各不相同。随着波长的缩短，呈现的颜色依次为：红、橙、黄、绿、青、蓝、紫。

（2）只含有单一波长的光称为单色光；包含有两种或两种以上波长成分的光称为复合光。复合光射入人眼，呈现混合色。例如，太阳辐射出的光含有七种单色光的波谱，但却给人以白光的综合感觉。

（3）太阳发出的白光中包含了所有的可见光。若把一束太阳辐射的光投射到棱镜上，太阳光经过棱镜会被分离成一组按红、橙、黄、绿、青、蓝、紫次序排列的连续光谱，这可以通过在棱镜后面放置的白色屏幕看到，如图 2 - 28 所示。被分解之后的色光，若再次经过棱镜，它也不能再分解了。这种单一的色光称为谱色光，白光被分解为单色光的现象，称为光的色散。

（二）物体的颜色

自然界的色彩五光十色、绚丽夺目。虽然人们与色彩有着密切的关系，然而对色彩的各种性质却不一定人尽皆知。

实际上，我们看到的颜色有两种不同的来源：一种是发光体所呈现的颜色，例如各种彩灯和霓虹灯等发出的彩色光；另一种是物体反射或透射的彩色光。那些本身不发光的物体，在外界光线的照射下，能有选择地吸收一些波长的光，而反射或透射另一些波长的光，从而使物体呈现一定的颜色。例如，红旗能反射红光而吸收其他颜色的光，因而呈现红色；绿色的树叶因反射绿色光而吸收所有其他色光而呈现绿色；白云反射全部太阳光，因而呈现白色；煤炭吸收全部照射光而呈现黑色。

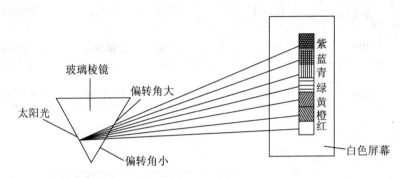

图 2-28　太阳光的分解

既然物体呈现的颜色是由于物体反射（或透射）光的种类不同而产生的，那么物体呈现的颜色显然与照射它的光源有关。红旗的红色是由于红旗在日光照射下才表现出来的。如果把红旗拿到绿光下观察，就会发现它不再是红色而近乎是黑色的，这是因为光源中没有红光成分，红旗吸收了全部绿光，所以变成了黑色。人们都有这样的经验，某样东西在日光下看到的颜色与在白炽灯下看到的颜色有差异，这是因为日光与白炽灯这两种光源所含光的成分不一样。可见物体所呈现的颜色还与照射它的光源有关。

这里还应特别指出，绝不能从看到的颜色来判断光谱的分布。换言之，一定的光谱分布表现为一定的颜色，但同一种颜色则可以由不同的光谱分布来组成。例如黄色，可以由单一波长的黄光所产生，也可以由波长不同的红光和绿光按一定比例混合而产生，二者给人的彩色感觉却是相同的。

二、视觉特性和图像基本参数

（一）人眼的亮度感觉

亮度感觉，即是包括人眼所能感觉到的最大亮度与最小亮度的差别及在不同环境亮度下对同一亮度所产生的主观亮度感觉。

人的视觉范围很宽，能感受到的亮度范围大约从百分之几尼特到几百万尼特。但是人眼并不能同时感受到这样大的亮度范围。当人眼在适应了某一平均环境亮度之后，视觉范围就变得小多了，例如，在适应平均亮度下，能分辨的亮度上、下限之比为 1000：1；当平均亮度很低时，这一比值只有 10：1。之所以如此，是因人眼的感光作用有随外界光的强弱自动调节的能力。

另外，在不同环境亮度下，人眼对同一亮度的主观感觉也不相同。在白天，如果有人在你身边划一根火柴，你可能毫无亮度明显增加的感觉；但若是漆黑的夜晚，即使离你较远，你也会感觉到光亮。实验还表明，人眼察觉亮度变化的能力是有限的，且随着亮度 B 的增大能察觉的最小亮度变化 ΔB_{min} 也增大。但在相当大的亮度范围内，可察觉的最小亮度变化与相应亮度之比（B_{min}/B）却等于一个常数。

由以上分析可以得出如下结论：

（1）人眼可以感觉到的亮度范围虽然相当宽，但当眼睛适应于某一平均亮度后，能分辨的亮度范围就比以主观感觉"亮"与"暗"为界的范围缩小了。

（2）在不同的环境亮度下，同一亮度给人的主观亮度感觉完全不同。

（3）当人眼适应于不同的平均亮度后，可分辨的亮度范围也不相同。例如在晴朗的白天，环境亮度约为 10000nit，可分辨的亮度范围为 200～20000nit，低于 200nit 的亮度都引起黑暗的感觉；但当环境亮度降至 30nit 时，可分辨范围为 2～200nit，此时，100nit 的亮度就足以引起相当的亮度感觉。

上述特性告诉我们：电视重现景像的亮度无须等于实际景像的亮度；人眼不能觉察出的亮度差别，在重现景像时无须精确复制。这给电视图像的传输与重现带来了极大的方便。

（二）图像的亮度、对比度和灰度

亮度、对比度和灰度（即亮度级差）是电视系统中十分重要的三个参量。图像质量的好坏，可由它们给予完整的描述。

所谓亮度，通常是指单位面积的光通量。因为单位面积光通量越大，人眼感觉越明亮，所以也可以说，亮度是人眼对光的明暗程度的感觉。亮度常以 B 表示。光通亮的单位是烛光（cd），亮度的单位是尼特（nit）或熙提（sb），它们之间的关系是：

$$1nit = 1cd/m^2$$
$$1sb = 1cd/cm^2$$

由于 $1m^2 = 10^4 cm^2$，所以：

$$1sb = 10^4 nit$$

电视图像的亮度一般都低于原景物亮度，考虑到人眼的适应性，只要适当地降低环境亮度来观看，同样可获得相当逼真的效果。

对比度是客观景物最大亮度 B_{max} 与最小亮度 B_{min} 之比。当表示对比度时，有：

$$K = \frac{B_{max}}{B_{min}}$$

这里我们要特别强调的是，为了使电视系统具有真实的主观感觉，必须以保持重现图像的对比度与客观景物的对比度相等为前提。

由于显像管的发光亮度能做到仅上百尼特的量级，结合人眼的视觉特性，可以得出结论：电视系统重现图像没有必要，也不可能达到客观景物的实际亮度（白天实际亮度可达200～20000nit），但必须反映客观景物的对比度及亮度层次（即灰度）。

灰度即亮度差别级数或称亮度层次。它反映电视系统所能恢复的原图像的明暗层次的程度。通常电视台发送一个具有十级的代表灰度的级差信号，接收系统经调整后在图像中能加以区分的从黑到白的层次数，就称该系统具有的灰度级。电视接收机只要能达到六级灰度，就能收看明暗层次较满意的图像。

（三）彩色视觉

人眼视网膜里存在着大量光敏细胞，按其形状可分为杆状和锥状两种。杆状光敏细胞的灵敏度极高，主要靠它在低照度时辨别明暗，它对彩色是不敏感的；锥状细胞既可辨别明暗，又可辨别彩色。白天的视觉过程主要靠锥状细胞来完成，夜晚视觉过程则由杆状细胞起作用。所以在较暗处无法辨别彩色。

锥状细胞又分为三类，分别称红敏、绿敏、蓝敏。如果一束光线只能引起某一种光敏细胞兴奋，而另外两种光敏细胞仅受很微弱的刺激，我们感觉到的便是某一种基色光。若红敏细胞受刺激则感觉到红色；若红敏细胞、绿敏细胞同时受刺激所产生的彩色感觉，与仅由黄单色光引起的视觉效果相同，显然，随着三种光敏细胞所受光刺激程度上的差异，还会产生各式各样的彩色感觉。因此，当我们在摄取彩色景物时，若用三个分别具有与人眼三种锥状细胞相同光谱特性的摄像管，分别取得代表红、绿、蓝三个彩色分量的信号，经处理、传输，再通过显像管的红、绿、蓝荧光粉转换成原比例的彩色光，就可实现彩色图像的重现。

三、彩色三要素和三基色原理

（一）彩色三要素

对于彩色光通常可用亮度、色调和色饱和度三个物理量来描述，这三个量常被称为彩色三要素。

亮度在这里是指彩色光作用于人眼所引起明暗程度的感觉，通常用5Y来表示。亮度与色光的能量和波长的长短有关。

色调：色调是指彩色光的颜色类别。通常所说的红色、绿色、黄色等都是指不同的色调。前面所说的不同波长的光所呈现的颜色不同，实际上就是指其色调不同。如果改变彩色光的光谱成分，就会引起色调的变化。例如，在红光中混入绿光，就会使人们感觉到色调发生了变化。至于彩色物体的色调，则决定于物体在光线照射下所反射的光的光谱成分，不同光谱成分的反射光使物体呈现不同的色调。对于透光物体，其色调由透射光的波长所决定。显然，彩色物体的色调与照射它的光源也有关系。

饱和度：是指彩色光所呈现彩色的深浅程度，即颜色的浓度。对于同一色调的彩色光，其饱和度越高，它的颜色越深；饱和度越低，它的颜色越浅。在某一色调的彩色光中掺入白光，会使彩色光的饱和度下降，掺入的白光越强，彩色光的饱和度就越低。例如，将一束饱和度很高的蓝光投射在一张白纸上，则人们看到白纸呈深蓝色，如果再将另一束白光也投射到这张白纸上，则人们虽然仍感觉白纸呈蓝色，但饱和度下降了，即蓝色变浅了。调整白光的强度，可以看出白纸上的蓝色和深浅程度随之变化。

色调与饱和度合称为色度，以 F 表示。它既说明彩色光颜色的类别，又说明了颜色的深浅程度。在彩色电视系统中，所谓传输彩色图像，实质上是传输图像像素的亮度和色度。

（二）混色效应与三基色原理

单色光可以由几种颜色的混合光来等效，几种颜色的混合光可以用另外几种颜色的混合光来等效，这一现象叫混色效应。利用这种混色的办法，人们可以只用几种颜色就可以仿造出大自然中绝大多数彩色，而不必去考虑这些仿造彩色的光谱成分如何。

人们在进行混色实验时发现：只要用某三种不同颜色的单色光按一定比例混合，就可以得到自然界中绝大多数的彩色。具有这种特性的三个单色光叫基色光，这三种颜色叫三基色。彩色电视中所采用的三基色分别是红色、绿色和蓝色。由此，我们得出一个重要原理——三基色原理。

三基色原理告诉我们：

（1）三基色必须是相互独立的彩色，即其中任一种基色都不能由另外两种基色混合产生。

（2）自然界中的大多数彩色，都可以用三基色按一定比例混合得到；或者说，自然界中的彩色都可以分解为三基色。

（3）三基色之间的混合比例，决定了混合色的色调和饱和度。

（4）混合色的亮度等于构成该混合色的各个基色的亮度之和。

三基色原理是对彩色进行分解与合成的重要原理。这一原理为彩色电视技术奠定了基础，极大地简化了用电信号来传输彩色的技术问题。如果每一彩色都使用一个与它对应的电信号来传送，那么要同时传输的电信号就有许多许多，这显然是不现实的。有了三基色原理，我们只需将要传送的彩色分解成红、绿、蓝三个基色，然后再将其变成三种电信号进行传送就可以了。

另外，需要说明的是：第一，原则上三基色的选择不是唯一的，还可以有其他选择。例如彩色绘画中就选红、黄、蓝作为三基色。在彩电中选择红、绿、蓝为三基色，其主要原因是人眼对这三种颜色的光最敏感；用红、绿、蓝三色混合可配出较多的颜色。第二，彩色光可用不同比例混合的三基色光束等效表示，与用亮度、色度描述彩色光是同一事物的两种不同表示方法，这两种表示方法在彩电技术中均有应用。

（三）混色方法

把三基色按照不同的比例混合获得彩色的方法称作混色法。混色法有相加混色和相减混色，彩色电视机中使用的混色方法为相加混色法。

为了说明相加混色，可以将三束圆形截面积的单色光红、绿、蓝同时投射到白色屏幕上，呈现出一幅品字形三基色圆图，如图 2-29 所示。

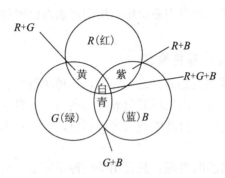

图 2-29　相加混色圆

由图可见：

红光＋绿光＝黄光；

红光＋蓝光＝紫光（品光）；

绿光＋蓝光＝青光；

红光＋绿光＋蓝光＝白光。

以上关系均是按各种光等量相加的结果。若改变它们之间的混合比例，经相加混色可得到各种颜色的彩色光。

上述相加混色方法是三种光谱不同的基色光直接投射相混，叫光谱混色法。

除此之外，相加混色的方法还有如下三种。

（1）空间混色。这种方法是利用人眼空间细节分辨力差的特点，将三种基色光点放在同一表面的相邻处，只要这三个基色光点足够小，相距足够近，人眼在离开一定距离处，将会感到是三种基色光混合后所得的彩色光。这种空间混色的方法是同时制彩色电视的基础。

（2）时间混色。利用人眼的视觉惰性，顺序地让三种基色光先后出现在同一表面的同一处，当相隔的时间间隔足够小时，人眼感到这三种基色光是同时出现的，有三种基色相加所得彩色的效果。这种相加方法是顺序制彩色电视的基础。

（3）生理混色。当人的两眼同时分别观看两种不同颜色的同一彩色景像时，使之同时获得两种彩色印象，这两种彩色印象在人的大脑中产生相加混色的效果。

四、彩色图像的摄取与重现

根据三基色原理，一幅彩色图像可以分解为三个基色图像，即可把组成彩色图像的每个彩色像素分解为 R、G、B 三个基色分量。任意像素点的色度是由该像素点的红、绿、蓝三基色的分量比值所决定的，而该像素点的亮度 Y 可由三基色的亮度确定，即 $Y=0.3R+0.59G+0.11B$。由此可见，彩色电视的任务，就是在发端如何将一幅欲传送的彩色图像分解为三幅基色图像并转换成相应的三种基色信号，并把三种基色信号用一个通道传送给接收端；在接收端又如何将收到的三种基色图像信号还原成原来的彩色图像。下面着重介绍这种分解与合成的方法。

（一）彩色图像的摄取

根据三基色原理，要实现彩色电视发送，首先需要将一幅彩色图像分解为红、绿、蓝三幅基色图像，以获得三基色信号电压 R、G、B（即 E_R、E_B、E_G 的简化写法）。这可以通过图 2－30 所示的分色光学系统（包括物镜、分色棱镜、反射镜等）及三个黑白摄像管来完成。

彩色图像经物镜照射在分色棱镜上，在三角棱镜的一个表面上镀上薄膜，该薄膜使某种色光在其表面反射，另两种基色光则透过该薄膜，然后再经另一薄膜反射出一种基色光，剩下最后一种基色光透射过去，这样就将由镜头射来的光束分解成三种基色光。

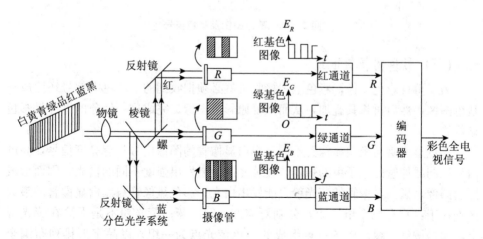

图 2－30　彩色画面分解过程

三种基色光分别由三个摄像管进行光—电变换，摄像管本身并无辨色能力，它只能辨别亮度，色度则取决于三者的比例关系。这里必须强调指出，彩色电视摄像机中三只氧化铅光电导摄像管的电子束在进行扫描时，彼此间必须保持完全同步，这样才能保证在任一瞬间三只摄像管输出的基色信号 R、G、B 都对应于景像上的同一点，否则就会产生彩色失真。通常三只摄像管上的扫描电流由同一个扫描电路供给，以保证扫描完全一致。

下面举例予以说明。设被摄图像为彩条，各彩条的饱和度为 100%，如图 2-31 (a).根据三基色原理，从彩条图像的反射光，经过分光系统后，在三个摄像管上形成的三幅基色图像，分别如图 2-31 (b)、图 2-31 (c)、图 2-31 (d) 所示。经过摄像管中的电子束扫描和光—电转换，输出的三个基色信号电压波形分别如图 2-31 中 (e)、图 2-31 (f) 和图 2-31 (g) 所示。图中是以白条对应电平为 1，黑条对应电平为 0 来画的。

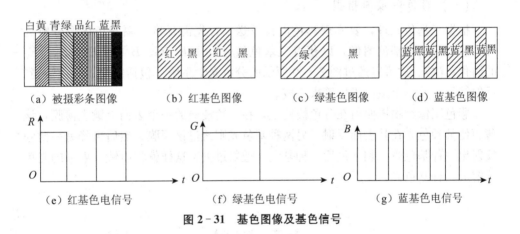

图 2-31　基色图像及基色信号

（二）彩色图像的重现

为了重现彩色图像，彩色电视接收机就必须把收到的三基色电信号还原成三基色图像，然后再将其叠加，从而恢复原彩色图像。完成这一任务的器件是彩色显像管。

彩色显像管与黑白显像管不同。黑白显像管的图像信号只有亮度信号，亮度信号控制显像管的电子束的强弱，在荧光屏上激发出强度不同的白光，因而形成黑白图像。黑白显像管的荧光粉只能发出白光。彩色显像管与黑白显像管的最大区别在于：它有三个电子束，分别对应红、绿、蓝；荧光粉不是平涂在荧光屏上，而是按红、绿、蓝各一点组成的三色荧光点为一组，以品字形排列布满全屏；荧光屏的后面设置有荫罩板。图 2-32 (a)、图 2-32 (b) 分别为彩色显像管及荫罩板作用示意。

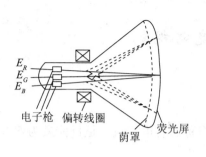

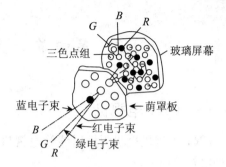

（a）彩色显像管作用示意　　　　　　　　　　（b）萌罩板作用示意

图 2－32　彩色显像管及萌罩板作用示意

　　萌罩板是上面布满小孔的金属板，其中每个孔对应一组三色点。三个电子束的强弱分别受 R、G、B 三个基色信号电压控制，并使三条电子束会聚在萌罩板的小孔内，穿过小孔后又分别去轰击对应的 R、G、B 荧光点，使其发光。由于三点距离很近，人眼的分辨力有限，根据空间相加混色原理，每组呈现的颜色是三基色光的混合色。其混合色的性质，取决于三个基色光的强弱即取决于三个电子束所携带能量的大小，也就是取决于由发送端送来的三个基色信号电压 R、G、B 的大小。因为在这种情况下，三色荧光点的亮度分别与被摄图像相应像素的三基色光的亮度成比例，于是在荧光屏上重现了发端的彩色图像。图 2－33 为彩条信号重现示意。

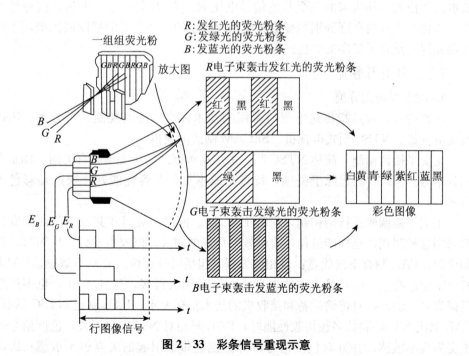

图 2－33　彩条信号重现示意

第四节　主流电视机

一、CRT 电视机

CRT 电视机也叫阴极射线管电视机，俗称彩管电视机，是目前最为普及的一种电视机商品。

（一）工作原理与组成

CRT 电视机由荧光屏、彩色显像管、电子线路板、控制面板以及电源组成。

彩色显像管有三个电子束，分别对应红、绿、蓝；荧光粉不是平涂在荧光屏上，而是按红、绿、蓝各一点组成的三色荧光点为一组，以品字形排列布满全屏；荧光屏的后面设置有荫罩板。荫罩板是上面布满小孔的金属板，其中每个孔对应一组三色点。由三个电子枪发射的三个电子束的强弱分别受 R、G、B 三个基色信号电压控制，并使三条电子束会聚在荫罩板的小孔内，穿过小孔后又分别去轰击对应的 R、G、B 荧光点，使其发光。由于三点距离很近，人眼的分辨力有限，根据空间相加混色原理，每组呈现的颜色是三基色光的混合色。其混合色的性质取决于三个基色光的强弱，即取决于三个电子束所携带能量的大小，也就是取决于由发送端送来的三个基色信号电压 R、G、B 的大小。因为在这种情况下，三色荧光点的亮度分别与被摄图像相应像素的三基色光的亮度成比例，于是在荧光屏上重现了发端的彩色图像。

（二）分类与性能

1. 按电视制式分类

所谓制式，就是指传送电视所采用的技术标准。按电视制式可分为：PAL 制式电视机、NTSC 制式电视机、SECAM 制式电视机。

正交平衡调幅制，简称 NTSC 制。采用这种制式的主要国家有美国、加拿大和日本等。NTSC 制起源于美国，特点是成本低，兼容性能好，缺点是彩色不稳定。

正交平衡调幅逐行倒相制，简称 PAL 制。德国、英国和其他一些西北欧国家采用这种制式，是性能最佳，收看效果最好的制式，但成本最高。与 NTSC 制相比较，PAL 制有下列优点：对相位失真（包括微分相位失真）不敏感。PALD 容许整个系统色度信号最大相位失真比 NTSC 制大得多，达到 $\pm40°$，也不产生色调失真。因此，对传输设备和接收机的技术指标要求，PAL 制比 NTSC 制低；PAL 制比 NTSC 制抗多径接收性能好；PAL 制相对 NTSC 制而言，色度信号的正交失真不敏感，并且对色度信号部分抑制边带而引起的失真也不敏感；PAL

接收机中采用梳状滤波器，可使亮度串色的幅度下降 3dB，并且可以提高彩色信噪比 3dB。

PAL 制有下列缺点：由于 PAL 制色信号逐行倒相，传输及解码中产生的误差（例如微分相位等），将在图像上产生爬行及半帧频闪烁现象；PAL 信号不利于信号处理（包括数字信号处理，亮度信号的彻底分离等），这是因为它的色度信号逐行倒相，色副载波相位 8 场一循环引起的；与 NTSC 制一样，彩色接收机图像的水平清晰度比黑白电视机的低；垂直彩色清晰度 PAL 制比 NTSC 制低；由于要有高精度和高稳定度的延时线及附属电路，PAL 制接收机比 NTSC 制接收机复杂，成本稍高，对于磁录机也是如此。

行轮换调频制，简称 SECAM 制。采用这种制式的有法国、前苏联和东欧一些国家。SECAM 制起源于法国，效果比 NTSC 制好，但不及 PAL 制，缺点是成本较高。

另外，彩电是在黑白电视上发展起来的，必须能容黑白电视机。黑白电视的伴音、图像载频频率也有多种。故同一制式在不同的国家采用时，对图像载频和伴音载频都会有差别，因此互相并不通用。我国采用的彩色电视机制式为 PAL - D 制。所以进口的电视机除少数厂家按我国标准生产这类产品外，在世界市场上按照 PAL - B、PAL - G、PAL - H、PAL - I、PAL - N 制式制造的外国彩色电视机，要经过必要的改动和调整后才能在我国使用。其他制式的彩色电视机则不适合在我国使用。世界上有 13 种电视体制，3 大彩电制式，兼容后组合成 30 多个不同的电视制式。但根据对世界 200 多个国家和地区的调查，仅使用其中的 17 种制式，PAL 8 种，NTSC 2 种，SECAM 7 种，使用最多的是 PAL - B、PAL - G，有 60 个国家和地区使用；NTSC - M，有 54 个国家和地区使用；SECAM - K1，有 23 个国家和地区使用。所以多制式电视机都不是全制式，但只要能接收 PAL - D、PAL - K、PAL - B、PAL - G、PAL - I，NTSC - M，SECAM - K、SECAM - k1、SECAM - B、SECAM - G 制式，就能收到世界上 80% 以上国家和地区的电视节目。除此之外，多制式电视机还能接收激光视盘和多制式录像带播放的节目，做到一机多用，非常方便。

2. 按电视信号的形式分类

按电视信号的形式可分为：模拟电视和数字电视。

模拟电视：从图像信号的产生、传输、处理到接收机的复原，整个过程几乎都是在模拟体制下完成的。其特点是采用时轴取间样，每帧在垂直方向取样，以幅度调制方式传送电视图像信号。为降低频带，同时避开人眼对图像重现的敏感频率，将 1 帧图像又分成奇、偶两场扫描。20 世纪六七十年代期间，确定模拟电视主要技术参数时，其相关理论和技术的缺陷使传统的模拟电视存在易受干扰、色度畸变、亮色串扰、行串扰、行蠕动、大面积闪烁、清晰度低和临场感弱等缺点。在模拟领域，无论怎样更新、改进硬件结构，电视所应有的功能和声像质量还远没有达到，不足以使其全面地发生根本性的变革。20世纪80年代，德国出现了数字电视接收机，揭开了数字电视的帷幕。

数字电视：严格地说就是从信源开始，将图像画面的每一个像素、伴音的每一个音节都用二进制数编码成多位数码，再经过高效的信源压缩编码和前向纠错、交织与调制等信道编码后，以非常高的比特率进行数码流发射、传输和接收的系统工程。在接收端的显像管和扬声器的输入端，得到的是模拟图像信号（高质量图像）和模拟音频信号（环绕立体声或丽音效果）。数字电视功能更加丰富，能带来高质量的画面、音效以及丰富多彩的电视节目，还具备交互性和通信功能。

3. 按画面的清晰程度分类

按电视机画面的清晰程度可分为：普通电视机、标清电视机、高清电视机。

标清电视机（SDTV）：数字标准清晰度电视简称数字标清电视。SDTV的分辨率是720×480i（NTSC制，隔行扫描）和720×576i（PAL制，隔行扫描），标准清晰度数字电视的图像效果与DVD类似，我国在试播数字电视时使用的是标准清晰度数字电视。

高清电视机（HDTV）：高清晰度电视在水平和垂直两个方向上分辨率均约为标准清晰度电视的两倍左右，并具有16：9幅型比。按照CCIR（ITU-R）的定义，高清晰度电视应是这样一个系统，即一个具有正常视觉的观众在距该系统显示屏高度的3倍距离上所看到的图像质量，应具有观看原始景物或表演时所得到的质量。这就要求HDTV图像的水平与垂直分解力较常规电视都提高1倍以上，其图像有效扫描线在1000行以上，每行有效像素达1920个像素，信息是常规电视的5倍多。其显示屏宽高比为16：9，水平视角30°，更符合人们的视角特性。其图像质量可与35mm电影首映质量媲美，其伴音则采用多个声道，如可采用5个声道（左、中、右 左后、右后），具有环绕立体声效果，并可加一个重低音声道，每个声道的收听质量与激光唱盘（CD）相当。

（三）技术参数与标准

1. 技术参数

分辨率：电视机的分辨率是一个表示平面图像粗细程度的技术参数。通常情况下用横向和纵向点的数量来衡量图像的细节表现力，并以水平点数、垂直点数的形式来表示。点又称像素。

对比度：实际上就是亮度的比值，定义是在暗室中，白色画面（最亮时）下的亮度除以黑色画面（最暗时）下的亮度。更精准地说，对比度就是把白色信号在100%和0%时的饱和度相减，再除以用Lux（光照度，即勒克斯，每平方米的流明值）为计量单位下0%的白色值（0%的白色信号实际上就是黑色），所得到的数值。对比度是最黑与最白亮度单位的相除值。因此白色越亮，黑色越暗，对比度就越高。

点距：一般是指显示屏相邻两个像素点之间的距离。画面是由许多的点所形成的，而画质的细腻度就是由点距来决定的，点距的计算方式是以面板尺寸除以解析度所得的数值。

亮度：是指画面的明亮程度，单位是堪德拉每平方米（cd/m^2）或称 nits，也就是每平方米之烛光。

灰阶响应时间：屏幕上的每一个点，即一个像素，是由红、绿、蓝三个子像素组成的，每一个子像素的颜色值由 0～255 级（共 256 级）不同的亮度来表示，这些不同层次的亮度就称为"灰度色阶"（即灰阶）。在这个渐变的范围内，数值越低颜色越暗（最暗为 0），反之则越亮（最亮为 255）。而灰阶响应时间（Gray To Gray，GTG）就表示电视机从某一个灰阶变换到另一个灰阶所需要的时间，它可以全面体现电视机各种色彩变化（即灰阶变化）的真实速度。

色彩数：就是屏幕上最多显示多少种颜色的总数。对屏幕上的每一个像素来说，256 种颜色要用 8 位二进制数表示，即 2 的 8 次方，因此我们也把 256 色图形叫作 8 位图；如果每个像素的颜色用 16 位二进制数表示，我们就叫它 16 位图，它可以表达 2 的 16 次方即 65536 种颜色；还有 24 位彩色图，可以表达16777216 种颜色。

屏幕尺寸：是指电视机屏幕对角线的长度，单位为英寸。

屏幕长宽比：一般把屏幕宽度和高度的比例称为长宽比（Aspect Ratio，也称为纵横比或者叫做屏幕比例），宽屏的特点就是屏幕的宽度明显超过高度。目前标准的屏幕比例一般有 4∶3 和 16∶9 两种。

2. 标准

GB/T 10239—2003　彩色电视广播接收机通用规范

ISO 2859 - 1∶1999　计数抽样检验程序第 1 部分：按接收质量限（AQL）检索的逐批检验抽样计划

GB/T 2829—2002　周期检验计数抽样程序及表（适用于对生产过程稳定性的检验）

GB/T 3174—1995　PAL - D 制电视广播技术规范

GB/T 4877—1985　电视中间频率

GB/T 5080.6—1996　设备可靠性试验恒定失效率假设的有效性检验

GB/T 5465.2—1996　电气设备用图形符号

GB/T 8898—2001　音频、视频及类似电子设备安全要求

GB/T 9031—1988　家用声系统设备互连配接要求

GB/T 9379—1988　电视广播接收机主观试验评价方法

GB/T 9382—1988　彩色电视广播接收机可靠性验证试验贝叶斯方法

GB/T 9383—1999　声音和电视广播接收机及有关设备抗扰度限值和测量方法

GB/T 9384—1997　广播收音机、广播电视接收机、磁带录音机、声频功率放大器（扩音机）的环境试验要求和试验方法

GB/T 12281—1990　彩色电视广播接收机与其他设备互连配接要求

GB/T 12857—1991　电视广播接收机在非标准广播信号条件下的测量方法

GB 13837—2003　声音和电视广播接收机及有关设备无线电干扰特性限值和测量方法

GB/T 14219—1993　中文图文电视广播规范

GB/T 14960—1994　电视广播接收机用红外遥控发射器技术要求和测量方法

GB/T 15639—1995　电视广播接收机主观评价节目源

GB/T 1 5644—1995　视听系统设备互连用连接器的应用

GB/T 15859—1985　视听、视频和电视系统中设备互连的优选配接值

GB 17625.1—2003　低压电气及电子设备发出的谐波电流限值（设备每项输入电流簇 16A）

GB/T 17309.1—1998　电视广播接收机测量方法　第1部分：一般考虑射频和视频电性能测量以及显示性能的测量

SJ /T 2303—1983　TX 型同心插头座

SJ /T 10514—1994　电视广播接收机遥控部分的技术要求和测量方法

SJ /T 10326—1992　电视广播接收机群时延特性

SJ /T 10365—1993　电视广播接收机在非标准广播信号条件卜的基本参数和技术要求

SJ /T 10368—1993　图文电视广播接收机基本参数和测量方法

SJ /T 10919—1996　彩色电视广播接收机包装

SJ /T 11157—1997　电视广播接收机测量方法　第2部分：伴音通道的电性能测量、一般测量方法和单声道测量方法

SJ /T 11157—1997　电视广播接收机测量方法　第2部分：伴音通道的电性能测量、一般测量方法和单声道测量方法修正案1

SJ /T 11158—1998　采用 NICAM 双通道数字声系统多声道电视接收机的基本技术参数要求和测量方法

SJ/ T 11285—2003　彩色电视广播接收机基本技术参数要求

GY / T 106—1999　有线电视系统规范

GY / T 129—1997　PAL－D电视广播附加双通道数字声技术规范

(四) 质量与检验鉴别

1. 感官检验

彩色电视机外观应整洁，表面不应有凹凸痕、划伤、裂缝、毛刺、霉斑等缺陷，表面涂镀层不应起泡、龟裂、脱落等。金属零件不应有锈蚀及其他机械损伤，灌注物不应外溢。开关、按键、旋钮的操作应灵活可靠，零部件应紧固无松动。显像管安装应与机箱吻合，无明显缝隙，整机应具有足够的机械稳定性。说明功能的文字和图形符号的标志应正确、清晰、端正、牢固，指示应正确。

外观要求协调、自然、机壳平整光洁，无变形、无损伤、无锈蚀、无裂纹、配件齐全，各开关、按钮、旋钮操作轻便自如，拉杆天线转动灵活，伸缩方便，停留稳定。屏幕无划伤、水纹、气泡和麻点，仔细观察荧光粉应均匀，不应有局部发黄、发黑或色差。接通电源，置频道于空档。对比度调至最小，亮度调至中等偏暗，色饱和度调至最小，观察荧光屏上的光栅。要求光栅布满屏幕，扫描线应细而清晰且间隔均匀，互相平行；光栅应无暗角、暗边、卷边，整幅光栅亮度应均匀，并随亮度旋钮的调节而均匀变化，扫描线不能有倾斜、弯曲或呈波浪形；调节色饱和度旋钮，光栅仍然是白色，不应有底色和局部色斑。关机后，屏幕中心应无亮点停留。接收电视台电视信号，要求图像稳定，行、场同步范围宽，图像无扫动、影移、跳动和闪烁等现象；图像应清晰，细节分明，无回扫线、毛刺、镶边和雾状现象；亮度和对比度调节范围大，作用明显；图像应有较强的抗干扰能力，在周围电器的影响下，能正常观看画面不出现跳动、歪斜、扭曲等。彩条信号的彩条顺序应正确，荧光屏上依次为白、黄、青、绿、紫、红、蓝、黑八种颜色的竖条，不应有彩色失真。各彩条应色彩鲜明、间隔分明、稳定不变，将色饱和度由小调到大，此时图像上的彩色只能产生由淡到浓的变化，而不应有颜色的变化。亮度和对比度的调节不应引起彩色色调变化，图像轮廓与彩色应能很好地重合，无错位和镶边现象。

2. 理化检验

彩色电视机的电、光、声、色性能基本技术参数按《彩色电视广播接收机基本技术参数要求》（SJ/T 11285—2003）规定，其测量方法按《电视广播接收机测量方法 第1部分：一般考虑射频和视频电性能测量及显示性能的测量》（GB/T 17309.1—1998）、电视广播接收机测量方法 第2部分：伴音通道的电性能量—般测量方法和单声道测量方法修正案1（SJ/T 11157—1997）及其修正案1的规定进行；彩色电视机遥控部分性能要求和测量方法应按《电视广播接收机摇控部分的技术要求和测量方法》（SJ/T 10514—1994）的规定，所使用的红外遥控发射器的性能要求和试验方法应按《电视广播接收机用红外遥控发射器技术要求和测量方法》（GB/T 14960—1994）的规定；彩色电视机在非标准广播信号下的性能要求按《电视广播接收机在非标准广播信号条件下的基本参数和技术要求》（SJ/T 10365—1993）的规定，其测量方法按《电视广播接收机在非标准广播信号条件下的测量方法》（GB/T 12857—1991）的规定；具有 NICAM 双通道数字声系统多声道的彩色电视机的基本技术参数要求和测量方法按《采用 NICAM 双通道数字声系统多声道电视接收机的基本技术参数要求和测量方法》（SJ/T 11158—1998)的规定；具有图文电视接收功能的彩色电视机性能要求和测量方法按《图文电视广播接收机基本参数和测量方法》（SJ/T 10368—1993）的规定；具有画中画电视接收功能的彩色电视机性能要求和测量方法由企业标准规定；干扰特性的限值和测量方法按《声音和电视广播接收机及有关设备无线电干扰特性限值和测量方法》（GB 13837—2003）的规定；抗扰度的限值和测量方法按《声音和电视广播接收机及有关设备抗扰度限值和测量方法》（GB/T 9383—1999）的规定；彩色电视机的谐波电流限值和测量方法按《低压电气及电子设备发出的谐波电流限值设备每项输入电流簇 16A》（GB 17625.1—2003）的规定；彩色电视机的安全性要求和试验方法应符合《音频、视频及类似电子设备安全要求》（GB 8898—2001）的规定；彩色电视机平均无故障工作时间（MTBF）的下限值应不小于 15000h。基本参数及要求如表 2-3 所示。

表 2-3   **基本参数及要求**

序号	基本参数	技术要求	单位	测量方法	测量频道数
1	图像通道噪波限制灵敏度 75Ω 输入时　　VHF 　　　　　　　UHF	≤250 ≤350	μV	GB 9372—1988 中的 4.2 （视频信号中加 色同步脉冲）	57
2	彩色灵敏度 75Ω 阻抗输入时	≤75	μV	GB 9372—1988 中的 4.4	57
3	自动增益控制静态特性 输出电平变化±1.5dB 时， 输入电平变化	≥60	dB	GB 9372—1988 中的 4.5	57
4	选择性 1.5MHz 处衰减 1.5MHz 以下衰减 8MHz 处衰减 8MHz 以上衰减	≥35 ≥30 ≥40 ≥30	dB	GB 9372—1988 中的 4.19	57

序号	基本参数	技术要求	单位	测量方法	测量频道数
5	中央图像清晰度 显像管屏幕尺寸在 56cm 及 56cm 以下时 水平方向 垂直方向 显像管屏幕尺寸 在 56cm 以上时 水平方向 垂直方向	≥300 ≥400 ≥350 ≥450	线	GB 9372—1988 中的 4.47	1
6	扫描的同步范围 行频引入范围 行频保持范围（以 15625Hz 为基准） 场同步范围（包括 50Hz）	≥±200 ≥±400 ≥6	Hz	GB 9372—1988 中的 4.48	
7	彩色同步稳定性 引入范围 保持范围（以 4.43361875 MHz 为基准）	≥±200 ≥±300	Hz	GB 9372—1988 中的 4.49	1
8	电源消耗功率 当显像管屏幕尺寸为： 37~44cm 时 47~51cm 时 54~56cm 时 56cm 以上时	≤60 ≤65 ≤70 产品标准 中规定	W	GB 9372—1988 中的 4.58	1
9	伴音通道噪声限制灵敏度 不劣于图像通道噪波限制 灵敏度标称值的倍数	1/3	倍	GB 9372—1988 中的 4.70	57

序号	基本参数	技术要求	单位	测量方法	测量频道数
10	伴音通道最大有用电输出功率当显像管屏幕尺寸为： 37～44cm 时 47～51cm 时 54～56cm 时 56cm 以上时	≥1.0 ≥1.5 ≥2.0 产品标准中规定	W	GB 9372—1988 中的 4.74	1
11	色度信号解调误差 （1）解调角误差 （2）相位配合误差 （3）幅度配合误差	不劣于±15 不劣于±15 ≤15	(°) (°) %	GB 9372—1988 中的 4.38.2、4.38.2.2、4.38.2.3	1
12	色度自动增益控制特性 输出电平相对标准输出电平变化为： +1.5dB 时输入电平变化 −1.5dB 时输入电平变化	≥+6 ≤−6	dB	GB 9372—1988 中的 4.7	1
13	消色电路功能	≤−16	dB	GB 9372—1988 中的 4.10	1
14	自动频率控制特性 引入范围（以高频频率为基准） 剩于误差（以中频频率为基准）	不劣于$^{+1.9}_{-0.7}$ 不劣于±0.1	MHz	GB 9372—1988 中的 4.15	57
15	中频抑制能力	≥45	dB	GB 9372—1988 中的 4.20	1
16	假像抑制能力 VHF UHF	≥45 ≥40	dB	GB 9372—1988 中的 4.21	57
17	抑制彩色副载波和伴音内载波的差拍干扰能力	≥10	dB	GB 9372—1988 中的 4.24	1
18	交扰调制抑制能力	≥80	dBμV	GB 9372—1988 中的 4.25	57

续　表

序号	基本参数	技术要求	单位	测量方法	测量频道数
19	场频方波响应 K_{50} （1）亮度通道 （2）色度通道	≤5 ≤5	%	GB 9372—1988 中的 4.29、4.31	1
20	亮度信号直流分量失真	≤30	%	GB 9372—1988 中的 4.33	1
21	基色信号直流分量失真	≤20	%	GB 9372—1988 中的 4.34	1
22	亮度信号行期间的非线性	≤5	%	GB 9372—1988 中的 4.36	1
23	色度信号行期间的非线性	≤10	%	GB 9372—1988 中的 4.37	1
24	行顺序信号电平的不一致性	≤10	%	GB 9372—1988 中的 4.41	1
25	图像重显率 水平方向 垂直方向	≥90 ≥90	%	GB 9372—1988 中的 4.43	1
26	扫描非线性失真 水平方向 垂直方向	≤10 ≤8	%	GB 9372—1988 中的 4.44	1
27	图像几何失真	≤3	%	GB 9372—1988 中的 4.45	1
28	会聚误差 （1）A 区 （2）B 区	≤0.4 ≤0.8	%	GB 9372—1988 中的 4.46	1
29	保持图像稳定的电源 电压变化范围	不劣于 $^{+10}_{-20}$	%	GB 9372—1988 中的 4.59	1
30	全屏最大亮度 显像管屏幕尺寸： 56cm 及以下时 56cm 以上时	 ≤100 ≤80	cd/m²	GB 9372—1988 中的 4.60	1
31	基准白的色度坐标误差	≤3	JND	GB 9372—1988 中的 4.66	1
32	白场色度不均匀性	≤3	JND	GB 9372—1988 中的 4.67	1
33	白平衡误差	≤3	JND	GB 9372—1988 中的 4.68	1
34	图像信号、扫描及电源电路 在伴音通道中产生的噪声	≤−40		GB 9372—1988 中的 4.85	

续　表

序号	基本参数	技术要求	单位	测量方法	测量频道数
35	伴音通道的声频率响应 当声压不均匀度为 16dB 时 显像管屏幕尺寸为： 　37～44cm 时 　47～51cm 时 　54～56cm 时 　56cm 以上时	 ≥200～5600 ≥180～6300 ≥160～7100 ≥125～10000	Hz	GB 9372—1988 中的 4.75	1
36	伴音通道的平均声压 显像管屏幕尺寸为： 　37～44cm 时 　47～51cm 时 　54～56cm 时 　56cm 以上时	 ≥0.30 ≥0.35 ≥0.45 ≥0.5	Pa	GB 9372—1988 中的 4.76	1
37	伴音通道的声压谐波失真系数	≤10	%	GB 9372—1988 中的 4.84	1
38	伴音通道调幅抑制能力	≥25	dB	GB 9372—1988 中的 4.86	1

注：GB 9372—1988——《电视广播接收机测量方法》。

（五）包装、储存和运输

1. 标志

电视机的本体上应标有生产厂的名称、商标、型号和产品编号。电视机的机壳后盖上应该有电源的性质、额定电压、电源频率、功耗以及警告用户防止触电等标志。电视机的本体上应有中国强制认证（CCC）的标志，认证标志下应有产品对应的工厂编码。包装箱上应有下列标志：产品名称、型号、生产企业的名称、地址；商标名称及注册商标图案；生产日期；包装质量（kg）；采用技术标准号；可视图像的对角线最小尺寸（单位：cm，取整），按《彩色电视广播接收机基本技术参数要求》（SJ/T 11285）中表 5 的规定标注；包装件最大外型尺寸（l×b×h，单位：cm）；机壳颜色标记；堆码层数极限；印有怕湿、向上、小心、轻放等标记，并标明管屏方向及其他有关危险的警告标记。包装和标记均应符合《彩色电视广播接收机包装》（SJ/T 10919）的规定。

2. 运输

包装完整的电视机可用正常的陆、海、空交通工具运输，运输过程中应按包装标记规定，避免雪、雨直接淋袭。

3. 储存

包装完整的电视机应储存在环境温度为 -15℃～45℃、相对湿度不大于80%、周围无酸碱及其他腐蚀性气体和污染物等有害物体的库房中，储存期为一年，超过一年期的产品应开箱检验，经复检合格后，方可进入流通领域。

二、PDP 电视机

（一）工作原理与组成

等离子显示屏由前后两片玻璃面板组成。前面板是由玻璃基层、透明电极、辅助电极、诱电体层和氧化镁保护层构成，并且在电极上覆盖透明介电层（Dielectric Layer）及防止离子撞击介电层的 MgO 层；后板玻璃上有 Data 电极、介电层及长条状的隔壁（Barrier Rib），并且在中间隔壁内侧依序涂布红色、绿色、蓝色的荧光体，在组合之后分别注入氮、氖等气体即构成等离子面板。工作原理：采用了等离子管作为发光元件，屏幕上每一个等离子管对应一个像素，屏幕以玻璃作为基板，基板间隔一定距离，四周经气密性封接形成一个个放电空间。放电空间内充入氖、氙等混合惰性气体作为工作媒质。在两块玻璃基板的内侧面上涂有金属氧化物导电薄膜作激励电极。当向电极上加入电压，放电空间内的混合气体便发生等离子体放电现象。气体等离子体放电产生紫外线，紫外线激发荧光屏，荧光屏发射出可见光，显现出图像。当使用涂有三基色荧光粉的荧光屏时，紫外线激发荧光屏，荧光屏发出的光则呈红、绿、蓝三原色。当每一原色单元实现 256 级灰度后再进行混色，便实现彩色显示。

在影像的颜色方面，它不像显像管那样可以经由对电子束量的控制进行调整，因为紫外线和可视光都已经处于饱和状态，所以使用通过电流的控制来操控亮度是不可能的。即使是电流改变，画面的明暗也不会改变。所以，等离子便要利用 PCM（Pulse Code Modulation）——脉冲编码调制技术来控制每一个区域内的脉冲，便可以改变画面的亮度。

首先，影像要由每秒 60 帧或 50 帧构成；其次，便是将每 1 帧分割成 8 个或更多数量的子场，每个子场分为复位、寻址、维持放电三个阶段，复位用来擦除上一场遗留的维持电荷，并预设壁电荷；再次，通过寻址选择要显示的单元，再通过维持放电对选中的显示单元进行放电，使其发光。最后，人眼看到的则是由 8 个子场组成的混合图像，由此来表现不同亮度和色彩。这个方法非常复杂，而且还带出了一个严重的缺点，即残影的产生。

等离子电视由屏幕、控制面板、图像处理电路、电源组成。

（二）质量检验鉴别与保养

1. 感官检验

PDP 显示器外观应整洁，表面不应有凹凸痕、划伤、裂缝、毛刺、霉斑等缺陷，表面涂镀层不应起泡、龟裂、脱落等。金属零件不应有锈蚀及其他机械损伤，灌注物不应外溢。开关、按键、旋钮的操作应灵活可靠，零部件应紧固无松动。无明显安装缝隙，整机应具有足够的机械稳定性。说明功能的文字和图形符号的标志应正确、清晰、端正、牢固、指示应正确。

感官检验应关注以下方面：外观典雅大气，具有时尚感和流行特质；外壳、屏幕无缺陷；说明书、产品合格证以及维修卡等资料和遥控器等配件齐全；遥控器和机身的按键灵活耐用；控制菜单应通俗易懂且方便用户操作，信息提示明晰且准确；电视机所能实现的功能应与使用说明书中标示的内容相符；接口应齐备且能满足用户的不同需求；等离子电视图像应饱满细腻，色彩还原力强，色彩过渡柔和，黑色表现力强，无锯齿现象；对于高速运动画面应不出现拖尾现象；在暗室条件下对比度应很高，昏暗场景应层次分明；黑色还原力应很强，在关闭电源的情况下，显示屏黑度足够，重新启机之后，画面应保持不混色；对于静止画面的还原力应足够好，切换画面后残影应尽快消失；机器的功耗应与铭牌上标注的相符且尽可能低；使用时，屏幕的发热量应较低。

PDP 显示器的基本功能如表 2-4 所示。

表 2-4　　　　　　　　　　PDP 显示器的基本功能

序号	功能	要求
1	遥控	必备
2	中文菜单显示	必备
3	场频变换	可选
4	支持计算机显示功能	可选
5	多画面	可选
6	画面冻结	可选
7	色温选择	可选
8	4:3 和 16:9 幅型比变换	可选
9	无信号自动关机	可选

支持输入图像的显示格式如表 2-5 所示。

表 2-5 　　　　　　　　　　　支持输入图像的显示格式

输入图像格式	显示图像参数描述				
	隔行比	扫描行数	行频（kHz）	场频（Hz）	幅型比
720×576i	2：1	625	15.625	50	4：3
720×576p*	1：1	625	31.25	50	4：3
1280×720p*	1：1	750	45	60	16：9
1280×720p*	1：1	750	37.50	50	16：9
1920×1080i	2：1	1125	28.125	50	16：9
1920×1080i*	2：1	1125	33.75	60	16：9
1920×1080i*	2：1	1250	31.25	50	16：9

注：不带 * 为首选项。

PDP 显示器接口要求如表 2-6 所示。

表 2-6 　　　　　　　　　　　PDP 显示器接口要求

序号	接口类型	要求	接口的技术要求
1	RF 输入接口	可选	按 SJ/T 11327—2006 的要求
2	复合视频输入接口	必备	按 SJ/T 11329—2006 的要求
	Y/C 输入接口	可选	按 SJ/T 11330—2006 的要求
	Y、P_B、P_R 输入接口	必备	按 SJ/T 11333—2006 的要求
	R、G、B 输入接口	可选	按 SJ/T 11332—2006 的要求
3	音频输入接口：左声道、右声道	必备	按 SJ/T 11331—2006 的要求
4	复合视频输出接口	可选	按 SJ/T 11329—2006 的要求
5	D-sub 15 针（VGA）输入接口	可选	按 SJ/T 11332—2006 的要求
6	音频输出接口：左声道、右声道	可选	按 SJ/T 11331—2006 的要求
7	数字音、视频输入接口	可选	待定

注：SJ/T 11327—2006——《数字电视接收设备接口规范　第 1 部分：射频信号接口》。

PDP 显示器的常温性能要求如表 2-7 所示。

表 2 - 7　　　　　　　　**PDP 显示器的常温性能要求**

序号	项目		单位	性能要求		测量方法
				SDTV	HDTV	
1	重显率	水平	%	≥95		SJ/T 11348—2006 中的 5.10
		垂直		≥95		
2	有用平均亮度	≤127cm	cd/m²	≥60		SJ/T 11348—2006 中的 5.2
		>127cm		≥40		
3	对比度		倍	≥150：1		SJ/T 11348—2006 中的 5.3
4	亮度均匀性		%	≥75		SJ/T 11348—2006 中的 5.4
5	相关色温		K	9300	$u'=0.189\pm0.015$	SJ/T 11348—2006 中的 5.7
					$v'=0.447\pm0.015$	
				6500	$u'=0.198\pm0.015$	
					$v'=0.468\pm0.015$	
6	色域覆盖率		%	≥32		SJ/T 11348—2006 中的 5.8
7	白色色度不均匀性 $\Delta u'v'$			≤0.015		SJ/T 11348—2006 中的 5.9
8	白平衡误差	$\Delta u'$		不劣于±0.020		SJ/T 11348—2006 中的 5.16
		$\Delta v'$		不劣于±0.020		
9	清晰度	RF模拟信号输入 水平	电视线	≥350		SJ/T 11348—2006 中的 5.11
		RF模拟信号输入 垂直		≥400		
		水平		≥450	≥720	
		垂直		≥450	≥720	
10	可视角 (L₀/3)	水平	(°)	≥160		SJ/T 11348—2006 中的 5.12
		垂直		≥80		
11	亮度均匀性与视角的关系		%	≥50		SJ/T 11348—2006 中的 5.17
12	色度与视角的关系	$\Delta u'$		不劣于±0.020		SJ/T 11348—2006 中的 5.18
		$\Delta v'$		不劣于±0.020		
13	运动图像拖尾时间		ms	≤20		SJ/T 11348—2006 中的 5.19
14	残留影像		%	待定		SJ/T 11348—2006 中的 5.14

序号	项目			单位	性能要求		测量方法
					SDTV	HDTV	
15	像素缺陷	不发光缺陷点	A区	个	≤2	在1/9屏高×1/9屏宽的面积内不能出现2个不发光点	SJ/T 11348—2006 中的5.13
			A区-B区		≤8		
		不熄灭缺陷点	A区		0（白发光点或绿发光点）≤2（红、蓝或其他色发光点）		
			A区-B区		≤4（在1/9屏高×1/9屏宽的面积内不能出现2个绿或白发光点）		
16	待机消耗功率			W	≤5		SJ/T 11348—2006 中的4.8
17	整机消耗功率			W	由产品规范规定		SJ/T 11348—2006 中的4.7
18	电源频率适用范围			Hz	50±2%		SJ/T 11348—2006 中的4.5.2
19	遥控接收距离			m	≥8		SJ/T 10514—1994 中的5.2
20	受控角	上		(°)	≥15		SJ/T 10514—1994 中的5.3
		下			≥15		
		左			≥30		
		右			≥30		
21	抗环境光干扰在各种环境光大于或等于2000lx时遥控距离			m	5		SJ/T 10514—1994 中的5.14
22	抗外界电器干扰				不受外界电器使用时的干扰		SJ/T 10514—1994 中的5.15

注：SJ/T 11348—2006——《数字电视平板显示器测量方法》；

　　SJ/T 10514—1994——《电视广播接收机红外遥控部分的技术要求和测量方法》。

PDP 显示器接收模拟彩色电视广播信号时的常温性能要求如表2-8所示。

表 2-8　　**PDP 显示器接收模拟彩色电视广播信号时的常温性能要求**

序号	项目		单位	性能要求	测量方法 GB/T 17309.1—1998
1	视频输出幅度	视频信号幅度	mV$_{P-P}$	700±10％	6.1.2
		同步脉冲幅度		300±10％	
2	噪波限制灵敏度	VHF	dBμ	≤51	5.2.3
		UHF		≤54	
3	彩色灵敏度		dBμ	≤40	5.2.5
4	自动增益控制（AGC）静态特性		dBμ	≥100	5.2.7
5	多射频输入信号最大有用电平		dBμ	≥80	5.2.11
6	双信号选择性	下邻频道声音载波频率处	dB	≥40	5.3.2
		上邻频道图像载波频率处		≥50	
7	邻频道干扰比		dB	≤-4	5.3.4
8	亮度信号的波形响应	K_R	％	≤2	6.1.4
		K_V		≤2	
9	亮度信号的行期间非线性失真		％	≤20	6.1.5
10	微分增益（峰—峰）		％	≤5	6.2.3
11	微分相位（峰—峰）		（°）	≤5	6.2.3

PDP 显示器的声性能如表 2-9 所示。

表 2-9　　　　**PDP 显示器的声性能**

序号	项目		单位	性能要求	测量方法
1	声音通道的噪波限制灵敏度	VHF	dBμ	≤39	SJ/T 11157—1998 中的 6.3
		UHF		≤42	
2	声音通道的信噪比		dB	≥40	SJ/T 11157—1998 中的 6.1
3	左右声道的串音		dB	≤-46	SJ/T 11348—2006 中的 6.2.2
4	左右声道的增益差		dB	≤3	SJ/T 11348—2006 中的 6.2.1
5	声频率响应范围（当声频率响应不均匀性为 16dB 时的上、下频率区间）	SDTV	Hz	160~6300	SJ/T 11157—1998 修正案 1 中的 C5
		HDTV		160~8000	

续　表

序号	项目	单位	性能要求	测量方法
6	最小源电动势输出声压级	dB	≥84	SJ/T 11157—1998 修正案 1 中的 C3
7	额定输入时声压总谐波失真	%	≤10	SJ/T 11157—1998 修正案 1 中的 C6
8	声音通道噪声声级	dB（A）	≤36	SJ/T 11348—2006 中的 B7
9	音频输出功率（电压总谐波失真为 7% 时）	W	由产品规范规定	SJ/T 11157—1998 中的 3

注：SJ/T 11157—1998——《电视广播接收机测量方法　第 2 部分：伴音通道的电性能测量、一般测量方法和单声道测量方法》；

SJ/T 11348—2006——《数字电视平板显示器测量方法》。

2. 理化检验

PDP 显示器所使用的红外遥控发射器的性能要求应符合《电视广播接收机用红外遥控发射器技术要求和测量方法》（GB/T 14960—1994）的规定。具有其他型式的遥控器的性能要求由产品规范规定；PDP 显示器的干扰特性限值应符合《声音和电视广播接收机及有关设备无线电干扰特性限值和测量方法》（GB 13837—2003）的有关要求；抗扰度限值应符合《声音和电视广播接收机及有关设备抗扰度限值和测量方法》（GB/T 9383—1999）的有关要求；谐波电流限值应符合《低压电气及电子设备发出的谐波电流限值设备每项输入电流簇16A》（GB 17625.1—2003）的要求；PDP 显示器安全性要求应符合《音频、视频及类似电子设备安全要求》（GB 8898—2001）的规定。PDP 显示器平均失效间隔时间（MTBF）的下限值应不小于 15000h；PDP 显示器的环境试验应符合《数字电视接收及显示设备环境试验方法》（SJ/T 11326—2006）的规定；PDP 显示器开箱检验的内容和不合格判据，应按《数字电视等离子体显示器通用规范附录 A 的规定》（SJ/T 11339—2006）；PDP 显示器工艺装配检验内容和不合格判据按《数字电视等离子体显示器通用规范附录 B》（SJ/T 11339—2006）的规定。

（三）包装、储存和运输

1. 标志

PDP 显示器的外壳上应标有生产厂的名称、商标、型号和产品编号。PDP 显示器的外壳上应该有电源的性质、额定电压、电源频率、功耗以及警告用户防止触电等标记。PDP 显示器的本体上应有中国强制认证（CCC）标志。包装箱上应有下列标记：产品名称、型号、生产企业的名称、地址；商标名称及注册商标图案；生产日期；包装质量（kg）；执行产品标准编号；显示图像的有效屏幕尺寸；包装件最大外型尺寸（l×b×h，单位：cm）；堆码层数极限；印有怕雨、向上、易碎物品等标记，并标明其他有关危险的警告标记，标记应符合《包装储运图示标志》（GB/T 191—2000）的规定。

2. 包装

应符合《彩色电视广播接收机包装》（SJ/T 10919—1996）的规定。

3. 运输

包装完整的 PDP 显示器可用正常的陆、海、空交通工具运输，运输过程中应按包装标记规定，避免雪、雨直接淋袭。

4. 储存

包装完整的 PDP 显示器应储存在环境温度为 $-15℃\sim45℃$、相对湿度不大于 80％、周围无酸碱及其他腐蚀性气体和污染物等有害物体的库房中，储存期为一年。超过一年期的产品应开箱检验，开箱检验要求按《数字电视等离子体显示器通用规范 5.11、6.2》（SJ/T 11339—2006）的要求经复检合格后，方可进入流通领域。

三、LCD 电视机

液晶既具有各向异性的晶体所特有的双折射性，又具有液体的流动性，在外界电压的作用下会改变它的透光特性。当受到外界电场影响时，其分子会产生精确的有序排列，如果对分子的排列加以适当的控制，液晶分子将会允许光线穿越。以 TFT（Thin Film Transistor）液晶显示器为例，从上到下分别为偏光镜（Polarizer）、滤色玻璃板（Color filter glass）、TFT 玻璃板、偏光镜以及提供光源的背光，玻璃板中间为液晶。TFT 玻璃板上分布着与显示像素一样多的薄末晶体管，而滤色玻璃板则起着滤色的作用，用来产生彩色。上下偏光板的透光角度相互垂直，背光照射时先通过下偏光板向上透出，它借助液晶分子来传导光线，液晶分子的排列状态在滤色玻璃板和 TFT 玻璃板之间电压的作用下，通过液晶的扭转角度来决定透光的多少，也就决定了屏幕显示的亮度。每个像素上红、绿、蓝三基色呈现品字形排列，每个像素对应一个电压控制信号，当加载图像信号时，不同像素对应的电压信号不同，就可以呈现出不同的颜色，不同比例的搭配可以呈现出千变万化的色彩，从而再现了图像。

液晶电视由液晶屏幕、控制面板、图像处理电路、背光源和电源组成。

（一）质量鉴别与保养

1. 感官检验

LCD 显示器外观应整洁，表面不应有凹凸痕、划伤、裂缝、毛刺、霉斑等缺陷，表面涂镀层不应起泡、龟裂、脱落等。金属零件不应有锈蚀及其他机械损伤，灌注物不应外溢。开关、按键、旋钮的操作应灵活可靠，零部件应紧固无松动。无明显安装缝隙，整机应具有足够的机械稳定性。说明功能的文字和图形符号的标志应正确、清晰、端正、牢固、指示应正确。

画面应柔和细腻，亮度均匀，在明室下应有较高的对比度，黑场的亮度应满足要求；坏点符合标准（3~6个），在不同背景下无其他点缺陷，标清电视的垂直刷新频率应在720p以上，接口应至少包含一个HDMI，并带有CESI认证标识；应有较大的可视角度；对于正常的动态画面，应不出现拖尾现象；标称使用的屏幕应与实际情况相符合。正常工作时，发热量符合要求。

2. 理化检验

LCD显示器所使用的红外遥控发射器的性能要求应符合《电视广播接收机用红外遥控发射器技术要求和测量方法》（GB/T 14960—1993）的有关规定。具有其他型式的遥控器的性能要求由企业标准规定。LCD显示器主观评价要求，按《标准分辨率数字电视（SDTV）系统的主观评定》（ITU-R BT 1129-2—1998）和《高清晰度电视图像预量的主观说不定方法（ITU-R BT 710-4—1998）的有关规定，要求显示的图像质量达到5级损伤制标准的4级以上。LCD显示器的干扰特性限值应符合《声音和电视广播接收机及有关设备无线电干扰特性限值和测量方法》（GB 13837—2003)的有关要求，抗扰度限值应符合《声音和电视广播接收机及有关设备抗扰度限值和测量方法》（GB/T 9383—1999）的有关要求，谐波电流限值应符合《低压电气及电子设备发出的谐波电流限值设备每项输入电流簇16A》（GB 17625.1—2003)的有关要求。LCD显示器安全性要求应符合《音频、视频及类似电子设备安全要求》（GB 8898—2001）的有关规定。LCD显示器平均故障间隔工作时间（MTBF）的下限值应不小于15000h。LCD显示器的环境试验应符合《数字电视接收及显示设备环境试验方法》（SJ/T 11326—2006）的有关规定。具体检验方法详见《数字电视液晶显示器通用规范》（SJ/T 11343—2006）。

LCD显示器的基本功能如表2-10所示。

表2-10　　　　　　　　　　　LCD显示器的基本功能

序号	功能	要求
1	遥控	必备
2	中文菜单显示	必备
3	场频变换	可选
4	计算机显示功能	可选

序号	功能	要求
5	多画面	可选
6	画面冻结	可选
7	色温选择	可选
8	无信号自动关机	可选
9	16：9和4：3幅型比变换	可选

支持输入图像的显示格式如表2-11所示。

表2-11　　　　　　　　　　　支持输入图像的显示格式

输入图像格式	显示图像参数描述				
	隔行比	扫描行数	行频（kHz）	场频（Hz）	幅型比
720×576i	2：1	625	15.625	50	4：3
720×576p*	1：1	625	31.25	50	4：3
1280×720p*	1：1	750	45	60	16：9
1280×720p*	1：1	750	37.50	50	16：9
1920×1080i	2：1	1125	28.125	50	16：9
1920×1080i*	2：1	1125	33.75	60	16：9
1920×1080i*	2：1	1250	31.25	50	16：9

注：不带*为首选项。

LCD显示器的常温性能要求如表2-12所示。

表2-12　　　　　　　　　LCD显示器的常温性能要求

序号	项目	单位	性能要求	测量方法
1	亮度	cd/m²	≥100	
2	对比度	倍	≥180：1	
3	亮度不均匀性	%	≤20	
4	白色色度坐标（或色温）	$u_白'$　$v_白'$	由企业标准规定	

序号	项目		单位	性能要求	测量方法
5	基色色度坐标	$u_R{}'$		由企业标准规定	
		$v_R{}'$			
		$u_Q{}'$			
		$v_Q{}'$			
		$u_B{}'$			
		$v_B{}'$			
6	色域覆盖率		%	≥32	
7	色度不均匀性 $\Delta u'v'$			≤0.012	
8	白色色度坐标误差	$\Delta u'$		不劣于±0.014	
		$\Delta v'$		不劣于±0.014	
9	白平衡	$\Delta u'$		不劣于±0.014	
		$\Delta v'$		不劣于±0.014	
10	清晰度	RF模拟信号输入 水平	电视线	≥350	
		RF模拟信号输入 垂直		≥320	
		SDTV 水平		≥450	
		SDTV 垂直		≥400	
		HDTV 水平		≥720	
		HDTV 垂直		≥720	
11	可视角 ($L_0/3$)	水平	(°)	≥120	
		垂直		≥120	
12	亮度均匀性与视角的关系		%	≥60	
13	色度与视角的关系	$\Delta u'$		不劣于±0.020	
		$\Delta v'$		不劣于±0.020	

续　表

序号	项目			单位	性能要求	测量方法
14	像素缺陷	不发光缺陷点	A区	个	≤2	
			B区		≤8	
		不熄灭缺陷点	A区		0（白发光点或绿发光点）≤2（红、蓝或其他色发光点）	
			B区		≤4（在1/9屏高×1/9屏宽的面积内不能出现2个绿或白发光点）	
15	待机消耗功率			W	≤5	
16	整机消耗功率			W	由企业标准规定	
17	电源电压适用范围				$220V^{+10\%}_{-20\%}$	
18	电源频率适用范围			Hz	$50\pm2\%$	
19	遥控接收距离			m	≥8	SJ/T 10514—1994 中的 5.2
20	受控角	上		(°)	≥15	SJ/T 10514—1994 中的 5.3
		下			≥15	
		左			≥30	
		右			≥30	
21	抗环境光干扰在各种环境光≥2000lx时遥控距离			m	5	SJ/T 10514—1994 中的 5.14
22	抗外界电器干扰				不受外界电器使用时的干扰	SJ/T 10514—1994 中的 5.15

注：SJ/T 105114—1994——《电视广播接收机红外遥控部分的技术要求和测量方法》。

接收模拟彩色电视广播信号时的常温性能要求如表 2-13 所示。

表 2-13　　　接收模拟彩色电视广播信号时的常温性能要求

序号	项目		单位	性能要求	测量方法
1	视频输出幅度	视频信号幅度	mV_{P-P}	700±10%	GB/T 17309.1—1998 中的 6.1.2
		同步脉冲幅度		300±10%	

续 表

序号	项目		单位	性能要求	测量方法
2	噪波限制灵敏度	VHF	dBμ	≤48	GB/T 17309.1—1998 中的 5.2.3
		UHF		≤51	
3	彩色灵敏度		dBμ	≤40	GB/T 17309.1—1998 中的 5.2.5
4	自动增益控制（AGC）静态特性		dBμ	≥100	GB/T 17309.1—1998 中的 5.2.7
5	多射频输入信号最大有用电平		dBμ	≥80	GB/T 17309.1—1998 中的 5.2.11
6	双信号选择性	下邻频道声音载波频率处	dB	≥40	GB/T 17309.1—1998 中的 5.3.2
		上邻频道图像载波频率处		≥50	
7	邻频道干扰比		dB	≤−4	GB/T 17309.1—1998 中的 5.3.4
8	亮度信号的波形响应	K_P	ns	不劣于 166±10	GB/T 17309.1—1998 中的 6.1.2
		K_R	%	≤2	
		K_V		≤2	
9	亮度信号的行期间非线性失真		%	≤20	GB/T 17309.1—1998 中的 6.1.5
10	微分增益（峰—峰）		%	≤5	GB/T 17309.1—1998 中的 6.2.3
11	微分相位（峰—峰）		(°)	不劣于±5	GB/T 17309.1—1998 中的 6.2.3

注：（1）上述各项测量在复合视频输出端进行测量；

（2）中频干扰比只在 VHF-L 波段第 1 频道考核；

（3）双信号选择性下邻频道声音载波频率为 −1.5MHz，上邻频道图像载波频率为 +8MHz；

（4）GB/T 17309.1—1998——《电视广播接收机测量方法 第 1 部分：一般考虑射频和视频电性能测量以及显示性能的测量》。

LCD 显示器的声性能如表 2-14 所示。

表 2-14　　　　　　　　　　　**LCD 显示器的声性能**

序号	项目		单位	性能要求	测量方法
1	声音通道的噪波限制灵敏度	VHF	dBμ	≤39	SJ/T 11157—1998 中的 6.3
		UHF		≤40	
2	声音通道的信噪比		dB	≥40	SJ/T 11157—1998 中的 6.1
3	左右声道的串音		dB	≤−46	SJ/T 11326—2006 中的 6.2.1

序号	项目		单位	性能要求	测量方法
4	左右声道的增益差		dB	≤3	SJ/T 11326—2006 中的 6.2.2
5	声频率响应范围	SDTV	Hz	100～10000	SJ/T 11157—1998 修正中的 C5
		HDTV		100～12500	
6	最小源电动势输出声压级		dB	≥84	SJ/T 11157—1998 修正中的 C3
7	额定输入时声压总谐波失真		%	≤8	SJ/T 11157—1998 修正中的 C6
8	声音通道噪声声级		dB（A）	≤36	SJ/T 11157—1998 中的 B7
9	音频输出功率（电压总谐波失真为7%时）		W	由企业标准规定	SJ/T 11157—1998 中的 3

注：SJ/T 11157—1998——《电视广播接收机测量方法　第2部分：伴音通道的电性能测量、一般测量方法和单声道测量方法》；

SJ/T 11326—2006——《数字电视接收及显示设备环境试验方法》。

LCD 显示器接口要求如表 2-15 所示。

表 2-15　　　　　　　　　　　LCD 显示器接口要求

序号	接口要求	类型	技术要求
1	RF 输入接口	可选	接口的技术要求按 SJ/T 11327—2006 的要求
2	复合视频输入接口	必备	接口的技术要求按 SJ/T 11329—2006 的要求
	Y/C 输入接口	必备	接口的技术要求按 SJ/T 11330—2006 的要求
	Y、P_B、P_R 输入接口	必备	接口的技术要求按 SJ/T 11333—2006 的要求
	R、G、B 输入接口	可选	接口的技术要求按 SJ/T 11332—2006 的要求
3	音频输入接口：左声道、右声道	必备	接口的技术要求按 SJ/T 11331—2006 的要求
4	复合视频输出接口	可选	接口的技术要求按 SJ/T 11329—2006 的要求
5	D-sub 15 针（VGA）输入接口	可选	接口的技术要求按 SJ/T 11332—2006 的要求
6	音频输出接口：左声道、右声道	可选	接口的技术要求按 SJ/T 11331—2006 的要求
7	DVI 数字输入接口	可选	待定

（二）包装、储存和运输

1. 标志

LCD 显示器的外壳上应标有生产厂的名称、商标、型号和产品编号。LCD 显示器的外壳上应该有电源的性质、额定电压、电源频率、功耗以及警告用户防止触电等标记。LCD 显示器的本体上应有中国强制认证（CCC）标志，认证标志下应有产品对应的工厂编码。包装箱上应有下列标记：产品名称、型号、生产企业的名称、地址；商标名称及注册商标图案；生产日期；包装质量（kg）；采用技术标准号；显示的有效屏幕尺寸；包装件最大外型尺寸（l×b×h，单位：cm）；堆码层数极限；印有怕湿、向上、小心、轻放等标记，并标明其他有关危险的警告标记，标记应符合 GB 191—2000 的规定。

2. 包装

应符合《包装储运图示标志》GB 191—2000 和《彩色电视广播接收机包装》SJ/T 10191—1996 的规定。

3. 运输

包装完整的 LCD 显示器可用正常的陆、海、空交通工具运输，运输过程中应按包装标记规定，避免雪、雨直接淋袭。

4. 储存

包装完整的 LCD 显示器应储存在环境温度为−15℃～45℃、相对湿度不大于 80%、周围无酸碱及其他腐蚀性气体和污染物等有害物体的库房中，储存期为一年，超过一年期的产品应开箱检验，经复检合格后，方可进入流通领域。

四、新产品展望

（一）SED 电视机

由佳能与东芝联合开发的 SED（Surface‐conduction Electron‐emitter Display），即表面传导电子发射显示技术，在目前的 FED 体系中最接近商品化，属于"场发射显示"FED 中的一类。其计划推出的第一代 50 英寸的 SED 电视机，解析度可达到 FullHD 级（1920×1080）。与其他平板显示器不同，SED 在两玻璃基板覆盖的内部必须处于高度真空状态，一般要保证有 $1×10^{-7}$ 托左右的真空度。为此，两板基板间要安排支撑隔板，把上层的大气压力转移到下层相互抵消。据佳能、东芝公司技术说明，SED 制作了采用传统晶体管的光刻工艺和液晶电视制作工艺，即先用光刻法在底层基板上制造出电极，然后以喷墨技术同时生成一批 PdO 像素膜，再施加"通电成形处理"。这种工艺比只用喷墨技术形成的单元模的均匀性好。只用喷墨技术时一边要控制厚度等误差，同时还要抑止像素膜上形成的龟裂大小误差，较难操作精确。比起生产碳纳米管工艺技术，SED 要简单得多。SED 技术结构大致如下：在两层玻璃基板之间时是真空，前玻璃基板内侧制作有均匀排列的红、绿、蓝三色荧光粉像素点，并涂镀金属膜，形成阳极板；后玻璃基板内侧制作有荧光粉点对应的电极单元组，单元组中相邻的一对单元互相隔离，表面覆有称为"电子放出素子膜"的材料，这种材料很容易发射电子束。当相邻电极单元间加上十几伏的电压后，由于二电极单元之间仅有纳米级的微小距离，因而其间电场较强，由于隧道效应作用使"电子放出素子膜"表面发射出电子；而电子发射后，却会被加有更高电压的上玻璃基板所吸引而形成"电子线"在电场吸引下使电子飞向上基板，打击荧光粉素而发光。这也是 SED 与其他的场致发射显示器（FED）的区别所在。

SED 电视机具有以下优点：对比度高，SED 的解析力如同液晶电视，而色彩、对比度层次的表现则胜过高级的 CRT 电视。与等离子电视和液晶电视相比，暗室对比度高达 8600：1；具有 CRT 电视机的一切优点，SED 电视的响应速度和 CRT 电视相当，动态画面全然没有残影；显示像素采用等间距均匀分布，画面无几何失真，不需要电子束扫描，不会产生闪烁和聚焦不良；其色彩表现力也和 CRT 电视一样，色彩、色温的准确性很高。初期试 SED 显示器样品，可实现每通道 10 位色（可显示 10.7 亿色彩），并可增加到每通道 11～12 位色的高水准；具有平板电视的一切优势，SED 因不需要控制电子束扫描的偏转线圈，厚度可达 5cm，甚至可以制造出更薄大的屏幕电视墙；视角能达到 160°以上；发光效率比等离子电视和液晶电视都高；耗电量低。不需要背光照明，其电压不过数十伏量级，耗电量也只有相同尺寸的液晶电视的 2/3；不会产生 X 射线，无 CRT 辐射之忧，环保性好于等离子电视和液晶电视。

（二）OLED 电视

OLED 电视利用一个薄而透明的、具有导电性质的铟锡氧化物（ITO）为正极，与另一金属阴极以如同三明治般的架构，将有机材料层包夹其中，有机材料层包括空穴传输层（HTL）、发光层（EL）、电子传输层（ETL）。ITO 透明电极是阳极，低逸出功的金属电极是阴极。加上正向直流偏压，电子从阴极注入到电子传输层；空穴从阳极注入到空穴传输层。电子与空穴在发光层相遇，形成激子，激发分子，被激发的分子在恢复到正常态时发出光子，若选择合适的材料可辐射出红、绿、蓝等光。可见光可从 ITO 一侧观察到，金属电极膜同时起光反射作用。

与液晶电视相比，OLED 电视具有以下优势：从发光原理的角度来看，OLED 电视属于主动发光，因此不需要背光，降低了功率，且无视角问题。另外，主动发光的 OLED 可作为光源，因此亮度将有较大的提升，同时不存在"黑场不黑"的问题，对比度也将有较大程度的提高；从响应速度的角度来看，LCD 电视由于液晶分子在电压转换时需要时间来完成扭转，因此响应速度一直是 LCD 的一个弊病，即使采用了其他的技术方法去提高也很有限，而 OLED 电视像素的响应速度是 LCD

电视的 1000 倍左右；从环境适应性的角度来看，由于液晶分子的液体状态的属性，当处于低温环境下时，LCD 电视性能下降很多，甚至不能开机，需要恢复到正常温度才能工作；另外，液晶分子的流动性使得 LCD 电视的抗震性能很差，在装卸和运输的过程中很容易因受外力而使屏幕受到伤害。相比之下，OLED 电视则具有较好的低温特性和较强的环境适应性，这是 LCD 电视不能比的；从制作成本的角度来看，OLED 屏幕需要 86 道工序，比 LCD 屏幕需要的工序少得多；OLED 屏幕对材料和工艺方面的要求比 LCD 低约 1/3，这使得 OLED 电视的制作成本更低，这将成为未来竞争的一个有利条件；从屏幕的轻薄程度来看，OLED 电视使用的玻璃基板的厚度只有 LCD 电视的 1/3，这使得 OLED 电视变得更轻、更薄；OLED 屏幕由于其特殊的特性，屏幕可以随意弯曲，因此可以开发出各种形状的显示屏，这也是 LCD 屏幕所不能比的。

五、电视机的保养

（1）电视机要放在干燥、洁净、通风的地方，长久搁置不用或在潮湿的季节最好每周打开 1～2 次。

（2）彩色电视机最好使用稳压器，以免电源电压变动过大而损坏显像管。

（3）不要用插拔电源插头的方法开关电视机。

（4）荧光屏要避免阳光直射，不用时可用较厚的深色布罩起来。

（5）电视机使用时，应与其他产生磁场的设备保持距离，否则将引起相互的干扰。

（6）电视收看结束，关闭电源开关后，还应拔下电源插头。

（7）擦拭屏幕应用干布，收看时或收看刚结束时，忌用冷的、潮的硬布擦屏幕，以防止骤冷引起显像管爆裂。

（8）夏季高温使用时，应将布罩取掉，以便通风散热。

（9）接口应经常清洁，长期暴露在空气中，有可能会出现一层氧化膜，影响到讯号的传送，使画面的表现不佳。因此需要定期擦拭一下那些端子接头，若已经开始出现氧化膜，就要到影音专门店买适合的清洁剂来清理。

思考题

1. 以黑白电视为例，说明电视系统的光电转换原理。
2. 彩色的三要素是什么？
3. 液晶电视机的显像原理是什么？
4. 等离子电视机的显像原理是什么？
5. 电视机的常见保养方法有哪些？

第三章 白色家电

白色家电最早是指白色的家电产品，早期的冰箱和洗衣机由于内置的发动机体积较大，要保证电器的实际内容积足够使用，必须将产品制造得很大，白颜色的外壳可以使机器本身看起来扁平一些，不那么突兀，同时白颜色可以有效阻止机器内部能量的散失。现在白色家电产品是指减轻人们劳动强度的产品（如洗衣机、部分厨房电器）、改善生活环境提高物质生活水平（如空调器、电冰箱等）。从本质上，讲白色家电更多的是通过电机将电能转换为热能、动能进行工作的家电产品。近年来，各类家电产品也出现了互相渗透交融的现象，例如网络家电、带液晶电视的冰箱等。本章主要介绍三种主要的白色家电——洗衣机、电冰箱和空调器具。

第一节 洗衣机

学习目标

了解洗衣机洗涤的基本原理，掌握洗衣机的分类，熟练掌握目前主流洗衣机的洗衣原理，相关技术参数以及性能对比的差异，并能够理论联系实际，学会用感官检验对洗衣机的质量进行初步判断。了解洗衣机技术的发展趋势和市场状况，掌握洗衣机保养的方法。

洗衣机是人民日常生活中必不可少的一项工作。洗衣机的普及将人们从烦琐的洗衣劳动中解脱出来。随着人们生活水平的逐步提高和科技的不断发展，各种造型美观、功能完善的洗衣机越来越受到现代家庭的青睐。

一、工作原理与组成

（一）工作原理

要将衣物洗干净，必须同时具备水、洗涤剂和机械力，这三者称为洗涤过程的三要素。洗涤桶中盛放的洗涤剂与水的混合物通常称为洗涤液。被洗衣物放入其中以后，通过洗衣机的波轮、滚筒或搅拌器的运动产生洗衣所必需的机械力。

洗衣机洗涤衣物是利用机械力代替人工揉搓或棒打来达到洗涤目的的。它通过电动机正反转来带动波轮转动，使洗衣桶内的水和衣物上下来回翻滚，并形成涡流，从而达到排渗、冲刷、摩擦和翻滚等作用，加速污垢的分散、乳化和增溶作用来洗涤衣物的。机械力越强，洗涤效果越好，洗净度越高，只是磨损率也增大。

洗衣机洗涤衣物一般要进行预浸、预洗、洗涤、漂洗、排水、脱水和干燥等过程。

预浸是将衣物在洗涤前先浸入水中预浸几分钟，使衣物、污垢湿润，纤维膨胀，易于洗涤。预洗是先加水，也可加入少量洗衣粉，开动洗衣机2～3min，洗去一部分水溶性污垢和固体灰尘（以便提高洗涤效果），然后排水、脱水。洗涤是指加水和洗涤液，正式对衣物进行洗涤。它是洗衣过程中的主要步骤，目的是使所有污垢完全脱离衣物，悬浮在洗涤液中。洗涤要根据不同的衣物，采用不同的方法，精细而较高档的衣物宜用轻柔洗，一般衣物宜用标准洗，较脏的粗衣物可以强洗。洗涤后排除洗涤液并脱水，尽量减少衣服中的残留洗涤液。洗涤过程可重复进行1～2次。漂洗是用水漂去经洗涤并脱水后衣物中残留的洗涤液和污垢。漂洗往往重复进行，以漂清为目的。漂洗的方法有蓄水漂洗、溢流漂洗、喷淋漂洗和顶淋漂洗等多种，对不同的衣物会有不同的效果。排水是排出洗衣机中的洗涤水。脱水是使洗涤桶高速运转，采用离心脱水法，尽量脱去衣物中的水分，常用在洗涤和漂洗过程之面。干燥是把衣物分散到空间去晾晒。滚筒式洗衣机有干燥功能，可在洗衣机内干燥衣物。

目前我国在技术上进行了更新，已推出"双动力"洗衣机。这种洗衣机实现了一个电机两种水流，从而实现了大幅度节水节电的目标。另外，还推出"直流变频"洗衣机，这种洗衣机不仅省水，还能减少衣物磨损。

（二）系统组成

洗衣机就其结构而言，都由洗涤系统、脱水系统、进水和排水系统、电动机和传动系统、电气控制系统、支承机构这几部分组成。对于波轮式全自动洗衣机和滚筒式洗衣机，其洗涤系统和脱水系统合在一起统称为洗涤、脱水系统。以滚筒洗衣机为例，滚筒式洗衣机主要由进水、排水系统、洗涤系统、传动系统、支承系统、电气控制系统和加热干衣系统六部分组成。

1. 进水、排水系统

进水、排水系统主要由进水管、进水电磁阀、洗涤剂盒、溢水管、过滤器、排水泵和排水管等组成。

进水电磁阀的结构与波轮式洗衣机进水电磁阀的结构大同小异，在此不再重复。

排水泵由电动机和泵壳组成，没有排水阀门，其作用是用来排出机内的洗涤液。电动机是用来带动水泵的，是水泵的动力源。它使用单相罩极电动机，功率为 90W 左右。水泵一般用塑料一次注塑成形，泵的进水口直径一般为 Φ40mm，排水口直径为 Φ18mm，扬程可达 1.5m，流量 2.5 L/min 左右。排水泵经常与高温洗涤液接触，腐蚀性较大，所以常要求排水泵具有耐酸、耐碱性能及绝缘性能，并且安装过热保护继电器。

排水泵的安装位置常位于外箱体的底板上，进水口与橡胶管、过滤网连接，排水口与排水管连接，连接的方法采用胶粘剂粘接，牢固而不漏水。

2. 洗涤系统

洗涤系统由内筒、外筒、内筒骨架、转轴和外筒 Y 形支架等部分组成。

内筒是衣物洗涤、漂洗、脱水和烘干的主要工作部件，它是由厚度为 0.5～1mm 的不锈钢板卷制成圆筒形，再经焊接而成。筒壁上布满了许多由内向外冲压而成的直径为 3.5～5mm 的圆形小孔，孔与孔的间距约为 15～20mm，内筒内表面光滑，不会伤及衣物。

在内筒转动时，为了托起衣物，都在内筒内壁上焊接三条（或四条）举升筋。举升筋的形状呈三棱柱形，其截面是等边三角形或底角为 50°～70°的等腰三角形，顶角制成大圆角圆滑过渡，不致损伤衣物。

由于滚筒式洗衣机有前装式和上装式之分，因此，内筒结构与安装方法也略有不同。

前装式洗衣机的内筒结构前端有一个 300mm 孔径的衣物装入口，另一端面用厚度为 1.5～2mm 的不锈钢板制作，并冲压有加强筋。该端面固定在带有转轴的内筒骨架上，采用一套滚珠轴承安装在箱体上。前装式洗衣机的结构如图 3－1 所示。

上装式洗衣机的内筒壁上开有一个衣物装入口，衣物放入与取出需先打开外箱体顶盖，再打开外筒上的防溢水口盖，并转动内筒，使衣物投入口朝上，三口对齐，方可取出衣物。上装式洗衣机的内筒，其两个端面都冲有加强筋，分别与两个内筒骨架固定安装，采用两套滚珠轴承安装在箱体上。由于有两个支点，内筒与转轴的受力情况较好，洗涤、脱水时振动就较小。

滚筒式洗衣机的外筒采用 1.5mm 不锈钢板或铝合金板制作，是比内筒略大的圆柱形桶体，形状类似于内筒，并与内筒配套。只是因为它是用来盛装洗涤液的，还起着支承作用，因此筒壁和端面上都冲有凹槽和凸槽，用以增强钢性。它与外箱体、支承系统、传动系统、排水系统及装入口等固定连接，构成洗衣机的整体。外筒与支承系统的连接如图 3－2 所示。

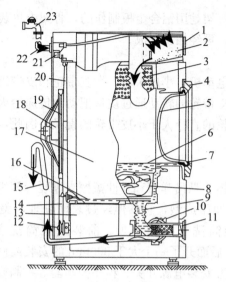

1—操作面板；2—洗涤剂；3—内筒；4—圆形前窗；5—玻璃视孔；6—洗涤液面；
7—异型密封圈；8—洗涤物；9—外筒排水管；10—排水泵；11—过滤器；
12—小皮带轮；13—双速电动机；14—传动三角带；15—洗衣机排水管；
16—管状加热器；17—外筒；18—轴承与轴承座；19—大皮带轮；
20—外筒的 Y 形支架；21—进水电磁阀；22—进水管；23—自来水笼头

图 3－1　前装式洗衣机的结构

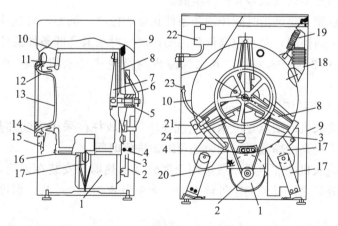

1—双速电动机；2—小皮带轮；3—三角皮带；4—加热器接线端子；5—轴承座；
6—大皮带轮；7—内筒骨架；8—外筒 Y 形支架；9—外箱体；10—外筒；11—内筒；
12—密封橡胶；13—玻璃视孔；14—锁紧装置；15—限位开关；16—管状加热器；
17—支承装置；18—进水管；19—悬吊拉簧；20—电动机吊板；21—角撑；
22—程序控制器；23—水位压力控制器连接器；24—温度控制器

图 3－2　外筒与支承系统的连接

固定内筒的内筒骨架是用铝合金板制作的，骨架中央装有钢制转轴。外筒 Y 形支架用铝合金浇铸，再经加工制成。

3. 传动系统

传动系统由双速电动机、小皮带轮、大皮带轮和皮带组成。双速电动机倒悬安装在外筒底部，小皮带轮的转动通过皮带把动力传递给大皮带轮，从而带动内筒转动。由于大皮带轮的直径大于小皮带轮的直径，因此，这个传动是一个减速传动。

4. 支承系统

支承系统由外箱体、悬吊弹簧和弹性减振支撑装置等组成。外箱体一般呈长方体状，采用薄钢板冲压成型，它不但经过表面处理，美观大方，而且具有刚性，能够承受整个滚筒洗衣机的重量。前装式滚筒洗衣机正前方开了一个300mm 直径的圆孔。后面开了一个大于300mm 的安装或修理用的有盖椭圆形窗口。箱体上方或正前方安装电源开关、程序控制器等控制旋钮。

滚筒式洗衣机的洗涤系统、传动系统和加热干衣系统构成一个整体，位于外箱体的中间，其重量靠上部两个悬吊弹簧吊挂和下部两个弹性减振支撑装置支承。

5. 电气控制系统

滚动式洗衣机的电气控制系统由电源开关、程序控制器、水位开关、温度控制器、门微动开关以及讯号元件等组成。

程序控制器主要是指时间控制和条件状态的控制。例如，对预洗、洗涤、漂洗和脱水的时间控制，对水位高低状态的控制，对水温高低条件的控制。程序控制器有电动式和电子式两种，其结构原理与波轮式洗衣机的程序控制器大同小异。

6. 加热干衣系统

滚筒式洗衣机的缺点是冷水洗涤洗净率低，故往往采用安装加热器的方法，用热水洗涤来提高洗净效果，同时还可缩短洗涤时间。

滚筒式洗衣机的加热器一般选用金属管状加热器，安装在外筒内壁的底部，处于内筒和外筒之间且偏向于外筒一边，功率为 800～2000 W，温度一般控制在40℃～60℃。

有烘干功能的滚筒式洗衣机，其烘干方式有两种："加温蒸汽烘干"和"蒸汽冷凝烘干"。前者系排气式，烘干时需不断把含湿量很大的热空气排出室外。后者系冷凝式，工作时不断向冷凝器中喷入冷水，将热空气中的水蒸汽冷凝成水，再通过排水泵排出机外。例如，西门子 WD9100 洗衣机在其外筒上部有一个抽风机、风道和加热器构成的烘干装置。加热器采用金属管状电热元件，弯曲后固定在长方形的铝制金属管道中，风机运转，可以把加热器的热量沿风道吹向内筒中，从而使衣物干燥。为了避免衣物产生皱纹、增加熨烫的难度，增加一个进水系统，注入少量冷水，用于冷凝水蒸汽，达到蒸汽冷凝烘干的目的。

二、分类与性能

（一）按自动化程度分类

洗衣机按自动化程度分类可分为普通型洗衣机、半自动洗衣机和全自动洗衣机三种。

普通型洗衣机：是指早期的单桶、双桶洗衣机。它的洗涤、漂洗和脱水三种功能之间的转换均需人工操作，省力不省时，使用不太方便，但结构简单、价格便宜。

半自动洗衣机：是指洗涤、漂洗和脱水三种功能之间有任意两种功能转换，不需人工操作，而能自动转换。例如，有的洗衣机洗涤和漂洗在同一个桶内自动完成，脱水则需人工帮助在另一个桶内完成。也有的洗衣机洗涤在洗涤桶内完成，漂洗和脱水都在脱水桶中完成，边喷淋、边漂洗，漂洗完成后自动转入脱水功能。

全自动洗衣机：是指洗涤、漂洗和脱水三种功能之间均能自动转换，无须人工介入。这种洗衣机一般采用套桶式结构，具有体积小、容量大、磨损小、省时又省力的优点。这种洗衣机需安装程序控制器，自动完成进水、预浸、预洗、洗涤、排水、漂洗、脱水和报警等程序。

（二）按结构形式分类

按洗衣机结构形式的不同，可分为单桶洗衣机、双桶洗衣机和套桶洗衣机三种类型。

单桶洗衣机：单桶洗衣机多为简易型或普通型，它只有一个桶，在其中实现洗涤和漂洗两种功能，而且两种功能之间需要人工转换。虽然具有体积小、质量轻、价格便宜的优点，但因其只是作为一种辅助洗衣的工具，目前已逐渐被淘汰。

双桶洗衣机：双桶洗衣机是单桶洗衣机与脱水机的组合。它的洗涤系统与脱水系统是相对独立的，由两台电动机分别驱动波轮和脱水桶，洗涤或脱水时间也是由两个定时器分别控制的。除了普通型外，还可制成洗、漂连续或漂、脱连续的半自动型。为了适应无地漏的家庭使用，有的双桶洗衣机还带有排水泵，成为上排水洗衣机。

套桶洗衣机：套桶洗衣机的桶体由同轴的内外两个桶组成。外桶是固定的，用来盛放洗涤液，侧壁上刻有很多小孔的内桶中盛放衣物。洗涤或漂洗时只有波轮转而内桶不动，在脱水时，内桶与波轮同步高速运转。滚筒式洗衣机也是套桶式结构。

（三）按洗涤方式分类

洗衣机按洗涤方式分类有波轮式洗衣机、滚筒式洗衣机、搅拌式洗衣机和喷流式洗衣机等。

波轮式洗衣机：是由喷流式洗衣机改进而来的。它由英国首先发明，后来由日本改进并发展成现在的波轮式洗衣机。波轮式洗衣机主要应用在我国与日本。波轮式洗衣机的主要特点是洗衣桶的底部有一只波轮，电动机带动波轮转动，衣物依靠波轮的转动不断上下翻滚而达到洗净目的。波轮洗衣机的优点是结构简单、维修方便、洗净率高、洗涤时间短、洗涤品种多样。其缺点是衣物磨损率大、缠绕率高、用水量大、洗净的均匀性不够。

滚筒式洗衣机：滚筒式洗衣机主要在欧洲得到普遍使用，近年来在我国市场得到很大发展，市场销量大增。它的特点是有一个卧式盛水圆柱形外桶，桶中有一个可旋转的内桶。电动机带动内桶转动，使衣物上下翻滚、摔落，从而达到洗涤的目的。滚筒洗衣机的优点是衣物磨损率低、不缠绕、洗涤用水量少且容易实现自动化。其缺点是结构复杂、体积大、耗费金属原材料多、成本较高、洗涤时间较长。

搅拌式洗衣机：也称摆动式洗衣机。它由美国首先发明，目前主要使用的国家是美国和南美洲各国。搅拌式洗衣机的洗衣桶中心有一个三叶搅拌器，能带动洗涤液和洗涤衣物以不同的速度进行翻滚、旋转来完成洗涤工作。它的优点是洗涤衣物不容易缠绕、洗净率强、均匀性好、磨损小、洗涤容量大。其缺点是洗涤时间长、噪声大、三叶搅拌器的回转机构复杂、加工困难、维修难度大、耗电量大、体积大，故在我国未得到推广应用。

洗衣机还有喷流式、喷射式和振动式等，现已逐渐淘汰。

三种洗衣机的洗涤度、洗涤量、损衣率的比较（冷水洗涤）如表3-1所示。

表3-1　　三种洗衣机的洗涤度、洗涤量、损衣率的比较（冷水洗涤）

	洗净度	实际洗衣量/额定洗衣量	损衣率
波轮式	1.00	0.80	1.31
滚筒式	0.45	1.00	0.95
搅拌式	0.89	0.60	1.00

三种洗衣机的优、缺点比较如表3-2所示。

表 3－2 　　　　　　　　三种洗衣机的优、缺点比较

特点	波轮式	搅拌式	滚筒式
洗净度（水温 30℃）	1	2	3
洗净均匀性	3	2	1
缠绕率	3	2	1
损衣率	3	2	1
耗水量	3	2	1
耗电量	1	2	3
洗涤剂用量	2	2	1
洗涤时间	1	2	3
自动化程度	2	2	1
脱水率	1	2	3
噪声	1	3～2	2
结构简单程度	1	3～2	2
外形重量	1	2	3
价格	1	2	3

注：1—好；2—较差；3—最差。

三、技术参数与标准

（一）主要技术性能指标

[消耗功率] 洗衣机在额定负载下运行，其消耗功率应在额定输入功率的 115％以内。

[织物磨损率] 洗衣机对衣物的磨损程度用磨损率来衡量，磨损率可以用公式表示：

$$磨损率＝P/P_0×100\%$$

式中：P——磨损量，即从洗涤液中捞出的所有绒渣的质量；

　　　P_0——被洗衣物洗涤前的质量。国家标准规定，波轮式洗衣机的磨损率应不大于 0.2％。

[洗净性能] 洗衣机的洗净性能用洗净比来表示。洗净比是指被测洗衣机的洗净度与标准洗衣机的洗净度之比。洗净比越大，说明洗衣机的洗净能力越强。国家标准规定，波轮式洗衣机的洗净比应不小于 0.8。

[漂洗性能] 洗衣机漂清衣物能力的好坏用漂洗比来衡量。漂洗比是通过测

定洗涤液漂洗前及漂洗后的电导率来计算的。

$$漂洗比 = \frac{A-B}{(A-C)K}$$

式中：A——原液的电导率；

B——漂洗后液体的电导率；

C——自来水的电导率；

K——漂洗系数，一般取为 0.9。国家标准规定，洗衣机的漂洗比应大于 1。

［脱水性能］洗衣机的脱水性能是以脱水率来衡量的。脱水率越高，表明洗衣机对洗涤物的脱水程度越大，脱水机或洗衣机的脱水装置的脱水率按下式计算：

脱水率＝额定脱水容量/额定脱水容量的洗涤物脱水后的质量×100%

国家标准规定，全自动波轮式洗衣机、搅拌式洗衣机、滚筒式洗衣机的脱水率应大于 45%，普通型和半自动型波轮式洗衣机、脱水机的脱水率应大于 50%。

［排水时间］国家标准规定，额定洗衣容量在 2.5kg 及以下的洗衣机，桶内额定洗涤水量的排水时间应不超过 2min，额定洗涤容量大于 2.5kg 的洗衣机应不超过 3min。

［噪声］国家标准规定，洗衣机洗涤或脱水时的噪声不得大于 75dB。

［振动性能］洗衣机在额定状态下运转达到平稳时，用测振仪测量机箱前、后、左、右各侧面中央部分的振幅，应不大于 0.8mm；机盖中央的振幅应不大于 1mm。

［走时指示误差］洗衣机的程序控制器、定时器动作要灵活可靠，程序控制器在一个标准洗涤程序时间范围内走时指示误差为 ±3.0min；15min 的洗涤定时器走时指示误差为 ±2.5min；5min 的脱水定时器走时误差为 ±1.5min。

［无故障运行次数］无故障运行次数是洗衣机使用寿命长短的标志。洗衣机在额定工作状态下，洗涤、脱水部分分别按照规定的方法进行，在达到无故障运行次数最小值后，应能继续无故障运行。普通型洗衣机以定时器一个满量程为一次，无故障运行次数的最小值为 1000 次；半自动和全自动型洗衣机以一个标准洗涤程序为一次，无故障运行次数的最小值为 400 次；离心脱水装置及脱水机的无故障运行次数最小值为 1000 次。

（二）主要安全性能指标

［启动性能］洗衣机在额定负载下，电源电压为额定值的 85% 时，任意改变电动机转子位置，启动三次，电动机及其相应电器部件应能顺利启动。

［温升］洗衣机的温升主要指电动机的温升，对半自动和全自动洗衣机还包括电磁阀和电磁铁的温升。在额定工作状态下，电动机绕组的温升，E 级绝缘不

大于 75℃；B 级绝缘不大于 80℃。其他部件线圈的温升，A 级绝缘不大于 65℃，E 级绝缘不大于 80℃，B 级绝缘不大于 90℃。

〔接地电阻〕带接地线的洗衣机，其接地线截面积不应小于 0.75mm²，有效长度不断于 2.5m。洗衣机的外露非带电金属部分与接地线末端之间的电阻应不大于 0.2Ω。不带接地线的洗衣机，洗衣机的外露非带电金属部分与接地端子之间的电阻值应不大于 0.1Ω。

〔绝缘电阻〕洗衣机的绝缘性能包括热态绝缘性能、溢水绝缘性能和淋水绝缘性能，可以用绝缘电阻值表示。国家标准规定，洗衣机的带电部分与外露非带电部分之间的潮态、热态和淋态绝缘电阻应不小于 2MΩ。

〔泄漏电流〕洗衣机在工作状态下，人体可能接触到的洗衣机外露非带电金属部分与电源线之间的泄漏电流应小于 0.5mA。

〔制动性能〕离心式脱水装置和脱水机在额定脱水状态下，当脱水桶转速达到稳定时，迅速打开机盖，用秒表测定开盖至脱水桶完全停止转动的时间，且连续测三次，取其算术平均值作为制动时间。国家标准规定，其制动时间应不大于 10s。

〔电气强度〕电气强度是衡量洗衣机承受高电压冲击性能的指标。洗衣机的带电部分与外露非带电部分之间，应能承受热态 1500V、潮态 1250V、历时 1min 的电气强度试验，而不发生闪烁或击穿现象。

〔电压波动特性〕洗衣机在额定负载时，将电源电压在额定值的上下波动 10%，运转一个标准程序，洗衣机应能无故障地连续运转。

（三）国家标准

（1）GB/T 4288—2003《家用电动洗衣机》

（2）GB 4289—92《家用电动洗衣机的安全要求》

（3）GB 12021—2004《电动洗衣机能耗限定值及能源效率等级》

（4）GB 19606—2004《家用和类似用途电器噪声限值》

（5）GB 4706.24—2000《家用和类似用途电器的安全 洗衣机的特殊要求》

（6）GB/T 1019—2008《家用和类似用途电器包装通则》

（7）GB/T 2423.17—2000《电工电子产品基本环境试验规程》

（8）GB 5296.2—1999《消费品使用说明 家用和类似用途电器的使用说明》

四、质量检验鉴别与保养

（一）感官检验

1. 波轮洗衣机

洗衣机外壳应平整、光滑、涂层均匀，光亮、无脱落和划痕现象，面板上的各种按钮、开关应操作灵活，接触可靠。拨动波轮运转自如无杂音，波轮与底部轮槽之间的四周间隙应均匀，且不超过 2mm，洗衣机的检验合格证、使用说明书和随机零配件（进排水管等）应齐全。洗衣桶是洗衣机的一个重要部件（无论是波轮式还是滚筒式），要选择优质不锈钢材质的洗衣桶，既耐腐蚀，又对衣物无损伤。用手摸洗衣机时，内筒要光滑无毛刺，凸起的内筒外表必须是无棱角的圆弧形，这样才不会对衣物造成磨损、钩丝。通电检查，接通电源，选择开关动作和指示灯工作是否正常，挑选一个试机功能看机器运转是否正常，洗涤和脱水功能是否有较大的噪声和震动，有无杂音，脱水时打开桶盖，应能及时切断电源并立即制动。同时检查排水是否通畅，一般要求一桶水在 2～3min 内排净。接上电源，把程控器指针顺时拨至洗涤或漂洗程序上；启动程控器电源开关，应听到进水电磁阀工作时发出轻轻的"嗡嗡"声；用手摸进水口接头时有震动的感觉，表明进水阀是正常的；若没有声音和震动的感觉，把程控器关闭，顺时针转到排水程度上，再启动程控器，若听到排水电磁阀发出较大的"嘭嘭"声，这表明输入电路及电磁阀完好；接上水、电源，把程控器指针拨到洗涤或漂洗程序上，水位选择器处于低水位档，启动程控器，自来水应流进桶内，当水位高达 20cm 左右时自动洗衣机的波轮应转动，同时进水阀应关闭断水。若启动程控器后水不能流进桶内，而波轮却转动，这是无水状态的"干扰"故障；洗衣机的运转应均匀平稳，无异常响声，一般负载时，噪声不大于 65dB。

2. 滚筒洗衣机

滚筒洗衣机整台机体的油漆是否光洁亮泽；门窗玻璃是否透明清晰，无裂、刮痕；功能选择和各个旋钮是否灵活。试机时，先开启洗衣机的程控器，置于洗衣档。这时指示灯亮，机内滚筒开始转动，并处于间歇性正反转工作状态。注意噪声是否过大，用手感觉一下机体的震动情况。震动越小，说明滚筒运转越平稳，质量可靠。再用手触摸机体右下侧排水泵位置，如有轻微震动，证明风叶已旋转，处于工作状态。当以上几项实验都完毕后，即可关机。在关机 1min 后，打开机门，观察门封橡胶条是否有弹性，如弹性不足，可能会造成水从门缝渗漏。买滚筒洗衣机一定要买有比较完善的售后服务的产品，避免因只考虑价格便宜而带来日后使用不便。

（二）理化检验

理化检验的方法详见国家标准《家用电动洗衣机》（GB/T 4288—2003）。

（三）洗衣机的保养

（1）要不定期打开洗槽盖让槽晾干，防止霉菌滋生。

（2）如果长时间不使用洗衣机应将电源的插头拔下；排除积水，保持洗衣机干净整洁；应安放在干燥、无腐蚀性气体、无强酸及强碱侵蚀的地方，以免金属件生锈、电器元件降低绝缘性能；对波轮轴没有注油孔的洗衣机，应该给洗衣机注油一次，以防锈蚀；长期存放的洗衣机应盖上塑料薄膜或布罩，避免尘埃的侵蚀，保持洗衣机光亮、整洁；隔两三个月要开机试运转，防止部件生锈、电机绕组受潮。通电也是干燥绕组的一种手段，可避免停用时间过长而引起故障。

（3）洗衣机的控制面板及靠近插头部分应保持干燥，如果有漏电情况发生，可能是洗衣机的电线部分已经受损，应立即找维修人员进行维修。

（4）每次洗完衣服后要清洗过滤网及外壳，注意不可使用过硬的刷子、去污粉来清洗洗衣机。

（5）长期使用的洗衣机，注水口很容易被污垢堵塞，这样会使水流变小，所以要定期清理。

（6）洗衣时，应把衣物内的坚硬物品除去（如钥匙、硬币等）并将衣服拉链拉上，以防止坚硬物品刮坏洗衣桶。

（7）洗衣机不可长时间受阳光直射，这样可能会导致褪色或洗衣机老化。

五、包装、储存和运输

根据国家标准中对于家用洗衣机包装、储存和运输的要求可知：

（1）洗衣机应用牢固的包装箱包装，其技术要求应符合《家用和类似用途电器包装通则》（GB/T 1019—2008）的有关规定。

（2）包装措施应是以保证产品在一般运输和保管条件下，不致因颠震、装卸、受潮和侵入灰尘而使洗衣机受到损伤。

（3）在运输和储存过程中，不应摔撞、雨雪淋袭。

（4）洗衣机应在不开启原包装的状态下，保管于通风良好的仓库中，周围空气中不应有腐蚀性气体存在。

六、新产品特点

随着现有洗衣机技术的不断完善，洗衣机的自然质量和经济质量都在不断提高。然而，为了满足消费者对洗衣机不断提出的新要求，很多"新概念"技术应运而生，恰如所有"流行性"商品一样，来得快去得也快，真正能经得起市场考验的并不多。当然，还是有一些技术相对成熟、更能满足消费者需求的新产品经受住了考验，它们代表了洗衣机市场未来一段时间的发展方向。

（一）应用模糊控制技术的洗衣机

对于目前大多数洗衣机还很难做到真正的自动化，消费者还必须对用水量、洗涤方式、时间、水流参数进行设置，而应用模糊控制技术的洗衣机可以代替人完成这些颇有技术含量的工作，实现真正的自动化。

模糊控制技术是应用各种传感器对放入洗衣机的衣物的重量、材质、污垢程度、污垢性质、水温水质、洗涤剂种类及溶解程度进行识别，并根据模糊控制器中存储的信息进行比对进而得出最合理的方案。目前这种洗衣机在市场中有了广泛的应用，不过这种技术还不够完善，在实现各种不同材质衣物的洗涤时还很难做到最合理的处理，同时全自动洗衣机费水费电也是人所共知，可见要实现模糊控制技术与洗衣机的完美结合，还需进一步探索。

（二）应用变频技术的洗衣机

变频技术在洗衣机中的应用可极大降低洗衣机在洗涤和脱水时发出的噪声，从而改善人们的生活环境，另外还可以调整电动机转速从而实现不同水流的变化，更可以缩短洗涤和脱水的时间。

（三）不用洗涤剂的洗衣机

洗涤剂对洗净衣物有着重要的作用，然而使用过量的洗涤剂洗涤衣物时，不论漂洗时间多长，残留在衣物中的洗涤剂是很难被彻底清除的，加上部分洗涤剂含有的化学成分可能会使人体皮肤产生过敏或其他不良反应，因此消费者希望有一种洗衣机可以少用甚至不用洗涤剂即可洗净污垢。目前洗衣机市场出现了一些这方面的新产品。

（1）超声波洗衣机。这种洗衣机使用少量的洗涤剂，用含油电磁式气泵，压缩空气会从空气分散器的散气孔中产生细小的气泡进入洗涤桶。气泡逸出水面破裂时会产生超声波，超声波可以产生很强的水压使衣物纤维振动，产生洗涤所需的机械力。使用这种洗衣机，衣物洗涤均匀，缠绕率和磨损率低，适合高档衣物的洗涤。

（2）电磁振动式洗衣机。这种洗衣机通过安装在洗涤桶内的洗涤头高频振动，带动洗涤头上的衣物来回摆动，与桶壁和洗涤液反复摩擦，产生机械力。同时电磁振动可产生疏密波，对衣物进行挤压和冲刷，增强洗涤效果。

市场上还有利用冷沸腾原理的洗衣机、喷气式洗衣机、喷射式洗衣机和气泡洗衣机等，这些不用洗涤剂的洗衣机还需要经历市场的考验。

 思考题

1. 简述全自动洗衣机的优缺点。
2. 简述波轮式洗衣机的工作原理及优缺点。
3. 简述滚筒式洗衣机的工作原理及优缺点。
4. 简述波轮式洗衣机和滚筒式洗衣机的性能对比。

第二节　电冰箱

学习目标

　　了解制冷的基本原理，掌握电冰箱的分类，熟练掌握目前电冰箱的制冷原理，相关技术参数以及性能对比的差异，并能够理论联系实际，学会用感官检验对电冰箱的质量进行初步判断。

　　电冰箱作为传统家用保鲜储藏食品的制冷设备，已成为目前家庭必备的家用电器。随着科技的发展，电冰箱的性能有了很大的提高，人性化、智能化、节能化越来越成为发展趋势。

一、工作原理及组成

　　常用的蒸汽压缩式电冰箱制冷系统由压缩机、冷凝器、干燥过滤器、毛细管、蒸发器等部件组成。其动力来自压缩机，干燥过滤器用来过滤脏物和干燥水分，毛细管用来节流降压，热交换器为冷凝器和蒸发器。

　　制冷压缩机吸入来自蒸发器的低温低压的气体制冷剂，经压缩后成为高温高压的过热蒸汽排入冷凝器中，借助散热片向周围的空气散热成为高压过冷液体，高压过冷液体经干燥过滤器流入毛细管节流降压，成为低温低压液体状态，进入蒸发器中汽化，吸收周围被冷却物品的热量，使温度降低到所需值，汽化后的气体制冷剂又被压缩机吸入，至此完成一个循环。压缩机冷循环周而复始地运行，保证了制冷过程的连续性。外箱体采用绝热材料，降低了箱体内与外界的热交换，保证了制冷效果。

二、电冰箱分类与性能

（一）按制冷原理分类

　　电冰箱按制冷原理分类可分为压缩式电冰箱、吸收式电冰箱、半导体电冰箱、化学电冰箱、电磁振动式电冰箱和太阳能电冰箱等。

　　压缩式电冰箱目前在世界上占90％～95％。

　　吸收式电冰箱是以氨—水—氢混合溶液作为制冷剂，以热源（煤气、煤油、电等）作为动力连续的吸收—扩散过程中达到制冷目的，它是一种早期的电冰箱，目前很少见。

　　半导体电冰箱是利用PN结通以直流电会产生珀尔帖效应的原理实现制冷

的，随着半导体技术的发展，也许会很有前途，但是目前这项技术尚未过关。

其他几类冰箱世界上数量极少，故本书暂不作介绍。

（二）按型式和功能分类

根据国家标准 GB/T 8059.1～8059.3—87 规定，国产家用电冰箱的型号命名及含义如下：

冷藏式家用电冰箱：用拼音字母"C"表示。冷藏电冰箱没有冷冻功能，专供冷藏食品、饮料及药品等使用，温度为 2℃～10℃。

冷冻式家用电冰箱：用拼音字母"D"表示。冷冻箱专门用来储藏冻结食品，温度一般为－18℃以下，不具备 0℃以上冷藏保鲜功能，储存食品时间较长。多数都制成卧式，少数呈立式。

冷藏冷冻家用电冰箱：用拼音字母"CD"表示。兼备冷藏保鲜和冷冻功能，冷藏室和冷冻室分别设门，温度分别为 0℃～10℃和－18℃以下，冷藏室下面有果菜保鲜盒。冷冻冷藏箱与单门普通冰箱相比，冷冻室容积扩大，冷冻食品储期延长，但冷藏室减小，耗电量增加。

（三）按气候环境分类

根据家用电冰箱国际标准《家用冷动设备的性能有低温隔层和无低温隔层的冰箱》（ISO 7371—1985）的规定，家用电冰箱可分四类（我国国家标准《家用和类似用途电器的安全——家用电冰箱和食品冷冻箱》（GB 4706.13—2008）的分类规定与此基本相同）。

（1）亚温带型（SN）冰箱使用的环境温度范围：10℃～32℃；

（2）温带型（N）冰箱使用的环境温度范围：16℃～32℃；

（3）亚热带型（ST）冰箱使用的环境温度范围：18℃～38℃；

（4）热带型（T）冰箱使用的环境温度范围：18℃～43℃。

（四）按冷却方式分类

1. 直冷式电冰箱

直冷式电冰箱的冷冻室由蒸发器自身构成，食品置于其中受蒸发器直接冷却，冷却速度快；而冷藏室内有单独安装的蒸发器，食品是靠冷空气自然对流而冷却，因此空气流速低，食品干缩慢。

2. 间冷式冷藏冷冻箱

这是一种靠箱内空气强迫流动进行冷却的冰箱，蒸发器采用翅片盘管结构，装于箱内夹层中，利用一个小风扇使箱内空气通过蒸发器形成强制流动，从而使食品得以冷却或冷冻。因食品不与蒸发器接触，故称间接冷却式（简称简冷式）又因食品蒸发出的水分随时被冷风吹走，并在通过蒸发器时冻结在蒸发器表面，所以食品表面不会结霜，故又称无霜型电冰箱。根据国家标准《家用制冷器具》

（GB 8059.1～8059.3—87）规定，用字母"W"表示。该冰箱箱内温度均匀，冷却迅速，便于自动化霜，但其噪声大，耗电多，食品干缩快，容易结霜，必须配备自动化霜装置。

（五）按冷冻温度分类

根据国家标准《家用制冷器具》（GB 8059.1～8059.3—1995）的规定，冷冻式家用电冰箱和冷冻冷藏式家用箱，其温度等级以冷冻室的温度区分，以"＊"表示，标于冷冻室门上。一星级用符号"＊"表示，冷冻室内的温度不高于−6℃，食品大约储存 7 天；二星级用符号"＊＊"表示，冷冻室内的温度不高于−12℃，食品可储存 1 个月；三星级用符号"＊＊＊"表示，冷冻室内的温度不高于−18℃，食品可储存 3 个月；四星级用符号"＊＊＊＊"表示，冷冻室内的温度是按电冰箱在指定条件下 24h 对冷冻食品的冻结能力。实验的条件是将一种填充料（其热学性质相当于瘦牛肉）装入冷冻室内，使温度从 25±1℃（SN型、N 型、ST 型）或 21±1℃（T 型）降到−18℃。用公式 kg/24h 表示。

（六）按箱体外形分类

电冰箱按箱门的多少可分为单门冰箱、双门冰箱、三门冰箱、四门冰箱、多门电冰箱和对开门式电冰箱。门越多，功能越齐全，结构越豪华，耗电量也越多，越适合高层次生活水平的家庭使用。

（七）型号

我国电动机压缩式家用电冰箱遵循国家标准《家用制冷器具》（GB 8059—1995）的规定，产品型号由五部分组成。目前我国标准规定的电冰箱型号表示法如下：

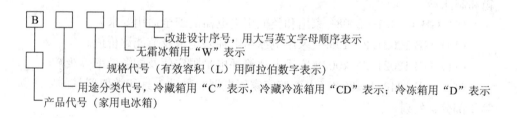

改进设计序号，用大写英文字母顺序表示
无霜冰箱用"W"表示
规格代号（有效容积（L）用阿拉伯数字表示)
用途分类代号，冷藏用"C"表示，冷藏冷冻箱用"CD"表示；冷冻箱用"D"表示
产品代号（家用电冰箱）

三、电冰箱的技术参数与标准

（一）技术参数

［耗电量］家用电冰箱在稳定运行状态下，运行 24h 的耗电量是在环境温度为 25℃（SN 型、N 型、ST 型）或 32℃（T 型）按规定的试验方法测定的。

［总有效容积］家用电冰箱的总有效容积为冷藏室、冷冻室、储藏室以及制

冰室（急冻室）、冷却室等有效容积的总和。

[额定输入总功率] 按《家用制冷器具》（GB/T8059.1～4—1995）规定，生产厂家给电器规定的输入功率，对电冰箱产品，若有大于 100W 的电热元件和任何辅助元件的额定输入功率，应当标出。

[噪声] 电冰箱在正常工作时，不应有明显的噪声出现，按《家用和类似用途电器噪声限值》（GB 19606—2004）规定，噪声限值为 45dB（A）。

[能源效率等级] 国家标准《家用电冰箱耗电量限定值及能源效率等级》（GB 12021.2—2003）规定了家用电冰箱耗电量限定值的计算方法及能源效率等级的判定方法。能源效率等级是判断电冰箱产品是否节能的最重要指标，产品的能源效率越高，节能效果越好，越省电。电冰箱的能效分为 1、2、3、4、5 级，数字越小代表能源效率等级越高，越节能。

（二）标准

与电冰箱有关的部分国家标准如下：

（1）GB 4706.13—2008《家用和类似用途电器的安全——家用电冰箱和食品冷冻箱》

（2）GB 8059.1—1995《家用制冷器具——电冰箱（冷藏箱）》

（3）GB 8059.2—1995《家用制冷器具——电冰箱（冷藏冷冻箱）》

（4）GB 9098—1988《电冰箱用全封闭型电动机——压缩机》

（5）GB 12021.2—1989《家用电冰箱电耗限定值及测试方法》

（6）GB/T 16268—1996《家用电冰箱包装》

（7）GB/T 9098—1996《电冰箱用全封闭型电动机》

（8）GB 4706.13—2008《家用和类似用途电器的安全—— 电冰箱、食品冷冻箱和制冰》

（9）GB 4706.1—2008《家用和类似用途电器的安全通用要求》

（10）GB 12021.2—1999《家用电冰箱电耗限定值及节能评价值》

（11）GB 12021.2—2003《家用电冰箱耗电量限定值及能源效率等级》

（12）GB 4343.1—2003《电磁兼容家用电器、电动工具和类似器具的要求第 1 部分：发射》

（13）GB 4706.13—2004《家用和类似用途电器的安全制冷器具、冰淇淋机和制冰机的特殊要求》

（14）GB 19606—2004《家用和类似用途电器噪声限值》

四、电冰箱的质量与检验鉴定

（一）电冰箱的感官检验

电冰箱的外形轮廓要求简单清晰，高宽比例适宜；把手、商标、装潢要造型新颖，美观大方；表面色彩淡雅光洁，整体颜色协调；漆层和电镀件要求平滑明亮、无划痕、无斑痕、无脱落；装饰件与商标完整、牢固；检查箱门要求平整、开门自如、门封磁条平直，关门后没有缝隙，箱门磁条能承受 5 kg 左右拉力；检查内胆，要求光滑无裂缝；敲击内外壳体，没有"啪啪"的不实之声；检查压缩机、确定生产厂家、型号等。

电冰箱制冷系统的检查，可让电冰箱运行 20min 后，开门观察蒸发器，直冷式电冰箱有一层均匀薄霜，用手指蘸水摸蒸发器各个内表面有冻粘感觉，证明冰箱制冷性能良好。间冷式电冰箱可以根据其温度下降来判断。若蒸发器上结霜不均匀或某一部位不结霜，则说明电冰箱的制冷性能比较差。对间冷式电冰箱，用手按下风机开关，此时风口出冷气。最后将温度控制器调至"停"位置，压缩机应停止工作。

电冰箱电气系统的检查，启动电冰箱，用手摸压缩机，观察压缩机的振动情况，耳听压缩机的噪声大小，要求振动小，噪声轻为好。检查照明灯，以门开灯亮，门关灯灭为正常。

（二）电冰箱的理化检验

参见电冰箱的技术参数与标准一节。

（三）电冰箱的认证标识

[3C 认证标志] 中国强制性产品认证制度（China Compulsory Ceritification，CCC），它包括原来的产品安全认证（CCEE）、进口安全质量许可制度（CCIB）和电磁兼容认证（EMC），三者分别从用电的安全、稳定、电磁兼容及电波干扰方面做出了全面的规定标准，整体认证法与国际接轨。目前我国规定了四种 3C 认证：安全与电磁兼容标志，后缀标识为"S&E"；安全认证标志，后缀标识为"S"；电磁兼容标志，后缀标识为"EMC"；消防认证标志，后缀标识为"F"。需要特别指出的是，即便电源通过了 3C 认证也是不完全的，只有同时获取安全及电磁兼容认证的产品，才会被授予 CCC（S&E）标志，这才是真正意义上的 3C 认证。

[能源效率标识] 蓝白背景的彩色标识，分为 1、2、3、4、5 共 5 个等级，等级 1 表示产品达到国际先进水平，最节电，即耗能最低；等级 2 表示比较节电；等级 3 表示产品的能源效率为我国市场的平均水平；等级 4 表示产品能源效率低于市场平均水平；等级 5 是市场准入指标，低于该等级要求的产品不允许生产和销售。能效标识为背部有黏性的，顶部标有"中国能效标识"（China Energy Label）字样的彩色标签，一般粘贴在产品的正面面板上。电冰箱能效标识的信息内容包括产品的生产者、型号、能源效率等级、24h 耗电量、各间室容积、依据的国家标准号。

五、电冰箱的包装、储存和运输

《产品质量法》第28条规定："易碎、易燃、易爆、有毒、有腐蚀性、有放射性等危险物品以及储运中不能倒置和其他有特殊要求的产品，其包装质量必须符合相应要求，依照国家有关规定做出警示标志或者中文警示说明，标明储运注意事项"。除了使用旋转压缩机的冰箱可以随便放置外，压缩机是活塞往复式的电冰箱若在运输过程中倾斜45°会造成压缩机吊环脱落，压缩机不工作。另外，压缩机倾斜后容易造成冰箱在使用过程中噪声增大。有氟冰箱制冷剂在运输过程中因倾斜容易造成制冷剂回流，堵塞毛细管，影响使用寿命。因此在电冰箱的外包装上应有不能倒置的标示，关于电冰箱包装和储运在《家用电冰箱包装》（GB/T 16268—1996）中有详细规定。

电冰箱的存放地点应当保持清洁、阴凉、干燥，严防日晒、雨淋，严禁火种，不得直接接触潮湿地面，不得与有腐蚀性、在毒物品堆放在一起，仓库温度应保持在10℃～25℃。

电冰箱运输时应避免强烈震荡、日晒、雨淋，装卸时应轻拿轻放。

六、电冰箱的使用

电冰箱的使用主要是温控器的使用和食品的存储。

（一）温控器的使用

电冰箱使用时，依靠旋转温控器旋钮来调节冰箱内温度。一般逆时针方向旋转，温度升高，顺时针方向旋转，温度降低。通常情况下，以数字3对准标记。当冷藏水果等，箱内温度需要较高时，可以用较小数字对准标记；当冷冻食品，箱内温度需要较低时，以较大数字对准标记。

当环境温度低到15℃左右时，以数字1对准标记；环境温度为25℃～30℃时，以中间数字对准标记；当环境温度升到30℃～40℃时，以较大数字对准标记。当环境温度低于10℃时，对直冷式电冰箱，宜以最大数字对准标记；对间冷式电冰箱，可将冷冻室温控器盘面最大数字对准标记，冷藏室温控器盘面以较小数字对准标记。这样做可使冰箱压缩机在较低的环境温度正常开停，冷冻室仍保持冷冻物品的状态，而冷藏室温度也不会低于0℃。

如果预先知道要停电，可将旋钮中最大数字对准标记。若要速冻食品，可将"不停"或"速冻"字样对准标记。若需冰箱停机，可旋到"OFF"点或"停"点，则冰箱停止运行。

智能电冰箱目前正在发展中，它的使用可参考说明书进行。

（二）食品的存储

掌握冰箱内温度的分布和食物的冷藏性质是正确进行食品存储的基础。冷冻室温度，单门电冰箱为 $-6℃\sim18℃$，双门双温电冰箱（三星级或四星级）均在 $-18℃$ 以下。冷藏室内温度为 $0℃\sim10℃$，但其温度分布也有差别，一般上面冷、下面热，后面冷，前面热。因此，要冷冻的食品应放入冷冻室；需冷藏的食品应放在冷藏室。后放进冰箱的食物宜靠后壁放置，先放进冰箱的食物可移至前面放置。冷藏食品不宜堆得太挤，以免影响冷气循环。

不同食物冷冻、冷藏的存储时间也不同。表 3-3 列出了常见食品存放温度和时间。

表 3-3　　　　　　　　　常见食品存放温度和时间

食物种类	品　名	适宜温度	存放日期	说　明
肉　类	鲜猪肉	$-3℃\sim0℃$	4～7 天	洗净后，塑料袋包装（防干燥，防散失味道）
	鲜牛肉	$2℃\sim3℃$	2～3 天	
	禽肉类	$-1℃\sim1℃$	1～2 天	
	冻猪肉	$-18℃$	2 个月	
	冻牛肉	$-12℃$	3 个月	
	冻鸡肉	$-12℃$	3 个月	
	咸　肉	$-10℃$	4 个月	
鱼　类	鲜鱼	$1℃\sim2℃$	2～3 天	洗净后，塑料袋包装（防干燥，防散失味道）
	鱼块	$1℃\sim2℃$	2～3 天	
	冻鱼	$-12℃$	8 个月	
鸡　蛋	蛋类	$2℃\sim15℃$	20 天	放入蛋架
		$-1℃$	8 个月	
加工食品	火腿，香肠	$2℃\sim6℃$	3～4 天	塑料袋包装
	豆腐	$0℃\sim5℃$	2 天	
	豆制品	$0℃\sim5℃$	5～7 天	
乳制品	鲜牛奶	$0℃\sim5℃$	2 天	
	冰激凌	$-15℃$	7 天	
	奶油	$0℃\sim5℃$	2 周	
饮料类	啤酒	$2℃\sim6℃$	3 个月	
	汽水	$5℃$	3 个月	
	橘子水	$6℃$	30 天	

续　表

食物种类	品　名	适宜温度	存放日期	说　明
水果类	苹果	0℃～6℃	14天	
	橘子	0℃～2℃	2～3个月	
	梨	1℃～2℃	1～6天	
蔬菜类	黄瓜	7℃～10℃	10～14天	洗净后用塑料袋包装
	青豌豆	0℃～7℃	15～20天	
	一般蔬菜	0℃～1℃	3～7天	

注意：无论哪种食品在冰箱中储存时间都不宜过长，否则表面上看起来没有什么大变化，而该种食品已失去其营养价值。

（三）冰箱的妙用

（1）冰箱有干燥功能，特别是间冷式可用于存放胶卷、香烟、茶叶、药品等，存期超过一年不会变质。

（2）书、笔记本、纸质文稿等因故弄湿，可摆平在冰箱冷冻室内，数天后可干燥如原状，避免了因日晒、烘干等造成的凹凸不平和皱黄现象。

（3）真丝衣服不易烫平，如将它喷上一些水，装在塑料袋中，置于冰箱内半小时，取出后较易烫平，效果非常好。

（4）生日蜡烛先放入冰箱中冷冻十几个小时，然后取出使用，不会沾污生日蛋糕。

（5）豆腐放入冷冻室内冷冻成冰块状，然后解冻食用，别有一种风味。

（6）防晒、抗皱类化妆品放入电冰箱中保存后，用起来可以使效果更佳。

（7）夏日煮绿豆汤、赤豆汤，豆类不易煮烂。可把豆类先煮一会，然后放入冰箱内冷冻数小时，再煮时可快速煮烂。

（8）如遇小孩因火旺出鼻血，可取冰箱中冰块，用毛巾包裹，敷于额头，可止住鼻血。

（四）电冰箱异味去除法

冰箱使用日久，总会产生这样那样的异味。现介绍几种去除异味的方法。

（1）把50～100g茉莉花茶放入冰箱中，数天后，可除异味（茶叶可烘干重复使用）。

（2）用柠檬或香水等，也可去除冰箱异味。

（3）把橘子皮300～600g洗净，放在冰箱内，2～3天后冰箱内充满橘子香味。

（4）把黄酒一瓶打开后放在冰箱底层，1～2天可除净异味。

七、电冰箱的保养

（一）电冰箱的保养

电冰箱的保养主要是要及时化霜，箱体清洗，稳定输入电压和及时维修等。当电冰箱使用一段时间以后，蒸发器内一定会结霜，霜层太厚会影响冷气循环，应及时化霜。特别是对使用半自动化霜温控器或人工化霜的电冰箱应特别注意这一点。一般当霜层厚度达2～3cm以上时，就要进行化霜。但需注意的是，严禁用尖硬锋利的器械刮削霜层，以防蒸发器损坏，造成制冷剂泄漏。

无论什么冰箱，使用一段时间后，箱内总有污物和细菌会污染食物，故每隔1～2个月后需清洗一次。清洗宜在化霜后进行，用柔软的布或海绵，蘸溶有洗洁精的水或中性肥皂水擦洗，把箱体内、外表面，蒸发器和门封条等擦洗干净。

（二）电冰箱的使用电压

电冰箱的使用电压尽量稳定在180～240 V，特别要防止瞬间断电和停机后3～5min内重复起动的情况，必要时安装稳压断电保护器。

（三）长期停用的电冰箱

停用时，应清理干净存放，防止霉菌生长。停电过程中，每个月要通电几分钟，防止压缩机停电后失油而卡死，导致压缩机损坏。使用一段时间后的电冰箱，总会出现这样或那样的故障，要及时修理。

 思考题

1. 简述按照使用气候电冰箱的分类方法。
2. 简述直冷式电冰箱的优缺点。
3. 简述间冷式电冰箱的优缺点。
4. 简述变频式电冰箱与定频式电冰箱的区别。
5. 简述单级蒸汽式制冷系统的主要组成部分。

第三节　空调器

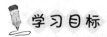 学习目标

　　了解空调器的号型，掌握空调器的分类，熟练掌握目前空调器的制冷制热原理、相关技术参数以及性能对比的差异，并能够理论联系实际，学会用感官检验对空调器的质量进行初步判断。

　　家用空调器（简称空调器）的主要功能是调节房间空气的温度、湿度以及过滤空气中的灰尘，必要时可补充一部分室外空气（简称新风）进入室内。具有"热泵"型的空调器，冬季还可取暖，即空调器通过制热机构，从室外空气吸取一定量的热量向室内空气中排放。空调器还装有自动控制室温的温控器，以维持所需要的气温。

一、工作原理及组成

（一）工作原理

　　压缩机将制冷剂压缩成高压高温气体后送入冷凝器，在其中冷凝成液体同时向室外散热，然后经干燥过滤器和毛细管（或膨胀阀）进入蒸发器，在其中蒸发吸热，转变为过热蒸汽，再被压缩机吸入进行压缩。制冷循环是指蒸发器在室内，制冷剂在室内蒸发吸热，从而降低室内温度的循环。制热循环是通过四通换向阀改变制冷剂的流动方向，使制冷剂在室外蒸发吸热，在室内冷凝散热，从而提高室内温度的循环。如采用电热型空调器，则在冬天制热时，直接用电热器加热空气。

（二）组成

1. 整体式空调的组成

　　单冷整体式空调主要由制冷循环系统、风路系统、电路控制系统、外箱等部分组成。

　　（1）制冷循环系统：由压缩机、冷凝器、蒸发器、毛细管组成，压缩机有旋转式压缩机和往复活塞式压缩机，旋转式以其重量轻（轻 10%）、效率高（高5%～10%）、噪声和振动小、功耗小、启动平稳等特点逐渐占据主流市场。制冷系统的工作原理与电冰箱制冷系统的工作原理相同。

（2）风路系统：主要由离心式风机、轴流式风机、电扇电动机及风道等组成。离心风机由机壳、叶轮、轴和轴承等组成，其特点是风量大、噪声小。风扇电动机多为单相异步电动机，由转子、定子、端面、转轴与轴承组成。

空气循环系统可分为室内空气循环系统、室外空气冷却系统、新风系统。

①室内空气循环系统：室内空气通过滤尘网除尘后，将室内的空气吸入，经蒸发器冷却、除湿后，进入离心风机，再经叶轮压缩后提高空气的压力，排入风道，并通过风道和出风口送至室内。

②室外空气循环系统：室外空气被空调器左右两侧的叶窗吸入，经轴流风扇吹向冷凝器及其患热片，让冷凝器管道中的制冷剂迅速冷凝，热空气从空调器后不排除，以加强冷凝效果。

③新风系统：一般有两种形式，一种是在窗式空调器上部排风侧开有一扇小门，由控制板上的滑杆控制其开度，其作用是将室内混浊空气从空调器后部排出，新鲜空气从窗缝、门缝中吸入。另一种是在空调器上部排风侧开有一扇小门，排出混浊空气，在其下部吸气侧另有一扇吸入新鲜空气的门。打开吸气门，室外新鲜空气直接从新风门吸入，形成约占 15％室内空气量的新风。新风引入量的多少，可根据人们的要求调节。

（3）电路控制系统：由压缩机电动机、风扇电动机、中间继电器、温度控制器、主令开关、启动继电器、过载保护器等组成，作用是控制空调器正常运行，并实现多种功能，以满足用户的需要。

（4）外箱：由箱体、底盘和面板等组成。

2. 分体式空调器的组成

分体式空调器多为热泵型冷热两用，由室内机组和室外机组两部分构成。

（1）室内机组：主要由热交换器、送风风扇、过滤尘网、百叶窗及面板、控制部分组成。

（2）室外机组：主要由压缩机、室外换热器、风扇、风扇电动机组成，全部部件安装在一个箱壳内。

二、分类与性能

（一）产品型号及含义

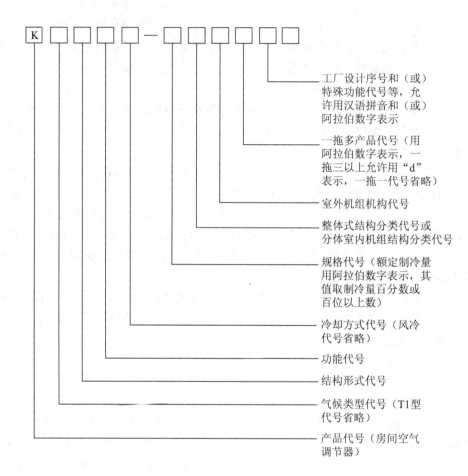

（二）分类

1. 按使用气候分类

空调器按使用气候（最高温度）分类如表3-4所示。

表3-4 空调器按使用气候分类

类型	T1	T2	T3
气候环境	温带气候	低温气候	高温气候
最高温度	43℃	35℃	52℃

2. 按结构型式分类

空调器按结构型式分类如下：

（1）整体式，其代号为 C。整体式空调器结构分类为窗式（其代号省略）、穿墙式等，其代号为 C 等。

（2）分体式，其代号为 F。分体式空调器分为室内机组结构和室外机组结构。室内机组结构分为吊顶式、挂壁式、落地式、嵌入式等，其代号分别为 D、G、L、Q 等。室外机组代号为 W。

（3）一拖多空调器。

3. 按主要功能分类

空调器按主要功能分类如下：

（1）冷风型，其代号省略（制冷专用）。

（2）热泵型，其代号 R（包括制冷、热泵制热，制冷、热泵与辅助电热装置一起制热，制冷、热泵和以热转换电热装置与热泵一起使用的辅助电热装置制热）。

（3）电热型，其代号 D（制冷、电热装置制热）。

4. 按冷却方式分类

空调器按冷却方式分类如下：

（1）空冷式，其代号省略。

（2）水冷式，其代号 S。

5. 按压缩机控制方式分类

空调器按压缩机控制方式分类如下：

（1）转速一定（频率、转速、容量不变）型，简称定频型，其代号省略。

（2）转速可控（频率、转速、容量可变）型，简称变频型，其代号 Bp。

（3）容量可控（容量可变）型，简称变容型，其代号 Br。

三、技术参数与标准

（一）技术参数

［名义制冷量］在名义工况下，空调器在进行制冷运转时，在单位时间内从密封房间内除去的热量称为空调器的制冷量，单位为 W。

$1000W = 860kcal/h$；$1kcal/h = 1.16W$；$1Btu/h = 0.25kcal/h = 0.293W$；$1HP = 2616W$

［名义制热量］在名义工况下，空调器在进行制热运转时，每小时向房间内送入的热量称为空调器的制热量。

［循环风量］空调器在新风门和排风们完全关闭的条件下，单位时间内向房间送入的风量。

［制冷消耗功率］空调器进行制冷运转时所消耗的总功率。

［性能系数（能效比）］制冷运转时其制冷量与所消耗的功率之比为性能系数，就是每消耗1W电能所能产生的冷量数，一般为92%。

［噪音指标］一般低于60%。来源包括机械噪声和空气动力性噪声。机械噪声由压缩机等机械部件的固体震动产生；空气动力性噪声有高速、不稳定气流流动及气体与物体相互作用而产生。

［工作温度］冷风型为－18℃～43℃；热泵型为5℃～43℃；电加热型为43℃；热泵辅助电加热型为－5℃～43℃。

（二）标准

GB/T 191—2008《包装储运图示标志》

GB/T 1019—2008《家用和类似用途电器包装通则》

GB/T 1766—1995《色漆和清漆涂层老化的评级方法》

GB/T 2423.3—1993《电子电工产品基本环境试验规程试验 Ca：恒定湿热试验方法》

GB/T 2423.17—1993《电子电工产品基本环境试验规程试验 Ka：盐雾试验方法》

GB/T 2828.1—2003《计数抽样检验程序　第 1 部分：按接收质量限（AQL）检索的逐批检验抽样计划》

GB/T 2829—2002《周期检验计数抽样程序及表（适用于对过程稳定性的检验）》

GB 4706.32—2004《家用和类似用途电器的安全热泵、空调器和除湿机的特殊要求》

GB/T 4798.1—2005《电工电子产品应用环境条件　第1部分：储存》

GB/T 4798.2—1996《电工电子产品应用环境条件运输》

GB/T 4857.7—1992《包装运输包装件　正弦定频振动试验方法》

GB/T 4857.1 0—1992《包装运输包装件　正弦变频振动试验方法》

GB 5296.2—2008《消费品使用说明　家用和类似用途电器的使用说明》

GB 6882—1986《声学噪声源声功率级的测定消声室和半消声室精密法》

GB/T 9286—1998《色漆和清漆漆膜的划格试验》

GB 1202 1.3—2010《房间空气调节器能效限定值及能源效率等级》

GB/T 14522—2008《机械工业产品用塑料、涂料、橡胶材料人工气候加速试验方法》

JB /T 10359—2002《空调器室外机用塑料环境技术要求》

GB/T 7725—2004《房间空气调节器》

四、质量检验和保养

(一) 感官检验

目检各部件，应加工精细、平整、无损伤。钣金件的表面应有防锈蚀处理，镀件色泽光亮均匀、无剥落、针孔、花斑和划伤，喷涂件表面无剥落、气泡、漏涂、底漆外露、流痕、皱纹和划伤等其他损伤；塑料件表面平整光滑、色泽均匀，加工精细，无裂纹和损伤；机内各部件安装得牢固可靠，管路间或管路与与相邻的零部件之间没有相互碰撞；原用的包装物完好。靠内的竖向安装的导风板的左右拨动、外面的横向安装的导风条的上下拨动应该自如，不能太紧，也不能过松，板、条能在任意位置停住，不会自行移位。过滤网前的活动面板的开启和关闭应自如，左右推动面板不会脱落下来，关闭时能容易复位紧固；过滤网抽拉、推送、卡位正常，网自身无破损。面板上的手动旋钮、按键应灵活、落位，不松脱、不滑动；遥控器、线控器上的按键灵活，落位，不卡键。开机时没有异常的振动和碰撞声，运行噪声不过大；开机几分钟夏季制冷时，应该是室外侧冷凝器表面逐渐发烫有热风吹出；室内侧出冷风，稳定运行后，室内侧出风口处的温度与室内温度之差不得小于8℃，同等风量时，温差越大则制冷效果越好；用试电笔触试冷凝器等裸露金属表面，应没有感应电和漏电使电笔闪量；调节风速选择旋纽或遥控器的风速按键，应吹出不同的风量，低速档时噪声应更小些。分体机运行时，外面的横向导风条能上下在一定角度内自如摆动，关机时能闭合复位。安装运行1h，如果排水管道未堵塞，承水盘无裂纹沙眼，且安装正确，冷凝水应不会滴落在室内。

(二) 理化检验

理化检验的方法详见国家标准《房间空气调节器》(GB/T 7725—2004)。

空调器应符合本标准和《家用和类似用途电器的安全热原、空调器和除湿的特殊要求》(GB 4706.32)标准的要求，并应按经规定程序批准的图样和技术文件制造。热泵型空调器的热泵额定（高温）制热量应不低于其额定制冷量；对于额定制冷量不大于7.1kW的分体式热泵空调器，其热泵额定（高温）制热量应不低于其额定制冷量的1.1倍。空调器的电磁兼容性应符合国家有关规定和相应标准的要求。制冷量按6.3.2《制冷链实验》方法试验时，空调器的实测制冷量不应小于额定制冷量的95％。制冷消耗功率按6.3.3《制冷消耗功率实验》方法试验时，空调器的实测制冷消耗功率不应大于额定制冷消耗功率的110％；水冷式空调器制冷量每300W增加10W，作为冷却系统水泵和冷却水塔风机的功率消耗。热泵制热量按6.3.4《热泵制热量实验》方法试验时，热泵的实测制热量不应小于热泵额定制热量的95％。热泵制热消耗功率按6.3.5《热泵制热消耗功率实验》方法试验时热泵的实测制热消耗功率不应大于热泵额定制热消耗功率的110％。电热装置制热消耗功率按6.3.6《电热装置制热消耗功率实验》方法试验时，电热型和热泵型空调器的电热装置的实测制热消耗功率要求如下：电热装置额定消耗功率不大于200W的，其允差为±1000；200W以上的，其允差为−10％～＋5％或20W（选大者），PTC电热元件制热消耗功率的下限不受此限。

额定噪声级如表3−5所示。

表3−5 额定噪声级

额定制冷量（kW）	室内噪声/dB（A）		室外噪声/dB（A）	
	整体式	分体式	整体式	分体式
＜2.5	≤52	≤40	≤57	≤52
2.5～4.5	≤55	≤45	≤60	≤55
＞4.5～7.1	≤60	≤52	≤60	≤60
＞7.1～14		≤55		≤65

（三）空调器的保养

经常用软布抹去面板和机壳上的灰尘及脏物，如污染太多，可用软布加肥皂水或不超过40℃的温水洗净，再用软布擦干。每2～3个星期清洗一次空气过滤网。拆卸空气过滤网的方法参照空调器使用说明书进行，拆下的过滤网放到自来水龙头上冲洗，不可用热水清洗，洗后不宜用火烘烤，可将过滤网的水甩干，插入面板。空调器内部每年应清理一次，清理前先拔去电源插头，拆卸面板及外壳，用软毛刷和吸尘器除去换热器和底座上的灰尘和杂物。注意不要碰坏内部件、连接管路和引线，保持散热肋片的整齐排列。空调器手控停、开操作间隔时间应在3min以上，须防止系统内压力尚未平衡，电动机启动不起来，起动电流过大，烧断保险丝或使热保护器动作。经常检查插头与插座的接触是否良好，有无松动与脱落情况。防止电器系统受潮、进水等，以免产生漏电、触电事故。经常注意观察空调器的运行情况，如发现有不制冷、不制热和异常声音等情况应及时检查和修理。空调器长期不用，可先通风3～4h，然后拆下用包装箱或纸包好保存。若不拆下保存，也应用包装纸或布遮盖，以防灰尘进入。不能将遥控器放置在电热毯或取暖炉等高温物体及阳光直射的地方。不要被其他重物压住，以免使操作键长期按通。不要让遥控器沾到油、水或其他的液体。不要让遥控器掉下以免损坏液晶及其他元器件。长期不用时应取出电池。

五、包装、运输和储存

(一) 包 装

空调器包装前应进行清洁和干燥处理。空调器包装箱内应附有下述文件及附件:

1. 产品合格证

产品合格证内容应包括以下几方面:

①产品名称和型号。

②产品出厂编号。

③检查结论。

④检验印章。

⑤检验日期。

2. 使用说明书

使用说明书应按《消费品使用说明　第2部分:家用和类似用途电器》(GB 5296.2—2008) 的要求进行编写,至少应包括以下几方面:

①产品名称、型号 (规格)。

②产品概述 (用途、特点、使用环境、主要使用性能指标及额定参数等)。

③接地说明。

④安装和使用要求,维护和保养注意事项。

⑤产品附件名称、数量、规格。

⑥常见故障及处理办法一览表,售后服务事项和生产者责任。

⑦制造厂名和地址。

此外,还应包括装箱清单、装箱要求的附件。随机文件应防潮密封,并放置在箱内适当位置处。

(二) 运 输 和 储 存

空调器在运输和储存过程中,不应碰撞、倾斜、雨雪淋袭。产品的存储环境条件应按《电工电子产品应用环境条件　第1部分:储存》(GB/T 4798.1) 的有关规定,应储存在干燥的通风良好的仓库中。周围应无腐蚀性及有害气体。产品包装经拆装后仍须继续储存时应重新包装。

(三) 节 能 措 施

空调器是家用电器中耗电较大的电器,因此节约空调器用电是使用者十分关心的问题。节约空调房间耗电的措施主要有以下几方面:

1. 提高空调器的制冷效果

由于空调器单位功率制冷量越大,制冷效率越高,耗电越少,因此,在购买空调器时，要选择单位功率制冷量较大的空调器。

2. 降低空调房间的舒适度要求

提高空调房间的恒温温度，可以减少室内、外之间的传热量，从而减少耗冷量。一般可取室内空气参数为：室内空气温度 27℃～29℃（夏季），16℃～20℃（冬季）。室内空气相对湿度 40％～60％。

3. 改善空调房间的维护结构

（1）改善窗、门缝隙的密封性，例如改善结构减小缝隙，或用胶带纸封住缝隙等。

（2）改善玻璃窗的隔热性能，如在窗外层贴一层半透明的白色软性泡沫塑料，既隔热又有一定的透光性。也可在无太阳辐射的窗上贴一层透明塑料薄膜。

（3）窗外装帐篷式窗帘，减少太阳辐射热。

（4）可在外墙表面刷白色涂料，使大部分辐射热反射出去，以节省冷源。

4. 改善房顶隔热材料

可在屋顶上搭一层 200～300mm 高的遮阳层，四面要透风（让其通风散热），这样屋顶的传热接近于外墙的传热量。

5. 在使用中注意节约冷源

（1）不要频繁开门，减少热空气渗入。

（2）少开新风门，减少高温气体进入，节约冷源。

 思考题

1. 如何根据空调器的型号来判断空调器的功能和制冷量？

2. 如何根据居室空间面积，估测使用空调器制冷量的大小？

3. 对于热泵式空调，如何通过四通换向阀来改变制冷、制热功能的转换？

4. 变频式空调器的优点有哪些？

第四章　小家电

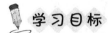 学习目标

　　了解常用小家电的功能，掌握不同小家电的工作原理，熟练掌握小家电的使用方法和组成、相关技术参数以及性能对比的差异，并能够理论联系实际，学会用感官检验对各种小家电的质量进行初步判断。

第一节　厨房器具

　　厨房器具是一种电能转换为热能的家用电器，属于电热器具，具有电热器具的共同性质。厨房器具在小家电市场里有非常重要的位置，国内的厨房器具市场更是云集了各个优秀的专业品牌，一些国外品牌也看中了中国市场的购买力，纷纷抢滩中国。据专家预测，中国人在美化了客厅、卧室和浴室之后，下一个目标将是厨房，因此电热器具工业得到了较快发展，而且品种越来越多，质量越来越好，外观设计也越来越漂亮。厨房市场的竞争已经开始，尤其是高端市场，不仅是国内品牌之间的较量，还有国外品牌与国内品牌的竞争。竞争的焦点集中在谁能推出更符合人们需求的更受推崇的好产品上。

　　本章先介绍电热器具的一些共性，再介绍几种有代表性的厨房器具。

一、电热器具的概述

（一）电热器具的特点

　　（1）体积小，<u>重量轻</u>，使用方便，维修容易。

　　（2）控温方便，精确度高，容易实现自动控制。

　　（3）热效率高，约为 $50\% \sim 95\%$（煤的热效率为 $12\% \sim 30\%$，液体燃料为 $20\% \sim 40\%$，气体燃料为 $50\% \sim 60\%$）。

　　（4）热惯性小。

　　（5）干净卫生，没有油烟污染。

　　由于电热器具有以上优点，因而使用面很广。

电热器具常常根据用途不同，制造成各种类型及功能的家用电热器具，例如电饭锅、电烤箱、电磁灶、微波炉、电热水器、电暖器等。除此之外，电热器具也可把多种功能综合在一起，例如，带微波炉烹调的电冰箱、带干衣装置的全自动洗衣机、带制热的空气调节器、带吹热风的电风扇等。

（二）电热器具的结构与分类

1. 电热器具的基本结构

电热器具的基本结构包括三部分：器具结构件、电热元件、控制元件。

（1）器具结构件。器具结构件是指满足用途和功能的壳体构件，如电饭锅的锅体、电烤箱的箱体和微波炉的炉体等。它与不同的电热元件和控制元件配合，就构成不同的电热器具。它的质量好坏关系产品的安全性能、使用寿命和功率。一般把用途、安全、效率、造型和成本列为器具结构件的五要素。

（2）电热元件。电热元件是指由电能转换成热能的装置，一般由电热材料和绝缘保护层组成。它是电热器具的心脏，它的质量好坏关系电热器具的使用寿命和安全性能。

（3）控制元件。控制元件是指电热器具中用于控制电流、温度或时间等参数的元器件。它决定了产品的技术性能和使用功能，产品的功能越多、性能越好，控制机构也就越复杂。

2. 电热器具的分类

电热器具品种很多，分类通常采用两种方法：按用途分类和按加热原理分类。

（1）电热器具按用途分为如下几类：

①厨房电热器具。例如，电饭锅、电烤箱、电磁灶和微波炉等。

②热水电热器具。例如，电水壶、电热杯、自动沸水器和速热器等。

③取暖电热器具。例如，电暖器、电热毯、电热鞋和红外线取暖器等。

④熨烫电热器具。例如，电熨斗等。

⑤保健电热器具。例如，红外线电灸器、热敷器和家庭消毒器等。

⑥美容电热器具。例如，电吹风、烘发器、烫发器和电热梳等。

⑦其他专用电热器具。例如，电烙铁、电热笔等。

（2）按加热原理分为如下几类：

①电阻式电热器具。电阻式电热器具的加热方式有直接电加热方式和间接电加热方式两种。

直接电加热方式是直接把电压加在被加热物体的两端，让电流流过被加热物体，利用被加热物体的电阻发热达到加热的目的。

间接电加热方式是把电压加在专门的电热元件两端，利用电热元件的电阻发热，通过热传递的方式使被加热物体升温。由于这种加热方式安全可靠，使用方便，目前已被广泛采用。

电阻式电热器具有电饭锅、电炒锅、电水壶、电热毯、电暖器、电吹风和电熨斗等。

②微波式电热器具。微波也是一种电磁波，频率较高。微波式电热器具是把电能转换成微波能量来进行加热的电热器具，主要代表器具是微波灶。

③红外式电热器具。红外式电热器具是把电能转换成红外能来进行加热的器具。红外线是一种电磁波，波长介于可见光与无线电波之间，可分为近红外与远红外两种，也可分为近红外、中红外和远红外三种。红外式电热器具是通过加热红外线辐射物质，使其辐射出红外线来，然后加热物体。红外式电热器具有远红外电烤箱、红外线取暖器等。

④感应式电热器具。感应式电热器具是利用导体在交变磁场中产生的感应电流（即涡流）在导体内部克服内阻而产生热量的原理制成的电热器具，如电磁灶、感应式电烙铁等。

（三）电热器具的通用技术要求

电热器具的安全主要是电的安全和热的安全。在考虑安全问题时，不但要考虑正常使用情况下的安全，还要考虑意外情况下的安全。因此，电热器具的设计、制造、安装和维修应符合 GB 标准中主要的通用技术要求。

1. 功率

电热器具的输入功率和可拆开的电热元件的输入功率在额定电压和正常工作温度下，一般偏差不应大于 $\pm 10\%$。

2. 温升

电热器具中所有电热元件都接入电路，并在充分发热的条件下，其输入功率超过额定功率，并等于额定功率的 1.5 倍的情况下工作，人们握持的手柄、旋钮、夹子等零部件的温升不得超过 15℃～35℃（环境温度以 40℃为基准）。

3. 在工作温度下的泄漏电流

电热器具在工作温度下的泄漏电流，按其额定输入功率计算，每千瓦应该不大于 0.75mA，但整个电热器具的最大泄漏电流值不大于 5mA。

4. 绝缘电气强度

电热器具的绝缘电气强度应进行 50Hz 的交流电压试验，历时 1min，要求不发生闪烁和击穿现象。绝缘电气强度的试验电压值如表 4-1 所示。

表 4-1　　　　　　　　　绝缘电气强度的试验电压值

施加试验电压的部位	试验电压（V）
带电部件和仅用基本绝缘与带电部件隔离的壳体之间	1250
带电部件和用加强绝缘与带电部件隔离的壳体之间	3750

5. 接地装置

电热器具的外壳应永久地、可靠地安装接地装置或者连接到电器进线装置的接地极上。

6. 耐热、耐燃

电热器具的外部零件和非金属材料的部件均应有足够的耐热性和耐燃性。

7. 防触电保护

电热器具的结构和外壳应有良好的防触电保护。

（四） 绝缘材料、电热材料和绝热材料

1. 绝缘材料

绝缘材料是电热电器中不可缺少的一种材料，电热电器中使用的绝缘材料还需有一定的耐热性能。

绝缘材料又称为电介质，用于电气绝缘。其性能应具有绝缘强度大、机械强度高、耐热性能好、吸湿度小、化学性能稳定和导热性好等优点。

表 4-2 所示为家用电热器具中常用绝缘材料的绝缘性能，表 4-3 所示为常用绝缘材料的工作温度，供读者参考。

表 4-2   常用绝缘材料的绝缘性能

材料 绝缘强度	云母	玻璃	瓷	电木	绝缘体	大理石	氧化镁
F 击穿（kV/cm）	800～2000	100～400	80～150	100～200	70～100	25～35	30

表 4-3   常用绝缘材料的工作温度

材料名称	一般陶瓷制品	云母及云母胶合板	电工陶瓷及耐火黏土	氧化镁和石英沙
温度范围（℃）	＜500	700～800	1400～1600	1500～1700

2. 电热材料

电热器具中使用的核心材料是电热材料，它是电热转换的关键部件。

常用的电热材料按材质不同可分为金属、非金属和半导体三大类。

（1）金属电热材料。金属电热材料按其电阻率的大小可分为三大类：高电阻材料（电阻率 $\rho > 10^{-6}\Omega \cdot m$），中电阻材料（电阻率 $\rho = (0.2～1) \times 10^{-6}\Omega \cdot m$）和低电阻材料（电阻率 $\rho < 0.2 \times 10^{-6}\Omega \cdot m$）。

按其材质又可分为如下几类：

①贵金属及其合金（如铂、铂铱等）。

②重金属及其合金（如钨、钼等）。

③铜基合金（如康铜、新康铜等）。

④铁基合金（如铁铬铝、铁铝等）。

⑤镍基合金（如镍铬、镍铬铁等）。

这些合金电热材料中，常用的是镍基合金和铁基合金。铁基合金使用得比较普遍，镍基合金常用在高温、高强度、高磁性能及特殊的场合。

常用合金电热材料的性能、特性如表4-4所示。

表4-4　　　　　　　　　　　　常用合金电热材料的性能、特性

性能	镍铬合金		铁铬铝合金			
	Cr_2ONi_{80}	$Cr_{15}Ni_{60}$	$1Cr_{13}Al_4$	$OCr_{13}Al_6MO_2$	$OCr_{25}Al_5$	$OCr_{27}Al_7MO_2$
线膨胀系数 （20℃～1000℃）/ （10^{-6}/℃）或 （293～1273k）/ （10^{-6}/℃）	14	13	15.4	15.6	16	16
比热容/ [kJ/（kg·℃）]	0.440	0.461	0.490	0.490	0.490	0.490
导热系数/ [kJ/（m^2·℃）]	60.3	45.2	52.8	40.0	46.1	45.2
熔点约值/（℃）	1400	1390	1450	1500	1500	1520
电阻率（20℃）/ （Ω·mm^2/m）	1.09 ±0.05	1.12 ±0.05	1.29 ±0.08	1.40±0.10	1.4±0.10	1.5±0.50
正常使用 温度（℃）	1000～1050	900～950	900～950	1050～1200	1050～1200	1200～1300
最高使用 温度（℃）	1150	1050	1050	1300	1300	1400
特性	奥氏体组织，基本无磁性，加工性能好，高温强度好，不变脆		铁素体组织，有磁性、电阻率高、用料省、价格低，但加工性能差，高温强度高，用后会变脆			

合金材料中还有一类是变阻材料，如镍铁合金的电阻温度系数极高，这一点刚好与镍铬合金、铁铬铝合金相反，通常镍铁合金的电阻温度系数是镍铬和铁铬

铝合金材料的 60～100 倍。

因此，变阻材料是既具有电加热功能，又具有控制温度功能的新型电热元件。它常与上述合金材料结合使用（如串联使用），也可单独使用，构成自动调节的电热元件。目前常被用于热水器、自动沸水器等家用电器中。

（2）非金属电热材料。非金属电热材料可分为硅类和石墨类两类。常用的非金属材料有硅钼棒、碳化硅和多孔玻璃态碳。

硅钼棒的主要原料是二硅化钼和二氧化硅，用粉末合金法制成，在国际上又称"超级康太尔"电热元件。它是瑞典康太尔厂 1957 年研制成功的一种新的耐高温电热元件，可在 1600℃ 的高温下长期工作，它的电阻率 ρ 随温度升高而急剧增加，因此，特别有利于快速加热和限温。

碳化硅电热元件又称为硅碳棒或硅碳管，它是用碳化硅作为原料，经高温结晶而成。工作温度为 1250℃～1400℃，极限值 1500℃。它的电阻率在 900℃ 左右时，由大变小；在 900℃～1450℃ 范围内则由小变大。它的特点是高温强度高、硬而脆、电阻值一致性差、易老化，电阻值随使用时间延长而增大。

多孔玻璃态碳是另一种非金属电热元件，它的主要特性是机械强度大，不需添加耐热的绝缘支架而能自承，并能自己形成结构件。它的传热性好，传热面积大，因此，耗电省，热效率高。由于热惯性小，升温和降温都比较容易，也便于温度控制。多孔玻璃态碳还有一个显著特点是能吸附太阳能、微波能及其他辐射热能等电磁能，从而成为放热源。

（3）半导体电热材料。半导体电热材料又称为 PTC 电热材料，其特性请参阅 PTC 电热元件相关材料。

3. 绝热材料

绝热材料是电热器具中必不可少的材料，主要作用是保护人身安全和防止火灾。其性能要求是比热容和密度小；吸湿性小；电导率低；耐热、耐火；化学性质稳定。

常用的绝热材料有保温材料、耐热材料和耐火材料三大类。保温材料要求能耐 100℃ 以下的低温，如木材、软木、泡沫塑料和毛毡等。耐热材料要求能承受 150℃～500℃ 的中温，如石棉、石棉云母等。耐火材料要求能承受 600℃ 以上的高温，如矿棉、硅藻土等。

二、电饭锅

（一）工作原理与组成

电饭锅是一种通过电热原件将电能转化为热能，热能通过热传递的方式加热内锅中的米，同时利用限温器在 103℃±2℃ 动作的特点，自动切断电热元件电源，起到自动煮饭功能的一种家用电器。电饭锅使用的电热元件主要是金属铠装电热元件，另外还有 PTC 发热元件和电磁感应元件等。

1. 电饭锅用发热元件的工作原理

电饭锅用金属铠装电热元件是把电热丝装入金属管内，为防止管壁和电热丝碰触，在其空隙处均匀填入绝缘性能和导热性能都较好的氧化镁粉末，然后密封好，两端再接出引出端，并用铝合金浇灌在环形金属铠装电热元件上使之成为一个具有足够的机械强度与良好的导热性能的发热盘。电流通过金属铠装电热元件的电热丝时，电热丝有阻碍电流流动的特性，于是电流克服电热丝电阻做功，消耗的电能就转变为热能而释放出来，通过发热盘把热能均匀传递到电饭锅的内锅，达到煮饭的目的。

2. 电饭锅用温控元件的工作原理

（1）磁性温控元件的工作原理。电饭锅用磁性温控元件也叫磁性限温器，它是利用软磁铁的磁温特性来设计的，在温度低于软磁铁材料的特征温度（居里点）时，它与永磁体的吸引力大于弹簧拉力和永磁体自身的重力，此时两磁体就能可靠吸合在一起，使两触点闭合，电路接通，电热元件开始发热，热量通过被加热物体传导到感温面，使感温软磁体的温度与被加热物体温度相同。当温度达到某一定值（软磁体的居里点）时，感温软磁体的磁性消失，此时永磁体在重力和弹簧拉力的作用下跌落，带动两触点断开，电路断开，电热元件停止发热。当温度降低后，感温软磁体又恢复磁性，但若没有外力推动永磁体向上运动，则两磁体不会吸和（因距离较远），所以磁性温控器只能限温，不能调温。电饭锅就是利用它的这个特点通电做饭，饭熟时内锅没水了，原来的热平衡被打破，米饭的温度会升高，当温度达到居里点时，限温器就动作。磁性温控元件的特点是限温温度准确稳定，不会因环境温度的变化而变化，温控动作敏捷，能迅速断开触点，拉弧小，因而触点寿命长。

（2）双金属片温控元件的工作原理。将两种热膨胀系数不同的金属材料黏合在一起，当电热器温度升高到设定值时，由于两种金属片的热膨胀系数不同，它们之间会产生内应力，从而使双金属片发生弯曲变形。电饭锅利用这种变形来控制电源的通断，从而控制米饭的保温温度。

（3）电子式温控元件的工作原理。电子温控元件多利用晶体二极管、三极管及可控硅等电子元件来实现温控作用。它主要由感温系统和主控系统两大部分组成。感温系统将电热器具的温度变化转换成电信号，主控系统接收到反映温度变化的电信号后，按电路设计要求控制电热元件的发热量，从而实现温控。电子式的电饭锅就是利用热敏电阻的电阻率会随温度变化而显著变化的特性与电子放大电路和继电器等配合来控制温度，从而完成煮饭功能的。

（4）超温保护器的工作原理。电饭锅用超温保护器主要是感温材料为低熔点的合金丝，当电饭锅温度过高时，低熔点合金丝由于受热熔化，在重锤的重力作用下被快速拉断，从而切断电路。

（5）机械式开关控制电饭锅的工作原理。当按下按键接通电源时，电饭锅开始工作，磁钢限温器和双金属温控器并联连接，当锅内温度上升至（65±5）℃时，温控器断开，但磁钢限温器仍接通，加热器仍通电；当锅内温度上升至居里点（103±2）℃时，触点断开，由于磁钢限温器是人工复位的，加热器不工作，指示灯熄灭；当内胆温度降至（65±5）℃时，电饭锅进入自动保温状态，依靠温控器的反复通断，使锅内温度保持在65℃左右。若磁钢限温器触点失灵，不能断开加热器，锅内温度不断上升至180℃时，热熔断体断开，加热器断电，从而起到保护作用。

（6）电子式开关控制电饭锅的工作原理。增设了锅体加热器、锅盖加热器、感温开关、双向晶闸管和微动开关等元件，煮饭时按下煮饭按键，微动开关的触点C-NC接通，煮饭灯亮，锅底加热板通电工作，此时，由于微动开关触点C-NO断开，保温系统断电而不工作。当锅内温度升高到72℃左右时，感温开关触点分离（常温下是闭合的），加热板继续工作，使锅内沸腾至饭熟水干后，锅底温度达103℃左右时，磁钢限温器动作，使微动开关触点C-NC断开，加热板断电，煮饭指示灯熄灭，与此同时，触点C-NO被接通，保温灯亮。由于此时锅内温度较高（高于72℃），感温开关触点仍处于分开状态，双向晶闸管因其控制极无触发电压也处于关断状态，锅体和锅盖加热器不能工作。当锅内温度降至72℃以下时，感温开关闭合，双向晶闸管引起控制极上加有触发电压而导通，加热板、锅体加热器及盖加热器通电而加热。当锅内温度升高到72℃以上时，感温开关再次断开，晶闸管关断锅内温度下降，使锅内温度维持在72℃左右。在保温过程中，加热板中流过的电流很小，因此煮饭指示灯也因发热板两端电压很低而不被点亮。

（7）微电脑模糊控制电饭锅的工作原理。电源板和电脑控制板合称为电脑控制器，是微电脑模糊控制电饭锅的控制核心，由它发出指令来完成电饭锅的测量和控制。发热板是主加热器，保温加热丝主要用于保温加热。锅底感温器和锅盖感温器主要用于感知锅内温度的变化，通过其阻值的变化来实施相应的变换或控制。微动开关主要用于保护，当忘记放入内锅而误将加热开关按下时起到保护作用。烹煮时接通电源，电脑控制器中的单片机便对感温器做适时温度测量，并判断温度的变化，按设定的程序在电饭锅的各个温度段发出不同的指令，以控制不同的器件完成相应的功能。在煮饭过程中，单片机通过感温器阻值的变化，判断是否为空锅煮还是感温器有故障，从而发出警报信号并切断电源。单片机还根据使用者所选功能，输出相应的控制电平、控制功能指示灯，并在不同功能、不同阶段由显示器分别做出相应阶段的显示及时间计数显示。

3. 电饭锅的组成

一般机械式开关控制的电饭锅均由外壳、内锅、发热盘、开关、磁钢限温器、温控器、热熔断体等组成。由电脑控制的电饭锅由控制电路、控制面板、温度传感器、外壳、内锅、发热盘、开关、磁钢限温器、温控器、热熔断体等组成。压力式电饭锅由外壳、锅内胆、锅盖、限压阀、安全装置、电热装置、定时器、指示灯等组成。

（二）分类与性能

1. 电饭锅的分类

按控制方式分类：电饭锅按控制方式的不同可以分为机械式开关控制电饭锅和电子式开关控制电饭锅（包括微电脑模糊控制电饭锅）。

按加热方式分类：电饭锅按加热方式不同可分为直接加热式和间接加热式。

按装配形式分类：电饭锅按装配形式不同可以分组合式和整体式。

按锅内压力分类：电饭锅按锅内压力的不同可以分常压式、低压式、中压式、高压式。

2. 电饭锅的型号

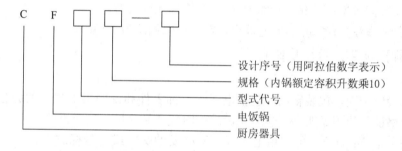

（三）质量检验与保养

1. 感官检验

电饭锅主要表面上的塑料、胶木零件应表面光滑，色泽均匀，不应有裂纹或明显的斑痕、划痕和凹陷。除电热盘外，铝和黑色金属表面均应有耐久性保护层。油漆件不得有划痕、起层剥落、皱纹、底漆外露等缺陷。电镀件不得有斑点、针孔、气泡，表面应光滑。搪瓷件应无气泡及明显影响美观的凹凸点、脱瓷、鱼鳞爆，边沿锯齿形裂纹。

2. 理化检验

电饭锅的理化检验方法详见《自动电饭锅》（QB/T 3899—1999）。

［锅内压力］内锅实际容积应不小于额定容积的95％。

［工作环境］电饭锅保持正常工作，室内或类似室内环境，周围空气中应无易燃、腐蚀性气体及导电尘埃；海拔高度不超过 2000m；环境温度－10℃～40℃。最大相对湿度 95％（25℃时）；电源电压 220×（1±10%）V；电源频率 50Hz±1Hz。

［保温温度］通过控温器进行保温的电饭锅，饭温应能保持在 60℃～80℃，用附加电热原件保温的电饭锅，饭温应能保持在比试验环境温度高 45℃～55℃。

［耐用性］电饭锅经过下列试验后，应能正常使用，表面保护层不应出现剥落、剥离或起泡现象：主加热器经受 500 周期的快速试验；控温器工作 30000 次；附加电热元件经受 500 周期的快速试验。

［耐热性］油漆件经恒定湿热试验后，漆层上的气泡在主要表面上每平方分米不得多于 4 个，在非主要表面上每平方分米不得多于 8 个，且每个气泡直径不得大于 1mm，式样边缘、角落、小孔处也不应有金属腐蚀和漆层剥落。

［内锅、锅盖和蒸板表面质量］宽 0.5mm 以下，长 20mm 至锅口径 1/2 的划伤不超过 4 条。绉折在圆周方向的总长不得超过圆周的 1/5。铝制内锅、锅盖的氧化膜应能符合以下要求：氧化膜厚度不小于 6um；经耐腐蚀试验后不变色。

［内锅的防粘涂层］内锅的内表面使用无毒防粘涂层时应能符合以下要求：食品容器涂料卫生要求；外观：涂层表面应光滑，无龟裂，无斑痕；膜厚不小于 15um；附着力不小于二级；内锅经耐热性试验后应不起泡，不剥离；当锅底饭层温度达到 105℃时，饭应能顺利倒出，锅底无饭层粘连。

［定时偏差］有定时器的电饭锅，定时极限偏差为 ±15min。

（四）包装、运输及储存

1. 包装

包装应牢固，包装箱内应包括电饭锅全部零件和说明书上规定的必备附件、产品合格证、使用说明书。包装箱标志：内装产品数量；包装箱外形尺寸（长×宽×高，单位：cm）；包装箱毛重（kg）必要的文字或符号标志，如："小心轻放"、"↑"等；出厂日期或批号。

2. 运输及储存

在运输和保管过程中，应轻拿轻放，防止被雨雪淋袭。电饭锅应以出厂包装状态储存在通风良好、无腐蚀性气体的仓库中。在合理使用和保管的前提下，从出售日期起 12 个月内，如因制造不良而发生损坏或不能正常工作时，制造厂应负责免费为用户更换修理，但从制造厂发货日起，不能超过 24 个月。

三、家用食品烘烤器具

（一）工作原理及组成

1. 工作原理

（1）面包片烘烤器。面包片烘烤器是一种专门用来烤制面包片的器具。不同的面包片烘烤器结构有所差异，但工作原理基本相同。因跳升式多士炉为国内普及的多士炉，下面以跳升多士炉为例，简单介绍其工作原理。跳升式多士炉由接线端子、控制开关、小功率加热管，主电热器组成。当压下控制键，常开开关的触点闭合，多士炉接通电源。常闭开关触电断开，小功率加热器和主加热升温。加热一段时间后，控制温器的热双金属片开始变形，当变形达到设定值时，自动起跳机构脱扣，烤箱架被弹起，常开开关及常闭开关触点复位，电路电源被切断，烘烤面包片完成。

（2）电烤箱。电烤箱电热元件通过定时器、温控器和功率选择开关与电源相连。功率选择开关有4档控制功能；单独接通下加热器；单独接通上加热器；同时接通上、下加热器；关断。调节功率选择开关的不同状态就可能使电烤箱在不同功率下工作或停止工作。电烤箱用机械定时器的时间设定一般在 $0 \sim 60 \text{min}$，所以可以轻松控制电烤箱的工作时间（1h内）。两组指示灯电路分别与上、下加热器并联，用以指示加热器的工作状态。按实际烘烤需要设定工作时间、工作温度后，调节功率选择开关的不同挡位，管状发热元件通电加热，开始提升箱内温度，烘烤食物。

2. 组成

（1）面包片烘烤器。跳升式多士炉一般由控件键、调温器、面包片装放槽、机身、加热器、电源指示、自动起跳结构和带插头电源线等部件组成。

（2）电烤箱。电烤箱是以电热元件发出的辐射热烘烤食品的电热炊具。它一般由箱体、加热器、功率选择开关、温控器、定时器及配套用具组成。

（二）分类与性能

1. 型号命名

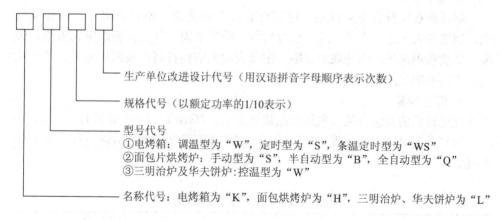

生产单位改进设计代号（用汉语拼音字母顺序表示次数）

规格代号（以额定功率的1/10表示）

型号代号
①电烤箱：调温型为"W"，定时型为"S"，条温定时型为"WS"
②面包片烘烤炉：手动型为"S"，半自动型为"B"，全自动型为"Q"
③三明治炉及华夫饼炉：控温型为"W"

名称代号：电烤箱为"K"，面包烘烤炉为"H"，三明治炉、华夫饼炉为"L"

2. 按用途分类

（1）面包片烘烤器。面包片烘烤器是利用辐射热来烘烤面包的器具，在日常生活中常称之为多士炉。按不同的分类方式可以分为以下几类：

按面包片放置方式不同可分为跳升式多士炉、卧方式多士炉和流动式多士炉。

按调节功能方式不同分为手动调节式多士炉、自动调节式多士炉和手动/自动调接式多士炉。

按控制方式不同可分为温控型多士炉和时控型多士炉。

（2）华夫饼炉。用铰链将两块装有发热元件的模连接起来，用模可将调制成的面糊烘烤成华夫饼的器具。

（3）电烤箱。带门的箱内装有电热元件，将放置在箱内烤架或烤盘上的食物加热烘烤的器具。

（4）电烤炉。由带盖的加热容器组成，可将食物放进该容器进行烘烤的器具。

（5）烤架。由电热元件和可放置食物的支架组成。按加热方式及烤架的不同可以分为以下几种：

①旋转烤架。由一个辐射电热元件和一个可以将食物支起来放在其内部或其上，并暴露在热辐射中的旋转部件组成的器具。

②辐射烤架。由一个辐射电热元件和一个可将食物放在其上，并暴露在热辐射中的支架组成的器具。

③接触烤架。由一个或两个可与食物接触的热表面或面上可放置食物的热表面组成的器具。

④干酪烤架。用来融化奶酪片或烹调放在位于加热元件下面的烤盘内食物的器具。

（三）质量检验与保养

1. 感官检验

器具外观应符合下列规定：电镀件表面必须光滑，不得有斑点、针孔及气泡；油漆件表面必须光滑细致，色泽均匀，漆膜牢固，其主要表面应无流漆、斑痕、皱纹和剥落等影响外观的缺陷；主要表面上的塑料制件表面应光滑、色泽均匀，不应有明显的斑痕、划痕和凹缩。

2. 理化检验

理化检验的方法详见《家用食品烘烤器具》（QB/T 1240—1991）。

（1）升温时间。器具进行试验达到一定工作温度所需要的时间应符合表4-5的规定。

表4-5　　　器具进行试验的工作温度及所需时间

器具名称	工作温度（℃）	所需时间（min）
电烤箱	180	<8
三明治炉	200	<7
华夫饼炉	200	<6

（2）热损耗。电烤箱进行试验，其热损耗应不大于表 4-6 所示值。

表 4-6   电烤箱试验的热损耗标准

额定功率（W）	最大额定电压（V）	热损耗（W）
500		150
600		200
750		250
900（950）	250	300
1000（1200）		350
2000（1500）		500

油漆件经湿热试验后，在主要表面上的漆层气泡，每平方分米不多于 4 个，每个气泡的面积不得大于 $1mm^2$。

电镀件经盐雾试验后，镀层上的锈点和锈迹，其主要表面上每平方分米不多于 2 个；非主要表面上每平方分米不多于 4 个，每个锈点、锈迹的面积不得大于 $1mm^2$。

器具的铭牌与装饰板应经久耐用，经型式检验后不得变形、脱落，其图案与字迹仍应清楚。

（四）包装、运输及储存

1. 包装

包装应牢固，包装箱内应包括器具全部零件和说明书上规定的必备附件、产品合格证、使用说明书。包装箱标志：内装产品数量；包装箱外形尺寸（长×宽×高，单位：cm）；包装箱毛重（kg）；必要的文字或符号标志，如："小心轻放"、"↑"等；出厂日期或批号。

2. 运输及储存

在运输和保管过程中，应轻拿轻放，防止被雨雪淋袭。器具应以出厂包装状态储存在通风良好、无腐蚀性气体的仓库中。在合理使用和保管的前提下，从出售日期起 12 个月内，如因制造不良而发生损坏或不能正常工作时，制造厂应负责免费为用户更换修理，但从制造厂发货日起，不能超过 24 个月。

四、微波炉

（一）工作原理与组成

1. 工作原理

家用微波炉是利用300MHz～30GHz的一个或多个ISM频段的电磁能量来加热腔体内食物和饮料的器具。微波由其内部的磁控管产生，经过波导管传播至谐振腔，也就是炉腔中，炉腔壁由金属制成，微波在腔体内反射。食物中的极性分子在此变化电磁场中快速震动，相互碰撞、摩擦，产生大量热量，从而起到加热食物的目的。

2. 组成

微波炉的基本结构包括电源、磁控管、波导管、炉腔、炉门、安全联锁装置、电气控制装置和外壳等部件。

（二）分类及性能

1. 分类

微波炉是一种利用微波加热原理实现食品加热功能的一种器具。微波炉可以按照控制方式、器具功能、工作方式、频率等不同标准进行划分。

（1）按控制方式分类。家用微波炉按控制方式不同分为机电控制型和电脑控制型。机电控制式微波炉也就是普及式微波炉，一般带有机械式、电动式或电子式定时装置、功率调节装置和温度控制装置，可选定烹调时间，有自动停止烹调功能。电脑控制式微波炉装有一套电子集成电路构成的控制器，有记忆功能，可按预定的程序完成解冻、满功率加热、半功率加热和保温功能。控制面板上无旋钮，但有一些轻触按钮和显示窗。

（2）按功能分类。按功能不同分为单微波功能微波炉、多功能复合型的微波炉。单微波功能型是指仅有微波加热一种功能。多功能复合型是指除具有微波加热功能外，还具有烘烤、蒸汽等传统方式加热功能。

（3）按工作方式分类。按工作方式不同分为同时或顺序工作方式。

（4）按频率分类。按频率不同分为高频微波炉和工频微波炉。

2. 性能

（1）烹饪速度快、加热效率高、节约电能。微波加热是里外同时加热，减少了热传导时间，减少了对流、传导、辐射的热量损失，所以烹调速度快而热效率高，比普通电灶速度提高4～10倍，效率提高30％～80％，平均节约电能55％～77％。

（2）加热均匀。微波加热有相当的穿透深度，能使食物内外同时加热；不发生食物变形或外焦内生的现象。

（3）营养损失少。微波加热食品能最大限度地保留食品的维生素，保持原来

的颜色和水分，保留食品的矿物质和氨基酸等。例如，青豌豆加热几乎可保留
100％的维生素，而一般炊具只能保留 36.7％。

（4）可直接使用餐具烹调，简单卫生。对用非金属材料制作的适合微波炉使
用的餐具，盛放食品后可以直接放入烹调，加热后可直接上餐桌，使用非常
方便。

（5）有一定的灭菌消毒作用。利用微波的致热（干燥）原理进行灭菌消毒是
目前较有效的手段之一。没有化学灭菌消毒的副作用。

（6）解冻速度快。可在短时间内解冻，不改变原有鲜味。

（7）二次加热效果好。对已做好的菜肴再加热不改变原有的新鲜、美味、色
彩和形状，不用搅拌、省时间、实惠又方便。

（8）烹调无油烟、无明火、没有废弃物污染。

（三）技术参数与标准

GB/T 2421—1999《电工电子产品环境试验　第 1 部分：总则》

GB/T 2423.1—2008《电工电子产品环境试验　第 2 部分：试验方法试验 A：
低温》

GB/T 2423.3—2006《电工电子产品基本环境试验规程试验 Ca：恒定湿热试
验方法》

GB/T 2423.22—2002《电工电子产品基本环境试验规程试验 N：温度变化试
验方法》

GB/T 2423.28—2005《电工电子产品基本环境试验规程试验 T：锡焊试验方
法》

GB/T 2423.29—1999《电工电子产品环境试验　第 2 部分：试验方法试验
U：引出端及整体安装件强度》

GB/T 4207—2012《固体绝缘材料在潮湿条件下相比漏电起痕指数和耐漏电
起痕指数的测定方法》

GB 4 706.21—2002《家用和类似用途电器的安全微波炉的特殊要求》

GB/T 18939.1—2003《微波炉电容器　第 1 部分：总则》

（四）质量检验与保养

1. 感官检验

器具外观应符合下列规定：电镀件表面必须光滑，不得有斑点、针孔及气
泡；油漆件表面必须光滑细致，色泽均匀，漆膜牢固，其主要表面应无流漆、斑
痕、皱纹和剥落等影响外观的缺陷；主要表面上的塑料制件表面应光滑、色泽均
匀，不应有明显的斑痕、划痕和凹缩。

2. 理化检验

理化检验的指标如下：

[功率] 微波炉的输入功率和可拆开的电热元件的输入功率，在额定电压和正常工作温度下，一般偏差不应大于±10%。

　　[温升] 微波炉中所有电热元件都接入电路，并在充分发热的条件下，其输入功率超过额定功率，并等于额定功率的 1.5 倍的情况下工作，人们握持的手柄、旋钮、夹子等零部件的温升不得超过 15℃～35℃（环境温度以 40℃ 为基准）。

　　[泄漏电流] 微波炉在工作温度下的泄漏电流，按其额定输入功率计算，每千瓦应该不大于 0.75mA，但整个电热器具的最大泄漏电流值不大于 5mA。

　　[绝缘电气强度] 微波炉的绝缘电气强度应进行 50Hz 的交流电压试验，历时1min，要求不发生闪烁和击穿现象。绝缘电气强度的试验电压值如表 4-7 所示。

表 4-7　　　　　　　　　　　　绝缘电气强度的试验电压值

施加试验电压的部位	试验电压（V）
带电部件和仅用基本绝缘与带电部件隔离的壳体之间	1250
带电部件和用加强绝缘与带电部件隔离的壳体之间	3750

　　[接地装置] 微波炉的外壳应永久地、可靠地安装接地装置或者连接到电器进线装置的接地极上。

　　[耐热、耐燃] 微波炉的外部零件和非金属材料的部件均应有足够的耐热性和耐燃性。

　　[防触电保护] 微波炉的结构和外壳应有良好的防触电保护。

　　[微波炉的频率] 微波对人体的影响可分为热效应和非致热效应两类。不同频率的电磁波对人体的影响可参见表 4-8。

表 4-8　　　　　　　　　　　　不同频率的电磁波对人体的影响

频率	名称	对人体的影响
<150MHz	无线电及电视广播	穿透人体，不被吸收
150～1000MHz	电视广播、微波	穿透人体，部分被吸收
$1×10^3～1×10^4$MHz	微波	可被体表组织吸收
$1×10^4～3×10^8$MHz	微波、红外线、可见光	部分由体表反射，部分被皮肤吸收
>$3×10^8$MHz	紫外光、X 光	穿透人体，部分吸收

　　[微波炉的安全要求] 炉门上应安装双重联锁开关，可在门打开以前就切断电源。有的还安装了监控开关，进一步完善防泄漏措施。炉门观察窗的玻璃夹层

中，安装了 500 目以上的金属网，起微波屏蔽作用。炉门要求经得起 0.5kg 的钢锤反复敲打而不至于变形或碎裂。出厂前，需检验炉门外 5cm 处微波泄漏不得超过国家标准规定 5MW/cm²。炉门的开启使用寿命在 25 万次以上。

[绝缘材料] 绝缘材料是电热电器中不可缺少的一种材料，电热电器中使用的绝缘材料还需有一定的耐热性能。绝缘材料又称为电介质，用于电气绝缘。其性能应具有绝缘强度大、机械强度高、耐热性能好、吸湿度小、化学性能稳定和导热性好等优点。常用绝缘材料的绝缘性能和工作温度如表 4-9 和表 4-10 所示。

表 4-9　　　　　　　　　　　常用绝缘材料的绝缘性能

绝缘强度 ＼ 材料	云母	玻璃	瓷	电木	绝缘体	大理石	氧化镁
F 击穿 (kV/cm)	800～2000	100～400	80～150	100～200	70～100	25～35	30

表 4-10　　　　　　　　　　　常用绝缘材料的工作温度

材料名称	一般陶瓷制品	云母及云母胶合板	电工陶瓷及耐火黏土	氧化镁和石英沙
温度范围 (℃)	<500	700～800	1400～1600	1500～1700

[电热材料] 微波炉中使用的核心材料是电热材料，它是电热转换的关键部件。常用的电热材料按材质不同可分为金属、非金属和半导体三大类。

[绝热材料] 绝热材料是电热器具中必不可少的材料，主要作用是保护人身安全和防止火灾。其性能要求是比热容和密度小；吸湿性小；电导率低；耐热、耐火；化学性质稳定。常用的绝热材料有保温材料、耐热材料和耐火材料三大类。保温材料要求能耐 100℃ 以下的低温，如木材、软木、泡沫塑料和毛毡等。耐热材料要求能承受 150℃～500℃ 的中温，如石棉、石棉云母等。耐火材料要求能承受 600℃ 以上的高温，如矿棉、硅藻土等。

3. 保养

微波炉是一种很有用途的电炊器具，但如果保养不当，会影响微波炉的性能和使用寿命。一般来说，使用时应注意以下几点：

(1) 关闭炉门，要随时注意可靠密封，并定期对微波泄漏量进行检查。

(2) 食物块的大小宜适当控制。体积越大，烹调时间越长，因为微波有一定的穿透深度，但是微波并非能穿透所有的物体。食物烹调时，若食物 1cm 厚的表层可以吸收微波的一半，以下的 1cm 再吸收余下的一半，以此类推，越接近食物中心，能吸收的微波就越少。食物的直径超过 5cm 时，它的中心就要靠热传递来完成烹调。由于热量不易散失，这种热传递时间不会太长。

（3）冷冻食品应先解冻，后烹调，防止出现外层已熟而中间未解冻的现象。

（4）食物块形状规则的加热较均匀，几何形状较薄或较窄小处易出现过热现象。

（5）微波炉工作时，不要把脸贴近炉门玻璃观察窗观看食品烧煮情况，防止微波泄漏损害眼睛。

（6）微波炉每次使用完毕，应该用软布把炉腔内外擦拭干净。暂时不使用时，应拔去电源插头或在炉腔内放一碗水，以免有人不慎打开开关，使微波炉空烧而损坏磁控管。

（7）微波炉应远离磁性材料，防止干扰炉内磁场的均匀程度，使工作效率下降。

（8）检修微波炉前，应先断电、后检修，切不可在通电的情况下检修磁控管或波导。

（五）包装、运输及储存

1. 包装

包装应牢固，包装箱内应包括微波炉全部零件和说明书上规定的必备附件、产品合格证、使用说明书。包装箱标志：内装产品数量；包装箱外形尺寸（长×宽×高，单位：cm）；包装箱毛重（kg）；必要的文字或符号标志，如："小心轻放"、"↑"等；出厂日期或批号。

2. 运输及储存

在运输和保管过程中，应轻拿轻放，防止被雨雪淋袭。微波炉应以出厂包装状态储存在通风良好、无腐蚀性气体的仓库中。在合理使用和保管的前提下，从出售日期起 12 个月内，如因制造不良而发生损坏或不能正常工作时，制造厂应负责免费为用户更换修理，但从制造厂发货日起，不能超过 24 个月。

五、电磁灶

电磁灶的优点是重量轻、体积小，使用方便，热效率高。由于它是通过涡流直接给锅体加热，没有传导、辐射的热损失，热效率可达 70%～80%，甚至高达 83%（煤气灶效率 40%，电炉 52%）；控温准确，它的功率在 300～1200W，烹调温度可控制在 50℃～200℃。由于它的热惯性小，断电后马上断磁，停止加热，控温比较准确；清洁卫生。由于灶面板不发热，食物溢到面板上不会焦糊，容易擦净；安全可靠。它不产生明火，灶面板不发热，就是把手帕或纸张垫在灶面板与锅体之间，接通电源，锅内水沸腾时，手帕或纸张也不会燃烧，故适合盲人、老人、病人使用，不会引起火灾。电磁灶的缺点是辐射出来的电磁波干扰电视机、录音机等。

（一）工作原理及组成

1．工作原理

由于家用电磁灶绝大多数都是高频电磁灶，现着重介绍高频电磁灶的工作原理。高频电磁灶首先由整流电路将工频电转变为直流电，该直流电通过加热线圈、大功率晶体管、电容器等元件组织的电路转换成 20～50kHz 的高频电流。根据电磁感应原理，在通电加热线圈周围将有磁场产生。此时，如果将金属铁锅放在加热线圈附近，则在锅底就会产生涡流，从而迅速使锅底温度升高。为了达到高频电流的变换目的，高频电磁路还设置了其他必要的电路部分，如产生驱动信号的振荡电路、控制电路和保护电路等。

2．组成

电磁灶由加热线圈、灶台面板、基本电路、安全保护电路和烹调锅组成。

（二）分类及性能

1．型号

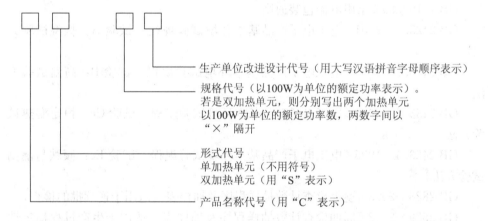

生产单位改进设计代号（用大写汉语拼音字母顺序表示）

规格代号（以100W为单位的额定功率表示）。
若是双加热单元，则分别写出两个加热单元
以100W为单位的额定功率数，两数字间以
"×"隔开

形式代号
单加热单元（不用符号）
双加热单元（用"S"表示）

产品名称代号（用"C"表示）

2．分类

电磁灶是利用电磁感应加热原理制成的一种电热器具，主要由励磁线圈（感应线圈）、铁磁材料锅底的炊具和控制电路系统等组成。电磁灶利用电磁感应原理，在锅底形成涡流。

（1）按照励磁线圈中工作电流的频率分类。按照励磁线圈中工作电流（也称为励磁电流或感应电流）的频率分类，电磁灶可分为工频电磁灶（频率为50Hz，又称为低频）和高频电磁灶（频率在15kHz以上）两大类。工频电磁灶直接使用工频交流电，通过有铁心的励磁线圈建立交变磁场。工频电磁灶的优点是直接使用工频交流电，无须频率转换，结构简单、性能可靠、成本低、寿命长、功率

大。其缺点是效率低，体积和重量较大，噪声也较大，现在一般很少作为家用。高频电磁灶是采用电子电路将工频交流电整流滤波后转换成直流电，再经过转换调节电路和输入控制电路把直流电转换为 20kHz 以上的高频电流供给感应线圈。高频电磁灶的优点是发热效率高，噪声小，体积小，重量轻，但其电子线路较为复杂。目前市场上销售的家用电磁灶都是高频电磁灶。随着大功率电力电子元件生产技术日益成熟，使得电磁灶的成本降低，可靠性提高，电磁灶的使用越来越普遍。

（2）按照放置方式分类。按照使用时的放置方式不同分类，电磁灶还可分为便携式电磁灶和驻立式电磁灶。便携式电磁灶是指重量在 18kg 以下，工作时可以移动的电磁灶。驻立式电磁灶是指重量超过 18kg，或固定在某一位置上使用的电磁灶。

（3）按加热单元数量分类。按照加热单元数量分类，可分为单元热单元电磁灶、双加热单元电磁灶。

（三）技术参数与标准

QB/T 1236—91《电磁灶》

GB 1019—89《家用电器包装通则》

GB 2423.1—2001《电工电子产品基本环境试验规程　试验 A：低温试验方法》

GB 2423.2—2008《电工电子产品基本环境试验规程　试验 B：高温试验方法》

GB 2423.3—2006《电工电子产品基本环境试验规程　试验 Ca：恒定湿热试验方法》

GB 2423.4—1995《电工电子产品基本环境试验规程　试验 Ec：倾跌与翻倒试验方法》

GB 2828—2003《逐批检查计数抽样程序及抽样表（适用于连续批的检查）》

GB 2829—2002《周期检查计数抽样程序及抽样表（适用于生产过程稳定性的检查）》

GB 4214—1984《家用电器噪声声功率级的测定》

GB 4706.29—1992《家用和类似用途电器安全　电磁灶特殊要求》

（四）质量检验与保养

1. 感官检验

外观应光洁，铭牌、图案、文字应清晰，部件无缺陷，紧固件不松动，塑料件、电镀件表面应光滑，色泽均匀，无斑点，不应有气泡、脱落和裂纹。

2. 理化检验

电磁灶的理化检验方法详见《电磁灶》（QB/T 1236—91）。

〔高温储存〕电磁灶在 55℃±2℃ 环境中储存后应能正常工作。

〔恒定储存〕电磁灶在 40℃±2℃，相对湿度 90％～95％的环境中存放 48h，恢复后应能正常工作。

〔低温储存〕电磁灶在－25℃±2℃ 环境中储存后应能正常工作。

〔电源变化〕电磁灶应能在电源电压 198～242V 下正常工作。

〔最大输入功率〕电磁灶单元最大输入功率实测值不小于产品标称值的 90％。

〔功率调整范围〕功率调整范围的上限为最大输入功率，试验得出的下限值应不大于最大输入功率的 30％。双加热单元电磁灶的每个单元均应符合本条要求。

〔热效率〕电磁灶的热效率应不小于 80％。双加热单元电磁灶每个单元均应符合本条要求。

〔噪声〕电磁灶工作时产生的噪声不大于 50dB（A）。

〔连续工作时间〕电磁灶在油炸（油温保持 200℃）工作状态下，连续工作时间应不少于 1h。

〔安全〕电磁灶的安全应符合《家用和类似用途电器安全　电磁灶特殊要求》（GB 4706.29）的规定。

〔可靠性〕电磁灶的平均无故障工作时间（MTBF）下限值不小于 2000h。

3. 保养

容器水量勿超过七分满，避免加热后溢出造成基板短路。容器必须放置在电磁炉中央，可避免故障（因利用磁性加热原理，当容器偏移，易造成无法平衡散热，产生故障）。加热至高温时，直接拿起容器再放下，易造成故障（因瞬间功率忽大忽小，易损坏机板）。电磁炉在使用时为了保证正常工作，延长使用寿命，最好将其放在利于空气流通的位置，这样可以让使用过程中产生的热量及时散发出去。电磁炉在炒菜过程中容易喷上油污，需要及时擦拭。擦洗前要先拔掉电源线，擦洗面板上面的油污时可以先用去污粉、牙膏、中性洗涤液或汽车车蜡轻轻擦磨，然后再用毛巾擦干净；当机体脏时用柔软的湿抹布擦拭，不易擦拭的油污可用中性洗洁剂擦拭后，再用柔软的湿抹布擦拭至不留残渣。不过一定要注意不能直接用水冲洗或浸入水中刷洗，经常保持机体的清洁，以免蟑螂、昆虫等进入炉内，影响机体失灵。不过电磁炉的吸气/排气罩是可拆卸用水直接清洗的，也可以用棉花棒将灰尘除去。同时，长时间不使用电磁炉时，要擦洗干净、晾干机体后收藏起来，不要放在潮湿环境中保存，要放于干燥处且包装内尽量放一些干燥剂和蟑螂药，避免挤压，以备再用。

（五）理化检验

1. 包装

产品包装应符合《家用电器包装通则》（GB 1019—89）有关规定。对经出厂检验合格的产品做好整洁工作后，连同合格证、说明书、附件等进行包装，并符合检验要求。

2. 运输

包装完整的电磁灶，可用正常的海陆空交通工具运输。运输过程中应避免雨雪直接淋袭。

3. 储存

包装的电磁灶应储存在环境温度为$-10℃\sim+40℃$，相对湿度不大于80%，周围无酸碱性或其他有害气体的仓库中，储存期为一年。

六、吸油烟机

吸油烟机指的是安置在炉灶上部、用来收集已被污染的空气的器具。它可以使已被污染的空气经过滤后再回到室内或者排放到室外。

（一）工作原理及组成

1. 工作原理

将电源插头插入220V电源插座，按下快档开关按键，接通电源，风机以较高转速运转；按下慢档开关键，风机换成较低转速运转；按下照明开关键，则照明灯亮；如吸油烟机装有气敏监控电路和报警元件时，按下自动开关键，吸油烟机进入自动监控状态，当污浊气体浓度达到相应值时，监控器发出声光报警，风机自动工作，将污浊气体抽吸，当污浊气体浓度低于响应值，吸油烟机便自动停止工作，恢复监控状态。

2. 组成

抽油烟机通电后，电动机驱动双重母子风叶高速旋转，在风叶周围产生空气负压区，迫使灶台下的油烟气由进风口进入机体内。由于抽油烟机采用双层母子风叶，子风叶在上，母风叶在下，被吸入的油烟和气流将会受到几十片风叶的阻挡，迫使气体中无数的油分子颗粒附在子风叶的叶片上，积聚成油滴。这些油滴又在母风叶的作用下，脱离风叶顺着油道流入油杯内，而废弃则从出风口排到室外。

抽油烟机一般为挂顶式，安装在灶台上面1m左右高处。在家庭中使用最多的双眼式抽油烟机，主要由电动机、风机、集油盘、附设装置、抽油烟机电路等组成。

（1）电动机。抽油烟机上通常采用电容运转电动机。因为抽油烟机在高温环境中使用，所以都为密封式结构，避免电动机绕组接触油烟。每个电动机的功率为40~60 W。

（2）风机。风机的作用是将油烟吸入和进行油气分离。风机中的风叶采用离心轴流复合式，又称为双层母子风叶式。实际上，它是由一套离心式风叶与一套轴流式风叶串联在一起组成的。采用这种形式组合的风叶有较好的排烟与油气分离效果。风叶大多采用铝质或合金材料制成，或高强度工程塑料注塑成型。

（3）集油盘。油烟气经过风机的分离后，油脂颗粒黏附在集油盘的内壁，冷凝后逐渐流入油杯，以待清除。集油盘由薄金属板冲压而成，它与集油罩之间必须有较好的密封性。

（4）附设装置。抽油烟机上通常都附有照明灯，可以单独用开关控制。有的抽油烟机的集气罩上还装有气敏报警器。一旦遇到煤气或其他可燃气体泄漏时，气敏警报器能发出声光报警，同时自动开启抽油烟机，将有害气体及时排到室外。

（5）抽油烟机电路。两个电动机和照明灯一般分别用开关独立控制。电动机为电容运转式，功率在50 W左右。

（二）分类及性能

1. 按排烟方式分类

循环式：吸入受油烟污染的空气，通过过滤装置排放到室内，循环式抽油烟机将空气中的废气吸入机体后，由抽油烟机将油气分离，再经过活性炭过滤器吸去有害气体，然后将净化后的气体重新排出。

外排式：吸入受油烟污染的空气，把油雾分离、收集，通过管道排往室外。外排式抽油烟机将油烟吸入后，进行油、气分离，油流入油杯，废气排到室外。我国目前的产品大多是外排式。

两用式：装上过滤装置做循环式使用，又可以拆除过滤装置，装上排气管道做外排式使用。

2. 按主电机数量分类

按主电机数量可分为单电机和双电机。

3. 按外观分类

按外观分类可以分为欧式、深型、亚深型、浅型、分体式。

4. 按结构形式分类

按结构形式分类有单眼和双眼两种。单眼式抽油烟机由于集油烟的面积小，适合在较小的厨房内使用。双眼式抽油烟机由两只电动机带动两只风机，它的集油烟面积大，排烟功能较好。

5. 按控制方式分类

按控制方式分类有普通型和自动型两类。普通型抽油烟机的开启和关闭需要人工来操作。全自动型抽油烟机由传感器将检测到的油烟信号输入电子线路后，由电子线路实现对抽油烟机的自动启动和关闭。

6. 按外观尺寸分类

根据外形尺寸又可将抽油烟机分为超薄型、普通型及深槽型三种。

（三）技术参数与标准

1. 技术参数

［排风量］按规定，抽油烟机的排风量应大于 $6m^3/1min$。

［排气效率］排气效率是指从抽油烟机的排气管中排走的废气量与烹饪过程中产生的总废气量的比值，按标准应大于 60%。

［噪声］按我国的规定，噪声应不大于 70 dB。

［输出功率和输入功率］一般抽油烟机输出功率与输入功率之比为0.3～0.6。

［安全指标］除电气安全要求外，必须满足阻燃要求。

2. 标准

GB/T 17713—1999《吸油烟机》

GB 4706.28—1992《家用和类似用途电器的安全　吸油烟机的特殊要求》

（四）质量检验与保养

1. 感官检验

产品的整体外观应无明显的毛刺、划痕、压痕、弯瘪、裂纹和其他磕碰伤。接口平整、点焊美观、无焊穿现象。涂敷件表面的涂膜必须色泽均匀、涂层牢固、表面无明显流痕、皱纹和脱落等缺陷。不锈钢制件表面不应有明显的毛刺、划痕、压痕、弯瘪和其他的磕碰伤。电镀件的镀层应色泽均匀，不应有明显的斑点、针孔、气泡和脱落等缺陷。塑料件的外露表面应光滑细密，不应有明显的斑痕、划痕、裂纹和凹缩。

2. 理化检验

理化检验的方法详见《吸油烟机》（GB/T 17713—1999）。

［表面材料］涂敷件经96h恒定湿热试验后，涂敷层的气泡不多于 8 个/平方分米。锈钢制件试验后，金属锈点和锈痕不多于 8 个/平方分米；每个锈点、锈迹的面积均不得大于 $1mm^2$。电镀件经 24h 的盐雾试验后，金属锈点和痕迹不多于4 个/dm^2，每个锈点、锈迹的面积不大于 $1mm^2$；当试件表面面积小于 $1dm^2$ 时，则不允许出现锈点、锈迹。塑料件应具有相应的性能，即具有《家用和类似用途电器的安全　第 1 部分：通用要求》（GB 4706.1—2005）和《家用和类似用途电器的安全　吸油烟机的特殊要求》（GB 4706.28—2008）规定要求的耐热、耐燃和耐漏电起痕的性能。试验后不应有影响正常使用的变形，标志的图案和字迹仍应能辨认。

［环境要求］吸油烟机在下列室内环境条件下应能正常工作：温度－15℃～40℃；相对湿度不大于 90%（25℃时）；海拔高度不超过 1000m。

［空气性能］吸油烟机在额定电压、额定频率下，以最高转速档运转，按要

求进行空气性能试验，其空气性能指标值应按表 4 - 11 的规定。

表 4 - 11　　　　　　　　　　　空气性能指标值

名　称	空气性能指标值
风量（m³/min）	≥7
风压（规定风量时的静压）（Pa）	≥80
全压效率（%）	≥11

〔噪声〕吸油烟机在额定电压、额定频率下，以最高转速档运转，按试验方法测得 A 声功率级噪声不大于 74dB。

〔调速〕吸油烟机在额定电压、额定频率下运转，其最低转速档的转速与最高转速档的转速之比应大于 80%，但最低转速档仍应能满足吸油烟机的使用功能（本条款也适用于无级调速形式）。调速装置应操作灵活，不得发生两档操作档位同时接通的状况。各档转速档应有共同的电源断开档。

〔寿命〕调速开关和照明开关经 5000 次寿命试验，而不应损坏或控制失灵。吸油烟机在正常的工作条件下，应能承受累计 5000h 寿命试验，试验后仍应能运转。

3. 保养

使用时，一般应在打开燃气灶前 1～2min 启动烟机。启动时最好应用高速档启动，启动后可根据厨房烟气大小变动高速或低速。燃气灶应在油烟机正下方，抽烟效果最好。烟机应在做完饭燃气灶关闭后继续工作 3min 或更长，保证把房间空气换新一次。使用时，距烟机很近的窗户应关严，把门开一条缝，防止形成比较大的空气对流，并能及时补充厨房内空气。烟机正常使用六个月应清洗一次烟机内部，防止引起噪声大、振动大、吸烟效果不好等现象。建议网罩大约一周用软布擦洗外表面一次，每一个月拆下清洗一次。平时应保持每天擦拭一次烟机表面，这样能保持烟机亮丽美观。清洗周期视使用情况可适当延长或缩短。

（五）包装、运输及储存

1. 包装

包装箱内应有随机文件（至少包括使用说明书、产品质量合格证明材料、装箱清单和保修单）。吸油烟机包装应按照《家用电器包装通则》（GB/T 1019—1989）防震包装进行包装箱的设计和定型，并对包装件进行跌落试验，试验结果应符合该标准。

2. 运输

包装完整的抽油烟机，可用正常的海陆空交通工具运输。运输过程中应避免雨雪直接淋袭。

3. 储存

包装的抽油烟机应储存在环境温度为－10℃～＋40℃、相对湿度不大于80％、周围无酸碱性或其他有害气体的仓库中，储存期为一年。

七、家用电动食品加工器具

（一）工作原理与组成

1. 工作原理

厨房机械是能完成搅打、搅拌、揉和、切丝、切碎等一种或多种功能，以及具有类似的食品加工功能的器具。厨房机械的电动机一般使用单相串激电动机。开关的形式有电源开关、安全联锁开关、调速开关、按钮（点动）开关等。此外，还装有熔断器或热保护器等保护装置。当工作时，电动机带动轴上的工作件（刀具、磨头、压榨头等）高速旋转，对食品产生搅打、搅拌、揉和或切碎、切片等功能，从而快速加工食品。

2. 组成

厨房机械主要由电动机、开关以及刀具和功能附件等组成。

电动机：食品加工机一般都采用体积小、转速高、起动力巨大的单相串励电动机。

开关：作开关和调速器用，达到接通或断开电源及调整电机与刀刃转速的目的。

刀具：刀刃一般由四片组成，通过刀片高速旋转对食品进行打浆、研磨、搅拌等加工。食品加工机一般配有各种刀具，常用的有叶片刀、切片刀、粗丝刀、细丝刀等。叶片刀用于绞碎、打浆、搅拌；切片刀用于加工肉片、黄瓜刀、水果刀等；粗丝刀和细丝刀分别用于加工粗丝和细丝。

联锁开关：用于保护使用者对危险运动部件的触及。

电子线路控制板：起开关、调速器的功能作用。

机座：由转轴、面板、底座盘等组成。机座是食品加工机的底座，由工程塑料注塑成型，机座里面安装着电动机和传动机构，机座上面安装料杯。

传动机构：食品加工机采用一级传动带减速传动。直径较小的主动轮安装在电动机轴上，直径较大的从动轮安装在刀具总成轴上。传送带是用纤维层加聚酯塑料注塑而成。这种传动机结构简单，成本低，传动力巨大，工作平稳。

食品容器：食品容器包括压料杆、送料管、料杯盖和料杯等，都采用透明无毒塑料制成。料杯是通过插入件锁定在机座上的，以确保加工过程中不会从机座上脱开。料杯的杯盖上有安全联锁开关。当料杯盖密合定位时，料杯盖上突出的联锁开关销插入座子上的开关口，此时才能使电动机通电。如果料杯盖盖合后没有旋转到位，开关便不会闭合，电动机就无法运转，这样可以确保使用者的安全。

刀轴总成：刀轴总成由上、下含油轴承轴承座和不锈钢刀轴组成。组装后，轴承座嵌在底板安装孔上，刀轴下端安装从动轮，上端安装各种刀具。

（二）分类与性能

1. 分类

（1）按功能分类。按功能可分为单功能的家用电动食品加工器具和多功能的家用电动食品加工器具。

（2）按工作性能及加工对象分类（型式分类）按此种方式可分为食物混合器；奶油搅打器；打蛋机；搅拌器；筛分器；搅乳器；冰激凌机，包括在冰箱冷冻室或冰柜中使用；柑橘果汁压榨器；离心取汁器；绞肉机；面条机；果浆汁榨取器；切片机；豆类切片器；土豆剥皮机；磨碎器与切碎器；磨刀器；开罐头器；刀具；食品加工器；漏斗容量不超过500g的咖啡碾碎器；漏斗容量不超过3L的谷类磨碎器。

（3）按结构分类。按结构分类可分为台式、座式和手提式三种。

（4）按转速分类。按转速，食品加工机可分两类：一种为300～1300 r/min低速机；另一种为300～1500 r/min高速机。低速机又称为混合型多功能食品加工机，主要用于食品的搅拌混合或搅动起泡。高速机主要用于食品的搅拌、磨碎和掺混，也可对水果及蔬菜进行榨汁等。

（5）按控制方式分类。按控制方式，食品加工机可分多速、无级调速和自动控制三种。

2. 型号

食品器型号按《家用电器产品型号命名通则》（GB 12324—1990）命名如下：

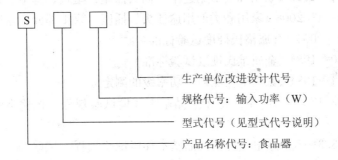

型式代号说明：

H——混合器；　　　　　　　　C——柑橘果汁压榨器；

N——奶油搅拌器；　　　　　　L——蔬菜水果离心取汁器；

D——打蛋器；   R——电动绞肉器（螺杆输送的机器）；

Y——液体搅拌器；   Q——切片器；

S——食品搅拌器；   P——去皮器；

F——筛分器；   G——多功能食品加工器；

J——搅乳器；   O——手持食品器。

食物搅拌器型号命名及其含义：

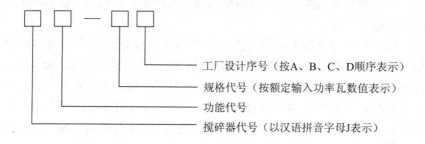

工厂设计序号（按A、B、C、D顺序表示）

规格代号（按额定输入功率瓦数值表示）

功能代号

搅碎器代号（以汉语拼音字母J表示）

（三）技术参数与标准

QB/T 1739—93《家用电动食品加工器具》

GB/T 15854—1995《食物搅碎器》

GB 2900.1—2008《电工名词术语 基本名词术语》

GB 2900.29—2008《电工名词术语 日用电器》

GB 4706.1—2005《家用和类似用途电器的安全 第1部分：通用要求》

GB 4706.3—1986《家用和类似用途电器的安全 食物搅碎器及类似用途电器的特殊要求》

GB 755—2008《旋转电机定额和性能》

GB 1002—2008《家用和类似用途单项插头插座：型式、基本参数和尺寸》

GB 2099.1—2008《家用和类似用途插头、插座 第1部分：通用要求》

GB 230—2004《金属洛氏硬度试验标准》

GB 4340—1984《金属维氏硬度试验标准》

GB 4214—1984《家用电器噪声声功率级的测定》

GB 2423.17—2008《电工电子产品基本环境试验规程 试验 Ka：盐雾试验方法》

GB 2423.3—2006《电工电子产品基本环境试验规程 试验 Ca：恒定湿热试验方法》

GB 2828—1987《逐批检查计数抽样程序及抽样表（适用于连续批的检查）》

GB 2829—1987《逐批检查计数抽样程序及抽样表（适用于生产过程稳定性的检查）》

GB 1019—1989《家用电器包装通则》

GB 5296.2—2008《消费品使用说明 第2部分：家用和类似用途电器》

（四）质量检验与保养

1. 感官检验

食品器的底座、塑杯及附件等的塑料制品，表面应光滑、清洁，无气泡、裂纹、毛刺、残缺。刀具等金属件表面应抛光，无损伤、油污、锈蚀点。搅碎器的外观应完整美观。非金属材料的主要表面应光滑、色泽均匀、无裂缝、无明显的瘢痕等缺陷。电镀件表面应光滑细密，色泽均匀。没有斑点，没有突起和未镀到的地方，边缘和棱角不得有烧痕。油漆件表面必须光滑细致、色泽均匀、漆膜牢固，不得有皱纹、流痕、针孔、起泡等缺陷。搅碎器的铭牌和操作指示板应经久耐用，经型式检验后，不得有变形、脱落，并且其图案与字迹仍应清楚。

2. 理化检验

理化检验的方法详见《家用电动食品加工器具》（QB/T 1739—93），《食物搅碎器》（GB/T 15854—1995）。

〔使用环境〕海拔不超过1000m；使用地点的最高空气温度不超过40℃；使用地点的最低空气温度不超过0℃；使用地点的最湿月月平均最高相对湿度不大于90%，同时该月月平均温度不高于25℃。

〔电源〕电源电压与额定电压的偏差不超过±5%，且其波形为实际正弦波；电源频率与额定频率的偏差不超过±2%。

〔噪声〕搅碎器的噪声以A计权声功率级计，应不大于85dB。

〔电镀件〕按《食物搅碎器》（GB/T 15854—1995）6.11条规定的试验方法试验之后，其主要表面应无棕锈、腐蚀物或铜绿。

〔油漆件〕按《食物搅碎器》（GB/T 15854—1995）6.12条规定的试验方法试验之后，其主要表面不得出现1mm²以上的明显气泡或1mm²以下的密集气泡，且任何表面都不得有脱落、开裂及底金属锈蚀现象。

〔比体积〕搅打后的食料呈均匀发泡状态时所测得的单位质量的体积（mL/g）。比体积＝比体积盘容积/装满泡状物的盘质量－盘本身质量。

〔加工效率〕食品器每分钟、每瓦输入功率所加工的投入食料量（g/min·W）。

〔剩余率〕加工结束后，未被加工成型的食物质量与试验规定的一次加工总质量之比（以百分数表示）。剩余率＝器具内未成型剩余物质量/投入食料总质量×100%。

〔溅出率〕溅出水量与试验前总水量的质量比（以百分数表示）。溅出率＝溅出水质量/原加入料杯水质量×100%。

〔加工能力〕每分钟出成品的质量（g/min）。

［出渣率］挤出的渣子与原加入食料质量之比的百分数。

［噪声］食品器的 A 计权声功率级噪声值应不大于 80dB。

［搅打］食品器搅打好的蛋白应柔润光滑，呈白色糕状，其最大比体积不小于 1.5mL/g。

［打浆］食品器加工能力不小于 100g/min，出渣率不大于 25%。

［溅出］食品器料杯盖应密封良好，溅出率（包括渗漏）不大于 0.5%。

［揉合］食品器糅合后的面团应柔韧光滑，且不粘手指，能从料杯壁脱开。揉和时间不大于 1.5min；干面粉的加工效率应不小于 1g/min·W。

［绞肉］绞肉机加工效率应不低于 1g/min·W，蜗杆内剩余率不超过 12%。

［切碎］食品器切成物应颗粒均匀，颗粒每边不大于 5mm 即为切碎完成，加工效率不低于 2g/min·W。

［切片］食品器切萝卜片或土豆片所需的全部加工时间（扣除停机时间）不应超过 30s，剩余率不超过 10%。

［切丝］食品器所需加工时间（扣除停机时间）不超过 30s，剩余率不超过 10%。

（五）包装、运输与储存

1. 包装

食品器包装应符合《家用电器包装通则》（GB 1019）的要求，食品器的包装箱应按防震包装要求做跌落试验。

搅碎器的包装应按照《家用电器包装通则》（GB 1019）中防潮包装流通条件规定的防震包装进行包装箱设计。包装箱内应有：全套搅碎器；使用说明书，适用说明书的编写应符合《消费品使用说明　第 2 部分：家用和类似用途电器》（GB5296.2—2008）的要求；产品合格证；电气线路图。

2. 运输与储存

食品器在运输和储存中，不应撞坏或受雨水淋袭，在不开启原包装的状态下，保存于防潮、通风良好的仓库里，周围不得有腐蚀性气体。在运输过程中，严禁雨淋、受潮和剧烈碰撞。搅碎器应储存在温度低于 40℃、通风良好的仓库中，并且其周围空气应符合国家环保法的有关规定。

八、电炒锅

（一）工作原理与组成

电炒锅的工作原理就是靠电炒锅底部的电阻丝通电后产生热效应进而对锅内的食物进行加热。

电炒锅的基本结构包括三部分：器具结构件、电热元件和控制元件。

1. 器具结构件

器具结构件是指满足用途和功能的壳体构件，如电炒锅的锅体。一般把用途、安全、效率、造型和成本列为器具结构件的五要素。

2. 电热元件

电热元件是指由电能转换成热能的装置，一般由电热材料和绝缘保护层组成。它是电热器具的心脏，它的质量好坏关系电热器具的使用寿命和安全性能。

3. 控制元件

控制元件是指电热器具中用于控制电流、温度或时间等参数的元器件。它决定了产品的技术性能和使用功能，产品的功能越多、性能越好，控制机构也就越复杂。

（二）分类及性能

1. 型号

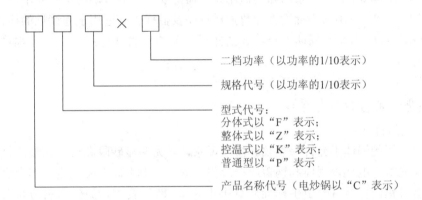

二档功率（以功率的1/10表示）

规格代号（以功率的1/10表示）

型式代号：
分体式以"F"表示；
整体式以"Z"表示；
控温式以"K"表示；
普通型以"P"表示

产品名称代号（电炒锅以"C"表示）

2. 分类

（1）按功率分类。家庭电炒锅的规格有 600W、700W、900W、1000W、1200W 等几种。

（2）按控制方式分类。分为自动和普通型两种。

（3）按结构分类。①电炉式，这种电炒锅的炉体似普通的电炉，但它与锅底接触的部分加工成了凹面，电炉丝直接镶嵌于炉体的凹槽之中，炉体上面的锅既可以使用普通的锅，也可以用铝锅。这种电炒锅由于电炉丝直接暴露在外面，因此当炉丝与锅体相碰时，炒锅易带电，安全性能不好。此外，这种炉体的电炒锅热量容易散失，效率也低。但它的结构简单、价格便宜。②连体式，锅与炉体是一个不能分开的整体，这种电炒锅的热效率较电炉式有所改善。但是，这种电炒锅由于用材与结构上的原因，安全性能仍不是很好，而且洗涤必须十分小心，不能将水弄到炉体里面，炉体也不能受较强的震动。否则，将损坏炉体的绝缘和加热器，这种电炒锅的价格也比较便宜。③分体式，电炒锅与炉体可以分离，炉体的加热部件直接浇铸于合金铝之中，炉体的面与炒锅锅底的面完全吻合，专用锅常有不锈钢和精铸铝件合金两种。这种电炒锅安全、可靠，完全避免了上述两种电炒锅的不足。

（三）技术参数与标准

QB/T 1237—91《电炒锅》

GB 11333—89《铝制食具容器卫生标准》

GB 4804—1984《搪瓷食具卫生标准》

GB/T 336—1985《AGT 类案秤》

GB 2423.3—2006《电工电子产品基本环境试验规程　试验 Ca：恒定温度试验方法》

GB 2423.17—2008《电工电子产品基本环境试验规程　试验 Ka：盐雾试验方法》

GB 4706.5—1995《家用和类似用途电器的安全　电炒锅的特殊要求》

GB 2828—1987《逐批检查计数抽样程序及抽样表（适用于连续批的检查）》

GB 2829—1987《周期检查计数抽样程序及抽样表（适用于生产过程稳定性的检查）》

GB 1019—1989《家用电器包装通则》

（四）质量检验与保养

1. 感官检验

电炒锅的锅体不允许有裂纹和渗漏现象，并无明显砂眼和机械伤痕，锅体内表面应光滑。电炒锅锅体和锅盖应符合相应的食具卫生标准的规定，铝合金制的应符合《铝制食具容器卫生标准》（GB 11333—89）要求，搪瓷材料应符合《搪瓷食具卫生标准》（GB 4804—1984）的要求，无毒防粘涂层应符合《FC 无毒防粘涂层卫生建议标准》。电镀件表面必须光滑，不得有斑点、针孔及气泡。电镀件在边缘及棱角部位 2mm 以外的镀层不应出现锈点。油漆件的表面漆膜应无流挂、起皱、露底等缺陷，漆膜层必须平整、光滑、色泽均匀。油漆件的漆膜层不得有起泡、起皱及部分脱落等现象。

2. 理化检验

理化检验的方法详见《电炒锅》（QB/T 1237—91）。

［安全要求］电炒锅的安全性能应符合《家用和类似用途电器的安全　电炒锅的特殊要求》（GB 4706.5—1995）的规定。电炒锅的带电部分和金属外壳之间的绝缘，在常态时应能承受 50Hz、1500V，持续 1min 的电气强度试验，不发生击穿或闪络现象。

［升温时间］锅底中心温度达 200℃所需时间，铝锅体应不超过 5min，铁锅体应不超过 7min。

　　［额定煎弧内的温度均匀性］电炒锅锅底中心点温度稳定在 250℃±20℃时，额定煎弧内各点最低温度不应低于 200℃，最高温度不应超过 270℃。

　　［连续工作性能］电炒锅应能连续工作 4h 以上，在连续工作时，电炒锅锅底中央的温度不得低于 200℃。连续工作 4h 后油漆件铭牌、指示灯罩等各外露金属件不得有起泡、脱落现象。检查电热管封口应完好，封口绝缘材料不得有焦化或外流现象。

　　［控温要求］电炒锅内表面最高温度在 250℃±20℃时，控温器应能可靠地工作。

　　［热效率］分体式电炒锅的热效率应不低于 70%，铁锅整体式电炒锅的热效率不应低于《电炒锅》（GB/T 1237—91）中的锅体要求。

　　3. 保养

　　（1）电炒锅和电源插销应经常保持清洁。每次使用后，电炒锅应用干布或拧干水的湿布擦拭清洁，以免产生油垢，如已产生油垢，可用去污剂擦掉。切勿将电炒锅和电源插销浸入水中或用水冲洗，以免造成漏电。

　　（2）有的电炒锅内锅表面涂有含氟树脂，切不可用金属制造的刮勺或锐利的尖刀刮擦其表面，以防损坏。去除内锅表面的污垢不能用塑料和木质的刮勺去铲刮，最好每次使用完后，趁表面还有微热时用干布抹去残渣。

　　（3）使用中或刚用完的一段时间内，切勿用手触摸内锅部分，因为内锅还处于高温状态，容易烧伤，尤其是有小孩的用户更应特别注意。

　　（4）使用完毕，应拔下电源插头，切断电源。电炒锅应放在干燥的地方使用和保存，不应放在有腐蚀性气体和过度潮湿的地方，以免损坏电气绝缘。

（五）包装、运输与储存

　　1. 包装

　　电炒锅的包装应符合《家用电器包装通则》（GB 1019—1989）的要求。每个产品应包装在硬纸盒（用瓦楞纸做的盒）内，盒内应有防止电炒锅震动和窜动的措施，以免受外界的冲击而损伤。包装箱应牢固可靠，能有效地保护产品，应能适用各种运输工具运输而不发生损坏。

　　2. 储存

　　电炒锅产品应储存在通风良好、无腐蚀性及易燃性气体的仓库。

九、家用电动洗碗机

（一）工作原理及组成

　　1. 工作原理

　　喷臂式全自动洗碗机依靠水的压力、温度及洗涤消毒剂的作用，通过旋转喷臂将水从不同的角度喷射到餐具上，实现对餐具的清洗、消毒和烘干。通电后，洗碗机自动完成的整个洗碗过程是在程序控制器的控制下进行的。使用时，关上箱门后门控开关闭合，顺时针旋动程序控制器旋钮，接通电源，电源指示灯亮。程序控制器中小型同步电动机通过减速齿轮驱动各组凸轮慢速转动，程序控制器中各个触点按设定的规律自动闭合、断开。先使进水电磁阀通电，进水电磁阀开启，水进入洗碗机内，水位升高。当水到达预定水位时，低水位开关自动接通"NO"，清洗泵电动机通电运转。水被清洗泵加压后，由喷臂喷出水流清洗餐具。通过琴键开关可选择不同的水温。按下某个键后，加热器通电加热，温度由对应的温控器控制。在清洗过程中，水中的漂洗剂由供料装置自动定量供应。当水位到达预定水位时，高水位开关接通"NO"，排水泵电动机运转，将污水排出。洗涤、漂洗、洗清并将水排净后，最后利用加热器的余热将餐具烘干，这时程序控制器自动将电源切断。

2. 组成

洗碗机的结构主要由箱体、控制机构、加热器、碗篮、洗涤装置、漂洗剂供料装置、进水及排污装置和门控开关等组成。

箱体内胆采用不锈钢薄板制成。外壳采用冷轧薄钢板，外表面喷白漆作防锈处理。箱门设在箱体正面，上开有暗藏式门扣。关上箱门时，门控开关闭合，接通电源；打开箱门时，门控开关断开。

箱体正面下方为控制板，上面设有水温选择开关，有三种水温可供使用者预先选定，其中65℃档适用洗数量多且污物较多的餐具；55℃档适用于一般餐具的洗涤，是使用最多的温度；常温档的水未经加热，适用于洗少量不油腻的餐具。

洗碗机的程序控制器旋钮也设置在控制板上。程序控制器采用电动机驱动式，它的内部有小型同步电动机、齿轮减速机构及凸轮触点组三个部分。小电动机通电后转动，经齿轮减速后，驱动各个凸轮慢速转动，凸轮带动对应的触点按一定规律自动闭合、断开变化。由此使进水电磁阀、清洗泵、排水泵、加热器等按程序控制器的指挥按部就班地完成清洗、烘干等整个洗涤程序。

喷臂式台式洗碗机的洗涤装置由旋转喷臂、进水电磁阀、清洗泵、排水泵及水位开关等构成，其中清洗泵和旋转喷臂是核心器件。清洗泵安装在机座底部，由单相电容运转电动机与叶轮泵组成。通电后电动机直接驱动叶轮泵，把水进行加压，然后通过喷臂的喷水孔喷出时，水的反冲使喷臂绕空心轴转动。喷臂便以三维方式喷出具有一定压力的热水流，对餐具进行喷射冲洗。加洗涤消毒剂冲洗会使餐具上的油腻很快脱落，污水经过滤器由排水泵排出。

加热器的功率一般在几百瓦以上，是洗碗机主要的耗能器件。它采用不锈钢"凸"字形管状电热元件，安装在机座面上，直接与水接触，有较高的热效率。

（二）分类及性能

1. 分类

洗碗机按结构分类可分为前开式和顶开式两种。顶开式洗碗机在使用时，取放餐具不太方便。前开式洗碗机的门向前开，随手一拉便可开门，取放餐具方便。在我国，大多采用前开式洗碗机。按洗涤方式分类可分为喷臂式、叶轮式、水流式及超声波式等。按放置方式分类可分为固定式、移动式、桌面式及水槽式等。

洗碗机的规格一般以所消耗的电功率大小来划分。设有烘干装置的洗碗机的功率都在几百瓦以上。常见规格有 600W、700W、800W、900W、1000W、1200W 等。

2. 型号

洗碗机的型号表示

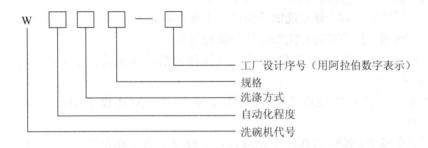

```
W □ □ □ — □
                工厂设计序号（用阿拉伯数字表示）
                规格
                洗涤方式
                自动化程度
                洗碗机代号
```

（三）技术参数与标准

QB/T 1520—92《家用电动洗碗机》

GB 4214—1984《家用电器噪声声功率级的测定》

GB 2828—2003《逐批检查计数抽样程序及抽样表（适用于连续批的检查）》

GB 2829—2002《周期检查计数抽样程序及抽样表（适用于生产过程稳定性的检查）》

GB 191—2008《包装储运图示标志》

GB 4857.7—2005《运输包装件基本试验 第 7 部分：正弦振动（定频）试验方法》

GB 1771—79《漆膜耐盐雾测定法》

GB 5938—1986《轻工产品金属镀层和化学处理层的耐腐蚀方法 中性盐雾试验法》

GB 4706.25—2008《家用和类似用途电器的安全 洗碟机的特殊要求》

（四）质量检验与保养

1. 感官检验

钢铁材料制件（不锈钢除外）表面应进行有效的防锈蚀处理。外表面的涂饰层应附着力强，结合牢固，不应有明显的气泡、流痕、漏涂、皱纹、裂痕等缺陷。经耐腐蚀试验后，腐蚀宽度不大于1mm。电镀件表面应光滑细密、色泽均匀，不得有剥落、露底、针孔、鼓泡、花纹、划伤等缺陷。经盐雾试验后，一般结构零件在边缘及棱角部位2mm以外的镀层不应出现锈点。塑材件表面应平整光滑，不得有裂纹、气泡、缩孔等缺陷。紧固件应使用标准件。在正确安装条件下运行时，不得有渗漏水现象。门或盖处于开启状态时，洗碗机应不能启动。与洗涤液接触的零部件应无毒、耐腐蚀。产品应能经受包装运输中的震动。

2. 理化检验

理化检验的方法详见《家用电动洗碗机》（QB/T 1520—92）。

[洗涤性能] 洗碗机洗净率不低于0.85。

[干燥性能] 有干燥功能的洗碗机，干燥率不低于0.85。

[破损率] 洗碗机对被洗餐具的洗涤破损率为0。

[耗水量偏差] 洗碗机运行一个强力洗涤周期的实际耗水量偏差，不大于额定耗水量的±10%。

[噪声] 洗碗机在额定负载状态下运行时，A计权声功率级噪声不大于72dB。

[工作环境] 洗碗机在以下环境条件下应能正常工作：温度大于0℃，小于45℃；相对湿度不大于95%（温度25℃）；海拔高度不高于2000m（气压不低于79.5kPa）；供水压力0.05～0.60MPa。

[温度控制误差] 带加热器的洗碗机应装有限温器或温度控制器，限温或控温误差不大于±5℃。

[可靠性指标] 使用寿命不少于5500标准周期；无故障工作时间不少于400标准周期。

3. 保养

使用洗碗机时，必须接上地线，以确保安全。洗碗机并非完全代替人工劳动，因此洗涤的餐具中切不可夹带其他杂物，如鱼骨、剩菜、米饭等，否则容易堵塞过滤网或妨碍喷嘴旋转，影响洗涤效果。往机内放餐具时，餐具不应露出金属篮外。比较小的杯子、勺等器具要避免掉落和防止碰撞，以免破碎。必要时可使用更加细密的小篮子盛装这些小器具，这样会更安全些。要经常保持洗碗机内外的清洁卫生。为了更好地洗净餐具、消除水斑，应采用专用的洗碗机洗涤剂来清洗餐具，不可用肥皂水或洗衣粉来代替。专用洗涤剂的特点是低泡沫、高碱性，因此不能直接用手工洗涤，以免灼伤皮肤。如果不急于立即使用清洗后的餐具，尽可能采用自然通风干燥的办法，这样可以降低能耗。

（五）包装、运输与储存

1. 包装

洗碗机采用一机一箱的包装。机体四周应有柔性材料衬垫并用防潮薄膜包裹。包装应能保证产品在一般运输和保管下，不致因颠振、装卸、受潮和侵入尘埃而使洗碗机受到损伤。包装箱内应附有说明书、产品合格证、随机工具、装箱单、保修单。

2. 运输与储存

洗碗机应储存在通风良好的库房中，相对湿度不大于 85%，产品包装件堆放应离地不低于 200mm。周围不能有腐蚀性气体存在。运输过程中，应防止摔打、受潮、雨淋。

十、家用食具消毒柜

（一）工作原理与组成

1. 高温型电子消毒柜

高温型电子消毒柜又称远红外高温电子消毒柜。它具有消毒速度快、消毒彻底、无高压、无残毒、无污染、使用安全等优点。这是目前使用最多的一种电子消毒柜。它主要由箱体、碗碟杯架、远红外石英电热管、碟型双金属温控器、柜门、指示灯、电源开关等组成。

远红外石英电热管安装在消毒柜的底层和背部，常用电热管每根功率为 300W 左右，冷态电阻为 160~170Ω。通电后，由石英电热管提供高温消毒所需的热能。电子消毒柜上的温控器多为双金属片式，动作温度为 125℃左右。箱体外形为矩形，内部分为二层或三层，可分别用于放置待消毒的碗、杯、碟等餐具。箱体外壳有不锈钢、喷涂和塑料等几种类型，内壳采用铝合金板冲压铆合而成。内、外壳之间填有发泡聚氨酯保温材料，以提高电子消毒柜的保温性能。

高温型电子消毒柜的电路，SA 为启动按钮，EH_1、EH_2 是两根远红外石英电热管，ST 为碟形双金属温控器，KA 为交流电磁继电器线圈，KA_1 和 KA_2 是 KA 的两个动合触点，FU 为超温保护熔断器，HL 是电源指示灯。

接通电源，按下 SA，继电器线圈 KA 通电吸合，KA_1 闭合使 KA 自锁，KA_2 闭合使 EH_1、EH_2 通电发热。电子消毒柜内温度上升，当柜内温度升高到 125℃时，温控器 ST 动断触点断开，KA 断电释放，EH_1、EH_2 停止加热，HL 熄灭，消毒过程结束。消毒一次的时间为 20~25min。

2. 低温型电子消毒柜

低温型电子消毒柜利用臭氧发生器产生电晕放电，放出臭氧来杀灭病毒和细菌。它具有灭菌效率高、不烫手、耗电少等优点，尤其适用于对不宜用高温的餐具消毒。

低温型电子消毒柜的结构主要由箱体、臭氧发生器、定时器、鼓风机、远红外电热管、指示灯、接水盒、餐具网架等组成。

臭氧发生器是低温型电子消毒柜的核心，功率为 8～10W。它由激发器和臭氧玻璃管组成，利用电子脉冲产生高压的臭氧发生器电气原理。通电后，在 220V 正弦交流电正半周时，对电容器 C 充电。充电过程中，二极管 VD 导通，使单向晶闸管 VS 控制极上的电压 $u_{GK}<0$，VS 截止。在电源负半周时，$u_{GK}>0$，VS 导通。电容 C 经电感线圈 L_1、单向晶闸管 VS 放电。在电源正半周时，VS 关断，C 又充电。如此重复形成高频振荡，振荡频率为 8～12kHz。振荡信号经升压变压器耦合，在二次绕组 L_2 上输入，产生 3000V 高频脉冲电压，提供给臭氧玻璃管。这种间歇式的脉冲高压使臭氧玻璃管产生火花放电，激发周围空气中的氧气电离，从而产生臭氧 O_3。工作时能看到电火花，听到"嗒嗒"的点击声和嗅到带腥味的臭氧气体。

定时器采用机械发条式，总定时时间为 60min。低温型电子消毒柜内还设有鼓风机来强制空气流动，使臭氧浓度和柜内温度分布均匀。鼓风机由单相罩极异步电动机驱动。

O_3 是臭氧发生器，MS 为鼓风机电动机，PT 是定时器，ST 为温控器，EH 是烘干加热器，FU 是超热熔断器，VD_1、VD_2 是工作指示灯，R_1、R_2 是限流电阻。餐具放入柜中，关上柜门，将定时器旋到需要的工作位置，接通电源，电子消毒柜便开始工作。在工作后 40min 内，定时器使臭氧发生器和鼓风机同时工作，臭氧在柜内流动，对餐具进行消毒。40min 后定时器触点转换，断开臭氧发生器和鼓风机电动机的电源，接通烘干加热器 EH 的电源，烘干加热器开始工作，对消毒后的餐具进行烘干，加热时间可达 20min。烘干温度由双金属温控器 ST 控制在 75℃以下。20min 后定时器触点断开，消毒烘干过程结束。

3. 双功能电子消毒柜

双功能电子消毒柜同时具有高温、低温消毒功能，结构多采用双门式，一般上面为低温臭氧消毒室，臭氧浓度大于 100ppm，低温烘干（低于 75℃）。EH_1 是低温消毒柜中作烘干的加热器；EH_2 是高温消毒柜中的远红外加热器；ST_1、ST_2 是两个定时器，其中 ST_1 和 ST_2 是两个定时器，其中 ST_1 控制总消毒时间，ST_2 单独控制高温消毒时间；SA 为启动按钮。工作过程与前面两种电子消毒柜相仿。

（二）分类及性能

1. 分类

（1）按消毒方式消毒。按采用的消毒方式，可分为远红外消毒方式和臭氧消毒方式两种。前者是利用远红外电热元件（多为石英电热管）产生的高温进行消毒，后者则是利用臭氧发生器放出的臭氧进行消毒。

（2）按温度特性分类。按消毒柜使用的温度，可分为高温型和低温型两种。

高温型电子消毒柜采用远红外线消毒方式，低温型电子消毒则采用臭氧消毒方式。近年来一些生产厂又研制出了双温型电子消毒柜，它可以同时采用两种方式进行消毒，又称为双功能电子消毒柜。

（3）按有效容积分。按内部有效容积的大小，有 15L、20L、30L、40L、45L、50L、55L、60L、65L、70L、75L、80L、100L、150L、200L 及 250L 等多种类型，常见的有效容积大多为 40～70L。

（4）按输入功率分。按电子消毒柜消耗的电功率，可分为 120W、200W、250W、300W、400W、600W、700W、800W、900W、1200W、1500W、1800W 及 2000W 等多种类型。

（5）按结构形式分。按结构型式的不同，可分为单门式和双门式两种，前者多为单一温度（高温或低温），而后者大多为双温形式。

（6）按外壳材料分。按外壳所用的材料，可分为塑料型、喷涂型、不锈钢型及铝合金不锈钢混合型等多种类型。

2. 型号

产品型号编制按《家用电器产品型号命名规则》（GB 12324—1990）的要求，规定如下：

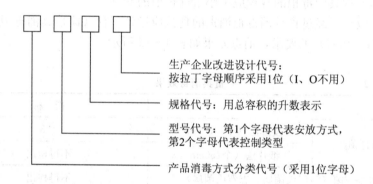

生产企业改进设计代号：
按拉丁字母顺序采用1位（I、O不用）

规格代号：用总容积的升数表示

型号代号：第1个字母代表安放方式，
第2个字母代表控制类型

产品消毒方式分类代号（采用1位字母）

（三）技术参数与标准

QB/T 2233—1996《家用食具消毒柜》

GB 191—2008《包装储运图示标志》

GB 1019—1989《家用电器包装通则》

GB/T 2423.17—2008《电工电子产品基本环境试验规程 试验 Ka：盐雾试验方法》

GB 2828—1987《逐批检查计数抽样程序及抽样表》

GB 2829—1987《周期检查计数抽样程序及抽样表》

GB 5296.2—1987《消费品使用说明 家用和类似用途电器的使用说明》

GB 12324—1990《家用电器产品型号命名通则》

GB 14934—1994《食（饮）具消毒卫生标准》

QB 2138.2—1996《家用和类似用途电器的安全　食具消毒柜的特殊要求》

卫生部《消毒技术规范》（1991年12月版）

（四）质量检验与保养

1. 感官检验

箱体外表面应平整、光滑，无明显划痕、裂纹，涂覆件表面不应有气泡、流痕、剥落等缺陷。消毒柜的门封条应密封良好，与门框贴合紧密，柜门开关方便、灵活。

2. 理化检验

理化检验的方法详见《家用食具消毒柜》（QB/T 2233—1996）。

[工作条件] 产品在下列条件下应能正常工作：环境温度为0℃～40℃；环境相对湿度不超过95％（25℃时）；周围环境无易燃、易爆、腐蚀性气体和导电粉尘；电源电压波动范围不超过额定电压的±10％；电源频率波动范围不超过额定频率的±1％。

[柜门耐久性] 柜门在经受10000次开门试验后，应仍能正常使用。

[容积] 食具消毒柜的容积应不小于标称值的95％。

[消毒效果] 经过食具消毒柜消毒的食具应达到《食（饮）具消毒卫生标准》（GB 14934—1994）的要求，消毒效果如表4-12所示。

表4-12　　　　　　　　　　　食具消毒效果

项　　目		指　　标
大肠杆菌	发酵法（个/100cm²）	＜3
	纸片法（个/50cm²）	不得检出
肠道致病菌（沙门氏菌属、志贺氏菌属）		不得检出

注：发酵法与纸片法任何一法的检验结果均可作为判定依据。当检出大肠菌群时才进行肠道致病菌的检验。

在食具消毒柜内进行人工染菌消毒效果的试验，应达到表4-13的要求。

表4-13　　　　　　　　　　　人工染菌消毒效果

项　　目	杀灭率（％）
大肠杆菌	99.9
金黄色葡萄球菌	99.9

3. 保养

消毒柜应水平放置在周围无杂物的干燥通风处，距墙不宜小于 30cm。要定期对消毒柜进行清洁保养，将柜体下端集水盒中的水倒出并洗净。清洁消毒柜时，先拔下电源插头，用干净的湿布擦拭消毒柜内外表面，禁止用水冲淋消毒柜。若太脏，可先用湿布蘸中性洗涤剂擦洗，再用干净的湿布擦净洗涤剂，最后用干布擦干水分。清洁时，注意不要撞击加热管或臭氧发生器。要经常检查柜门封条是否密封良好，以免热量散失或臭氧溢出，影响消毒效果。使用时，如发现石英加热管不发热，或听不到臭氧发生器高压放电所产生的"吱吱"声，说明消毒柜出了故障，应停止使用，送维修部门修理。

（五）包装、运输与储存

1. 包装

产品包装应符合《家电电器包装通则》（GB 1019—1989）的要求。单台产品应有独立包装。包装箱内说明书、合格证、保修卡和随机附件应齐全。包装箱应牢固可靠，箱内应有防潮、减震措施。说明书应按《消费品使用说明 家电和类似用途电器的使用说明》（GB 1019—1989）的要求编写，并应包含下列内容：食品消毒柜的标称承载量；食品消毒柜的消毒周期；把食具上的水倒净才能放进柜内；臭氧食具消毒柜消毒周期结束后才能打开柜门，以免臭氧泄漏；不要把排气孔堵住。

2. 运输与储存

消毒柜在运输和储存中，不应撞坏或受雨水淋袭，在不开启原包装的状态下，保存于防潮、通风良好的仓库里，周围不得有腐蚀性气体。在运输过程中，严禁雨淋、受潮和剧烈碰撞。搅碎器应储存在温度低于 40℃、通风良好的仓库中，并且其周围空气应符合国家环保法的有关规定。

第二节 清洁及整理器具

一、电熨斗

（一）工作原理与组成

1. 普通型电熨斗

普通型电熨斗由电热元件、底板、压铁、上罩、手柄和插座等组成。

电热元件是电熨斗中的电—热转换器件。普通型电熨斗一般采用云母电热芯，将扁平形电热丝缠绕在左右两片云母绕线极上，电热丝的两端铆接在两个引子极铜片上，然后上、下两面各覆盖云母片作为盖板，以保证电热丝与底板、压铁之间有良好的绝缘。

电熨斗底板的质量都较大，常用的材料有铸铁、钢制品及铝合金等。它可储存热量，具有较大的热惯性。由于直接与布料接触，因此要求其底面必须光滑、平整，一般都经过磨光或抛光镀铬处理。

压铁用铸铁等材料制成，它的作用是使电热元件与底板压紧，提高热传导性能，在压铁与云母电热芯之间，还垫有一块石棉垫板，起到绝缘和绝热作用，可以减少传递到压铁上的热量。

上罩由冷轧薄钢板冲压成型，再在其表面镀上铜镍及铬层并抛光处理。它主要用来封装电热元件，减少向空间散发的热量，提高安全防护和热效率。

手柄一般用电木或耐热的塑料制成，必须具有良好的绝缘、绝热性能。

电熨斗的插座是把电热芯和电源线连接来部件。插座里的两根插脚用螺母固定在上罩后端，并用瓷垫圈保证与上罩的绝缘。

普通型电熨斗通电后，隔几分钟便能使用，但它的温度无法调整，一般只能通过电源开关来控制电热元件是否发热。

2. 调温型电熨斗

在普通型电熨斗基础上增加一套调温装置，便成为调温型电熨斗，主要由电热元件、底板、压铁、接线架、控温器、指示灯、上罩、手柄、电源线等组成。

调温型电熨斗上使用的电热元件除云母电热芯外，还常用到电热管。电热管是用螺旋形电热丝与引出棒置于金属管的中央，在其间隙灌入结晶氧化镁粉作为导热绝缘材料制成的。电热管直接铸在底板内。由于电热丝不直接接触空气，所以不易氧化，寿命较长。但一旦电热丝断了，只能更换金属管或底板。

调温型电熨斗常用的底板材料为铸铁或铝合金，以云母电热芯为电热元件的电熨斗一般采用铸铁板，以电热管为电热元件的电熨斗采用铝合金底板。铝合金材料制成的底板传热快、升温迅速、省电。但它的硬度较低，较易产生划痕。采用云母电热芯的调温型电熨斗也要用压铁，采用电热管的则没有压铁。

在使用过程中，为了显示电热元件是否通电，调温型电熨斗都设有指示灯。常用的指示灯有小白炽灯和氖灯两种，它们的电路不同。使用普通小白炽灯的电熨斗，分压电阻两端的电压不得超过小白炽灯的额定电压。使用氖灯的电熨斗，必须串联一个达到阻值的限流电阻。

调温型电熨斗由控温器来控制。温控器安装在底板上，直接感觉底板温度的变化，一般都为双金属片温控器，按动作速度可分为缓动式和快动式两种。缓动式温控器结构简单，但它的动、静触点分离弧接触速度较慢，容易因产生电弧而烧毁触点。快动式温控器避免了缓动式温控器这一不足，具有较长的寿命。

使用时，通过旋动调温旋钮，可以预先设定好工作温度。通电加热热熨过程中，每当电熨斗底板温度达到工作温度上限时，因双金属片的变形而带动触点断开电热元件断电停止加热。而温度下降到工作温度下限时，双金属片恢复原形又会带动触点闭合，使电热元件通电加热。如此重复，可使电熨斗底板的温度维持在一定的范围内。

3. 喷漆喷雾型电熨斗

在调温型电熨斗的基础上，加上喷气装置就成为喷气型电熨斗。在喷气型电熨斗上增加喷雾装置变成为喷雾型电熨斗。喷气喷雾型电熨斗主要由电热元件、底板、温控器、指示灯、储水器、喷水装置、上罩、手柄、后罩、电源线等构成。

这种电熨斗的电热元件一般都采用电热管。底板采用铝合金材料，且电热管在铝合金底板内。底板的底面喷有耐热涂层，既防止氧化，又可避免损伤被熨烫的衣服。底板上有气化室，下连几排气室相同的喷气孔。

储水器采用高温耐热工程塑料制成，通过活动扣与电熨斗主体相连。储水器上设有储水口，储水量可由透明外壳观察到，喷水装置里有喷气装置和喷雾装置。

喷气装置由储水器的蒸汽按钮、控水杆、复位弹簧、滴水嘴和底板里的汽化室、喷气孔等组成。蒸汽按钮带有锁定功能。按下蒸汽按钮时，控水杆下移，堵住滴水嘴。由于蒸汽按钮被锁定，控水杆不能复位，放开滴水嘴，使水不能由滴水嘴中排出。再按蒸汽按钮则释放，控水杆在复位弹簧作用下复位，放开滴水嘴，储水室里的水便经滴水嘴滴入底板的汽化室里。在高温下，水滴立即汽化，从喷气孔喷射出来。只要储水室有水，滴水嘴不堵住，则不断有水滴入汽化室，蒸汽不断地从喷气孔喷出，直到再按蒸汽按钮，使控水杆堵住滴水为止。喷雾装置由储水器里的喷雾按钮、喷雾阀、喷雾嘴等组成。喷雾阀内有活塞、复位弹簧、钢珠，阀底孔活塞中间有导水孔，同喷雾嘴相通。活塞和喷雾按钮由推杆相连。喷雾装置和喷气装置是相互独立的。按下喷雾按钮时，活塞下移，钢珠将阀孔封住，阀内的水就通过导水孔由喷雾嘴形成水雾喷出。放松喷雾按钮时，在阀内复位弹簧作用下，活塞下移，喷雾按钮复位时，阀内压力减小，储水器中的水都通过阀底孔把钢珠顶开，进入阀内。如连续按动喷雾按钮，喷雾就不断完成排水、吸水、过程，不断将雾水喷射到熨烫的衣物上。

（二）熨斗的分类和性能

1. 分类

（1）按照温度控制分类。分为调温型熨斗；带非自复位热断路器的熨斗；无热断路器的非温度型熨斗。

（2）按照有无生产蒸汽能力分类。分为蒸汽式熨斗；干式熨斗。

（3）蒸汽式熨斗按照蒸汽控制分类。分为蒸汽式熨斗的蒸汽工作可以通过手动开关进行蒸汽控制，并且底版置于垂直位置时，蒸汽工作停止。这种型式的熨斗通常被称为滴式进根熨斗。蒸汽式熨斗无控制蒸汽工作的方式，并且蒸汽喷发直至水容器排空为止，这种型式的熨斗通常被称为沸腾式熨斗。

（4）按照有无喷雾能力分类。分为喷雾式熨斗、非喷雾式熨斗。

（5）按照电源性质分类。分为交流（AC）熨斗、交/直（AC/DC）熨斗。

（6）按照电压分类。分为单电压熨斗、多电压熨斗、一个电压范围的熨斗、两个或多个电压范围的熨斗。

（7）按照用途分类。分为一般用途熨斗、旅行用熨斗。

2. 型号

产品型号及含义如下：

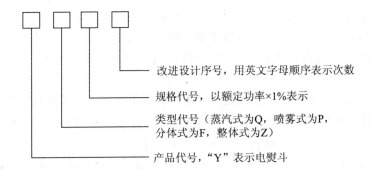

改进设计序号，用英文字母顺序表示次数

规格代号，以额定功率×1%表示

类型代号（蒸汽式为Q，喷雾式为P，分体式为F，整体式为Z）

产品代号，"Y"表示电熨斗

（三）技术参数与标准

电熨斗的主要技术性能指标如表4-14所示。

表4-14　　　　　　　　电熨斗的主要技术性能指标

项　目		技术指标
安全性能	绝缘电阻	热态时不低于1MΩ
	绝缘强度	热态时不低于1250V
	泄漏电流	不大于1mA
	接地电阻	不大于0.2Ω
	安全温升	底板不高于330℃，手柄不高于50℃
		电熨斗竖放的接触面不高于90℃
		电熨斗搁架下方的台面不高于65℃
		调温旋钮不高于75℃，喷雾喷汽按钮不高于50℃
	耐潮性能	防潮性能试验后，绝缘强度不低于1250V

项 目		技术指标
可靠性	稳定性	电熨斗竖放时，在任何方向与竖直线成 10°倾角的情况下不会翻倒
	机械强度	从 250mm 高处自由跌落 5 次，以及由 35mm 高处以每秒 5～6 次频率自由跌落 1000 次后，零件不应损坏
	寿命	使用寿命大于 500h，调温器动作不低于 10000 次
使用性能	功率误差	≤500W 为±10%；>500W 为±7.5%
	发热时间	底板加热到 200℃的最长时间：≤300W 为 12min；300～600W 为 10min；600～1000W 为 8min；>1000W 为 5min
	温度均匀性	底板各点温差不高于 30℃
	热效率	不低于 80%
	调温性能	调温器上应该有被熨织物名称的各档标记，在任一档位置上，底板温度波动幅度不大于 20℃
	喷气性能	喷气量：700W 不小于 5g/min；>700W 不小于 10g/min

（四）质量检验与保养

1. 感官检验

电烫斗的底座、塑杯及附件等塑料制品，表面应光滑、清洁，无气泡、裂纹、毛刺、残缺。刀具等金属件表面应抛光，无损伤、油污、锈蚀点。电烫斗的外观应完整美观。非金属材料的主要表面应光滑，色泽均匀，无裂缝，无明显的斑痕等缺陷。电镀件表面应光滑细密，色泽均匀。没有斑点，没有突起和未镀到的地方，边缘和棱角不得有烧痕。油漆件表面必须光滑细致，色泽均匀，漆膜牢固，不得有皱纹、流痕、针孔、起泡等缺陷。电烫斗的铭牌和操作指示板应经久耐用，经型式检验后，不得有变形、脱落，并且其图案与字迹仍应清楚。

2. 理化检验

理化检验方法详见《家用和类似用途电烫斗性能测试方法》（GB/T 18799—2002）。

3. 保养

使用电熨斗时，必须采用保护接零（或接地）的安全措施：采用三眼插头、插座来连接电源，接线要确保正确无误。首次使用电烫斗应先擦去表面的防锈油脂。当熨斗温度超过所需温度时，应切断电源降温，切不可用蘸水法降温。使用自动调温电熨斗，应注意调温机构是否起作用，以防止温度过高而着火。电熨斗在使用时要轻拿轻放，防止跌落，更不可用熨斗敲击物品，以免损坏内部元件和接线柱上的瓷套管，造成漏电。使用中无论发生任何意外情况，均应先切断电缆电源再进行处理。调温电熨斗的旋钮使用前应先旋到所需温度。熨烫完毕，先将调温旋钮转至冷区，再切断电源，并竖立放置，待自然冷却后再收起来。喷雾电熨斗的水最好使用冷开水或净化水，以防滴水孔被堵。熨烫完毕应将水倒净，并通一会儿电，使其干燥。熨烫棉、麻、毛织物时，熨斗可直接与面料接触；熨烫维纶织物时，熨斗最好与衣物的反面直接接触，不要盖湿布；熨烫丝绸、尼龙等薄织物和合成纤维织物时，应在织物上垫一层湿软布；各种合成纤维织物的熨烫温度不宜过高，熨烫时熨斗要经常移动，压力要适当，并且要均匀一致。

（五）包装、运输与储存

1. 包装

电熨斗包装应符合《家用电器包装通则》（GB 1019—1989）的要求，电熨斗的包装箱应按防震包装要求做跌落试验，试验方法按和结果应符合该要求。

2. 运输与储存

电熨斗在运输和储存中，不应撞坏或受雨水淋袭，在不开启原包装的状态下，保存于防潮、通风良好的仓库里，周围不得有腐蚀性气体。在运输过程中，严禁雨淋、受潮和剧烈碰撞。搅碎器应储存在温度低于40℃、通风良好的仓库中，并且其周围空气应符合国家环保法的有关规定。

二、空气净化器

（一）工作原理与组成

空气净化器通过对室内空气吸附、过滤、催化分解和释放负离子等手段，滤除尘埃、消除异味和有害气体，杀灭细菌、霉菌，达到改善室内空气质量的目的。典型的空气净化器由高压电路、负离子发生器、微风扇、空气过滤器等部分组成。主要采用红外遥控、间隙运转等控制方式，过滤器形式有机械式、静电式和机械静电混合式。高压产生电路有两种形式：一种是220V市电直接升压、倍压整流。另一种是市电经变压器降压及整流后形成低压直流电，再经自激振荡升压、整流、滤波形成直流高压。空气净化器的这两种形式的电路产生的高压都在千伏至数万伏之间。通过针状电极放电，将带电尘埃吸到带正电的电极板上。空气过滤器用活性炭或类荧酮吸附臭气，滤除空气中的有害物质。负离子放电电极是一组针状的金属体。接通空气净化器的电源后，高压电路产生的直流高压对空气不断地电离，产生大量正、负离子。由于针状的发射体带有负高压，它吸收了正离子，剩下大量的负离子则受到负高压的排斥，被微风扇吹出，形成负离子风，达到净化空气的目的。

（二）分类及性能

1. 按照原理分类

（1）过滤吸附型。这种空气净化器利用多孔性滤材，如无纺布、滤纸、纤维、泡棉等（目前吸附能力最强的滤材为 HEAP 高密度空气滤材），对空气中的悬浮颗粒、有害气体进行吸附，从而净化空气。

（2）静电集尘型。这种空气净化器通过电晕放电使空气中污染物带电，利用集尘装置捕集带电粒子，达到净化空气的目的。核心部件是静电吸附装置（亦称高压静电场）。静电吸附装置是由放电丝和负极板组成的。在高压发生器的作用下静电吸附装置可产生 4～8kV 的直流高压电压并在静电吸附装置内部形成很强的静电场。当室内空气通过静电吸附装置时，空气中的颗粒物（包括微生物）被迫带上正电荷后被吸附到负极板上。试验表明，静电吸附装置能够捕捉直径为 $0.01\mu m$ 的颗粒物。静电吸附式空气净化器是国内最常见的空气净化器之一。国内外常用的静电吸附装置主要有两类，即两段式静电吸附装置（Two Stage Precipitator）和蜂窝状静电吸附装置（Beehived Electrostatic Dust Collector）。两段式静电吸附装置是国际上最常用的优秀的静电吸附装置，其优点是不仅提高了除菌和集尘效率而且容易清洗。目前，两段式静电吸附装置深受国内空气净化器生产企业的青睐。蜂窝状静电吸附装置是国内空气净化器生产企业最常用的静电吸附装置。其特点是工艺相对简单而且采用"蜂巢"来提高负极板的面积。蜂窝装静电吸附装置最大的不足是集尘效率差、清洗困难和产生较多量的臭氧。静电吸附装置实际上是空气过滤器（Electrical filter）的一种。静电吸附装置的优点阻力相对小，清洗后可反复使用。缺点是必须定期清洗，否则其集尘效率将明显下降，静电吸附装置因采用高压放电，毫无疑问地产生臭氧。

（3）光触媒型。光触媒是一种氧化材料，能对室内的甲醛、苯等有害气体产生氧化还原作用，但对室内彩色墙面、家具表面油漆可能会有影响。另外，光触媒材料在净化室内空气中有害物质时，需要一定时间和光照。光触媒空气净化器是近年来国内外比较流行的一种空气净化器。光触媒实际上属于半导体的一种。半导体（Semiconductor）是指其导电率介于导体和绝缘体之间的材料，如 TiO_2、ZnO 和 Fe_2O_3。因为这些半导体在光线的照射下表现出强大的氧化能力，因此称为光触媒。在空气净化方面常用的光触媒是 TiO_2。在光触媒空气净化器里一般都安装了紫外线灯管，其目的是利用紫外线的照射来激发光触媒。当紫外线照射（或强烈的太阳光）光触媒时，光触媒释放带负电荷的电子，而光触本身则变为带正电荷的空穴，电子和空穴产生强氧化剂（自由基）。空气中的有害物质接触到光触媒时被分解。

（4）负离子型。该类产品通过生产负离子，分解空气中的异味和附着的烟尘，从而达到净化室内空气的目的。

（5）臭氧型。通过臭氧发生器产生臭氧，因为臭氧有着非常强的氧化特性，因此可以氧化空气中的甲醛等有害气体，从而达到净化空气的目的。臭氧的分子由三个氧原子组成，化学性质极不稳定，易分解。O_3 如果遇到空气中的污染物时，O_3 中的 O 立即"冲向"污染颗粒物引起"爆炸"，从而消灭空气中的污染颗粒物。O_3 与污染颗粒"同归于尽"后，即变为 CO_2 和 H_2O，而 O_3 本身还原为 O_2。臭氧是一种高效的消毒剂。高浓度的臭氧对人体有危害，因此，臭氧空气消毒器不能在有人的状态下使用。

2. 按照样式分类

（1）壁挂式空气净化器。它可挂在墙壁上，适用于民用住宅和中小型事务所，造型注重室内的装饰性，色彩多数以冷色、中间色为主，朴实而美观。主要性能：采用光电传感和遥控技术，操作方便；台式壁式两用；三档调速，吸集尘运转噪声低；出风口左右分开，三路出风，便于形成良好的循环气流，如与空调器并用效果更佳。

（2）吊挂式空气净化器。它的外形设计采用薄型盒式结构，可吊挂、壁挂两用，适用于普通的商店、办公室等场所。主要性能：具有多种功能，强力除臭效果好；三档调速控制，吸集尘运转噪声低；可供多单元集中控制。

（3）吸顶式空气净化器。它的外壳采用 2mm 厚的装饰板制成，可将机器吻合于房间屋顶的天花板上，安装方便，具有较为理想的室内装饰感。主要性能：可单机遥控或多单元集中控制；具有多种功能，且采用新式强力除臭方法，效果好；三档调速控制，吸集尘运转噪声低；能选择合适的出风方向，实现多向流动，形成良好的气流循环。

（4）落地式空气净化器。大多数采用前开门式结构，具有双重安全装置，安装、维修方便，适用于医院、病房、会议室等场所。主要性能：具有多种功能及新式强力除臭方式；三档调速控制，吸集尘运转噪声低。

3. 型式

空气净化器型号及其含义如下：

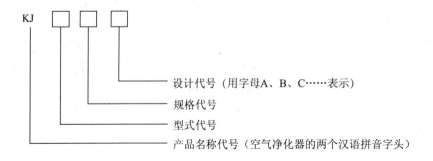

（1）静电式（以汉语拼音字母 J 表示）

（2）过滤式（以汉语拼音字母 G 表示）

（3）复合式（以汉语拼音字母 F 表示）

（三）技术参数与标准

GB/T 18801—2002《空气净化器》

GB/T 191—2008《包装储运图示标志》

GB/T 1019—1989《家用电器包装通则》

GB/T 2828—1987《逐批检验计数抽样程序及抽样表（适用于连续批的检查）》

GB/T 2829—2002《周期检验计数抽样程序及表（适用于生产过程稳定性的检查）》

GB/T 4214.1—2000《声学　家用电器及类似用途器具噪声测试方法　第 1 部分：通用要求》

GB 4706.1—1998《家用和类似用途电器的安全　第 1 部分：通用要求》

GB 4706.45—1999《家用和类似用途电器的安全　空气净化器的特殊要求》

GB 5296.2—1999《消费品使用说明　家用和类似用途电器的使用说明》

GB/T 13306—1991《标牌》

（四）质量检验与保养

1. 感官检验

空气净化器的外观不应有指纹、划痕、气泡和缩孔等缺陷。主要部件应用安全、无害、无异味、不造成二次污染、阻燃材料制作，并保证坚固性和耐久性。

2. 理化检验

理化检验的方法详见《空气净化器》（GB/T 18801—2002）。

［空气净化器性能参数］应符合表 4 - 15 规定。

表 4 - 15　　　　　　　　　　空气净化器性能参数

额定风量（m³/h）	净化效率（%）	洁净空气量（m³/h）	声功率级［dB（A）］
60～300		≥30～150	≤55
301～800	≥50	≥151～400	≤60
801 以上		≥401	≤65

注：如果空气净化器的额定风量标称值不属于表 4 - 15 中所规定的值，那么其洁净空气量判定值采用向前内插法计算得出。没有装配送风机的空气净化器的洁净空气量应大于 30m³/h。

［空气净化器的安全性能］应符合《家用和类似用途电器的安全　第1部分通用村求》（GB 4706.1—1998）和《家用和类似用途电器的安全　空气净化器的特殊要求》（GB 4706.45—1995）的规定。

［电源电压］当电源电压在198～242V范围内波动时，空气净化应能启动并正常工作。

［冷态电阻］Ⅰ类器具不小于2MΩ；Ⅱ类器具不小于7MΩ。

［冷态电气强度］Ⅰ类1250V/min；Ⅱ类3750V/min。

［冷态泄漏电流］Ⅰ类不大于0.75mA；Ⅱ类不大于0.25mA。

［接地电阻］不大于0.1Ω。

［净化寿命］空气净化器滤材的净化寿命应不小于1000h。

3. 保养

净化器中的除尘过滤器或集尘极板要经常清洗，一般每周清洗一次，将泡沫塑料或极板用肥皂液清洗晾干后再使用，以保持气流通畅和卫生。风机、电极上积尘较多时要进行清除，一般每半年保养一次。可用长毛刷刷除各电极及风叶片上的灰尘。平时应注意防潮，以免因受潮而降低使用效率或损坏净化器。净化器不用时，应清洁后装进包装盒内，存放在通风、干燥处。

（五）包装、运输与储存

1. 包装

空气净化器应按《包装储运图示标志》（GB/T 191—2008）和《家用电器包装通则》（GB/T 1019—1989）的有关规定进行包装。包装箱内应附有合格证、装箱单和产品说明书。

2. 运输与储存

空气净化器应储存于干燥、通风的库房内，并防止产品受磕碰。

三、真空吸尘器

（一）工作原理与组成

1. 工作原理

吸尘器的种类虽然多，但它的工作原理都是相同的。单相串励电动机通电后驱动风机中的叶轮高速运转，将风机内的空气以极快的速度排出，从而在吸尘部形成真空。由于吸尘器的空气压强，外面的空气便通过吸嘴迅速进入吸尘部作补充。这一过程中，位于吸嘴附近的灰尘和垃圾被气流一起吸入吸尘部，经过滤尘袋的过滤，灰尘和垃圾被滞留在集尘箱内，而清洁的空气经排气室、出风口送回室内。

2. 组成

卧式吸尘器结构主要由外壳、吸尘部、电动机、风机、自动盘线机、灰尘指示器等部分组成。

（1）外壳。吸尘器的外壳一般用 ABS 或聚丙烯等工程塑料注塑成型，由前、后两部分组合而成。前壳的前端为吸入口，内部设有吸尘器；后壳由左、右两半构成。外壳上装有便于移动的轮子。

（2）吸尘部。吸尘部由滤尘袋、集全箱等组成。由外部吸入的高速气流中的灰尘及垃圾被滤尘袋阻挡后留在集尘箱中。滤尘袋由透气性能好、绒毛较长的绒布制成，为了使它有足够大的过滤面积，将其安装在扩展支架上。使用时，滤尘袋上的积灰应定期进行清理，以免造成堵塞而影响吸尘效率。集尘箱中的积灰和垃圾也应及时清理。

（3）电动机。吸尘器中的负压是由电动机驱动风机高速旋转形成的。要获得足够大的吸力，电动机的转速必须达到 20000r/min 以上。这样的转速只有采用单相串励电动机，吸尘器上所有的串励电动机的转速一般为 20000～25000r/min，具有转矩大、机械特性软、便于凋速等优点。

（4）风机。风机是吸尘上产生负压的重要部件，通常都将它与电动机装配在一起，是一种离心式风机，主要由叶轮、蜗壳、导轮和外罩等组成。风机中的叶轮由面板、叶片和底板铆接而成。叶片向后弯，面板呈弧形，以减小气流的能量损失。一般叶轮的外径为 80～130mm。叶轮直接安装在电动机转轴上，转速与电动机相同。在叶轮的周围是蜗壳结构，它与叶轮后面的导轮用塑料制成一体。叶轮转动时送出的高速气流先进入蜗壳，通过 4 个圆弧形的导风孔转入导轮的后面，再流入电动机内。这种结构有利于减小气流转弯和摩擦中的能耗，可以提高风机的效率。吸尘器风机的工作原理与一般离心通风机相似。当叶轮由电动机驱动后做高速旋转时，带动其周围的空气一起转动。因离心作用，这些空气被甩向叶轮边缘，因此在叶轮轴心处便形成真空，产生与外界的负压差。由于被叶轮甩出的空气的速度大于周围的气流，故在气体运动中，有一部分功能转换为静压能，经电动机从出口挤出。空气流过电动机时，可起到冷却作用。

（5）自动盘线机。自动盘线机安装在电动机的后面。它的作用是将电源线收藏在机壳内。吸尘器上的自动盘线机由盘线筒支架、盘线筒、摩擦轮、发条、制动机构等组成。盘线筒安装在支架上，可绕支架转动。盘线筒上电源线与电路的连接通过两个金属滑环实现。自动盘线机的动力来自发条。发条位于盘线筒的后端，它的里端被螺钉固定在盘线筒轴杆上，外端固定在盘线筒上。电源线抽出时，带动盘线筒转动，将发条上紧。使用时，因制动轮压紧摩擦轮，阻止盘线筒反转。收线时，只要按下盘线按钮，制动轮即松开摩擦轮，盘线筒便在发条的驱动下反向旋转，将电源线卷收到盘线筒上。

（6）灰尘指示器。灰尘指示器是用来显示集尘箱内积尘量多少的装置。灰尘指示器的弯管与风机前端相同。吸尘器工作正常时，空气能透过滤尘袋进入风机，风机前端的负压不太低，在弹簧压力作用下指示头位于蓝区，表示集尘箱内尘土及滤尘袋上积灰不多，当集尘箱内尘土杂物较多时，灰尘阻塞气流的通道。风机前端因空气未及时补充而接近真空。在外界大气压力作用下，弹簧被压缩，指示头推向红区，提醒人们及时清理积灰。

（二）分类及性能

1. 分类

（1）按结构分类。分为卧室吸尘器（以汉语拼音字母 W 表示）；立式吸尘器（以汉语拼音字母 L 表示）；便携式吸尘器（以汉语拼音字母 B 表示）。

（2）按驱动电动机分类。分为交流吸尘器（不标注字母）；直流吸尘器（不标注字母）；交直流两用吸尘器（不标注字母）。

（3）规格。吸尘器的规格以其输入功率来划分。功率大于 800 W 的称为大功率吸尘器，功率在 200～800W 的称为中小功率吸尘器，功率小于 200 W 称为微型吸尘器。

2. 型号

产品型号命名及其含义：

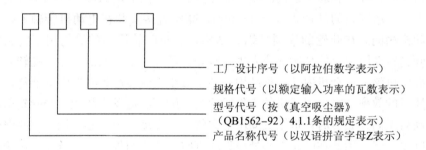

工厂设计序号（以阿拉伯数字表示）

规格代号（以额定输入功率的瓦数表示）

型号代号（按《真空吸尘器》（QB1562-92）4.1.1条的规定表示）

产品名称代号（以汉语拼音字母Z表示）

（三）技术参数与标准

1. 技术参数

［输入功率］指在额定频率和额定电压下，逆风通畅、运转平稳后测得的电功率。

［吸入功率］吸尘器吸嘴处吸入气流的功率。用单位时间内进入吸嘴的气流所具有的能量来表示。如果不考虑各连接处的泄漏，吸入功率就是风机的有效功率。

［吸尘器效率］吸尘器效率为 η，公式：

$$\eta = \frac{P_2}{P_1} \times 100\%$$

式中：P_2——吸入功率；

P_1——对应于 P_2 值的输入功率。

［真空度］吸尘器正常稳定运转时，吸嘴处与外管大气间的压强差。一般为

8820～11760 Pa（习惯上称为 900～1200mmH$_2$O）。

［噪声］主要来自电动机，规定不大于 75dB，国际先进产品则控制在 54dB 以下。

［启动性能］在额定频率 90% 的额定电压下，电动机的转子无论处于任何位置，吸尘器都能启动。

［绝缘电阻］500V 兆欧表测量，带电部件与非带电的金属外壳之间的绝缘电阻不得小于 2MW。如为补充绝缘或加强绝缘，不得小于 5MW 或 7MW。

［电气强度］带电部件与非带电金属外壳之间应能承受 50 Hz 正弦交流电压 1min，而不出现击穿或闪络现象。规定的耐压试验值：基本绝缘为 1250V，补充绝缘为 2500V，加强绝缘为 3700V。

［泄漏电流］指吸尘器正常工作时，带电部分经绝缘泄漏到机壳的电流。测试电压为额定值的 1.06 倍，泄漏电流规定为：Ⅰ类吸尘器小于 0.75mA，Ⅱ类吸尘器小于 0.25mA，Ⅲ类吸尘器小于 0.5mA。

2. 标准

QB/T 1562—92《真空吸尘器》

GB 4706.7—2004《家用和类似用途电器的安全 真空吸尘器的特殊要求》

GB 4214—1984《家用电器噪声声功率级的测定》

GB 755—87《旋转电机基本技术要求》

GB 2423.3—2006《电工电子产品基本环境试验规程 试验 Ca：恒定湿热试验方法》

GB 2423.17—2008《电工电子产品基本环境试验规程 试验 Ka：盐雾试验方法》

GB/T 2900.29—2008《电工家用和类似用途电器》

GB 2829—2002《逐批检查计数抽样程序及抽样表（适用于生产过程稳定性的检查）》

GB 1019—1989《家用电器包装通则》

（四）质量检验与保养

1. 感官检验

电镀件的镀层应光滑细密，色泽均匀，不得有斑点、针孔、气泡和脱落，油漆件的表面漆膜必须平整光滑，色泽均匀，漆层牢固，其主要表面应无明显流漆、皱纹和脱落等缺陷；主要表面上塑料制品的表面应光滑，色泽均匀，不应有明显的斑痕、气泡、划痕及凹缩；电镀件经盐雾试验后镀层上的金属锈迹，其主要表面上每平方分米不多于 2 个，非主要表面每平方分米不多于 4 个，每个锈点、锈迹的面积均不得大于 1mm^2，当试件表面积小于 1dm^2 时，则不允许出现锈点、锈迹；油漆件经湿热试验后漆层上的气泡，其主要表面上每平方分米不多于 4 个，非主要表面上每平方分米不多于 8 个，气泡直径不大于 1mm，试件的边缘、角落、小孔处不应出现严重的漆层脱落。

2. 理化检验

理化检验的方法详见《真空吸尘器》（QB/T 1562—1992）。

吸尘器在额定电压、额定频率下运转，其最大真空度值应不小于表 4-16 的规定。

表 4-16 吸尘器在额定电压、额定频率下运转的最大真空度值

规格（W）	<250	250	400	500	600	700	800	900	1000
真空度（Pa）	—	4900	9310	9800	11270	12250	13720	14700	15680

注：①250W 的吸尘器，在具体产品标准中规定。

②表中未列规格的吸尘器，其最大真空度值用内插法确定。

吸尘器的吸入效率是在额定电压、额定频率下运转时，吸入功率与其输入功率之比，其最大值应不小于表 4-17 的规定。

表 4-17 吸入率最大值

规　格（W）	<250	≥250
吸入效率（%）	在具体产品标准中规定	12

吸尘器的吸尘能力是吸尘器在规定的清洁周期内，吸除的灰尘量与试验面积上分布的灰尘量之比，其值应不小于表 4-18 的规定。

表 4-18 吸尘能力比值

项　目	吸尘器规格（W）		
	<250	250~400	>400
	吸尘能力（%）		
硬质地板上除尘	在具体产品标准中规定	96	98
地毯上除尘		50	65

吸尘器在正常运转时的噪声以声功率级表示，其值应不大于 84dB（A）；吸尘器的电源开关在正常工作时经 10000 次操作后应仍能继续使用；吸尘器进行 500h 寿命试验后，应仍能继续使用；吸尘器能在足够的范围内工作，其操作半径应不小于表 4-19 的规定值。

表4-19   吸尘器操作半径

吸尘器型式	便携式	卧式、立式
操作半径（m）	5.00	7.00

电源线的有效长度应不小于表4-20的规定值，其他要求按《家用和类似用途电器的安全　真空吸尘器和吸水式清洁器具的特殊要求》（GB 4706.7—2004）的规定。

表4-20   电源线的有效长度

吸尘器型式	便携式	卧式、立式
电压线长度（m）	4.00	4.50

3. 保养

（1）使用吸尘器在接通电源后，电动机应运转平稳，无摩擦声等杂音。可用手放在吸尘器进口处，检查吸尘器吸力的大小，以感觉吸力适中为好。

（2）在需要清扫的地方，如果有大的纸团、塑料和杂物等，应先捡去，然后再吸尘，以防杂物堵塞吸口或管道。

（3）使用吸尘器应注意不要抓住电源线拖、拉吸尘器。带有电源线自动卷线机构的吸尘器，要注意电源线拉出的长度。当看见黄色标记时，表示电源线已接近全部拉出，当看见红色标记时，表示电源线已全部拉出，不可再强行拉动。在电源线自动收缩时，宜用手拉住插头，防止插头飞动而伤及人体或吸尘器外壳。

（4）吸尘器在使用过程中应勤倒脏物，避免灰尘过多阻塞滤尘器微孔，使吸力下降、电动机过热而影响吸尘器的正常工作。

（5）吸尘器在使用过程中，若发现电动机过热、电动机声音低沉、吸尘效率下降等现象，要注意暂停使用，检查、清理集尘室和滤尘器，防止灰尘堵塞微孔，待清理干净后再使用。

（6）吸尘器应注意避免吸入锋利的物体，如金属屑、尖针等。因为锋利的物体容易刺破滤尘器、软管或横在管道中阻挡尘埃、脏物的吸入。

（7）吸尘器应注意避免吸入燃烧着的烟蒂之类的物质，防止烧坏集尘袋或滤尘器。

（8）吸尘器应注意避免吸入湿的或导电粉末一类的物质，防止电动机短路而烧坏。

（9）吸尘器在使用过程中，应及时更换或修补损坏的集尘袋或滤尘器，防止灰尘直接进入风机和电动机而导致电动机损坏。

（10）在吸尘器使用过程中，应每隔半年到一年更换一次润滑脂。因为吸尘器电动机的转速很高，为 20000～25000r/min，所以润滑脂不宜采用普通黄油，而应采用高速复合钙基脂或复合钠基脂。

（11）吸尘器电动机的电刷是易损器件，一般在使用 500h 后应检查一次，如果电刷已经短于 8mm 时，应及时更换新电刷，以延长吸尘器的使用寿命。

（12）要保护好软接管、长接管和工作吸头等附件，防止遗失或用脚踏坏软接管，并可用肥皂水和软布擦洗附件，保持清洁。

（13）吸尘器存放前应检查紧固件，凡有松动的地方应立即紧固。吸尘器存放的地方应干燥，无阳光照晒，并且避免高温烘烤而使塑料老化，降低使用寿命。

（五）包装、运输及储存

1. 包装

按《家用电器包装通则》（GB 1019—1989）的规定进行防震包装。跌落试验后，包装箱的结构应无明显的破损和变形，箱内固定物无明显位移，产品表面及零部件不应有机械损伤。包装件按《运输包装件基本试验 垂直冲击跌落试验方式》（GB 4857.5—1992）的规定进行跌落试验。跌落试验前，包装件的最低一个面向下，按表 4-21 规定提到预定高度，保证初始速度为零的情况下突然释放，跌落一次。

表 4-21　　　　　　　　　跌落试验高度

内装吸尘器的包装箱毛重（kg）	跌落高度（cm）
＜25	60
26～50	45
51～75	35
76～100	30
＞100	25

包装件内应有合格证、装箱单、保修单和使用说明书，采用滤纸集尘袋的吸尘器，供货时应配有备用的滤纸集尘袋。

2. 运输

吸尘器在运输过程中应避免碰撞、曝晒及雨雪直接淋袭。

3. 储存

吸尘器应储存在温度低于 40℃、通风良好、周围无腐蚀性气体、干燥的仓库中。

四、电动剃须刀

（一）工作原理与组成

电动剃须刀的基本结构都是类似的，主要由外刀片（即网罩）、内刀片、电动机、开关及外壳等组成。

外刀片的形状像金属网，所以俗称网罩，它是电动剃须刀最精密、最关键的零件，直接影响剃须效果和使用寿命。外刀片采用碳钢或不锈钢制成。旋转式电动剃须刀的外刀片为圆形，便于制造，成本较低。往复式电动剃须刀的外刀片为槽形，通常采用不锈钢制成，表面镀钛，其厚度只有旋转式外刀片的一半，为 $47\sim57\mu m$，柔韧性好，与内刀片的密合程度高，剃须效果好，寿命长。

内刀片又称动刀片。旋转式电动剃须刀的内刀片架通常装有 3 片内刀片，也有 4 片或是 6 片的，直接由电动机驱动旋转。往复式电动剃须刀的内刀片通常为 32 片左右，安装在内刀片架（又称刀盘）上，内刀片刃口与外刀片保持接触，由电动机通过机械偏心杠杆机构带动内刀片支架做往复运动。

以电磁铁动力源的往复式剃须刀，在接通交流电源后，交变磁场交替吸引、释放衔铁，通过与衔铁连接在一起的机械传动机构，带动内刀片架高速往复运动。

以电动机为动力源的剃须刀，使用较多的是微型永磁式直流电动机。额定电压一般为 1.5V 或 3V，使用一节 1 号电池或两节 5 号电池。它的转速为 6000～8000r/min，要求运转平稳，以产生较好的剃须效果。

电动剃须刀的电路一般较简单，只用一个开关控制电路的通或断。

电动剃须刀是以剪切动作来进行剃须的。起剪切作用的是高速旋转或高速往复运动的内刀片与固定在外壳上的外刀片。外刀片上有很多细小的圆孔或沟状孔隙，这些孔的边缘就是锋利的刀刃。剃须时，内刀片的刀刃紧贴在外刀片（网罩）上，外刀片紧贴皮肤，内刀片刀刃与皮肤所成的角度为 170°左右，深入网孔中的胡须被内刀片与外刀片剪断。

（二）分类及性能

1. 型号

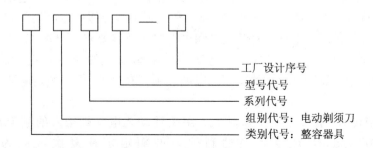

工厂设计序号
型号代号
系列代号
组别代号：电动剃须刀
类别代号：整容器具

2. 分类

电动剃须刀有多种类型，常用的分类方法有按供电方式分类、按驱动方式分类、按刀片动作及按外型结构分类等。

（1）按供电方式。可分为交流式、充电式、干电池式、交直流两用式等。干电池式电动剃须刀使用干电池供电，用汉语拼音字母 G 表示；充电式电动剃须刀使用蓄电池、充电装置或附件供电，用汉语拼音字母 C 表示；交流式电动剃须刀直接使用单交流 50Hz、220V 电源供电，用汉语拼音字母 J 表示。

（2）按驱动方式。可分为电动机式和电磁振动式两类。电动机式剃须刀通过电动机旋转带动刀片转动或由电动机带动往复机构使刀片做往复运动来剃须。电磁振动式剃须刀以电磁铁为动力源，接通交流电后，电磁力推拉刀片的支承轴，刀片做往复运动来剃须。

（3）按刀片动作。可分为旋转式、往复式、浮动式。旋转式用汉语拼音字母 X 表示；往复式用汉语拼音字母 W 表示；浮动式用汉语拼音字母 F 表示。

（4）按外形结构。可分为立式、卧式、单用式和兼用式等。

（三）技术参数与标准

QB/T 1874—93《电动剃须刀》

GB 4706.9—2008《家用和类似用途电器的安全电动剃须刀、电推剪及类似器具的特殊要求》

（四）质量检验与保养

1. 感官检验

塑料和胶木零件表面应色泽均匀，鲜艳光洁，无气泡、碎裂、缺粉、麻点和明显缩形等缺陷。除刀刃刃口外，金属零部件表面应有防腐蚀保护层，镀层必须光滑细密，不得有斑点（但允许有不明显的水渍和污点）、麻点、针孔、气泡、脱壳和露底等现象。漆膜色泽鲜艳光滑，不应有起层、剥落、开裂等现象。电动剃须刀应配上用以保护刃口的罩壳或特殊保护结构。

2. 理化检验

理化检验的方法详见《电动剃须刀》（QB/T 1874—93）。

［启动性能］除符合《家用和类似用途电器的安全 剃须刀、电推剪及类似器具的特殊要求》（GB 40706.9—2008）和《家用和类似用途电器的安全 电池驱动的电动剃须刀、电推剪及其充电和电池组的特殊要求》（GB 4706.9—1986）中第 9 章外，增加下述内容：干电池式电动剃须刀的额定转速应为 5000～7000r/min；电磁振动器驱动的交流式电动剃须刀在 0.85 倍的额定电压下应能顺利启动。

［额定转速或往复次数］旋转式、单头浮动式电动剃须刀的额定转速应为 5000～7000r/min，往复式电动剃须刀的额定定往复次数应为 5000～

7000 次/min,多头浮动式电动剃须刀的额定转速应为 2800~4800r/min。

［额定转矩和制动力矩］旋转式电动剃须刀电机的额定转矩应不小于 4×10^{-4}N·m。

［表面粗糙度］电动剃须刀的固定刃表面粗糙度应不大于 Ra0.40。电动剃须刀的刃面接触皮肤时,应无不适感。

［锋利度］按《电动剃须刀》(QB/T 1874—93) 5.7《锋利度实验》规定的方法进行试验,电动剃须刀的往复刃每齿和固定刃与可动刃的相对错动部位的每孔内,将头发送入时,应能剪断、无轧停现象,其卷曲根数数率应小于 30%。刀刃硬度值如表 4-22 所示。

表 4-22　　　　　　　　　　　刀刃硬度值

刀刃种类	硬度值（HV）	
	碳钢	不锈钢、电铸合金
固定刃	543~664	436~579
颗动刃	664~776	579~713
上刀刃	664~776	579~713
下刀刃	664~776	579~713

［噪声］电动剃须刀工作时,固定刃和可动刃应均匀贴合摩擦,声音和谐,不得有冲击和不规则杂音。按规定的方法进行试验,旋转式电动剃须刀的声动率击噪声应不大于 72dB。

［电源开关的使用寿命］按规定的方法进行试验,电源开关经 5000 次操作后,应能继续使用。

［无故障工作时间］电动剃须刀按规定的方法进行试验,其累计无故障工作时间应不低于 60h。

3. 保养

要经常清洗刀头,但清洗时要特别注意不要让刀片受到伤害。可以使用毛刷顺着刀片清除毛屑,再喷上清洁消毒润滑剂,使刀锋保持锐利;刀头要和皮肤贴近才能达到最好的效果。使用时,剃须刀和皮肤的角度最好保持 90°,让刀头能够无阻碍地接近胡子,以达到最好的剃须效果;最常见的刀头清理方式是使用清水冲洗。在使用清水冲洗时,剃须刀机体最好不要碰到水,以免发生机件故障。如果使用的产品是干湿两用型,底座部分仍然不要接触到水,以免损坏马达;请不要使用电力不足的电动剃须刀,勉强使用会让电动剃须刀的马达内部耗损。

每次使用电动剃须刀以后,应及时清除网罩和刀片上的须屑,否则会使剃须刀的效率降低，电池的消耗加快；清洁剃须刀时，应先切断电源，再用刷子清理须屑；刀片使用后有油垢，不要用刀片或其他硬物刮削，以免损伤刀刃。正确的清理方法是用棉花球蘸少许酒精将油垢擦净，然后再在刀刃上滴几滴缝纫机油；剃须刀若长期不用，应取出干电池，以防电池漏液，造成剃须刀机械故障。

（五）包装、运输及储存

1. 包装

产品包装应符合《家用电器包装通则》（GB 1019—1989）的要求。

2. 运输

运输过程中，严禁雨淋、受潮和剧烈碰撞。

3. 储存

产品应储存在通风、干燥、相对湿度小于 80％ 的仓库中，箱体应距地面 200mm 以上，周围应无腐蚀性化学物品。

五、电推剪

（一）工作原理与组成

同电动剃须刀。

（二）分类与性能

1. 按电源不同分类

（1）干电池式电推剪。使用干电池供电，用汉语拼音字母 G 表示。

（2）充电式电推剪。使用蓄电池、充电装置或附件供电，用汉语拼音字母 C 表示。

（3）交流式电推剪。直接使用单项交流 50Hz、220V 电源供电，用汉语拼音字母 J 表示。

2. 按驱动方式分类

（1）电磁振动式。用汉语拼音字母 Z 表示。

（2）电动机式。用汉语拼音字母 D 表示。

3. 型号

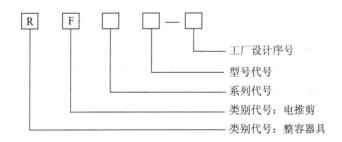

（三）技术参数与标准

QB/T 1875—93《电推剪》

GB 4706.1—1998《家用和类似用途电器的安全　第1部分：通用要求》

GB 4706.9—2008《家用和类似用途电器的安全　电动剃须刀、电推剪及类似器具的特殊要求》

GB 4706.16—1986《家用和类似用途电器的安全　电池驱动的电动剃须刀、电推剪及其充电和电池组的特殊要求》

GB 4214—1984《家用电器噪声声功率级的测定》

GB 2828—1987《逐批检查计数抽样程序及抽样表（适用于连续批的检查）》

GB 2829—2002《逐批检查计数抽样程序及抽样表（适用于生产过程稳定性的检查）》

GB 5296.2—1999《消费品使用说明　家用和类似用途电器的使用说明》

GB 1019—1989《家用电器包装通则》

（四）质量检验与保养

1. 感官检验

塑料和胶木零件表面应色泽均匀，鲜艳光洁，无气泡、碎裂、缺粉、麻点和明显缩形等缺陷。金属零部件（除上、下刀片外）表面应有防腐蚀保护层，镀层必须光滑细密，不得有斑点（但允许有不明显的水渍和污点）、麻点、针孔、气泡、脱壳和露底等现象。漆膜色泽光亮，不应有起层、剥落、开裂等现象。定刀片背槽应垂直清晰，无缺口，齿距均匀，齿间应光滑、圆润、无毛刺，表面应无明显划痕和黑斑。

2. 理化检验

理化检验的方法详见《电推剪》（QB/T 1875—93）。

［启动性能］除符合《家用和类似用途电器的安全　电动剃须刀、电推剪及类似器具的特殊要求》（GB 4706.9—2008）和《家用和类似用途电器的安全　电池驱动的电动剃须刀、电推剪及其充电和电池组的特殊要求》（GB 4706.16—1986）中第9章外，增加下述内容：干电池式电推剪对电机端子施加等于每个电池为1.0V的直流电压时应能顺利启动；电磁振动器驱动的交流式电推剪在0.85倍的额定电压下应能顺利启动。

［额定往复次数］电推剪的额定往复次数应不小于1700次/min。

［刀片硬度］电推剪动、定刀片的硬度值应符合表4-23规定。

表 4-23 电推剪动、定刀片的硬度值

材　料	硬度值（HRC）
碳　钢	58～64
不锈钢	≥55

〔粗糙度〕电推剪的动、定刀片接触面和定刀片背槽的表面粗糙度均应不大于 Ra0.8，其他表面应不大于 Ra1.6。

〔锋利度〕每齿间均能剪断 32 支棉纱 10 根，允许根部略带毛。

〔噪声〕电推剪工作时应运行平稳，不得有杂音，声功率级噪声应不大于 80dB。

〔使用寿命〕电源开关经 5000 次操作后，应能继续使用。

3. 保养

要经常洗刀头，但在清洗时特别注意不要让刀片受到伤害。可以使用毛刷顺着刀片清除毛屑，再喷上清洁消毒润滑剂，使刀锋保持锐利；刀头要和皮肤贴近才能达到最好的效果。使用时，剃须刀和皮肤的角度最好保持 90°，让刀头能够无阻碍地接近胡子，以达到最好的剃须效果；最常见的刀头清理方式是使用清水冲洗。在使用清水冲洗时，剃须刀机体最好不要碰到水，以免发生机件故障。如果使用的产品是干湿两用型的，底座部分仍然不要接触到水，以免损坏马达。请不要使用电力不足的电动剃须刀，勉强使用会让电动剃须刀的马达内部消耗。

每次使用电动剃须刀以后，应及时清除网罩和刀片上的须屑，否则会使剃须刀的效率降低，电池的消耗加快；清洁剃须刀时，应先切断电源，再用刷子清理须屑；刀片使用后有油垢，不要用刀片或其他硬物刮削，以免损伤刀刃。正确的清理方法是，用棉花球蘸少许酒精将油垢擦净，然后再在刀刃上滴几滴缝纫机油；剃须刀若长期不用，应取出干电池，以防电池漏液，造成剃须刀机械故障。

（五）包装、运输与储存

1. 包装

产品包装应符合《家用电器包装通则》（GB 1019—1989）的要求。

2. 运输

运输过程中严禁雨淋、受潮和剧烈碰撞。

3. 储存

产品应储存在通风、干燥、相对湿度小于 80％ 的仓库中，箱体应距地面 200mm 以上，周围应无腐蚀性化学物品。

六、家用及类似用途的毛发护理器具

（一）工作原理与组成

电吹风由发热元件和送风电机组成。绝大部分电吹风的发热采用镍铬丝，镍铬丝缠绕在云母支架上，送风电机大部分为直流永磁电机，一些功率大的电吹风采用交流串激电机。为了获得不同的温度和风速，一般的电吹风都对电热元件进行分组，电极通过半波整流的模式进行换档调速，也有个别高端产品采用电子电路进行调温调速。同时，现在一些电吹风还附带了负离子发生器，这样使头发更加容易吹服并富有光泽。

电吹风虽然有多种类型，但其结构都是相似的，都由外壳、电热元件、电动机、风叶、选择开关等组成。通电后，电动机驱动风叶旋转，空气从进风口进入后，经过电热元件加热，从吹风口送出热风。电吹风的外壳通常用工程塑料注塑成型或由金属薄板冲压成型。在外壳的下部安装着手柄。离心式电吹风的进风口在侧面，轴流式电吹风的进风口在后端。电吹风的电热元件（电热丝）卷成螺旋状，绕在瓷质支架上。电热元件的位置在电吹风的前端。为了防止电热丝与外壳相碰，在它们之间填入云母、石棉或玻璃纤维等绝缘耐热材料。电动机安装在壳体中，在它的转轴上安装着风叶。离心式电吹风的风叶直径较大，转动时它迫使壳体内的空气做圆周运动。因惯性作用，壳体中心区的空气不断向边缘区流动。因中心区气压低，吸引空气从进风口进入壳体；因边缘区气压高，空气沿周围切线方向经电热元件加热后，从吹风口送出。轴流式电吹风的风叶直径较小，转动时，空气沿转轴平行的方向流动。电吹风的选择开关安装在手柄上，通常有停、冷风、热风等几档。选冷风档时，只有电动机通电，电热元件断电，吹风口吹出的是冷风；选热风档时，电动机和电热元件同时通电，吹风口送出的是热风。

（二）分类及性能

1. 型号

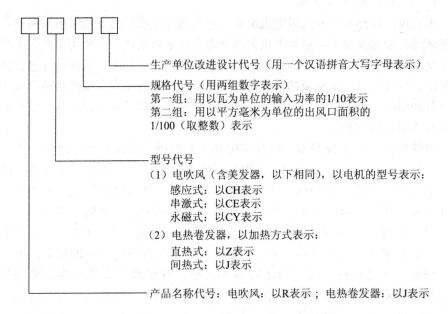

生产单位改进设计代号（用一个汉语拼音大写字母表示）

规格代号（用两组数字表示）
第一组：用以瓦为单位的输入功率的1/10表示
第二组：用以平方毫米为单位的出风口面积的
1/100（取整数）表示

型号代号
（1）电吹风（含美发器，以下相同），以电机的型号表示：
　　感应式：以CH表示
　　串激式：以CE表示
　　永磁式：以CY表示
（2）电热卷发器，以加热方式表示：
　　直热式：以Z表示
　　间热式：以J表示

产品名称代号：电吹风：以R表示；电热卷发器：以J表示

2. 分类

（1）按送风方式的不同，电吹风可分为离心式和轴流式两种类型，使用较多的是离心式。

（2）按使用的电动机不同，可分为采用单相交流感应式电动机的电吹风、采用串励电动机的电吹风及采用永磁式电动机的电吹风等。常用的是单相交流感应式电动机电吹风和串励电动机电吹风。

（3）按使用方式的不同，可分为手持式电吹风、折叠式电吹风、支架式电吹风及座台式电吹风等，常用的是手持式电吹风。

电吹风的规格以电热元件的电功率来划分。常见的规格有 250W、350W、450W、550W 及 1000W 等。

（三）技术参数与标准

QB/T 1876—1993《家用及类似用途的毛发护理器具》

GB 4706.15—2008《家用和类似用途电器的安全　皮肤和毛发护理器具的特殊要求》

GB 4214—1984《家用电器噪声声功率级的测定》

GB 2828—1987《逐批检查计数抽样程序及抽样表（适用于连续批的检查）》

GB 2829—2002《周期检查计数抽样程序及抽样表（适用于生产过程稳定性

的检查)》

GB 12324—1990《家用电器产品型号命名通则》

GB 2423.17—2008《电工电子产品基本环境试验规程　试验 Ka：盐雾试验方法》

（四）质量检验与保养

1. 感官检验

器具的外表面不应有锈蚀、霉斑、涂镀层脱落和严重划痕。壳体不应有裂纹，操作部件应完整，无机械损伤，动作灵活正常。紧固件不应缺少和松动。

2. 理化检验

理化检验的方法详见《家用及类似用途的毛发护理器具》（QB/T 1876—93）。

[热风温升] 电吹风的热风温升应在 40℃～160℃；同一型号产品的温升差值应在 30℃以内。

[平均温升] 电热卷发器工作头部的平均温升应不大于 100℃；同一型号产品的平均温升差值应在 10℃以内。工作头部的最高温度与最低温度之差不大于 5℃。

[保温性] 间热式电热卷发器工作头部的保温应不低于《家用及类似用途的毛发护理器具》（QB/T 1876—1993）中的 5.2.2《电热卷发器两平均温升测量》所测平均温度的 50%。

[温升时间] 电热卷发器工作头部的温升达到 60℃时的时间应不超过 15min。

[最大风速] 电吹风的最大风速应不小于 6m/s。

[噪声] 电吹风的噪声（声功率级）应符合表 4 - 24 的要求。

表 4 - 24　　　　　　　　电吹风的噪声（声功率级）要求

热风风速（m/s）	噪声 [dB（A）]
≤8	≤60
>8～12	≤77
>12	≤82

3. 保养

平时应经常清除粘在电吹风上的灰尘，防止堵塞风道、损坏元器件。除尘时，必须先拔掉电源插头，然后用湿布擦拭外壳，切忌用汽油等有机溶剂。擦拭后必须将电吹风放在阴凉处晾干才能使用。电吹风存放时必须注意防潮、防重压、防碰撞、防尘。长期不用时，应每月通电 1～2 次，每次 5min，利用其自身发热来驱潮，使电机不致损坏。

（五）标志、包装、运输和储存

器具的包装应满足运输、储存的要求及有关规定。产品应储存在通风良好的库房中，相对湿度不大于 85%，产品包装件堆放应离地不低于 200mm。周围不能有腐蚀性气体。运输过程中，应防止摔打、受潮、雨淋。

七、电风扇

（一）工作原理与组成

电风扇的主要部件是交流电动机。其工作原理是通电线圈在磁场中受力而转动。能量的转化形式是电能主要转化为机械能，由于线圈有电阻，所以有一部分电能要转化为内能。风扇在转动时，扇叶后面空气的流速要慢于扇叶前面空气的流速，这样后面空气的压力就比前面的大，这个压力差就推动空气向前，形成风吹出。

（二）分类及性能

1. 分类

电扇的品种很多，分类方法也有很多种。按结构用途分为台扇、落地扇、壁扇、台地扇、吊扇、换气扇、顶扇、转页扇等；按供电电源性质分为单相交流式、直流式、交直流两用式等；按使用电动机分为单相交流电容运转式、单相交流罩极式、直流或交直流两用串励式等；控制功能分为灯扇两用式、送风角度可调式、模拟自然风式、遥控电扇、电子定时式、微电脑控制式等。

电扇的规格按照扇叶的旋转直径（mm）分为以下几种。台扇类（包括台扇、落地扇、壁扇、台地扇）：300mm、350mm、400mm 等；吊扇：900mm、1050mm、1200mm、1400mm 等；换气扇：200mm、250mm、300mm 等。

2. 型号

电扇型号的编制方法还未制定统一的国家标准，由生产厂家自行规定。一般由英文字母和阿拉伯数字组合而成。大部分电扇生产厂的产品型号表示为：

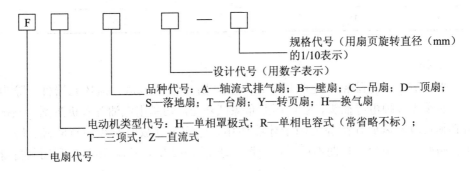

（三）技术参数与标准

GB 4706.27—1992《家用和类似用途电器的安全电风扇和调速器的特殊要求》

GB/T 5089—2003《交流电风扇电动机通用技术条件》

GB/T 13380—1992《交流电风扇和调速器》

GB/T 191—2000《包装储运图示标志》

GB 1993—1993《旋转电机冷却方法》

GB/T 2423.3—1993《电工电子产品基本环境试验规程试验 Ca：恒定湿热试验方法》

GB/T 2829—2002《周期检验计数抽样程序及表（适用于对过程稳定性的检验)》

GB 4343—1995《家用和类似用途电动、电热器具，电动工具以及类似电器无线电干扰特性测量方法和允许值》

GB 4706.1—1998《家用和类似用途电器的安全　第 1 部分：通用要求》

GB 4706.27—1992《家用和类似用途电器的安全电风扇和调速器的特殊要求》

GB/T 4772.1—1999《旋转电机尺寸和输出功率等级　第 1 部分：机座号 56～400 和凸缘号 55～1080》

GB/T 4831—1984《电机产品型号编制方法》

GB/T 4942.1—2001《旋转电机外壳防护分级（IP 代码）》

GB/T 5171—2002《小功率电动机通用技术条件》

GB/T 9651—1988《单相异步电动机试验方法》

GB/T 10069.1—1988《旋转电机噪声测定方法及限值噪声工程测定方法》

GB 12350—2000《小功率电动机的安全要求》

GB/T 13380—1992《交流电风扇和调速器》

GB/T 13384—1992《机电产品包装通用技术条件》

JB/T 9615.1—2000《交流低压电机散嵌绕组匝间绝缘试验方法》

（四）质量检验与保养

1. 感官检验

电镀件的镀层应光滑细密，色泽均匀，不应有斑点、针孔、气泡和脱落；有机涂敷件的表面涂膜应平整光滑、色泽均匀、涂层牢固，其主要表面应无明显流漆、皱纹和脱落等影响外观的缺陷。塑料制件的主要表面应光滑、色泽均匀，不应有明显的斑痕、划痕及凹缩。电风扇的名牌和装饰板应经久耐用，不变形、脱落，其图案与字迹仍应清楚。

2. 理化检验

理化检验的方法详见《交流电扇和调速器》（GB/T 13380—1992）和《交流电扇和调速器的安全要求》（GB 3046—1982）。

[线速度] 根据电扇的结构特征、零部件的机械强度及使用目的，既要保证电扇的使用性能和设计要求，又要确保使用者的安全。因此电扇旋转时，其扇叶边缘一点的线速度必须限制在一定的范围内。规格在600mm以下的台扇类电扇，线速度不应大于2150m/min。吊扇的线速度不应大于1500m/min。测量线速度时，应使电扇加额定电压和使用频率，且在最高速档位稳定运转的状态下进行。

[机械危险及稳定性] 这项指标是针对台扇、台地扇和落地扇的，共包括三个内容：必须有牢固的网罩，以防扇叶伤人；底座支承部件必须能保证整体结构的稳定，在其最大仰俯角（扇头在正中轴向位置）且高度调至最高位置，向任意方向倾斜10°时，均不得翻倒；仰俯角调至最大，高速运行，摇头机构工作时，人为阻止机构运动，风扇仍不停转或倾倒。

[吊扇的机械强度] 吊扇的悬吊装置应能承受9800 N的拉力与49N/m的扭力矩而不断裂。

[吊扇的质量要求] 电扇上的塑料部件不可采用硝化纤维素之类的易燃材料制造。

[防触电保护] 电扇的外壳及网罩具有防止人体与带电部分接触的保护作用。操作按键、旋钮等在正常工作时不应带电。各元器件带电部分不应与易触及的金属件相连。电扇上的补充绝缘应有防止灰尘沉积或运动部件磨损的保护措施。

[电源线及接地] 电源线为双重绝缘线，金属导线的截面积和长度应符合以下要求：台扇、壁扇、转页扇的截面积 $S \geqslant 0.5mm^2$，长度为 $1.7m \leqslant l \leqslant 2m$；台地扇、落地扇的截面积 $S \geqslant 0.75mm^2$，长度 $l > 2.5m$，且在电源线引出处应有夹紧装置加以固定。

[接地电阻] 电源插头的接地极至电扇机头端盖螺钉之间的电阻不得大于0.2Ω。不带接地导线的电扇应有供接地的专门装置，并标上符号"E"。由接地装置至扇头端盖螺钉间的电阻不得大于0.1Ω。

[绝缘性能] 电扇在高温40℃±2℃、高湿（93％）状态下，绕组对机壳的绝缘电阻应不小于2MΩ，有加强绝缘的带电部件对地的绝缘电阻不小于2MΩ。测绝缘电阻可采用兆欧表。在电扇断电的情况下，由兆欧表的"电路"和"接地"两个接线柱上分别引出两根线至受测部位，然后以120次/min的速度平稳地摇动手柄约1min，待指针稳定后，便可读出兆欧表指示的绝缘电阻数值。

[电气强度] 电扇长期工作时，不仅要承担额定工作电压的作用，还可能会承受过电压作用。当电压达到一定值，就会使绝缘击穿。所以，电气强度试验又称耐压试验。为了保证电扇使用的安全性和可靠性，其带电部分与外壳之间的绝

缘应能承受 50 Hz 正弦交流电压，历时 1min 而无击穿或闪络现象，且测基本绝缘用 1250V，测补充绝缘用 2750V，测双重绝缘或加强绝缘用 3750V。

[漏电流] 在一定电压条件下，由电器的导电部分通过绝缘到地线或非带电外壳间的泄漏电流称为漏电电流。电扇在 1.1 倍额定电压下且稳定温升时，外壳与电源间的泄漏电流不得大于 0.3mA。

[稳定温升] 测量电动机绕组、电抗器绕组的温升或温度，是为了判断电扇能否可靠工作。电扇在额定电压和额定频率条件下，以最高速运转 1～4h，各绕组的稳定温升为：A 级绝缘的温升限值为 60℃、E 级绝缘的温升限值为 75℃、B 级绝缘的温升限值为 80℃、F 级绝缘的温升限值为 100℃、H 级绝缘的温升限值为 125℃。

[起动性能] 在额定频率条件下，电扇处于最低转速档运转状态，台扇的电动机轴呈水平，且在摇头范围内任一点加 85％的额定电压，应能由静止状态顺利起动。

[输入总功率] 输入总功率是指电扇驱动电动机及其所有可拆开的用电器件，在额定电压和正常工作温度下的输入功率的总和。

[输出风量和使用值] 反映电扇使用性能的两个最主要的指标。输出风量是指单位时间内送出的空气流量，单位为 m^3/min。使用值是电扇在额定条件下全速运转时的输出风量与输入功率的比值，单位为 $m^3/minW$。电扇的使用值越大，说明它把电能转变成风能的转换效率就越高。电扇的输出风量和使用值如表 4－25 所示。

表 4－25　　　　　电扇的输出风量和使用值（220V、50Hz）

类型	扇叶旋转直径（mm）	最小输出风量（m³/min）	最低使用值（m³/minW）		功率（W）	转速（r/min）
			电容式	罩极式		
台扇类（包括壁扇、台地扇及落地扇）	300	38	0.90	0.65	46	1360
	350	51	1.00	0.70	54	1305
	400	65	1.10	0.75	66	1303
吊扇	900	140	3.05	2.12	75	260
	1050	170	3.10	2.40	75	260
	1200	215	3.25	2.74	75	260
	1400	270	3.50	2.83	85	260

[调速比] 电扇的调速比是指在额定电压、额定频率的情况下，最低档转速

与最高档转速之比，用百分数表示。300mm、350mm、400mm 的电容式台扇类电扇应不大于 70%，电容式吊扇应不大于 50%。

［摇头机构］要求电扇在摇头时，风向变动平稳，无阻滞或振颤现象。300mm 以上的台扇、落地扇、台地扇的摇头角度不小于 80°，壁扇不小于 40°。在最高速档位运转时，摇头频率不小于 4 次/min。

［俯仰角］电扇的俯仰角是指上仰和下俯的角度。台扇、台地扇、落地扇的仰角应不小于 20°，俯角应不小于 15°，且当俯角最大时做摇头运转，后网罩不能与机座相碰。

［噪声］电扇的噪声包括电动机定子磁场和转子磁场相互作用的电磁噪声、轴承和转动部件产生的机械噪声、扇叶旋转引起的空气涡流和叶片振动的空气动力噪声等。噪声的单位为 dB（分贝）。台扇类电扇常用的规格有 300mm、350mm、400mm，其噪声分别不大于 63dB、65dB、67dB。吊扇常用的规格有 1050mm、1200mm、1400mm，其噪声分别不大于 65dB、67dB、70dB。

3. 保养

台式、落地式电风扇必须使用有安全接地线的三芯插头与插座。吊扇应安装在顶棚较高的位置，可以不装接地线。电风扇的风叶是重要部件，不论在安装、拆卸、擦洗或使用时，都必须加强保护，以防变形。操作各项功能开关、按键、旋钮时，动作不能过猛、过快，也不能同时按两个按键。吊扇调速旋钮应缓慢顺序旋转，不应旋在档间位置，否则容易使吊扇发热、烧机。电风扇的油污或积灰应及时清除，不能用汽油或强碱液擦拭，以免损伤表面油漆部件的功能。电风扇在使用过程中如出现烫手、异常焦味、摇头不灵，转速变慢等故障时，不要继续使用，应及时切断电源检修。电扇长久不用时，应彻底清除表面油污、积灰，并用干软布擦净，然后用牛皮纸或干净的布包裹好。存放的地点应干燥通风，避免挤压。

（五）包装、运输与储存

1. 包装

电风扇包装应符合《家用电器包装通则》（GB 1019—1989）的要求，电风扇的包装箱应按防震包装要求做跌落试验，试验方法按《家用电器包装通则》（GB 1019—1989）的附录 A4 进行。

2. 运输与储存

电风扇在运输和储存过程中，不应撞坏或受雨水淋袭，在不开启原包装的状态下，保存于防潮、通风良好的仓库里，周围不得有腐蚀性气体。在运输过程中，严禁雨淋、受潮和剧烈碰撞，应储存在温度低于 40℃，通风良好的仓库中，并且其周围空气应符合国家环保法的有关规定。

八、暖风机

（一）工作原理与组成

1. 工作原理

暖风机中的两个电加热器分别受不同的开关控制，电源开关闭合后，风扇电动机运转，同时指示灯亮。由控制开关选择一个加热器加热或两个加热器同时加热。

2. 组成

暖风机主要由电热元件、送风机、安全保护装置及外壳构成。

（1）电热元件。暖风机常用的电热元件分为裸露电热丝型、PTC 型及带状电热膜型三种。裸露电热丝型电热元件多采用镍基合金或铁基合金为材料，绕成螺旋状，直接裸露在空气中。PTC 电热元件是一种具有正温度系数热敏电阻，作发热元件时，工作温度设计在它的居里温度以上。由 PTC 组成的发热元件具有自动温度控制功能。当温度升高到居里温度以上时，其阻值会变得很大，使电流降至很小的数值，从而使加热温度自动保持在居里温度左右。带状电热膜型电热元件以聚酰亚胺为基带，为其表面涂一层高导电状电热膜，这种电热膜具有热效率高、无明火、使用寿命长等优点。

（2）送风机。送风机由电动机和风叶两部分组成。暖风机驱动风叶的微型电动机一般为单相罩极异步电动机。送风机的风叶有轴流式和离心式两种。轴流式风叶与小型台式电扇的风叶类似，一般采用铝合金冲压成型，也有的用工程塑料注塑成型。叶片数为三片。离心式风叶为圆柱状，制造时在一张薄铝片上冲压出数十条片条形叶片，并弯曲一定角度，然后将铝片弯成圆柱形，前后两端装上端盖后铆合而成。前端盖中心装有转轴，并装于支架上，后端盖装有轴套，装配时将轴套压入电动机轴上，电动机转动时，直接驱动风叶转动。

（3）安全保护装置。暖风机的安全装置主要由温控器、倾倒保护开关及超热保护熔断器等组成。温控器一般采用双金属片式。当送风机堵转或进、出风口有异物堵塞使机内温度上升到 80℃ 时，双金属片变形，带动触点断开，切断主电路。温度下降后，温控器自动复位，将电路接通。倾倒保护开关串联于主电路中，使用时，当暖风机不慎倾倒，触点会自动断开，将主电路切断，以避免事故发生。超温保护熔断器的熔断温度一般在 250℃ 左右。当温控器失灵，温度上升到这一温度时，超温保护熔断器会自动熔断，断开电源。

（4）外壳。外壳分前、后两部分，通常采用工程塑料注塑成型，外壳上设有进、出风口及保护栅。

（二）分类及性能

暖风机按风机类型可分为轴流式和离心式。按热媒种类可分为蒸汽式和热水式。

（三）技术参数与标准

GB/T 985.1—2008《气焊、焊条电弧焊、气体保护焊和高能束焊的推荐坡口》

GB 9068—1988《采暖通风与空气调节设备噪声声功率级的测定 工程法》

GB 10080—2001《空调用通风机安全要求》

GB 10891—1989《空气处理机组安全要求》

GB/T 13306—2011《标牌》

JB/T 4283—1991《风机盘管机组》

JB 4292—1992《盘管技术条件》

JB/T 4302—1991《冷暖通风设备型号编制方法》

ZB J72009—1987《空气加热盘管性能试验方法》

ZB J72017—1988《采暖通风与空气调节设备 涂装技术条件》

ZB J72021—1988《盘管耐压试验与密封性检查》

ZB J72026—1989《冷暖通风设备 包装通用技术条件》

ZB J72029—1989《冷暖通风设备 外观质量与清洁度》

JB/T 7225—1994《暖风机》

（四）质量检验与保养

1. 感官检验

标准件、外协件及外购件均应符合有关标准的规定，并附有产品合格证。暖风机配用的盘管应符合《盘管技术条件》（JB 4292—1992）的规定。暖风机配用的风机叶轮应按有关标准的规定制造。装配盘管的法兰尺寸应与配用盘管法兰尺寸一致，公差应符合《盘管技术条件》（JB 4292—1992）的规定。法兰面平面度公差应不超过 2.5/1000。离心式暖风机支撑叶轮传动轴的两侧板平面度公差应不超过 5/1000。一般焊接接头的型式与尺寸应符合《气焊、焊条电弧焊、气体保护焊和高束焊的推荐坡口》（GB/T 985.1—2008）的规定。焊接头应牢固、可靠，不应有裂纹、夹渣、气孔及未焊透等影响强度的缺陷。焊缝应圆滑向母材过渡。叶轮、皮带轮等部件装配后应转动灵活、无卡阻。离心式暖风机的风机进口应设防护罩。暖风机绝缘电阻和泄漏电流应符合《空气处理机组安全要求》（GB 10891—1989)中第 8 章和第 10 章的规定。暖风机的涂装、外观质量及清洁度应分别符合《采暖通风与空气调节设备 涂装技术条件》（ZB J72017—1988）、《冷暖通风设备 外观质量与清洁度》（ZB J72029—1989）的规定。

2. 理化检验

理化检验的方法详见《暖风机》（JB/T 7225—1994）。

3. 保养

（1）散热。为使电暖器发挥较好的取暖作用，并使机体正常工作，延长其使用寿命，尽量使电暖器放置的位置有利于空气流通及散热。

（2）清洗。最好用软布醮家用洗涤剂或肥皂水进行擦洗，不能用汽油、甲苯等稀溶剂，以免外壳受损，影响美观或生锈。

（3）存放。在天气暖和不需要使用电暖器时，要将电暖器擦干净并晾干机体后收藏起来，不要放在潮湿环境中保存，要放在干燥处直立保存。

（五）包装、运输与储存

1. 包装

暖风机包装应符合《家用电器包装通则》（GB 1019—1989）的要求，电风扇的包装箱应按防震包装要求做跌落试验，试验方法按《家用电器包装通则》（GB 1019—1989)的附录 A4 进行。

2. 运输与储存

电风扇在运输和储存中，不应撞坏或受雨水淋袭，在不开启原包装的状态下，保存于防潮、通风良好的仓库里，周围不得有腐蚀性气体。在运输过程中，严禁雨淋、受潮和剧烈碰撞，应储存在温度低于 40℃、通风良好的仓库中，并且其周围空气应符合国家环保法的有关规定。

 思考题

1. 简述电饭锅的工作原理。

2. 简述电磁炉的工作原理。

3. 简述微波炉的工作原理。

4. 简述真空吸尘器的工作原理。

5. 简述电风扇的工作原理。

6. 简述空气净化器的工作原理。

7. 简述电动剃须刀的工作原理。

8. 简述电吹风的工作原理。

第五章　办公家用电器

第一节　计算机

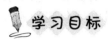 学习目标

通过本节的学习，了解计算机的基本组成及分类，掌握计算机的主要技术指标及各驱动器的使用，理解计算机系统的日常维护。

由于计算机具有体积小、功能强、价格低等特点，已成为中小型计算机的缩影，并已渗透到社会各个领域，在办公室以及家庭中得到了广泛应用。现代社会处于计算机技术飞速发展的时代，随着网络技术的普及，在现代办公自动化系统中，计算机及计算机网络有着不可替代的作用。

一、基本组成

通常我们所说的计算机，实际上是一套完整的计算机系统，又常被人们称作PC或个人计算机，是以微处理器为核心的计算机系统，由硬件和软件两部分组成。硬件是指构成计算机的各种物理设备，软件是指支持和保障计算机工作的各种程序和有关的文档资料。硬件是计算机工作的物质基础，没有硬件，就谈不上软件的执行；软件是计算机的灵魂，没有软件，计算机就不能做任何工作。

（一）计算机硬件系统的组成

计算机硬件系统由主机、输入输出接口和外设三个部分组成。其中主机包括中央微处理器和内部存储器，外设包括输入设备、输出设备和外部存储器。

1. 中央微处理器

中央微处理器又称CPU，是一个大规模集成电路。CPU包括运算器和控制器，其功能是完成各种运算和根据指令功能对主机和外设发出各种控制命令，以实现各部件和各设备之间协调一致完成各种操作。

2. 内部存储器

内部存储器通常称为内存，是指能直接与CPU交换信息的存储器。内存分

为随机读写存储器（RAM）和只读存储器（ROM）。通常所说的计算机的内存主要是指 RAM。在计算机运行时，就是把操作系统（如 Windows 2000）和应用程序从硬盘或其他外存调入内存 RAM 中。计算机只能直接运行内存中的程序。

3. 输入输出接口

通常情况下，主机各部件的运行速度要远远高于外设的工作速度。为了保证外设输入的信息不会被高速度的主机重复读入，并保证主机输出的信息能被外设可靠捕获，需要用输入输出接口完成输入输出过程中的数据缓冲和锁存，即输入输出接口是高速主机与低速外设之间数据传送的桥梁。

4. 输入设备

输入设备就是把数据或程序等信息以计算机能识别的形式传送到计算机中的设备。在办公中常用的输入设备有键盘、鼠标、扫描仪等。当然数字化仪也会在一些办公室中用到，触摸屏既是显示器也是输入设备。

5. 输出设备

输出设备就是输出各种数据、程序或信息的设备。常用的输出设备有显示器、打印机和绘图仪。

6. 外部存储器

外部存储器简称外存，是不能直接与 CPU 交换信息的存储器。硬盘、软盘、光盘等都是常用的外存。

（二）计算机软件系统的组成

计算机软件系统的组成包括系统软件和应用软件。

1. 系统软件

系统软件是管理计算机的软硬件资源、使计算机各部分能协调一致工作，并给应用软件提供使用环境的软件。最主要的系统软件是操作系统。计算机的操作系统有 Windows 98/Me/XP、Windows 2000、Linux 等。习惯上又把操作系统称作操作平台，如 Windows 98 平台等。

2. 应用软件

应用软件是为完成某种任务或解决某种实际问题而编制的软件。如字、表处理软件，各种管理、运算、控制软件等都属于应用软件。有些应用软件可以直接装入计算机独立运行，但多数办公应用软件都要在某个操作平台上运行。例如，办公应用软件 Office 要在 Windows 平台上运行。

二、相关分类

（一）台式机

台式机也叫桌面机，是一种独立相分离的计算机，完全跟其他部件无联系，相对于笔记本和上网本体积较大，主机、显示器等设备一般都是相对独立的，一般需要放置在电脑桌或者专门的工作台上，因此命名为台式机。大多数家庭和公司用的机器都是台式机。台式机的性能相对笔记本电脑要强。

1. 特点

（1）散热性。台式机具有笔记本计算机所无法比拟的优点。台式机的机箱空间大、通风条件好，因而一直被人们广泛使用。

（2）扩展性。台式机的机箱方便用户硬件升级，如光驱、硬盘。现在台式机箱的光驱驱动器插槽是 4～5 个，硬盘驱动器插槽是 4～5 个，非常方便用户日后进行硬件升级。

（3）保护性。台式机全方面保护硬件不受灰尘的侵害，而且防水性不错。笔记本电脑在保护性方面不如台式机。

（4）明确性。台式机机箱的开机键、关机键、重启键、USB、音频接口都在机箱前置面板中，方便用户的使用。

2. 工作原理

按照冯·诺依曼存储程序的原理，计算机在执行程序时须先将要执行的相关程序和数据放入内存储器中，在执行程序时 CPU 根据当前程序指针寄存器的内容取出指令并执行指令，然后再取出下一条指令并执行，如此循环下去直到程序结束指令时才停止执行。其工作过程就是不断地取出指令和执行指令的过程，最后将计算的结果放入指令指定的存储器地址中。

（二）电脑一体机

电脑一体机是目前台式机和笔记本电脑之间的一个新型的市场产物，是将主机部分和显示器部分整合到一起的新形态计算机，该产品的创新在于内部元件的高度集成。随着无线技术的发展，电脑一体机的键盘、鼠标与显示器可实现无线连接，机器只有一根电源线。这就解决了一直为人诟病的台式机线缆多而杂的问题。在现有和未来的市场，随着台式机的份额逐渐减少，外加一体机和笔记本及上网本的冲击台式机越来越不占优势。而电脑一体机的优势不断被人们接受（国外已经流行），并成为人们新的选择。

概括来说，电脑一体机有如下几大优势：

（1）外观时尚，轻薄精巧。高度集成化的设计简约时尚，炫彩外观尽显用户的精致生活品位。

（2）电脑一体机比一般的台式机更节省空间。液晶一体机就是将主机和液晶显示器、音箱结合为一体的机器，它将主机的硬件都放到液晶显示器后面，并尽量压缩，同时也内置音箱，使它的体积尽可能小，使用户大大节省放置机器的空间。

（3）电脑一体机的价格适中。

（4）可移动性好，便携性高。由于液晶一体机集合了主机、显示器和音箱，因此，其体积和总的重量都比一般的台式机小，大大方便了用户移动机器。其内部集成化很高，各配件的连接直接由 PCB 引出，无过多数据线缆。另外，小巧的机身也节省了包装和运输成本。

（5）维护成本低，带来更大的效益。一体机不仅节省空间，而且还降低了生活成本，节省电费。一台普通电脑耗电 200～400W，甚至更高（根据配置、性能不同而定），而一台一体机电脑的耗电量为 60～200W，如三星 A100 一体机电脑用测试软件测试功耗峰值，结果仅有 60W。这样算来，使用电脑一体机 1h 的耗电量和一个灯泡的功耗差不多，无论家用还是商用，都会节省很多费用。

（三）笔记本电脑

笔记本电脑（Note Book）是台式 PC 的微缩与延伸，也是现代社会对计算机的一种需求。与台式机相比，笔记本电脑是完全便携式的，而且消耗的电能和产生的噪声都比较少。但是，速度通常稍慢，而且对图形和声音的处理能力也比台式机稍逊一等。此外，笔记本电脑的价格也比台式机昂贵。但是，它们之间的价格差距正在缩小，笔记本电脑价格的下降速度比台式机更快，而其实际销售量在 2005 年 5 月首次超过了台式机。目前，笔记本电脑已经成为我国消费市场的主要商品。

1. 分类

从用途上看，笔记本电脑一般可以分为四类：商务型、时尚型、多媒体应用型、特殊用途型。

（1）商务型笔记本电脑的特征一般为移动性强、电池续航时间长。

（2）时尚型外观特异，也有适合商务使用的时尚型笔记本电脑。

（3）多媒体应用型的笔记本电脑是结合强大的图形及多媒体处理能力，又兼有一定的移动性的综合体，市面上常见的多媒体笔记本电脑拥有独立的较为先进的显卡，较大的屏幕等特征。

（4）特殊用途类型的笔记本电脑是服务于专业人士，可以在酷暑、严寒、低气压、战争等恶劣环境下使用的机型，多较笨重。

2. 基本术语

（1）外壳。笔记本电脑的外壳既是保护机体的最直接的方式，也是影响其散热效果、"体重"、美观度的重要因素。笔记本电脑常见的外壳用料有：合金外壳有铝镁合金与钛合金，塑料外壳有碳纤维、聚碳酸酯 PC 和 ABS 工程塑料。

（2）显示屏。显示屏是笔记本的关键硬件之一，约占成本的 1/4。显示屏主要分为 LCD 显示器与 LED 显示器。简单地说，LCD 与 LED 是两种不同的显示技术，LCD 是由液态晶体组成的显示屏，而 LED 则是由发光二极管组成的显示屏。

LED 显示器与 LCD 显示器相比，在亮度、功耗、可视角度和刷新速率等方面都更具优势。LED 与 LCD 的功耗比大约为 1：10，而且更高的刷新速率使得 LED 在视频方面有更好的性能表现，能提供宽达 160°的视角，可以显示各种文字、数字、彩色图像及动画信息，也可以播放电视、录像、VCD、DVD 等彩色视频信号，多幅显示屏还可以进行联网播出。LED 显示屏的单个元素反应速度是 LCD 液晶屏的 1000 倍，在强光下也可以观看，并且适应 −40°的低温。利用 LED 技术，可以制造出比 LCD 更薄、更亮、更清晰的显示器，因此，LED 拥有广阔的应用前景。

（3）处理器。处理器可以说是笔记本电脑最核心的部件，一方面它是许多用户最为关注的部件，另一方面它也是笔记本电脑成本最高的部件之一（通常占整机成本的 20%）。笔记本电脑的处理器基本上是由四家厂商供应的：Intel、AMD、VIA 和 Transmeta，其中 Transmeta 已经逐步退出笔记本电脑处理器的市场，在市面上已经很少能够看到。如今，Intel 和 AMD 占据着绝对领先的市场份额。

（4）定位设备。笔记本电脑一般会在机身上搭载一套定位设备（相当于台式电脑的鼠标，也有搭载两套定位设备的型号），早期一般使用轨迹球（Track ball）作为定位设备，现在较为流行的是触控板（Touch pad）与指点杆（Pointing Stick）。

（5）硬盘。硬盘的性能对系统整体性能有至关重要的影响。笔记本电脑使用的硬盘一般为 2.5 英寸，而台式机为 3.5 英寸，笔记本电脑硬盘是笔记本电脑中为数不多的通用部件之一，基本上所有笔记本电脑硬盘都是可以通用的。

（6）内存。笔记本电脑的内存可以在一定程度上弥补因处理器速度较慢而导致的性能下降。一些笔记本电脑将缓存内存放置在 CPU 上或非常靠近 CPU 的地方，以便 CPU 能够更快地存取数据。有些笔记本电脑还有更大的总线，以便在处理器、主板和内存之间更快地传输数据。

（7）电池。笔记本电脑和台式机都需要电流才能工作。它们都配备了小型电池来维持实时时钟（在有些情况下还有 CMOS RAM）的运行。但是，与台式机不同，笔记本电脑的便携性很好，单独依靠电池就可以工作。主要有镍镉（NiCad）电池、镍氢（NiMH）电池和锂电池。

（8）声卡。大部分的笔记本电脑还带有声卡或者在主板上集成了声音处理芯片，并且配备小型内置音箱。但是，笔记本电脑的狭小内部空间通常不足以容纳顶级音质的声卡或高品质音箱。游戏发烧友和音响爱好者可以利用外部音频控制器（使用 USB 或火线端口连接笔记本电脑）来弥补笔记本电脑在声音品质上的不足。

（9）显卡。显卡主要分为两大类：集成显卡和独立显卡。性能上独立显卡要好于集成显卡。独立显卡主要分为两大类：Nvidia 通常所说的"N"卡 和 ATI

通常所说的"A"卡。

（10）内置变压器。笔记本电脑具有可携带性，有内置变压器。尤其是出国时，国内外的电器额定电压不相同，所以笔记本电脑一般都内置了一个变压器，使它的适用范围和寿命都大大增加。

3. 三个关键数据

（1）CPU 的能力。现在主流的 CPU 耗电量低，运算能力强（即主频高）。

（2）显卡的能力。独立显卡固然好，但是要看它的架构如何，现在主流的 nv9 系列的架构就比 nv8 系列的好些，所以有些 nv8 的高级显卡的价格会比较低。如果不怕发热量的话，可以购买一台配备 nv8600 以上的显卡的电脑。

（3）发热和续航能力。这两个方面的重要性比较容易被忽视，发热量大的笔记本在夏天要注意散热，避免频繁重启。

（四）掌上电脑

掌上电脑（PDA）是一种运行在嵌入式操作系统和内嵌式应用软件之上的、小巧、轻便、易带、实用、价廉的手持式计算设备，无论在体积、功能和硬件配备方面都比笔记本电脑简单轻便，在功能、容量、扩展性、处理速度、操作系统和显示性能方面又远远优于电子记事簿。掌上电脑除了用来管理个人信息（如通讯录、计划等），还可以上网浏览页面，收发 E‑mail，甚至还可以当作手机来用外，同时具有录音机功能、英汉汉英词典功能、全球时钟对照功能、提醒功能、休闲娱乐功能、传真管理功能等。掌上电脑的电源通常采用普通的碱性电池或可充电锂电池。掌上电脑的核心技术是嵌入式操作系统，各种产品之间的竞争也主要在这方面。在掌上电脑基础上加上手机功能，就成了智能手机（Smartphone）。智能手机除了具备手机的通话功能外，还具备了 PDA 分功能，特别是个人信息管理以及基于无线数据通信的浏览器和电子邮件功能。智能手机为用户提供了足够的屏幕尺寸和带宽，既方便随身携带，又为软件运行和内容服务提供了广阔的舞台，很多增值业务可以就此展开，如股票、新闻、天气、交通、商品、应用程序下载、音乐图片下载等。目前，掌上电脑正在与手机功能融合，逐渐升级为更加智能的产品。

（五）平板电脑

平板电脑是一款无须翻盖、没有键盘、大小不等、形状各异却功能完整的电脑。其构成组件与笔记本电脑基本相同，但平板电脑是利用触笔在屏幕上书写，而不是使用键盘和鼠标输入，并且打破了笔记本电脑键盘与屏幕垂直的 J 形设计模式。平板电脑除了拥有笔记本电脑的所有功能外，还支持手写输入或语音输入，移动性和便携性更胜一筹。平板电脑的概念由比尔·盖茨提出，至少应该是 X86 架构，从微软提出的平板电脑概念产品上看，平板电脑就是一款无须翻盖、没有键盘、小到足以放入女士手袋，但却功能完整的 PC。

平板电脑可分为以下几种类型。

纯平板型——只配置一个屏幕和触控笔的平板电脑为纯平板型平板电脑可以通过无线技术或 USB 接口连接键盘、鼠标及其他周边配备。最常见的生产商有 Motion Computing/Gateway Computers、富士通、惠普/康柏和苹果等。

可旋转型——配置了键盘的平板电脑称为可旋转型平板电脑。通常来说，键盘覆盖了主板，并且通过一个可以水平、垂直 180°前后旋转的连接点连接着屏幕。最常见的生产商有惠普、联想、宏碁和东芝。

混合型——"混合型"的平板电脑跟"可旋转型"平板电脑类似，但混合型平板电脑的键盘是可以分开的，因此，可以把它当作纯手写型或可旋转型使用。最常见的混合型平板电脑生产商是华硕。

与笔记本电脑相比，平板电脑有以下特点。

（1）优点。

触控输入：触控是非常有用的工具，同时和键盘使用时能大幅度提高效率。例如，Firefox 的某些扩展就支持打开触控笔在屏幕上画的圈包含的所有链接。

残疾用户：不能打字但能握住触控笔的用户，可以用平板电脑以可接受的速度输入文字。

数码艺术：平板电脑可精确描绘作品。

可平放：大多数平板电脑不会干扰视线（例如开会的时候），因为它们可以平放在桌面或者用户的臂弯上。这也可以让数码艺术家在水平的表面绘画。

手持性：大多数平板电脑可以在用户站着和开会的时候被托在臂弯里。

性价比：目前平板电脑的价格大多为 65～450 美元，所以较笔记本电脑而言更容易普及。

（2）缺点。

文字输入速度慢：手写输入与每分钟 30～70 个单词的打字速度相比太慢了，目前的平板电脑虚拟键盘的打字速度也不能完全取代传统键盘。

影响健康：使用平板电脑需要长时间低头（在没有配置专用的底座时），对用户的颈椎造成一定损害，主要表现为脖子酸痛、僵硬、颈椎麻木等。

屏幕尺寸：平板电脑屏幕普遍较小，不利于年长者及视力较差者。

电池使用时间：受目前电池技术的局限，过短的电池使用时间不利于人们长时间学习和工作。

计算机的控制输入设计是基于鼠标和键盘的，使用触控设备时，在操作环境中的文字输入文本框状态下，不能比较智能地在文字和字符输入事件与鼠标指取事件之间转换，没有将这个问题提升到与鼠标键盘同等重要的系统级别上来，除非触控设备在固件上能在一些情况下被用作键盘类似的设备，而不仅仅被当作鼠标类似的指取设备，或者兼有硬件上硬盘和鼠标的作用。如果在文本框输入时，系统能自动启用触控设备来进行书写输入或软键盘输入或定区域的键盘输入，而在系统环境初始化时，就能进行文字和字符输入指取事件的智能的选择转换，就可较方便地使用计算机。

在输入文字时，大多数竟然仍使用传统的 QWERT 键盘布局，需要人来适应，没有使用诸如工具包性质的工具程序让用户重现排布易用的由单个方块形状的按键重新结合在一起的键盘面貌，并使得每个按键可以由用户定义文字符号，如果可以便不需要记忆键盘布局的字母分布的情况了。

三、主要技术指标及各驱动器使用

（一）计算机主要技术指标

1. CPU 类型

CPU 类型是指计算机系统所采用的 CPU 芯片型号，它决定了计算机系统的档次。

2. 字长

字长是指 CPU 一次最多可同时传送和处理的二进制位数，字长直接影响计算机的功能、用途和应用范围。如 Pentium 是 64 位字长的微处理器，即数据位数是 64 位，而它的寻址位数是 32 位。

3. 时钟频率和机器周期

时钟频率又称主频，是指 CPU 内部晶振的频率，常用单位为兆（MHz），反映了 CPU 的基本工作节拍。一个机器周期由若干个时钟周期组成，在机器语言中，用使用执行一条指令所需要的机器周期数来说明指令执行的速度。一般使用 CPU 类型和时钟频率来说明计算机的档次。如 Pentium III 500 等。

4. 运算速度

运算速度是指计算机每秒能执行的指令数。单位有 MIPS（每秒百万条指令）、MFLOPS（秒百万条浮点指令）。

5. 存取速度

存取速度是指存储器完成一次读取或写存操作所需的时间，称为存储器的存取时间或访问时间。连续启动两次写操作所需要的最短时间，称为存储周期。对于半导体存储器来说，存取周期为几十到几百毫秒。它的快慢会影响计算机的速度。

6. 内、外存储器容量

内存储器容量是指内存存储容量，即内容储存器能够存储信息的字节数。外储器是可将程序和数据永久保存的存储介质，可以说其容量是无限的。如硬盘、软盘已是计算机系统中不可缺少的外部设备。迄今为止，所有的计算机系统都是基于冯·诺依曼存储程序的原理。内、外存容量越大，所能运行的软件功能就越丰富。CPU的高速度和外存储器的低速度是计算机系统工作过程中的主要瓶颈现象，不过由于硬盘的存取速度不断提高，目前这种现象已有所改善。

（二）各驱动器的使用

1. 软盘和软盘驱动器的使用

软盘驱动器是最容易出故障的外部设备，且绝大多数是由于使用不当造成的。

（1）软盘（3.5英寸）。软盘是用磁性介质制成的，它的使用应注意以下几点：

①温度太高或太低都会使盘片塑料基底变形，使磁头和软盘接触不良，易产生读写错误；若在太干燥的环境下工作，软盘容易带静电，误码率也会急剧增加。所以在使用软盘时应符合下列环境条件：工作温度10℃～40℃；工作湿度20%～80%；保存温度10℃～50℃；保存湿度10%～90%；最大温度变化率20℃/h。

②当外界与机房温差较大时，带进机房的软盘不要立即使用，应等软盘恢复到室温时再使用。

③禁止用手触摸磁盘上的读写窗口，以免弄脏软盘。

④软盘不应曝晒和靠近强磁场。

⑤软盘插入驱动器时，要注意方向（软盘上有方向键头）。

⑥为防止软盘的信息被破坏，在开关机器电源时，应先将软盘从软驱中取出。

⑦存有重要程序或数据的软盘，应将其进行写保护，以避免由于操作失误而使数据丢失。

⑧购买软盘时，一定要买质量好的名牌产品。盘片表面应光亮平整，磁层均匀，无污点、霉点，外壳封装无变形。

（2）软盘驱动器。软盘驱动器在使用时应注意以下几点：

①不要使用有物理损伤、受潮、磁层脱落的软盘，以免损坏软驱的读写磁头。

②软驱在读写数据时（软驱工作指示灯闪亮），不要强行取出软盘，以免损坏软驱磁头和软盘。

③当软盘插入驱动器时，一旦感受到要用力插盘，应取出软盘，查看软盘的方向是否正确。

④搬动机器时，要将垫片卡插入驱动器中，防止震动造成磁头发生偏移。

⑤软驱不能正确读取数据或出现划盘故障时，不应继续使用，以免使故障扩大或损坏其他软盘。

2. 硬盘及硬盘驱动器的使用

采用温彻斯特技术的硬盘，由于在超净化条件下把盘片的执行机构密封成一个整体，并且自带循环空气过滤系统，故即使在办公室使用条件下，硬盘驱动器也不需要定期维修和保养。硬盘的故障绝大多数是由于使用不当造成的。

（1）当发现硬盘有故障时，任何时候、任何条件下都不应打开硬盘。因为在达不到超净 100 级以上的条件下拆开硬盘，空气中的灰尘就会进入盘内，当磁头进行读写操作时，必将划伤盘片或损伤磁头，从而导致盘片或磁头报废。另外，盘内的某些机构一旦拆开就无法还原，从而使硬盘驱动器全部报废。

（2）硬盘驱动器应平稳固定好，否则，当系统进行读写操作时，一旦发生震动，易出现磁头损坏盘片的数据区。

（3）当硬盘驱动器执行读写操作时（机箱面板的 HDD 指示灯闪亮时），不要移动或碰撞工作台，否则磁头容易损坏盘片，造成盘片上的信息读出错误。

（4）硬盘驱动器不要放在强磁场物体（如电视、喇叭等）附近。

（5）硬盘驱动器的主轴电机、步进电机及其驱动电路在使用过程中都会产生热量，驱动器的环境温度不要超出规定范围（一般为 $10℃ \sim 40℃$）。尤其在夏天，计算机在无空调设备的房间工作时，主机箱内的温度会超过 $40℃$，这不仅会使读写可靠性降低，甚至会使个别器件损坏。在潮湿的霉雨季节，要注意使环境干燥或经常给系统加电，以便蒸发机内的水汽。

（6）硬盘由于结构上的原因可以垂直或水平放置，但最好不要将电路板面朝上。

3. 光盘及光盘驱动器的使用

随着光驱成为计算机的标准配置后，人们感觉到在使用光驱中碰到的问题似乎比其他外设（如软驱）还要多。因此，正确地使用与维护光驱就显得十分重要。

（1）在选用光盘时，应尽量使用光盘表面光洁度好、无划伤的盘。因为劣质的盗版盘，以及因使用和保养不当而产生划痕、磨毛、翘曲等现象的光盘，对光驱的危害最大。

①由于劣质光盘的制造工艺差，在盘片压合过程中，往往会产生许多人眼看不到的气泡，影响光驱激光束的正常聚焦，激光束射到气泡上后产生散射，致使反射到接收管的激光束变弱。这时，自动功率控制（APC）系统会自动增加激光发射管的功率，这将使激光发射管加速老化，使激光功率减弱，从而增加了出错概率，严重时会出现光驱不识盘的故障。

②翘曲的光盘在旋转时，光盘径向抖动很大，特别是光盘外沿。光驱聚焦伺服系统会努力驱动聚焦线圈，使镜头做大幅度窜动以跟踪盘片上的光道，这样很容易使聚焦伺服机构产生弹性疲劳，甚至使镜头与光盘发生碰撞，造成"擦片"。

久而久之，光驱的主轴磨损加剧，抖晃严重，同时造成光驱的聚焦和循迹性能变差，形成恶性循环。

③有划痕的光盘，当激光照射到划痕时会反射回很强的光，接收管受到突变强光的照射，而导致接收管的灵敏度降低。

④看 VCD 片时，光驱自始至终地工作于整个光盘。如果使用的是劣质的VCD 片，激光头组件将长时间工作在大幅度调整和疲劳状态，这将加速激光头组件的老化。

（2）尽量将光盘在光驱的托架中放好。有些光驱的托盘很浅，若光盘未放好就进盘，容易造成光驱门机械错齿卡死。同时，进盘时不要用手推光驱门进盘，应使用面板上的进出盒按钮，以免入盒机构齿轮错位。在不使用光驱时，尽量将光盘取出，因为有些光驱只要其中有光盘，主轴电机就会不停地旋转，光头不停地寻迹、对焦，这样会加快光驱的机械磨损以及光电管的老化。

（3）不要频繁使用光驱清洗盘。因为清洗盘上有许多小毛刷，工作时，光驱将以每分钟数千转甚至上万转（光驱倍速越高，转速越快）的速度让小毛刷从激光头聚焦透镜上扫过，如果频繁使用清洗盘，则极易造成透镜位移变形。因为透镜是由细金属丝或弹性线圈悬空固定并与循迹和聚焦线圈相连的，稍有位移变形或脏污就易造成光驱不读盘。

（4）不要在光驱正在读盘时（光驱指示灯闪亮）强行退盘。因为此时光驱主轴电机还在高速旋转，而激光头组件还未复位。如果强行退盘，一方面会划伤光盘，另一方面还会打花激光头的聚焦透镜以及造成透镜位移。应待光驱指示灯熄灭后再按出盒按钮取出光盘。

四、计算机系统的设置与测试

计算机系统的设置对系统的正常工作和性能发挥至关重要。如果计算机的设置不当，就会"事倍功半"，造成机器资源的极大浪费。为了更好地发挥计算机系统的性能，需要进行 CMOS 设置、系统的测试和操作系统的使用。本节将详细介绍如何对计算机的 CMOS 进行设置。充分了解和掌握 CMOS 的设置，对用户进行系统维护和保障计算机正常运行非常有益。

CMOS 设置（CMOS SETUP）的主要功能是改变或设定 CMOS 的内容。CMOS SETUP 程序是 BIOS（基本输入输出系统）的一部分，不同的 BIOS 其CMOS SETUP 程序的操作和可调整项目也不同。BIOS 在 POST（加电自检）过程中会侦测用户是否要求进入 CMOS SETUP 程序。不同厂商提供的 BIOS 所要求的按键也不一样。

286 以上档次的计算机主板上都配有一个 CMOS 电路，用于保存系统的硬件配置参数和系统实时时钟信息，如日期、时钟、内存容量、软硬盘驱动器的类型和显示设备类型等。该电路在主机工作时由主机电源供电，当系统断电后由主板上的后备电池供电，以保证 CMOS 中的信息不至于丢失。目前，CMOS 的容量已由 64B 扩大到几十 kB，其内容越来越多，功能也越来越强，对系统的影响也变得日益重要。

下面以常见的 AWARD BIOS CMOS SETUP 程序来说明 CMOS 设置的主要内容。

（一）CMOS SETUP 的主菜单

AWARED BIOS 设置程序主菜单提供了 10 类功能设置和两种退出方式：

STANDARD CMOS SETUP	标准 CMOS 设置；
BIOS FEATURES SETUP	BIOS 特性设置；
CHIPSETS FEATURE SETUP	芯片组特性设置；
POWER MANAGEMENT SETUP	电源管理设置；
PNP AND PCI SETUP	即插即用和 PCI 设置；
LOAD BIOS DEFAULTS	装载 BIOS 缺省值；
LOAD SETUP DEFAULTS	装载设置缺省值；
SUPERVISOR PASSWORD	管理口令设置；
USER PASSWORD	用户口令设置；
IDE HDD AUTO DETECTION	IDE 硬盘自动检测；
SAVE AND EXIT SETUP	保存设置值后退出设置程序；
EXI WITHOUT SAVING	不保存设置值退出设置程序。

（二）STANDARD CMOS SETUP（标准 CMOS 设置）

CMOS 设置中标准 CMOS 设置是最主要的设置，所以只叙述该菜单项设置方法。

该菜单项用于设置基本的 CMOS 参数：日期、时间、硬盘参数、软盘参数、显示器类型、出错停机选择等。

1. Date

本项以"月—日—年"格式设置当前日期。设置范围为：月（1～12）、日（1～31）、年（—2097）。设置键是＜Page Up＞/＜Page Down＞或者＜＋＞/＜－＞。

2. Time

本项以"时—分—秒"格式设置当前时间。设置范围为：时（00～23）、分（00～59）、秒（00～59）。设置键是＜Page Up＞/＜Page Down＞或者＜＋＞/＜－＞。

3. Hard Disk

本项用于设置 Primary Master（IDE1 口主设备）、Primary Slave（IDE1 口从设备）、Secondary Master（IDE2 口主设备）、Secondary Slave（IDE2 口从设备）的各种参数。各种参数的意义如下：

（1）TYPE：用来说明设备的类型，有以下几种选择值。

AUTO：在系统中存储了 1～45 种硬盘参数，使用本设定值时，将由系统自动检测 IDE 设备的类型而给定参数，用户不必再设定其他参数了。

USER：如果使用的硬盘是预定的 45 类以外的硬盘，即可选择本项，然后由用户自己按照硬盘的实际参数进行设置。

None：如果没有安装 IDE 设备，应该选择本项，当安装 SCSI 或者 CD-ROM 设备时也应该选择本项。

（2）SIZE：表示硬盘容量，本参数不必设置而由系统自动计算给出。

（3）CYLS：硬盘柱面数。应该说明的是，在 LAB 和 LARGE 模式下，可能与实际的磁盘柱面数不同，这是因为对于大容量硬盘要进行参数换算的缘故。

（4）HEAD：硬盘磁头数。

（5）PRECOMP：写预补偿值。磁盘片在写入信息后被磁化成一个个相邻的小的磁化单元。所谓预补偿写，是指在写入时偏离正常的位置（前移或后移），使得写入的磁化区域完成相斥或相吸后的实际位置正好是正确的读出位置。预补偿值由用户指定（可参照 45 种类型中的值进行设置）。

（6）LANDZ：着陆区即磁头起停扇区。目前采用的磁盘都是温氏硬盘，其主要的两个特点为：一是采用了全封闭方式，即把盘片和磁头以及定位机构都密封在舱内；二是采用了接触式起停，即系统不工作时，磁头停留在“起停区”（盘片的最内圈）上，而在工作时，由于盘的高速旋转，使磁头悬浮在盘片表面上。因此，磁头在读写盘片上的“数据区”时与盘片表面是不接触的，保证了磁盘的使用寿命。

（7）MODE：硬盘工作模式。EIED 支持三种硬盘工作模式：NORMAL、LBA 和 LARGE 模式。因此本项有以下四种设定值：

NORMAL（普通模式）：是原有的 IDE 方式。在此方式下对硬盘访问时，BIOS 和 IDE 控制器对参数不作任何转换。在此方式下，支持的最大柱面数为 1024，最大磁头数为 16，最大扇区数为 63，每个扇区字节数为 512。因此支持的最大硬盘容量为 $512×63×16×1024＝528MB$。

即使硬盘的实际物理容量更大，但可访问的最大容量也只是 528MB。

LBA（Logical Block Addressing）（逻辑块地址模式）：这种模式所管理的硬盘空间可高达 8.4GB。在 LBA 模式下，设置的柱面数、磁头、扇区等参数并不是硬盘的实际物理参数。在访问硬盘时，由 IDE 控制器把柱面、磁头、扇区等参数确定的逻辑地址转换为实际硬盘的物理地址。在 LBA 模式下，可设置的最大磁头数为 255，其余参数和普通模式相同，由此得出访问的最大容量为 $512×63×255×1024＝8.4$ GB。

LARGE（大硬盘模式）：当硬盘的柱面数超过 1024 而又不为 LBA 支持时，

可采用这种模式。LARGE 模式采取的方法是把柱面数除以 2，把磁头数乘以 2，其结果是总容量不变。在这种模式下，所支持的硬盘最大容量为 10GB。

AUTO（自动模式）：系统自动选择硬盘的工作模式。

4. Drive A/B

本项用来设置软盘驱动器的容量和外形尺寸。选择本项后，系统将给出各类软盘驱动器的参数供用户选择，目前一般 Drive A 设置为 3.5 英寸、1.44MB，而 Drive B 设置为 None。

5. Video（显示器类型）

本项用来设置显示子系统的类型。可以设置的值是 EGA/VAG、MONO、CGA40、CGA80。对于 VGA 以上档次的显示系统应选择 EGA/VGA。

6. Halt On（停机条件）

本项用来设置开机自检出错的停机条件。有以下五种设定值：

（1）All Error：当 BIOS 检测到任何一个错误时，系统将停机。

（2）No Error：当 BIOS 检测到任何非严重错误时，系统不停机。

（3）All，But Keyboard：除了键盘错误以外，系统检测出任何错误时系统将停机。

（4）All，But Diskette：除了软盘驱动器的错误以外，系统检测出任何错误时系统将停机。

（5）All，But Disk/Key：除了磁盘驱动器和键盘的错误以外，系统检测出任何错误时系统将停机。

（三）CMOS 参数的维护

CMOS 中保存的信息是开机时所必需的，这些信息决定机器的各种配置。若被他人修改或信息丢失，都有可能造成整个系统崩溃，因此，有必要在机器系统正常工作时保存 CMOS 信息，以便必要时恢复。

保存 CMOS 信息的方法主要有以下两种：

1. 用户自己将 CMOS 信息做一个备份

也就是说，用户自己将一些重要的参数（如硬盘参数等）做一个记录，一旦系统出现问题，便于恢复。这种方法最简单有效，也便于操作。

2. 利用一些工具软件来保存 CMOS 信息

必要时再用相应的工具软件进行恢复。如运行 Disk tool 程序后，选择其中的 Create Rescue Diskette 项，将当前系统的分区信息、引导记录和 CMOS 信息保存在软盘上；需要恢复时，再运行 Disk tool 程序，选择其中的 Restore Rescue Diskette 项，将保存的分区信息、引导记录和 CMOS 信息进行恢复。

另外，用户还应时常注意机器系统时钟的变化。如果发现系统时钟在关机一段时间后变慢了，就应该考虑是不是 CMOS 的供电电池漏电或漏液，应及时更换电池，以保证 CMOS 信息不丢失。

五、计算机系统的使用与日常维护

（一）主机的使用与维护

1. 主机的使用

（1）电源开关注意事项。为防止瞬间电流脉冲对主机的影响，应遵循先开外设电源，后开主机电源；先关主机电源，再关外设电源的原则。接通电源后，一般不要随意移动设备和拔插各种接口卡及信号电缆。如一定要移动和拔插，应首先关机停电后进行。另外还需特别注意的事项有：严禁在硬盘或软盘驱动器工作时关闭主机电源，主机电源两次开机之间的时间间隔应大于 3min，以免造成磁头划伤磁盘等事故。

（2）如果突然停电，在没有配置 UPS 的情况下，应立即关闭主机及外设的电源开关，确认供电正常后才能再打开计算机的电源开关。

（3）应避免长期闲置不用。

2. 主机的日常维护

主机的日常维护包括以下内容：

（1）经常保持外壳清洁。

（2）经常检查所有电缆的连接是否牢固。

（3）随时删除硬盘驱动器内的不再有用的文件和目录。

（4）经常检查病毒，发现病毒必须立即清除，并检查在此之前曾用过的所有软盘。

（5）定期用工具软件（如 PC Tools）或 Windows 操作系统提供的应用程序，检查并解决硬盘中的碎块文件。

（6）每使用 1 年左右后要打开机箱吸去或吹去箱内的灰尘。

（7）随时备份硬盘驱动器内的重要文件，以防误删丢失。

（二）显示器的使用与维护

显示器与前面介绍的电视机比较类似，除了按照保护电视机的要求保护显示器外，还要做到以下几点：

（1）有些专用显示器可供不同型号的计算机使用，此种情况往往通过其背后的选择开关选择，否则可能出现显示信息不正常。

（2）为了确保暂停使用而又不关机的情况下不对屏幕造成损坏，应注意使用屏幕保护程序。有些软件自带屏幕保护程序，例如 Windows 98/XP，只要根据自己的爱好设定就可以了。有的软件不带屏幕保护程序，就需要安装一个专用屏幕保护软件。

（三）键盘的使用与维护

1. 键盘使用简介

键盘是计算机系统中最重要的输入设备，对用户而言，大部分的程序、数据和命令都是通过键盘传送到主机的。

键盘是人—机的媒介，因此必须爱护使用键盘。使用时要注意：通信信号线要插牢；在开机状态下，不要插拔信号线；要谨防弄湿键盘而造成短路；最重要的是要注意切勿过重地、猛烈地敲击键盘；要定期用酒精擦洗键盘表面及内部的灰尘，以防接触不良等故障。

键盘的常见故障有某个字符不能键入、输入与显示不一致、光标停不住、产生多种字符等。

2. 键盘的日常维护

常见的键盘维护操作是键盘除尘。先用无水酒精和软布擦去键盘表面的污物，彻底清除灰尘的方法是，使用螺丝刀（平口、十字各1把）、软刷和清洗剂，拆开键盘进行除尘。维修键盘时，最好备份键盘图。具体操作步骤如下：

（1）关机后，拔掉电源、电缆线，将键盘反放置在平台上，此时看到底板上有数颗螺钉，取下螺钉并放在安全的地方。为了方便以后的重组，拆下的东西一定要放好。拿开前面的面板，可见与主机相连的五芯电缆穿过底板连在电路上，其中四线电缆连接一组对应插件（注意接口方式），另一根黑色导线由螺钉固定。拔下这两处连接后，电路板即可与底板分离。

（2）将键帽从电路板上取下来，用工具轻轻将键帽往上抬松，一拔即下。键座上有标准键的数字代码。若有键盘图，则不必担心错位。

（3）用清洗剂对键帽、面、底板进行擦拭，用软刷轻扫电路板上的灰尘。

（4）待键帽干后，可重新组装。按照键盘图所示，将键帽对准它对应的键座压下即可。将电路板放到底板上，正确连接电缆。最后放回面板，将底板上的螺钉上好。

（四）硬盘的使用与维护

硬盘也是用来保存各种软件和数据的，它是计算机系统的外存之一，既可以用做输入设备又可以用做输出设备。硬盘集精密机器、微电子电路和电磁转换为一体，在计算机系统中起着举足轻重的作用。

硬盘的容量也越来越大，量度硬盘容量的单位可用兆字节（MB）或吉字节（GB）单位来衡量。大的硬盘容量可达一百多GB。计算机系统的故障几乎30%是由于硬盘损坏引起的，其中有相当一部分是使用者未根据硬盘特点而采取切实可行的维护措施所致。

1. 使用注意事项

实际上，硬盘一般不易出故障，但是一旦需要维修，费用比较高，所以用户要平时注意维护。通常硬盘毁坏的原因是电源的电压电流波动、机器过热、计算机病毒的侵害、操作人员的误操作等。

（1）在使用硬盘时，应注意启停间隔时间一定在 20s 以上，否则可能会损坏硬盘。将硬盘平衡固定好，这样才能减少硬盘故障的发生。

（2）注意防振。在搬动主机时，应先把硬盘磁头锁定在安全位置，以免因振动而划伤磁盘。

（3）用户要尽量减少自己拆卸硬盘。要保持清洁，由于硬盘腔体是密闭式结构，环境灰尘过多，会被吸附到印刷线路板表面及主轴电机的内部。用户切记：绝不允许在普通条件下，拆开盘体外壳的螺钉。

（4）可以借助一台 UPS 来解决机房电源的电压电流波动问题。

（5）若机器过热，可以通过清除机内积压的灰尘、调节环境温度来解决。

（6）注意硬盘数据的保护。用户可以制作一张引导软盘，盘上带有必要的系统软件可以启动机器，并且在硬盘上安装新的软件之前，应该备份好硬盘上已有的系统软件。对 Windows 98 或 NT 用户也要备份系统登录文件，并妥善保管好备份软盘。制作了系统引导盘和关键系统文件盘之后，还要对硬盘上的所有数据和程序做备份保存。备份用的外存可以使用软盘、活动的硬盘机、磁带、可擦写的 CD 或 U 盘。备份硬盘数据要及时定期进行。

（7）硬盘使用温度最好是 25℃，不要超过 40℃。要防潮，因为潮湿的环境会使绝缘电阻下降。要防止硬盘置于磁场的环境，要远离音箱、电机等电器。

（8）硬盘的根目录要清晰、整洁，根目录下应该只有系统文件及子目录，否则会占用更多的空间，影响硬盘的运行速度。使用硬盘时，要谨防计算机病毒，定期检查并杀死病毒，以免对硬盘进行格式化而损害其寿命。

2. 常见的硬盘故障

当硬盘的使用出现以下情况时，建议先检测一下硬盘是否感染病毒，确认不是感染病毒后，再请专门的维修部门予以修理。

（1）正常使用一段时间后，突然不能调用硬盘了，提示有"非法驱动器指定"，这时除病毒外，可能是硬盘驱动器内部磁头系统出现故障了。

（2）当使用一段时间后信息丢失，这时除病毒外，可能是磁头损坏了用户区的磁道，使原先写入该磁道的信息无法读出，对于该故障用户可以采用对硬盘重新进行一次格式化的方法予以解决。格式化之前注意保存好硬盘上其他完好的有用的文件，用软盘事先备份后再对硬盘进行格式化处理。

（3）开机后指示灯闪烁，并提示硬盘故障。此故障一般是由移动机器或拆装硬盘而造成的硬盘本身的电路插接件的接触不良。用户可以自己将各插接件重新安装好。

（4）当需要对硬盘进行格式化时，可能会出现"此命令不能执行"的故障。

（5）当出现选盘正确，但读不出也写不进文件，格式化时，该硬盘却发出"哇哇"的叫声的情况时，就必须请专修人员对磁头系统进行修理了。

（五）USB 移动硬盘的使用与维护

在现代的办公活动中，经常出现需要数据移动和交换的情况。对于小量的数据可以用软盘。但是对于大量的数据就需要用到大容量的移动存储设备——USB 移动硬盘。USB 移动硬盘是一种容量大（一般为几百 MB 到几十 GB）、携带方便的、移动存储设备。它使用 USB 接口进行数据传输，最高速度可达 12Mb/s（USB1.1 规范）和 480Mb/s（USB2.0 规范），并可热插拔。USB 移动硬盘兼容性也比较好，只要计算机硬件具有 USB 接口就可以使用，适合不同的计算机系统交换数据。

1. 使用注意事项

（1）在 Windows 95 以及 Windows NT4.0 等操作系统下，由于不支持任何 USB 设备，所以无法使用 USB 移动硬盘。

（2）通常 USB 移动硬盘表面有两个指示灯：电源指示灯和数据存取指示灯。红色的电源指示灯总是亮的。绿色的数据存取指示灯在电脑进行存取操作时，由绿转为红，此时不能拔出 USB 连接线，否则会造成数据丢失。

（3）在进行 USB 移动硬盘与电脑连接时，应垂直插入或拔出 USB 连接线，以避免破坏电脑的 USB 接口。

（4）由于 Windows 98 系统只能识别 FAT16 和 FAT32 文件系统，所以如果 USB 移动硬盘经常在 Windows 98 系统和 Windows 2000 系统间交换数据，应使用 FAT 文件系统格式化 USB 移动硬盘，避免使用 Windows 2000 系统的 NTFS 文件系统。

（5）在未关机的情况下要取下 USB 移动硬盘时，应先在系统中断开 USB 设备的连接，当出现"可以安全删除移动设备"的提示后，才可以拔出 USB 连接线。

2. 常见故障及解决办法

（1）如果按照正常操作，计算机没有找到 USB 移动硬盘，请先检查"我的电脑/控制面板/系统/设备管理器"中是否有"通用串行总线控制器"这一项。如果没有该项，必须重新启动计算机，并在启动时按住"Del"键，进入 COMS 设置，打开相应的 USB 控制选项并重启计算机即可。如果有"通用串行总线控制器"这一项，则说明主板的 USB 接口输出信号较弱，这是因为有些主板 USB 接口（如 SIS 芯片）的输出电压偏低，不能带动 USB 移动硬盘。此时，必须使用补偿电源。解决办法：如果移动硬盘的 USB 连接线上附带 PS2 口电源线，则先关闭计算机，然后将 PS2 口接到主机 PS2 的键盘（或鼠标）口上，键盘接到 PS 口后端，再开机连接 USB 硬盘使用。如果 USB 连接线上没有附带 PS2 口电源线，则用外接的＋5V 电源给移动硬盘供电。外接电源插头的极性为：外一，芯＋。电压为＋5V。需要特别注意的是，千万不能使用外接交流适配器给 USB 硬盘供电。

（2）如果在 Windows 98 下插入 USB 移动硬盘，系统发现新硬件但是无盘符出现，则需重新安装 USB 移动硬盘驱动程序。

（3）有时 USB 移动硬盘中的数据已经删除，可容量并没有变化。原因是在 Windows 操作系统中文件删除后并没有完全从硬盘中去掉，而是保存在回收站中，每一个硬盘分区默认都有容量的 10％作为回收站的存储区，若想完全删除文件，需要再清空回收站。

（4）对 USB 移动硬盘进行读写操作后，拔出硬盘时蓝屏，提示磁盘读写错误。这是因为拔出 USB 连接线时后台读写操作还没有完成。因此，拔出 USB 移动硬盘时一定要先点击"热插拔图标"，出现安全提示后再拔出 USB 连接线，否则会造成数据丢失。

（六）闪速存储器的使用与维护

闪速存储器是一种移动存储设备，又称为 U 盘（优盘）、易盘、闪存。如果闪速存储器应用在 Windows Me、Windows 2000 或 Windows XP 系统中，则无须安装驱动程序。如果闪速存储器应用在 Windows 98 系统中，需要安装驱动程序。安装驱动程序的方法和安装移动硬盘的驱动程序相同，请读者参考移动硬盘的驱动程序安装方法。

它的原理是将数据存储在内建的闪存（Flash Memory 或 Flash ROM）中，并利用 USB 接口与计算机进行数据交换。因此，闪速存储器是一种半导体存储器件，具有体积小、容量大、数据交换速度快、可以热插拔等优点。鉴于闪速存储器的诸多优点，在现代的计算机硬件系统中有取代软驱的趋势。

1. 使用注意事项

（1）由于闪速存储器和 USB 移动硬盘同属于 USB 接口设备，所以 USB 移动硬盘的使用注意事项同样适用于闪速存储器。

（2）有些闪速存储器支持加密存储。如果要移动的数据是秘密数据，请将数据加密，以防止存储器丢失而造成数据丢失。

（3）闪速存储器存储了数据后，一般应打开写保护开关，防止误删重要数据。

（4）如果闪速存储器掉入水中或受潮，应将其自然干燥后再使用。

2. 常见故障

（1）USB 移动硬盘的一些常见故障及解决办法同样适用于闪速存储器。

（2）插入闪速存储器后，屏幕右下角出现热插拔图标但是不出现盘符，重新启动系统后故障依旧，可能是因为闪速存储器的 USB 接口松动，应找专业修理人员修理。

（七）计算机病毒及其防治措施

1. 计算机病毒

计算机病毒是一种人为编制的可以将自身复制并隐藏在计算机系统内，"传染"和"破坏"计算机系统的特制程序。

计算机病毒具有计算机之间、网络之间或其内部的传染性、流行性、繁殖性、潜伏性、隐蔽性、寄生性和破坏性等特点。

2. 计算机病毒的表现症状

计算机病毒的表现症状因病毒的不同而不同，也有些是相似的。总体而言，造成的系统破坏和具体症状大体是屏幕异常滚动；屏幕上有规律出现异常画面或提示信息；屏幕上的字符（英文）出现滑落；显示的汉字不全；运行速度减慢，读盘时间变长；系统文件的长度发生变化或发现不知来源的隐藏文件；机器出现异常死机或不能正常启动；程序或数据神秘丢失，文件名不能辨认；用户访问设备时发生异常情况，如打印机不能联机或打印符号异常；键盘上敲入字符与显示不符或键盘锁定等现象。

3. 计算机病毒防治措施

目前对付计算机病毒的方法有两种：一是主动预防；二是进行被动处理。

计算机病毒防治的具体措施有：完善规章制度和管理措施，提高使用人员的思想认识和组织纪律，加强职业道德教育；谨慎使用公用软件；禁止未经病毒检测就直接使用外来的软盘，本机软件外借后，也必须进行病毒检测方可再使用，无特殊情况，软件不可外借；保护好系统盘，贴上写保护标签；定期复制重要的程序和数据，定期检测系统和软盘；定期用杀毒软件检查病毒，若有病毒立即清除；发现机器出现被病毒破坏的迹象，应及时查毒和杀毒。

需要注意的是，病毒更新很快，建议用户最好使用正版软件，并经常进行网上升级，及时更新自己的病毒库，给自己的计算机以最好的保护。

 思考题

1. 笔记本电脑的三个关键因素是什么？
2. 在日常生活中如何维护计算机系统？
3. 如何防治病毒？

第二节 复印机

学习目标

掌握复印机的工作原理、组成和使用方法，熟悉相关的技术参数，了解涉及的标准，能够运用所学知识对复印机的质量进行简单的检验，并掌握复印机的保养方法。

静电复印机的产生相对较晚，但它的发展也经历了一个漫长且相对曲折的过程。美国物理学家卡尔逊（C. F. Carson）于 1935 年开始研究，经过三年多的努力，静电复制方法获得成功。1938 年首次成功地进行了静电复印的实验。1947 年研制出静电复印机。由于硒及其他光敏材料的发现，电晕充电、转印技术的应用以及显影方法的改进，1950 年制作出了第一台手工操作的平板式硒静电商品复印机，经过不断完善，于 1954 年生产出转鼓式静电复印机。静电复印机如今已达到很高的自动化程度。

静电复印机的发展过程从转印方式来讲，主要经历了硫磺板原始复印、平板式复印、转鼓式复印三个阶段。硫磺板原始复印是在锌板上涂一层硫黄薄膜，再在暗室中用手绢摩擦硫黄表面使之带上静电，再经过若干工序，使文字显现在硫黄薄膜上。平板式复印是在镀有硒箔的铝基平板（硒板）上，依次完成充电、曝光、显影、消电、转印、固化、清洁等工序后一次完成复制任务。转鼓式复印是把多项工序依次间隔作业改为多项工序同时进行、连续作业的一种先进的复印技术，现在被绝大多数复印机所普遍采用。

一、工作原理和组成

（一）工作原理

复印机的工作原理是利用光导体的电位特性，在光导体没有受光照的状态下进行充电，使其表面带上均匀的电荷，然后通过光学成像原理，使原稿图像成像在光导体上。有图像部分因没有受到光照（相当于暗态），所以光导体表面仍带有电荷，而无图像区域则受到光照（相当于亮态），所以光导体表面的电荷通过基体的接地，使表面的电荷消失，从而形成了静电潜像。通过静电原理，使用带有极性相反电荷的墨粉，使光导体表面的静电潜像转化成为光导体表面的墨粉图像。最后，仍然通过静电原理，将光导体表面的墨粉图像转印到复印纸表面，完成复印的基本过程。

复印机的工作过程主要包括以下几个部分（按照复印顺序）：充电部件（高压发生器、电极架、电机丝），使感光鼓表面均匀地带上电荷；曝光部件（扫描曝光灯、反光镜、镜头），使感光鼓表面按照原稿图像，形成图像的反转电位潜像；显影部件（显影器、高压发生器），将感光鼓表面的电位潜像转化为墨粉图像；送纸部件（马达、搓纸轮），马达带动搓纸轮将复印纸送入机内，为下一步将鼓表面的墨粉图像转印到纸上做准备；转印部件（高压发生器、电极架、电机丝），通过转印电极使复印纸表面带上均匀的与墨粉电荷相反的电荷，将感光鼓上的墨粉图像转印到复印纸上；分离部件（高压发生器、电极架、电机丝），由于复印纸和感光鼓表面均带有电荷，而且极性相反，所以复印纸在复印过程中不易从感光鼓上分开。因此要将完成复印的复印纸顺利从鼓上分开，需要采取分离的措施。以前的复印机采用机械分离，但易卡纸，当前的复印机均采用电流分离。其中分离电流含有高频交流和固定直流成分。清洁部件（清洁器），将感光鼓表面的残留墨粉清洁干净，为下一复印做好准备工作。所有复印机都不可能通过转印将感光鼓表面的墨粉完全转印到复印纸上。所以，鼓表面均有残留墨粉，不进行清洁则影响复印品的质量。定影部件（定影热棍、压力棍、加热器），复印纸上的墨粉图像通过定影固定在复印纸上，以便于保存。若不经过定影，复印纸上的图像一碰就掉落（定影需要一定的温度和压力）。

　　复印还包括许多辅助过程，主要有消电部件（全面曝光灯），将感光鼓表面的残留电位清除，为以后的复印做准备，否则复印品会有残留图像或底灰。删边部件（像间像边消电灯），复印品均有前端、前后侧、后端或缩小部分的空白，所以需要通过像间像边消电灯将不需要的感光鼓表面电位清除。

（二）系统组成

　　复印机机械结构主要包括以下几个部分：

　　（1）光学成像系统。主要由曝光灯、反光镜（1～4块或1～6块）、光学镜头组成。其作用是将原稿成像到感光鼓上，所以光学系统的成像质量直接影响复印品的质量。

　　（2）感光鼓及成像系统。主要由感光鼓、充电电极、转印电极、分离电极以及像间像边消电灯和全面消电灯组成。其作用是将光学成像系统在感光鼓表面成像的光学图像转化为电位潜像，再将感光鼓上的墨粉图像转印到复印纸上，最后将复印纸从感光鼓上顺利剥离下来完成原稿到复印品的过程。

　　（3）显影系统。主要由加粉马达、墨粉盒、显影磁棍、磁棍刮片、墨粉搅拌器、墨粉输送螺旋杆、传动齿轮组成。其作用是加粉马达将墨粉盒内的墨粉通过墨粉输送螺旋杆送入显影器内，墨粉搅拌器将墨粉进行充分搅拌使墨粉带上电荷后吸附在显影磁棍上，磁棍上墨粉的厚度由磁棍刮片控制。最后通过感光鼓表面的电荷将磁棍表面的墨粉吸附到感光鼓上形成感光鼓墨粉图像。

（4）送纸系统。主要由送纸马达、搓纸轮、纸盒、传动齿轮组成。其作用是将复印纸送入机内，为下一步将鼓表面的墨粉图像转印到纸上做准备。

（5）清洁系统。主要由清洁刮片、回收棍、废粉传动螺旋杆、废粉盒、传动齿轮组成。其作用是清洁刮片将感光鼓表面的残留墨粉刮下来，通过回收棍、废粉传动螺旋杆将废粉收集到废粉盒。因为所有复印机都不可能通过转印将感光鼓表面的墨粉完全转印到复印纸上。所以，鼓表面均有残留墨粉，不进行清洁则影响复印品的质量。

（6）定影系统。主要由定影热棍、压力棍、加热灯管、热敏电阻、过热保护开关、传动齿轮组成。其作用是通过加热灯管将热棍加热到一定的温度，此温度值由热敏电阻控制。利用热棍和压力棍之间的压力将复印纸上的墨粉熔化后固定在复印纸上。

（7）传动系统。主要由主马达、扫描灯架马达、镜头马达、送纸马达和显影马达（后两种马达有些复印机没有）、传动齿轮、传动链条（皮带或钢丝绳）组成。主马达驱动感光鼓、输纸机构、清洁器、定影器、显影器和送纸机构（有些机型由独立马达驱动）；镜头马达控制镜头按不同的比例前后移动，保证复印品效果；灯架马达驱动灯架的前进和后退，同时也要保证灯架的移动与感光鼓的转动同步；送纸马达则驱动搓纸轮将纸送入机内；显影马达则驱动显影器的转动，将墨粉同步输送到磁棍上。

（8）输纸系统。主要由输纸导棍、输纸轮、输纸皮带、树枝风扇、输纸导板组成。复印纸被搓纸轮送入复印机到定影后出复印机，除了送纸、转印、定影过程外，还需要其他的辅助过程，而输纸系统就是复印纸在复印机内正常传输必不可少的部分。

二、分类和性能

复印机多种多样，性能各异，目前尚无统一的分类方法，大致可从以下几个方面分类。

（一）根据用途分类

根据用途分类，一般可分为办公用复印机、工程图纸复印机、彩色复印机以及特殊用途的复印机。

（二）根据复印速度分类

各种系列复印机根据复印速度分类，通常可分为超高速复印机（大于或等于100张/分）、高速复印机（60～100张/分）、中速复印机（20～60张/分）及低速复印机（20张/分）四类。

（三）根据扫描信号分类

由于复印机是现代化办公设备，属于高新技术产品，更新换代速度比较快，总的趋势是智能化程度越来越高。现在在扫描信号的处理上又产生模拟式静电复印机和数字式静电复印机两大类。

（四）其他分类方法

复印机的类型也可以按光导体的材料、光导体的成像方法、显影剂组分等很专业的角度来分类。

按静电潜像的方式分类，可分为放电成像法（卡尔逊法）、逆充电成像法（NP法或KIP法）、持久内极化成像法（PIP）、电荷转移成像法、充电成像以及屏内（栅极）离子流法和磁记录法。

按显影方式分类，可分为干法显影和湿法显影。其中干法显影又分为双组份显影和单组份显影。

按复印纸张分类，可分为普通纸复印（间接法）和涂层纸复印（直接法）。

目前，应用最广泛的是普通纸静电复印机（干式间接法），通常说的复印机就是指这一类复印机。

三、技术参数与标准

（一）技术参数

［复印速度］是指复印机每分钟能够复印的张数，单位是张/分。由于复印机预热需要时间，首张复印也需要花费比较长的时间，因此复印速度在计数时一般应该从第二张开始。产品的复印速度和复印机中复印装置的运行速度、成像原理、定影系统都有直接关系。

［连续复印］是指对同一复印原稿不需要进行多次设置，复印机可以一次连续完成复印的最大数量。

［首张复印时间］是指在复印机完成了预热处于待机的状态下，用户完成了在稿台放好复印原稿、盖好盖板等一切准备工作后，从按下按钮向复印机发出复印指令到复印机输出第一张复印稿所花费的时间。

［复印比例］是指复印机能够对复印原稿进行放大和缩小的比例范围，使用百分比（%）表示。

［最大复印尺寸］是指复印机可以复印输出的最大尺寸。一般来说，产品的最大复印尺寸是大于或等于最大原稿尺寸的。

［预热时间］复印机在进行复印时首先需要对感光材料进行充电，利用电晕放电的方法使感光材料的表面带上一定数量的静电电荷，从而能够进行正常的复印工作。这个过程所花费的时间称为复印机的预热时间。

（二）标准

GB/T 10992.2—1999《静电复印机便携式复印机》

GB/T 148—1997《印刷、书写及绘图纸幅面尺寸》

GB 191—1990《包装储运图示标志》

GB 1002—1996《家用和类似用途插头插座　型式、基本参数和尺寸》

GB 2099.1—1996《家用和类似用途插头插座　第 1 部分：通用要求》

GB/T 2829—2002《周期检查计数抽样程序及抽样表（适用于生产过程稳定性的检查)》

GB 3095—1996《环境空气质量标准》

GB/T 4591—1992《静电复印测试版》

GB/T 5748—1985《作业场所空气中粉尘测定方法》

GB/T 9969.1—1998《工业产品使用说明书　总则》

GB/T 10073—1996《静电复印品图像质量评价方法》

GB/T 13334—1991《复印机调试版 A3》

GB/T 13963—1992《复印机术语》

GB/T 14436—1993《工业产品保证文件　总则》

GB/T 15464—1995《仪器仪表包装通用技术条件》

GB 15934—1996《电控组件》

GB/T 16024—1995《车间空气中臭氧的丁子香酚—盐酸副玫瑰苯胺分光光度测定方法》

GB/T 16981—1997《信息技术 办公设备 复印机规格表中应包含的基本内容》

GB/T 17712—1999《速印机和文件复印机　图形符号》

JB/T 7476—1994《复印机械噪声测量方法》

JB/T 8273—1999《静电复印全黑版》

JB/T 8274—1999《静电复印漏印测试版》

JB 8616—1997《复印机械（包括其他办公事务设备）的安全保护》

JB/T 9444.1～9444.11—1999《复印机械基本环境试验方法》

JB/T 50037—1999《静电复印机可靠性要求及试验方法》

四、质量检验与保养

（一）感官检验

零件应进行必要的防锈处理。产品电镀涂覆层和化学、油漆涂覆层的质量指标和要求在企业标准中规定。塑料件表面应平整、光滑、色泽均匀，不得有裂纹、气泡、缩孔等缺陷。所有构件应完整无损、连接可靠、紧固件无松动现象。整机操作人员接触区的棱缘或拐角应倒圆或磨光。在棱缘或拐角处应不存在突变的不连续点。控制面板上的各种操作与显示功能应显示清晰正确、操作灵便可靠、正确执行无误。

（二）理化检验

理化检验的方法详见《静电复印机便携式复印机》（GB/T 10992.2—1999）。

［抗电强度］产品可以采用双重绝缘或加强绝缘保护措施的Ⅱ类或Ⅲ类防电击保护机器。当采用Ⅱ类、Ⅲ类防电击保护时，抗电强度应符合双重绝缘或加强绝缘的要求，整机两根供电线与地线之间施加 50Hz、3000V 电压，经 60s 后无击穿。

［电源插头、插座或电线组件］电源插头、插座的型式和标志、电源软线的类型应符合《家用和类似用途单相插头插座　型式、基本参数和尺寸》（GB 1002—2008）和《家用和类似用途插头插座　第 1 部分：通用要求》（GB 2099.1—1996）及《电器附件电线组件而互连电线组件》（GB 15934—2008）的要求。

［接地性能］整机的接地性能应符合《复印机（包括其他办公事务设备）的安全保护》（JB 8616—1997）中 5.6 的要求。

［安全联锁装置］整机的安全联锁装置应符合《复印机（包括其他办公事务设备）的安全保护》（JB 8616—1997）中 5.7.1 的要求。

［对地漏电流］整机的对地漏电感应≤3.5mA。

［稿台温度］整机的稿台温度应≤80℃。

［电源容差运行安全］电源容差为额定电压的±10%或额定电压范围上、下限的±10%。在该条件下复印机工作 30min 内，应安全可靠地运行。

［输入电流］整机在额定电压及正常负载条件下，其稳定输入电流的偏差不应超过额定电流的 10%。

运行考核项目技术要求如表 5-1 所示。

表 5-1　　　　　　　　　　运行考核项目技术要求

序　号	项目名称	技术要求
1	停机之路故障率	≤0.4%
2	不停机之路故障率	≤0.1%
3	运行时间	型式试验 4h
4	复印量	≥复印量额定值的 65%
5	机械、电器故障	无
6	复印品质量	符合表 5-2 规定

注：复印量额定值＝机器额定复印速度×运行时间。

[电压波动运行] 复印机在额定负载时，电压波动运行试验中，将电源电压调到额定值的 110% 或额定范围上限值的 110%，以及调至电源额定值的 90% 或额定范围下限值的 90%，复印品质量应满足表 5-2 中图像密度、底灰、分辨力、定影牢固度四个项目的质量要求。整机在运行中应无机械、电气故障。

[可靠性要求] 产品的可靠性按《静电复印机可靠性要求及试验方法》(JB/T 50037—1999) 第 4 条要求，以平均无故障复印量（MCBF）≥1500 张评价。

[噪声] 产品在工作期间产生的噪声应≤65dB（A）。

[臭氧] 臭氧的最高浓度限值不超过 $0.3mg/m^3$。

[粉尘] 不含有毒物质粉尘的最高浓度限值不超过 $10mg/m^3$。

表 5-2　　　　　　　　　　　　　　复印品质量要求

序　号	项目名称	技术要求
1	图像密度	≥0.9
2	底灰（灰雾度）	≤0.03
3	层次（级）	≥3
4	分辨力（线/mm）	≥2.8
5	起始线误差（mm）	±2.5
6	图像倾斜误差（mm）	±1:100
7	对角线误差	≤1.0%
8	对角边误差	≤1.0%
9	等倍比例误差	≤1.0%
10	定影牢固度	温度≥15℃时：≥90% 温度<15℃时：≥90%
11	漏因（等倍）	>1.0mm² 无 0.8~1.0mm² ≤5 个 0.3~0.8mm² ≤10 个 在 40mm×50mm 的区域中， 无 2 个以上≥1mm 的断线
12	印品异常	无

（三）保养

静电复印机对于周围的环境、安装地点和使用方法均有一定的要求，其中温度和湿度要求较高。不良的工作环境不仅对复印机的性能和寿命有影响，而且还会影响复印件的质量。因此，在安装和使用复印机前，要认真阅读说明书，并按说明书中的要求来执行。

（1）电源。复印机使用的电源为 50Hz、220V 的交流电，功率应能够承受 3000W 的线路，有良好的接地，最好配有交流稳压电源。

（2）环境温度与湿度。复印机正常使用的温度应为 10℃～35℃，温度超过或者低于这个温度，会影响复印质量以及复印机的寿命。正常工作的湿度应为 20%～35%。

（3）安装要求。复印机应安装在阳光照射不到、地面平整、通风条件好、清洁防尘的地方，复印机距墙应保持 10cm 以上的距离，同时远离易燃和有腐蚀性的物质。由于复印机是一个复杂的电子电路与精密的机械、光学的结合体，使用时应进行定期保养。

1. 基本保养程序

基本保养程序应当经常进行，其主要内容包括以下几方面：

（1）查阅维修档案，根据机器的复印数量（使用时间）检查达到时限的易损零件。

（2）向操作人员询问机器工作情况，根据其意见检查复印机的工作状况。

（3）记录计数器的读数。将复印品质量测试板或清晰的原稿放在稿台上，复印数张，并检查复印品图像浓度、清晰度、定影情况，有无污脏、底灰等现象。再利用放大、缩小功能复印数张，检查以上项目。复印时还应注意机器有无杂音。

（4）清洁复印机的内部、外部及稿台盖板的白色内面。

（5）检查并修复有故障的部分，更换性能不良的零件。

（6）安装好机器，复印数张复印品，留一张存档。

（7）填写维修卡片，向操作人员报告保养结果。

2. 定期保养程序

除以上保养外，还需要根据一定的复印量进行定期保养。因范围和复杂程度不同可分为三级：当复印量为 2000 张时，由操作员进行一级保养；当复印量达到 15000～20000 张时，应由专业维修人员进行全面的二级保养；当复印量达到 10 万张时，应由专业维修人员进行全面、彻底的三级保养。详细说明如下。

（1）复印 3000 张的保养。

①取出废粉盒，倒掉废粉，将盒擦净后装入机内。

②抽出各电极，擦拭电极丝、栅极丝和电极架。

③清洁显影器底部，上、下导纸板，分离辊，分离带。

④用蘸酒精的棉花清洁稿台玻璃。

（2）复印1万张的保养。

①进行（1）所列的各项保养。

②取出显影器，卸下显影器辊上的防尘板，检查显影辊表面，发现异常时，应进行相应处理。这只适用于单一成分显影器。

③擦拭定影器进纸处纸板，必要时可使用酒精。

④拆开定影器护罩，更换定影辊清洁毛毡和上、下分离爪。

⑤清除落在定影器下部的墨粉和纸毛及油垢。

⑥用酒精擦拭原稿台玻璃的下表面。

（3）复印5万张的保养。

①进行（2）所列的各项保养。

②用镜头纸擦拭扫描灯、灯反光板、防尘玻璃。

③用镜头纸擦拭各反射镜、镜头的两面。如仍擦不干净，可蘸少许酒精向一个方向擦，然后用干纸擦净。

④拆下感光鼓清洁器，检查刮板，如有损坏应更换。新的刮板应在刃口上涂一点墨粉。

⑤检查稿台驱动钢丝绳，如有扭曲或损伤应更换。

（4）复印10万张的保养。

①进行（3）所列的各项保养。

②取出前曝光灯、消电灯、全面曝光灯、空白曝光灯等，用干布擦拭，污染严重时可用镜头纸蘸酒精擦拭。

③拆下搓纸、对位、显影离合器，在其内部弹簧上涂耐热润滑脂。如发现离合器磨损严重，则应更换。

④卸下原稿台或扫描灯驱动部件，在前进、返回离合器上注润滑油。

⑤在感光鼓驱动部件的张紧臂和张紧轮处涂耐热润滑脂。

⑥用吹风毛刷清扫纸路上各印刷电路板上的光电传感器。

（5）复印20万张的保养。

①进行（4）所列的各项保养。

②更换显影器的显影间隙轮。发现显影器两端漏粉时，应更换两端的密封片。

③检查清洁器是否漏粉，更换两端密封片及中间的密封薄膜。

④检查空白/分离区曝光灯是否出现黑斑，必要时更换曝光灯。

以上几项保养程序可结合起来进行，同时也要根据机器的使用条件灵活掌握，如室内灰尘较大，则应缩短两次保养间隙的时间。总之，要使机器清洁、完好、润滑。

3. 复印机的日常维护

除了上述保养外，还应对复印机进行必要的维护。复印机常出现故障的部位主要有光学部分、电器部分、纸路部分等。

（1）光学部分的维护。光学部分的问题主要表现为稿台玻璃脏、反光镜有灰尘、镜面松动、有异物等，这些问题会造成复印有底灰、有斑点、比例变形等。反光镜面松动应紧固，光路有异物应清除。清洁是最主要的保养方法。

（2）电器部分的维护。电器部分的主要问题是：各电晕电极的接触不良或者受污染，电极丝断裂或者电极丝上有异物等。这会造成电晕电极放电困难，致使复印品无图像、太淡、有划痕等。如有上述故障，应进行擦拭或者更换电晕丝。

（3）纸路部分的维护。纸路部分的故障主要表现为卡纸、不能搓纸等。

卡纸是复印机的一种常见故障，会导致纸张、墨粉的浪费，也会损坏感光鼓本身。造成卡纸的原因有两方面：一方面是输纸系统，另一方面为纸张本身的质量。因此，应做到严格按复印机的要求选定复印纸，检查输纸系统的磨损（严重的应更换输纸轮、传送带等），保持输纸系统的清洁（保持一定的摩擦力）。卡纸故障排除的方法：卡纸时复印机面板上会显示卡纸的部位，维护人员可以根据卡纸的部位进行故障的排除。

复印机使用时间过长，搓纸轮就会搓不动纸，这是由于纸屑、灰尘等粘在搓纸轮上，使其表面光滑，摩擦力减小，不能将纸送入复印机。这时可用一块不起毛的布，蘸水（使用酒精会使橡皮轮老化）湿润后擦拭搓纸轮，干燥后即可使用。

（4）耗材的添加。经常需要添加的耗材主要是复印纸与墨粉。复印纸应加入供纸盒、供纸箱里。先将纸盒拉出，将复印纸装入纸盒，放时轻轻压下纸的前沿，并将其插在纸分离器下，将纸盒推入机内并听到卡住声即完成放纸环节。

无论是日常保养还是维修机器，都应准备一些常用工具、清洁润滑用的材料，同时也要了解一些必要的常识。

4. 保养应注意的问题

在保养过程中，为了不使机器产生人为故障或损坏机器的零部件，必须注意以下几点：

（1）保养时应关上机器主电源开关，拔下电源插头，以免金属工具碰触使机器短路。

（2）一些绝缘部件用酒精等擦拭后，一定要等液体完全挥发后再装到机器上试机，否则会使其短路甚至击穿。

（3）使用润滑剂时，要按说明的要求进行。一般塑料、橡胶零件不得加油，否则会使其老化。

（4）拆卸某一部件时，应注意拆下的次序。零件较多时，可以记录下来，以防忘记，特别是垫圈、弹簧、轴承之类，安装时以相反的次序操作。

（5）机器内、外所使用的螺钉容易混淆，应在拆下后分别放置，以免上错，使之损坏。

五、包装、运输与储存

（一）包装

对包装的要求，按《仪器仪表包装通用技术条件》（GB/T 15464—1995）中有关防震、防潮、防尘的规定执行。产品包装有效期由企业自行规定，但不应少于一年。包装应保证在正常的运输和存放条件下，不致因颠震、装卸、受潮和浸入灰尘而使机器受损及紧固松动。包装箱内应随带下列文件：产品合格证，其编号应符合《工业产品保证文件　总则》（GB/T 14436—1993）的规定；产品使用说明书，其编写应符合《工业产品使用说明书　总则》（GB/T 9969.1—1998）的规定；装箱单；其他有关技术资料。

（二）运输、储存

运输过程中不得直接承受雨淋、曝晒、摔撞等剧烈冲击震动及重压。

复印机应在仓库中储存，储存时应保持原包装状态。仓库内应通风良好，周围空气中不应有腐蚀性气体及有机溶剂气体。长期储存要求环境温度为5℃～35℃，相对湿度不超过90%。产品储存堆放高度不应超过包装箱上的标记要求。产品储存期限不应超过两年。超过期限后，应对产品按标准进行抽检。

六、新技术展望

现代社会已进入信息时代，作为复制传递信息的重要手段之一的静电复印机，已渗透到社会各个领域，它作为办公自动化的重要组成部分，已广泛应用于各行各业的许多部门，而且正向更广阔的领域渗透。

另外，许多复印机公司早在20世纪90年代初就推出了多种数字式静电复印机。现在许多新型号的数字式复印机在配备了相关的附件以后，可以用作电脑打印机、电话传真机、扫描仪等。数码复印机在多功能方面表现出的优异性能，已经逐渐成为企事业单位办公室的主流设备，大有替代模拟复印机以及打印机、扫描仪和传真机的可能。

目前，静电复印机已从传统的模拟式成像方式发展到新一代的数字式静电复印机，品种从单一化向多层次、多样化方向不断发展。由于彩色复印的成本下降，彩色复印品图像质量进一步提高，可以想象彩色复印时代的到来并不遥远。科学技术的发展必将促进现代复印技术的进一步普及和提高，复印技术会在科学研究和国民经济的各个部门获得更广泛的推广和应用。

思考题

1. 简述复印机的工作原理。
2. 复印机的系统组成有哪些部分？
3. 如何对复印机进行保养？

第三节　打印机

学习目标

掌握打印机的工作原理、分类及系统组成，熟悉打印机的主要技术参数，掌握打印机相关的标准及感官检验、理化检验的方法和依据，了解打印机的新技术及养护方法。

打印机是办公用计算机的常用外部设备，打印机的功能就是把已存储在计算机内的办公文稿等内容打印输出，形成书面文件。严格地说，现在市场上销售的办公用打印机都是智能打印机，它本身的控制电路就是一个微电脑控制系统，是一个完整精密的机电一体化智能系统。此外，我国市场上出售的打印机还应带有汉字字库，以提高汉字的打印速度。

目前，市场上出售的打印机设备从原理上分主要有三种：针式打印机、喷墨打印机和激光打印机。

针式打印机经久耐用，打印成本低，具有打印多层纸的能力，还可以打印宽行打印纸，适合报表打印，但噪声大，分辨率低。

喷墨打印机分辨率较高，噪声较针式打印机要小得多，使用方便，价格低廉。但分辨率不如激光打印机，是办公室及家庭用的主要机型。彩色喷墨打印机在专用纸（相纸）上可打印出色彩艳丽的图片，深受广大用户的欢迎。

激光打印机价格较高，分辨率高，噪声最小，适合打印高质量的文件和图像。

数码打印机分辨率最高，噪声小，价格高，主要用于彩扩店打印数码照片，是最近几年才出现的高科技产品。

目前生产打印机的专业厂家有 EPSON、HP、CANON、Kodak 公司等，它们的系列产品可以从中文网站上查阅，其技术指标、价格、性能、新产品等都可以查到。

一、针式打印机

针式打印机的特点是结构简单、技术成熟、性能价格比好、消耗费用低。针式打印机虽然噪声较高、分辨率较低、打印针易损坏，但近年来由于技术的发展，较大地提高了针式打印机的打印速度、降低了打印噪声、改善了打印品质，并使针式打印机向着专用化、专业化方向发展，使其在银行存折打印、财务发票打印、记录科学数据连续打印、条码打印、快速跳行打印和多份拷贝制作等应用领域具有其他类型打印机不可取代的功能。

目前，市场上主要有 9 针和 24 针两种针式打印机。9 针式打印机不配汉字库，其基本功能是打印字母和数字符号，若要打印 16×16 点阵组成的简易汉字，只能在图形方式下打印，打印时必须分两次进行，即第一次打印一行汉字的上半部分 8 个点，第二次打印该行汉字的下半部分 8 个点，上下两部分拼成一行完整的汉字。显然，打印汉字的速度很低；若要打印 24×24 点阵组成的汉字，则一行完整的汉字至少需要三次打印才能完成，打印速度更慢。

按照有关标准，对"汉字针式打印机"的定义是：打印头横向打印一次就能打出一种或几种符合国际汉字字形点阵要求的打印机。目前，市场上流行的 24 针打印机就能一次打出 24×24 点阵组成的汉字。

西文针式打印机本身不带汉字库，汉字库设置在计算机系统硬盘上。当进行汉字信息处理时，在汉字操作系统（CCDOS）支持下，根据汉字输入代码调用硬盘汉字库中的点阵码，主机将读出的点阵码以点像形式送给打印机。对于一个 24×24 点阵组成的汉字来说，主机要送对应的 72 个字节点阵码给打印机。显然，不仅主机忙于汉字转换，而且主机与打印机之间连续不断地传输点阵码，会大大降低系统工作效率。对于自配汉字库的打印机来说，当计算机进行汉字信息处理时，主机只要将需要打印的汉字国标码（2 个字节）直接送往打印机即可，而汉字国标码变成对应的点阵码则由打印机内部完成，两者相比，主机处理一个汉字，由过去输出 72 个字节点阵码缩短为输出 2 个字节国标码，使系统工作效率大为提高。打印机内部硬件和软件还能完成汉字纵向打印、横向放大、纵向放大、斜体字打印、空心字打印、反白打印、加黑字打印等功能，从而使汉字打印机功能和打印速度得到充分发挥。

（一）工作原理与组成

1. 工作原理

针式打印机是利用机械和电路驱动原理，使打印针撞击色带和打印介质，进而打印出点阵，再由点阵组成字符或图形来完成打印任务的。打印机在联机状态下，通过接口接收 PC 机发送的打印控制命令、字符打印或图形打印命令，再通过打印机的 CPU 处理后，从字库中寻找与该字符或图形相对应的图像编码首列地址（正向打印时）或末列地址（反向打印时），如此一列一列地找出编码并送往打印头驱动电路，激励打印头出针式打印机印。

针式打印机的基本打印步骤是：启动字车→检查打印头是否进入打印区域→执行打印初始化→按照字符或图形编码驱动打印头打印一列→产生列间距→产生字间距→一行打印完毕，启动输纸电机驱动打印辊和打印纸输纸一行→换行（若是单向打印则回车），为下一行打印做准备。针式打印机就是这样由监控程序控制打印电机完成打印作业的。

2. 针式打印机的组成

针式打印机是由单片机、精密机械和电气构成的机电一体化智能设备，基本上可划分为打印机械装置和电路两大部分。

（1）打印机械装置。

①打印头。

打印头（印字机构）是成字部件，装载在字车上，用于印字，是打印机中的关键部件。打印机的打印速度、打印质量和可靠性在很大程度上取决于打印头的性能和质量。打印头按打印头的针数和结构分类如下。

打印头按其所具有的针数分类，可分为 1、5、7、8、9、12、14、16、18、24、32 和 48 针。

1 针：用于行式打印机，通常为单针多头。

7 针：组成 5×7 点阵字符/图形。

9 针：用上 7 针或下 7 针组成 5×7 点阵、7×9 点阵字符/图形或 14×16 及 18×18 点阵简易汉字（打印汉字须分两次，第一次打印该行汉字上半部分，第二次打印该行汉字下半部分）。

16 针：可组成 14×16 点阵简易汉字 1811 个。一般称 16 针打印机为廉价汉字打印机。

18 针：可组成 16×16 点阵汉字。若组成 24×24 点阵汉字，需分两次打印才能完成一行完整的汉字。

24 针：可组成 22×24 及 24×24 点阵汉字。目前的汉字打印机绝大部分是 24 针的。

32 针：可组成 30×32 及 32×32 点阵汉字。

36 针：可组成 36×36 点阵提高型汉字。

48 针：可组成 48×48 点阵精密型汉字。

印字机构中广泛采用电磁铁作为动力源，驱动击打件（弹簧或簧片、衔铁、打印针构成的组件）及撞击打印媒体（打印纸和色带）而印字。按照打印头的结构（即电磁铁的型式），打印头又可分为螺管式、拍合式、储能式和音圈式等几种型式。目前国内常用的打印头是拍合式和储能式。

拍合式：它由铁芯和线圈组成电磁铁。当线圈通电时，电磁铁磁化，产生电磁力，衔铁在被吸合瞬间拍击打印针出针，打印针通过色带和纸撞击到打印辊上，这样在纸上就打印出一个点。线圈断电时，铁芯失去电磁力，衔铁在衔铁弹簧的作用下返回原始位置，打印针亦在针复位弹簧和打印辊的反弹力作用下收回。

储能式：这种打印头的工作原理是用永磁铁作用于衔铁簧片，使其处于储能状态，即打印针储了击打能量。线圈通电时，由铁芯和线圈所组成的电磁铁建立起一个与永磁铁相反的磁场，使永磁铁的吸力减小，当吸力等于或小于衔铁簧片的弹性恢复力时，衔铁簧片上的机械能量释放，推动衔铁使打印针飞出，撞击到色带、打印纸和打印辊上而印字。线圈断电后，衔铁及其簧片又被永磁铁吸回到原来位置，打印针收回。

打印头的结构和针的排列如下：打印头的结构虽然按照电磁铁的型式可分为几种，但打印头的总体结构有许多共同之处，如驱动组件（铁芯、线圈和衔铁等）、打印组件（打印针和导板等）、散热件和支架以及垫片等均是打印头中不可缺少的部分。以储能式打印头为例，它主要由轭铁座、线圈、永磁铁、击打件和导板组件等组成。9针打印机的针在前导板处，其针端纵向单排一列。24针打印机的针一般按奇数和偶数分成两纵列。这样可以使得上、下相邻的点在印字时能互相覆盖。但也有纵向排为三列的。

②字车机构。

字车机构是串行式打印机用来实现打印一个点阵字符/汉字及一行字符/汉字的机构。字车机构中装有字车，采用字车电机作为动力源，在传动系统的拖动下，字车将沿导轨做左右往复直线间歇运动，从而使字车上的打印头能沿字行方向自左至右或自右至左地完成一个点阵字符/汉字以及一行字符/汉字的打印。

字车机构的传动方式大体可以归纳为两类：挠性传动和刚性传动。挠性传动采用同步齿形带传动或钢丝绳传动。目前国内市场上针式打印机基本上采用的是挠性传动的同步齿形带传动。字车电机普遍采用步进电机。

③输纸机构。

输纸机构是驱动打印纸沿纵向移动以实现换行的机构。它采用输纸电机作为动力源，在传动系统的拖动下，使打印纸沿纵向前、后移动，以实现打印机全页打印。

输纸机构按照打印纸有无输纸孔可分为两种，一种是摩擦传动方式输纸机构，适用于无输纸孔的打印纸；另一种是链轮传动方式输纸机构，适用于有输纸孔的打印纸。近期推出的针式打印机，其输纸机构基本上同时具有这两种机构。

④色带机构。

色带及驱动色带不断做单向循环移动的装置称为色带机构。色带的作用是能使针击打的点痕在打印纸上显现出来。为了保证色带的均匀使用，在打印过程中色带必须周而复始地循环移动，以便改变色带撞击位置。否则，色带极易疲劳损坏，降低寿命甚至很快失效。

色带是在带基上涂黑色或蓝色油墨染料制成的，可分为薄膜色带和编织色带。目前大多数的薄膜色带只能使用一次，是影响其广泛应用的主要原因。适于多次使用的薄膜色带尚在开发中。编织色带可以反复多次使用，当油墨耗尽时，可添加继续工作，寿命较长，方便经济，所以编织色带是目前广泛使用的一种色带，但是油墨扩散量较薄膜色带大，因此印字质量不如薄膜色带。

针式打印机中普遍采用单向循环色带机构。色带机构有三种型式：盘式结构、窄型（小型）色带盒和长型（大型）色带盒。

（2）控制电路。

①控制电路的功能。控制电路是打印机的控制中心。其主要功能是：

a. 连接计算机，并与计算机通信，即通过并行接口或串行接口接收来自计算机的打印信息和控制命令，把打印机的状态信号和应答信号传送给计算机。

b. 控制字车横向左、右移动。

c. 控制输纸机构工作。如输纸、换行、换页、调整行距以及反向输纸等。

d. 控制打印头出针操作。按照控制命令打印各种字符、数字、汉字、图形，并变换字体、字形大小和格式等。

e. 通过操作面板上的开关状态控制打印机联机/脱机、换行、换页等。

f. 检测 DIP 开关状态。按照 DIP 开关状态设置打印机的参数，如选择国际字符集、选择页长、输纸行距、打印方式（高密打印或高速打印）等。

g. 检测各个检测器的状态。若有异常，发出相应的声光报警信号。

h. 控制打印机的自检功能，即在脱机状态下，人工输入自检命令，令其执行 ROM 中的自检程序，以检测打印机的功能是否正常。

②控制电路的组成。

打印机的主控电路本身是一个完整的计算机，一般由微处理器（CPU）、读写存储器（RAM）、只读存储器（ROM）、地址译码器和输入/输出（I/O）电路等组成。另外还有打印头控制电路、字车电机控制电路和输纸电机控制电路等。微处理器是控制电路的核心，由于当前微电子技术的高速发展，单片计算机（简称单片机）已将计算机的主要部分如微处理器、存储器、输入/输出电路、定时/计时器、串行接口和中断系统等集成在一个芯片上，所以许多打印机都用高性能的单片机替代微处理器及其外围电路。

（3）检测电路。

①字车初始位置（Home Position）检测电路。打印机在加电后的初始化过程中，不管字车处于哪个位置，都将字车向左移动到初始位置，或打印过程中遇

到回车控制码，字车也返回到初始位置。字车所停止的位置即为打印字符（汉字）的起始位置。为了使字车每次都能回到初始位置，在打印机机架左端设置有一个初始位置检测传感器，该传感器和相应的电路组成字车初始位置检测电路。

②纸尽（PE）检测电路。无论哪种打印机都设置有纸尽检测电路，用于检测打印机是否装上打印纸。

③机盖状态检测电路。打印机设置有机盖状态检测电路，一般采用簧片开关作为传感器。机盖盖好时开关闭合；反之开关弹开，由检测电路发出信号通过CPU，令打印机不能启动。

④输纸调整杆位置检测电路。其传感器采用簧片开关，用开关的打开或关闭两种状态设置输纸方式。

⑤压纸杆位置检测电路。打印机都有一种可选件——自动送纸器（ASF）。打印机上装与未装自动送纸器，由压纸杆位置检测电路检测，所用传感器亦为簧片开关。

⑥打印辊间隙检测电路。LQ－1600K 打印机设置有打印辊间隙检测电路，用以检测打印头调节杆的位置。亦用簧片开关作为传感器，当打印头调节杆拨在第 1~3 档时开关闭合，发出低电平信号给 CPU，打印方式为正常方式；当打印头调整杆拨在第 4~8 档时开关断开，发出高电平信号给 CPU，打印方式变为拷贝方式。

⑦打印头温度检测电路。打印机在长时间连续打印过程中，打印头表面温度可达到 100℃以上，其内部线圈温度更高。为了防止破坏打印头内部结构，现在生产的打印机都设置有打印头测试检测电路。检测温度的传感器普遍采用具有负温度系数的热敏电阻，安装在打印头内部。

（4）电源电路。电源电路主要是将交流输入电压转换成打印机正常工作时所需要的直流电压。所有打印机的电源电路都要输出＋5V 直流电压，它是打印机控制电路中各集成电路芯片工作所必需的一种电源电压。有些打印机电源还要求输出±12V 直流电压，这是提供给串行接口电路的。电源电路还要输出一个较高值的直流电压。

（5）打印机与计算机的连接。只要将打印机专用电缆连接到计算机的并行接口上即可。但是注意连接前要关闭计算机和打印机的电源。

（二）分类与性能

各类针式打印机从表面上看没有什么区别，但随着专用化和专业化的需要，出现了不同类型的针式打印机，其中主要有通用针式打印机、存折针式打印机、行式针式打印机和高速针式打印机等。

（1）通用针式打印机。我国的通用针式打印机是早期使用十分广泛的汉字打印设备，打印头针数普遍为 24 针，有宽行和窄行两种，打印头在金属杆上来回滑动完成横向行式打印。打印宽度最大为 33cm，打印速度一般为 50 个汉字/秒（标准），分辨率一般为 180dpi，采用色带印字，可用摩擦和拖拉两种方式走纸，既可打印单页纸张，也可以打印穿孔折叠连续纸，色带和打印介质等耗材价格低廉。由于是电磁击打，打印头长时间连续打印时发热严重，但因打印速度不快，影响不大；又由于通用针式打印机普遍是宽幅打印机，与 DOS 系统兼容，因而特别适用于报表处理较多的普通办公室和财务机构。通用针式打印机使用方便，若色带和纸张质量较差或安装不妥，极易断针。当打印字符太淡时，意味着色带的着色能力下降，容易出现挂针和阻纸，此时必须更换色带。另外，通用针式打印机的色带不统一，互相不能代用。通用针式打印机有一个调节纸张厚度的手动调节杆，当打印纸的厚度发生变化时，一定要调节厚度调节杆，以调节打印深度并保护打印针。

（2）存折针式打印机。随着各行业电子化的发展，专门用于银行、邮电、保险等服务部门的柜台业务使用的存折针式打印机得到了迅速推广与应用，所谓存折针式打印机也叫票据针式打印机，与其他通用针式打印机相比，存折针式打印机有以下特点：

①平推式走纸：平推式走纸通道设计减少了纸张弯曲和卡纸造成的打印偏差，使纸张进退轻松自如，也使得处理超厚打印介质成为可能。

②自适应纸厚：存折针式打印机的打印对象是存折等票据，而不同存折票据的厚度是不同的，所以存折针式打印机要求能根据厚度不同的打印介质自动调整打印间隙和击打力度，实现任何厚度的清晰打印效果。

③自动纠偏技术：能够自动调正打印介质，大大提高了打印准确度，使操作员的操作异常简便。

④纸张定位技术：为使打印格式整齐一致，在纸车托架上安装光电传感器来自动检测纸张的左右边界。在进纸机构处设置多个光电传感器来检测纸张的页顶位置，保证纸张相对于打印底板绝对平整。再通过打印机控制软件中的打印定位指令，实现打印位置的完全准确。

⑤磁条读写功能：提供可选的内置式磁条读写器，可读写存折上的用户姓名、卡号、金额等信息，并支持 ANSI、ISO、NCR、IBM、HITACHI 等多种磁条格式。

⑥打印状态识别：具有与主机或终端双向通信功能，能够将打印机当前的状态、出现的错误及时准确地反映出来，并进行相应的处理。另外，大多数存折针式打印机还专门设计了开盖时自动停止打印功能，可以防止人为干扰造成打印错误，同时保护人身安全。

⑦其他功能：有些高档存折针式打印机还提供一些可选功能，如两个操作员共享打印机、自动识别条码页码、打印磁性等密码文字、提供保密和解密、银行

专用符号打印以及采用 Fresh - Rom 存储技术实现自动下载升级软件等。

评价存折针式打印机的技术指标主要是设备是否具有良好的高级纸张处理能力、介质适应范围、操作的便捷性、业务处理速度、命令仿真能力、维护的简便性和耗材耐用性，还有机器功能的可扩充性等。尤其是高档存折针式打印机应具有纸张全自动纠偏、自动对边、自适应厚度打印等功能，既可保证打印效果的高度精确，又要使操作极其简便。

（3）行式针式打印机。行式针式打印机是一种高档针式打印机，可以满足银行、证券、电信、税务等行业高速批量打印业务的要求。行式针式打印机有比较强的专业打印倾向，不仅有专门的西文字符打印机，还有专门的汉字字符打印机。与一般通用针式打印机相比，行式针式打印机的内部数据处理能力极强，由于打印头和走纸等控制复杂，一般采用主、从双 CPU 处理方式，既可极大地提高打印速度，又可全面地控制打印流程。行式针式打印机的打印头结构复杂，为了保证行式针式打印机在持续高速打印时不出现因过热而断针，打印头内部的散热冷却机构十分良好。行式针式打印机的打印针多，出针频率高，因而在降低噪声方面打印头也采用了许多有效措施和先进技术。行式针式打印机的关键技术在打印头上，出针频率高达 2000Hz，是通用针式打印机的 2 倍以上。打印针数量普遍为 72 针、91 针、144 针，最多的有 288 针，是 24 针普通针式打印机的十几倍。行式针式打印机的打印头采用模块结构（如 144 针的打印头为 12 个模块，每个模块有 12 针），每个模块只需负责水平打印一小段打印距离（一般在 1 英寸左右），大大小于普通针式打印机的打印机距离（一般在十几英寸）。打印针模块的针排列方式对行式针式打印机的打印速度和性能有重大影响，一般情况下，行式针式打印机分为直排针方式、斜排针方式和并行纵向排列方式。直排列方式指打印针模块中各针水平横向排开，针模块左右水平移动进行打印时只能完成一行横向点的打印距离，打印高度为 1/180 英寸或 1/144 英寸，采用该排列方式的行式针式打印机打印西文速度的可达到 1000 行/min，但打印汉字的速度只有 200 多行/min。因此，直排列方式行式针式打印机非常适合于西文字符的打印输出。斜排列方式是指打印针模块中各针斜向排开，针模块左右水平移动进行打印时，模块有几针就可打印几行横向点，如 KD6000C 行式打印机的模块有 12 针斜向排列，这种打印机在打印汉字时的速度可以达到 1000 汉字/min，比较适应汉字输出。并行纵向排列方式是指打印针模块中各针按两列并行纵向排开，每个模块一般有 24 针，通过增加多个打印头来提高速度，这是一种早期的行式打印技术，现在已基本淘汰。行式针式打印机是高档打印机，其打印针寿命在 10 亿次/针以上，但其寿命受打印纸和色带质量的影响。

（4）高速针式打印机。高速针式打印机是介于普通针式打印机与行式针式打印机之间的产品，其主要特点是打印机速度很快。高速针式打印机的价格较高，但打印质量高、打印速度快、能承担打印重荷，在金融、邮电、交通运输及企业单位的批量专门处理打印数据领域占有重要的地位。

（三）技术参数与标准

1. 技术参数

［最高分辨率］是大幅面打印机最基本的一个技术指标。分辨率的单位是 dpi（dot per inch），即指在每平方英寸可以表现出多少个点，它直接关系产品输出的文字和图像质量的好坏。最高分辨率指的是产品最高能够实现的分辨率。

［打印宽度］指的是针式打印机能够打印的宽度范围。在一般情况下指的是针式打印机能够支持打印的最大宽度，它的标识和喷墨打印机、激光打印机用纸张的规格来标识不同，而是采用日常的长度单位（mm）来标识。

［打印针数］针式打印机的打印原理是通过打印针对色带的机械撞击，在打印介质上产生小点，最终由小点组成所需打印的对象。而打印针数就是指针式打印机的打印头上的打印针数量。打印针的数量直接决定了产品打印的效果和打印的速度。

［纸张厚度］指的是针式打印机能够支持并且打印的最大的纸张的厚度，它的单位为 mm。针式打印机经常会被用来打印票据和报表，而票据和报表往往需要多份叠加拷贝式打印，因此在使用针式打印机时，除了单页纸不能超过产品固定的纸张厚度之外，多页纸叠加打印的总的厚度也不能超过产品规定的纸张厚度。

［色带寿命］是指打印机的色带能够支持正常打印出的标准字符数（指 48点/字符，如果是大字的话数量自然会少许多），一般用"万/字符数"表示。

2. 标准

GB/T 9314—1995《串行击打式点阵打印机通用技术条件》

GB/T 191—2008《包装储运图示标志》

GB 1988—1989《信息处理　信息交换用七位编码字符集》

GB 2312—1980《信息处理交换用汉字编码字符集　基本集》

GB 2423.8—1981《电工电子产品基本环境规程试验　试验 Ed：自由跌落试验方法》

GB 2787—1981《信息处理交换用七位编码字符集键盘的字母数字区布局》

GB/T 3261—1993《信息处理用办公机器和打印机使用的编织打印色带宽度》

GB/T 3909—1983《信息交换用图形字符的点阵形状》

GB/T 3911—1983《信息处理用七位编码字符集控制字符的图形表示》

GB 4873—1985《信息处理用连续格式纸尺寸和输送孔》

GB 4943—2001《信息技术设备（包括电气事务设备）的安全》

GB/T 5007.1—1954《信息交换用汉字 24×24 点阵字模集》

GB/T 5007.2—1985《信息交换用汉字 24×24 点阵字模数据集》

GB 5080.7—1986《设备可靠性试验 恒定失效率假设下的失效率与平均无故障时间的验证试验方案》

GB 5792—1986《串行击打式点矩阵打印机用色带盒》

GB/T 6107—2000《使用串行二进制数据交换的数据终端设备和数据电路终接设备之间的接口》

GB 6833.2—1987《电子测量仪器电磁兼容性试验规范　磁场敏感度试验》

GB 6833.3—1987《电子测量仪器电磁兼容性试验规范　静电放电敏感度试验》

GB 6833.4—1987《电子测量仪器电磁兼容性试验规范　电源瞬态敏感度试验》

GB 6833.5—1987《电子测量仪器电磁兼容性试验规范　辐射敏感度试验》

GB 6833.6—1987《电子测量仪器电磁兼容性试验规范　传导敏感度试验》

GB 6881—1986《声学　噪声源声功率级的测定混响室精密法和工程法》

GB 9254—2008《信息技术设备的无线电骚扰极限值和测量方法》

GB 12508—1990《光学识别用字母数字字符集　第2部分：OCR-B字符集印刷图像的形象和尺寸》

（四）质量检验鉴别与保养

1. 感官检验

产品表面不应有明显的凹痕、划伤、裂缝、变形等现象。表面镀涂层不应起泡、龟裂和脱落。金属零件不应有锈蚀及其他机械损伤。各操作开关、按键应灵活、可靠、方便。供用户使用的选择开关应便于操作。上纸、装卸色带应方便。电源和告警指示灯都应置于明显位置。各检测器件反应应正确、灵敏。

2. 理化检验

理化检验的方法详见《串行击打式点阵打印机通用技术条件》（GB/T 9314—1995）。

打印机平均打印速度级别如表5-3所示。

表5-3　　　　　　　　　平均打印速度级别

平均打印速度　　级别 产品类别	A	B	C
字符打印机（字符/s）	<80	80~180	>180
图形打印机（字符/s）			
汉字打印机（字符/s）	<30	30~67	>67

打印机成行度如表5-4所示。

表5-4　　　　　　　　　　　成行度

误差　　　打印机类别 打印方向	字符打印机、汉字打印机			图形打印机		
	A	B	C	A	B	C
同向	<0.20	<0.15	<0.10	<0.10	<0.08	<0.06
异向	<0.40	<0.30	<0.20	<0.20	<0.15	<0.10

打印机走纸累计误差如表5-5所示。

表5-5　　　　　　　　　　　走纸累计误差

打印机级别	字符打印机、汉字打印机			图形打印机		
	A	B	C	A	B	C
积累误差	<4.2	<3.1	<2.1	<2.1	<1.8	<1.4

打印机成列度如表5-6所示。

表5-6　　　　　　　　　　　成列度

误差　　　打印机类别 打印方向	字符打印机、汉字打印机			图形打印机		
	A	B	C	A	B	C
同向	<0.21	<0.18	<0.14	<0.14	<0.11	<0.07
异向	<0.42	<0.35	<0.28	<0.28	<0.21	<0.14

3. 保养

针式打印机是一个结构复杂而精密的机电一体化设备，如果能够正确地使用，并做好日常维护，可以长期稳定地工作。如果使用不当或缺乏必要的维护而造成损毁，维修起来就不容易了。因为维修打印机是一项专业性很强的工作且价格较高，因此，做好针式打印机日常的保养和维护非常必要。

（1）用户应经常进行打印机表面的清洁维护，保持打印机外观的清洁。宜使用软布蘸少量中性洗涤剂擦拭机器外壳，不可用带水的湿布擦洗，以免有水溅入机器内部造成电路短路而烧坏印制板或元器件。在对打印机进行清洁的过程中，注意要在关掉电源的情况下进行，不可使用酒精擦洗。

（2）认真阅读打印机操作使用手册，正确设置开关、正确使用操作面板、正确装纸，避免乱操作带来的故障。不能频繁启、闭电源开关。关掉打印机后，必须在十几秒后才能再次打开电源，以免烧坏打印机电源。

（3）使用环境要干净、无尘、无酸碱腐蚀气体，不受阳光直射，温度适宜，通风良好。打印机工作台面必须平稳无震动。打印机无论运行与否，其上不可放置任何物品，以免异物掉入机内产生机械和电气故障（不使用时最好盖上布罩）。

（4）根据使用环境和负荷情况，定期（1～3个月）清除打印机内部的纸屑和灰尘。在字车导杆上加少许钟表油或缝纫机油，以保持字车行走自如。如果发现字车、走纸行走困难，切不可强行工作，以免损坏步进电机和驱动电路。

（5）每次打印前，必须检查一下打印机进纸和出纸是否畅通，打印机内部是否有异物落入，打印机色带是否在正确位置。

（6）打印机供电、接地应该正确。与主机连接、插拔电缆等，一定要先关闭主机和打印机电源，以防烧坏接口元件。闲置不用时，也要定期加电。切不可在通电时插拔打印机数据线，以免烧毁主控板的集成块。带电插拔，轻者烧坏接口集成块，重者还会烧坏其他集成块甚至 CPU，使整个打印机难以修复。

（7）打印机在加电状况下，应尽量避免人为转动打印字辊。打印机正在打印时，切不可用手转动辊筒走纸，以免损坏打印头和步进电机及驱动电路。如果一定要调整行距、打印纸位置等，应先按打印机操作面板的联机/脱机开关，使打印机脱机后，用换行、换页、退纸等功能键来完成。调整好后，再按一下联机/脱机开关恢复联机打印状态。

（8）要经常检查打印头前端与打印辊之间的距离是否符合要求。应根据纸张厚度调整辊筒间隙，使用单张普通纸时，将调节杆置于2档位置，不能用减少间隙的方法提高打印清晰度。对于新打印机、新色带，则间隙可适当大一些。

（9）不用或尽量少用蜡纸打印，因为蜡纸上的石蜡会与打印辊上的橡胶起化学反应，使橡胶涨大变形；同时石蜡进入打印头的打印针导向孔内会使打印针运动阻力增加，易断针。若一定要用蜡纸打印，一定要将打印机设置在低速、单向打印状态，以减少断针危险。打印机打印结束后，要及时用酒精清洗橡胶打印辊。

（10）日常使用中要注意机械运动部件、部位的润滑，定期用柔软的布擦去油污垢，然后加油，一般用钟表油或缝纫机油。特别是打印头滑动部件，更要经常保持清洁润滑，既能减轻机械磨损，又能减轻摩擦声音。否则，容易产生卡位或啮死等故障。

（11）要尽量使用高质量色带，不宜使用过湿、油墨过浓色带，一般这类色带质量不好。应及时更换色带，不可使用破损色带，也不可在色带上加油墨，以免出现断针。另外，要经常观察色带的运转是否顺畅、自然，如不正常，应查明原因，及时处理。

（12）打印头是打印机的关键部件。由于打印头的打印针是用很细的钢丝做成的，经热处理加工后，硬度高，脆性大，极容易发生断裂，为此，打印针头部均装有导向装置，以保证打印针正确打印。要经常清洗打印头，尤其是使用油墨多、质量差的色带和打印蜡纸以后，要及时进行清洗。

（五）包装、储存和运输

包装箱外应标有产品名称、型号、制造厂名称、厂址、产品标准编号、生产许可证号，出厂年、月、日。包装箱外应有印刷或贴有"小心轻放"、"怕湿"、"向上"等运输标志。运输标志应符合《包装储运图示标志》（GB/T 191—2008）的规定。产品标志应包含产品名称、型号、生产许可证编号、安全认证标志、制造厂名称，建议产品标志安装于产品底部。包装箱外印刷或贴的标志不应因运输条件和自然条件而褪色、脱落。包装箱应符合防潮、防尘、防震的要求，包装箱内应有装箱明细表、检验合格证、备附件及有关的随机文件。

包装后的产品应能以任何交通工具进行运输。长途运输时，不得装在敞开的船舱和车厢中，中途转运时不得存放在露天仓库中，在运输过程中不允许和易燃、易爆、易腐蚀的物品混装，并且产品不允许经受雨、雪或液体物质的淋袭与机械损伤。

储存时，产品应放在原包装箱内。存放产品的仓库环境温度为$-20℃\sim40℃$，相对湿度为$30\%\sim85\%$。仓库内不允许有各种有害气体、易燃、易爆的产品及有腐蚀性的化学物品，并且应无强烈的机械振动、冲击和强磁场作用。包装箱应垫离地面至少 20cm，距离墙壁、热源、冷源、窗口或空气入口至少50cm。若无其他规定时储存期一般应为 6 个月。若在制造厂存放期超过 6 个月，则应在出厂前重新进行交收检验。

二、喷墨打印机

喷墨式印字技术的原理是利用一个压纸卷筒和输纸进给系统，当纸通过喷墨头时，让墨水通过细喷嘴，在强电场作用下以高速墨水束喷到纸上，形成点阵字符或图像。

喷墨打印机是近年成熟起来的一种低噪声打印设备。喷墨打印机使用普通纸，运行成本低；分辨率可达到 300～1440dpi，超过针式打印机，接近中、高档激光打印机的输出精度；输出速度每秒可达 3000 字符；特别是彩色打印功能强，整机价格低于针式和激光打印机。

（一）工作原理与组成

1. 喷墨打印机的工作原理

喷墨打印机是从喷嘴喷射出墨滴，在电场作用下发出偏转而形成图像的印刷设备。按墨滴产生的情况，分为连续式和冲击式两种。连续式打印机是喷嘴连续地喷射墨滴，并在墨滴运动过程中控制其运动方向，使其落在纸的预定位置而形成图像；冲击式打印机是在需要时才进行喷射，而喷出墨滴的运动方向是固定的。目前较普遍的是连续式电荷控制热喷墨原理。当电信号作用于喷墨头的发热电阻上时，迅速产生热量，使喷头附近的墨水汽化，产生真空气泡，随着气泡的增大，墨水从喷嘴喷出印到纸上，同时毛细管使喷嘴吸入更多的墨水。这一过程连续进行，每秒可产生数千个气泡，先进的工艺可得到300～1440dpi的分辨率。

2. 喷墨打印机的组成

气泡式喷墨打印机是目前应用最为广泛的喷墨打印机。该类打印机具有打印速度快、打印质量高，以及易于实现彩色打印等特点。该类型打印机基本上都可以分成机械和电气两部分。

（1）机械部分。喷墨打印机主要由喷头和墨盒、清洁单元、小车单元、送纸单元四个部分组成。

①喷头和墨盒。喷头和墨盒是打印机的关键部件，打印质量和速度在很大程度上取决于该部分的质量和性能。喷头和墨盒的结构分为两类。一类是喷头和墨盒在一起；另一类是喷头和墨盒分开。当墨水用完后仅需要更换墨盒，耗材成本较低，喷头和墨盒是一体化的，墨盒内既包括喷头也包括墨水。墨盒本身是一个消耗品，因此喷墨打印的成本较高。

②清洁单元。BJ型喷墨打印机中均设有清洁机构，用来清洁和保护喷嘴。清洗喷嘴的过程比较复杂，包括抽吸和擦拭两种操作。擦拭是擦刷机构完成在喷嘴表面的移动。抽吸是通过橡皮盖使泵单元与喷头相联，借助泵单元的抽吸，可将喷嘴中的墨水抽吸到泵中，最后流至废弃墨水吸收器中。抽吸操作的目的是抽出喷嘴中的旧墨水，更换新鲜墨水，以去除旧墨水中的气泡、杂质、灰尘等，确保喷嘴内墨水流动通畅。

③小车单元。该单元可实现以下功能：固定墨盒和打印头，并实现喷头与逻辑板间的电路连接；具有驱动功能；通过小车单元上的调节杆，可调节喷头与打印纸间的间隙，以保证打印效果。

④送纸单元。在打印过程中负责送纸。送纸单元与小车的移动、喷嘴的动作是同步的，相互配合完成打印过程的协调操作。

（2）电气结构。BJ型喷墨打印机的电气部分主要由主控制电路、驱动电路、传感器检测电路、接口电路和电源部分构成。

①主控制电路。主控制电路主要由微处理器单元、打印机控制器、只读存储器（ROM）、读写存储器（RAM）等组成。ROM中固化了打印机监控程序、字库，RAM用来暂存主机送来的打印数据。打印机控制器和接口电路、传感器检测电路、操作面板电路、驱动电路连接，用以实现接口控制、指示灯控制、面板

按键控制、喷头控制、走纸电动机和字车电动机的控制。

②驱动电路。驱动电路主要包括喷头驱动电路、字车电动机驱动电路、走纸电动机驱动电路。这些驱动电路都是在控制电路的控制下工作的。

③传感器检测电路。传感器检测电路主要用于检测打印机各部分的工作状态。喷墨打印机一般有以下几种传感器。

纸宽传感器：此类传感器一般为光电传感器。

纸尽传感器：用来检测打印机是否装纸，或在打印过程中发现纸用完以后反馈给控制电路。所用 IUK 传感器为光电传感器。

字车初始位置传感器：该传感器用于检测出现上述情况时字车能否复位。其传感器为光电传感器。

墨盒传感器：用于检测墨盒是否安装或安装是否正确。其传感器为光电传感器。

打印头内部温度传感器：为一个热敏电阻，用于检测气泡喷头的温度，使其处于最佳温度，当温度降低时，经热敏电阻测出后，由升温加热器加热。

墨水传感器：即薄膜式压力传感器，用于检测墨盒中是否有墨水。

④接口电路。主机和打印机是通过接口相连接的。接口一般为并行接口，也可选用 RS‑232 串行接口（属选配件）。

⑤电源。电源一般输出三种直流电压，＋5V 用于逻辑电路，还有两种高压分别用于喷头加热和驱动电动机。

（二）分类与性能

1. 分类

喷墨打印机的喷墨技术有连续式和随机式两种。所用的墨又分为液体墨和固体墨。

目前，在国内外流行的各种型号的喷墨打印机大多采用随机式喷墨技术。另外，按喷墨打印机的技术特征又有以下分类：

（1）按颜色可分为单色和彩色两种。

（2）按幅面大小可分为 A3 幅面和 A4 幅面两种，常用的是 A4 幅面。

（3）按打印机内置字符库可分为汉字喷墨打印机和西文喷墨打印机。

（4）按用途可分为台式和便携式两种。

（5）按打印机精度即分辨率来分，可将喷墨打印机分为高、中、低档三种。低分辨率的打印机指 118 印点/cm（300DPI）以下，中分辨率指 118 印点/cm，高分辨率指 118 印点/cm 以上。目前市场上的喷墨打印机一般是 118 印点/cm。

2. 性能

在喷墨打印机中，目前获得大量应用的主要是随机式喷墨技术。

优点：具有高分辨率，可高达 236 印点/cm（600DPI）；印字噪声低，工作宁静（印字头噪声仅为 10～35dB）；印字机构的可动部件少，可靠性高；印字速度快；整机功耗低，成本低；容易实现彩色印字，印字质量高，运转费用低；印字头无磨损或很少存在磨损现象；可实现大幅面印字输出；整机设备规模小，占用空间小。

缺点：喷墨印字技术同其他非击打式印字技术一样，不具备拷贝能力；打印质量与打印速度有关，墨滴喷到纸面上有浸润现象；耗材成本高。

（三）技术参数与标准

1. 技术参数

［分辨率 DPI］分辨率 DPI（Dot Per Inch）是一个很重要的技术参数，是每平方英寸内的像素点数，标志了打印机最基本的性能。图像的大小与分辨率有直接关系。分辨率越高，图像越大，一般图像大小表示为：图像大小＝横向点数×纵向点数。即以宽×高的像素来表示。图像大小、分辨率、打印尺寸三者的关系为：图像大小＝分辨率×打印尺寸。

当然，图像越大，占内存越多。现在的喷墨式打印机分辨率已经达到了 4800×1200DPI 以上。要用如此高的分辨率打印一张 A4 大小的图至少要 1h。

［打印速度 PPM］页/min PPM（Paper Per Minute），是打印机每分钟可以打印多少页，这是喷墨打印机的又一个重要技术指标。这个指标是由打印机喷头的喷嘴数目（也就是喷头对纸面的覆盖范围，喷嘴数目越多覆盖范围越大，当然速度就越快）和打印机拥有的电机数（供纸马达、墨盒移动电机、进纸电机和清洁单元电机）这两项决定的。但在实际使用中还有一些影响打印速度的因素。①传输界面（计算机的输出能力和打印机接收数据的能力以及处理数据的能力）：打印机的速度再快，数据传输不畅，打印的速度也发挥不出来。②驱动程序的设置：各大公司都根据自己的产品开发相应的驱动程序，以便更好地发挥该产品的性能。在使用时，精度设置和打印模式的选择都影响打印速度。③分辨率的设置。打印速度还与打印时设定的分辨率有直接关系，打印分辨率越高，打印速度自然也就越慢了。通常打印速度的测试标准为标准打印纸，300dpi 分辨率，5％覆盖率。另外，纸的传送方式也很重要。

［色彩数目］色彩数目越高，打印的彩色质量越好，开始有些打印机是三色，黑色由该三色合成，结果打印出来的黑色近似灰色。现在的打印机普遍为四色，也有六色甚至七色的打印机，其打印的效果能明显提高打印机的打印幅面的有 A3 型、也有 A4 型，小型照片打印机的幅面有 203mm（8 英寸）的。打印机要有多种功能、多种模式可供选择，例如多介质打印、省墨打印等。

［整机价格及打印成本］打印机不是一次性投入的设备，所以打印成本自然也成为购买打印机时必须考虑的因素之一。打印成本主要指墨盒与打印纸，购买时应该考虑到墨盒的类型。打印机若是用黑色墨水打印黑色，就可节省价格相对

较高的彩色墨盒，有利于节约打印成本；而低档单墨盒的喷墨打印机没有配备黑色墨水，黑色的打印是通过彩色合成的。从长远看，打印成本也是一笔不小的投入，而对于较好的打印机来说，它确实能帮助用户节约不少的打印成本，所以也应该作为一个衡量标准。

［双墨盒打印机］指装有两个打印墨盒的喷墨打印机，一个墨盒装黑色墨水，另一个墨盒装青色、黄色和品红墨水，从而避免了由于彩色或真黑色输出而更换墨盒的麻烦。这种打印机还可进行 6 彩色打印，即加入轻淡的青色和轻淡的品红墨水，以打印出更高质量的照片或其他图像。

［经济打印模式］指以最省墨的方式进行打印，即为标准墨点的 1/4。这种模式只适合做草图打印，可以降低打印成本。

［最高分辨率］打印机的分辨率一般指最高分辨率，分辨率越大，打印质量越好。分辨率的单位是 dpi。

［墨盒类型］大部分喷墨打印机使用黑、青、洋红、黄四色墨盒，但有些高档的喷墨打印机配备黑、青、洋红、黄、淡青、淡洋红六色墨盒。相对四色墨盒而言，六色墨盒打印色彩更加逼真、自然。

［黑白打印速度］指喷墨打印机在黑白打印模式下的打印速度，黑白打印速度要大于彩色打印速度。

［彩色打印速度］指喷墨打印机在执行彩色打印任务时的打印速度。由于在彩色打印模式下要动用更多的系统资源和设备，因此彩色打印速度要大大低于黑白打印速度。

［喷头配置］喷墨打印机通过喷头将墨滴喷射在打印介质上，每种颜色都有一定数量的喷头为其服务，喷头的数量越多，打印的速度就越快。一般喷嘴的配置参数如下：144 喷嘴（黑色），48 喷嘴×3 色（青色、洋红色、黄色）。

［最大打印幅面］：指喷墨打印机所能打印的最大纸张幅面。通常喷墨打印机的打印幅面为 A3 或 A4 大小。打印机的打印幅面越大，打印的范围越大。

［介质类型］一般喷墨打印机可以处理的介质类型为普通纸、喷墨纸、光面照片纸、专业照片纸、高光照相胶片、光面卡片纸、T 恤转印介质、信封、透明胶片、条幅纸等。

［供纸方面］喷墨打印机的进纸方式一般分为自动进纸、手动送纸、摩擦进纸等几种。

2. 标准

GB/T 17974—2000《台式喷墨打印机通用规范》

GB/T 191—2008《包装储运图示标志》

GB/T 1988—1989《信息处理　信息交换用七位编码字符集》

GB 2312—1980《信息交换汉字编码字符集　基础集》

GB/T 2421—1989《电工电子产品基本环境试验规程》

GB/T 2422—1995《电工电子产品环境试验》

GB/T 2423.1—1989《电工电子产品基本环境试验规程　试验 A：低温试验方法》

GB/T 2423.2—1989《电工电子产品基本环境试验规程　试验 A：高温试验方法》

GB/T 2423.5—1989《电工电子产品环境试验　第 2 部分：试验方法　试验 Ea 和导则：冲击》

GB/T 2423.5—1989《电工电子产品环境试验　第 2 部分：试验方法　试验 Fc 和导则：振动（正弦）》

GB/T 4857.2—1992《包装　运输包装件　温湿调节处理》

GB/T 4857.5—1992《包装　运输包装件　跌落试验方法》

GB 4943—1995《信息技术设备（包括电气事务设备）的安全》

GB/T 5080.7—1986《设备可靠性试验　恒定失效假设下的失效率与平均无故障时间的验证试验》

GB/T 5271.14—1985《数据处理词汇 14 部分：可靠性、维护性和可用性》

GB/T 6107—1985《使用串行二进制数据交换的数据终端设备和数据电路终接设备之间的接口》

GB/T 6833.2—1987《电子测量仪器的电磁兼容性试验规范　磁场敏感度试验》

GB/T 6833.3—1987《电子测量仪器的电磁兼容性试验规范　静电放电敏感度试验》

GB/T 6833.4—1987《电子测量仪器的电磁兼容性试验规范　电源瞬态敏感度试验》

GB/T 6833.5—1987《电子测量仪器的电磁兼容性试验规范　辐射敏感度试验》

GB/T 6833.6—1987《电子测量仪器的电磁兼容性试验规范　传导敏感度试验》

GB/T 6881—1986《声学、噪声源声功率级的测定　混响室精密法和工程法》

GB 9254—1998《信息技术设备的无线电骚扰限值和测量方法》

GB 13000.1—1993《信息技术通用多八位编码字符集（USC）　第 1 部分：体系结构与基本多文种平面》

（四）质量检验与保养

1. 感官检验

产品表面不应有明显的凹痕、划伤、裂缝、变形和污染等，表面涂覆层应均匀，不应起泡、龟裂、脱落、磨损和有其他机械损伤，金属零部件不应有锈蚀和机构损伤。各操作开关按键应灵活可靠、方便，供用户使用的选择开关应便于操作，上纸、装卸墨盒应简单、方便。告警和纸尽指示灯均应置于明显位置。说明功能的文字符号和标志应内容正确、清晰端正，所有相关文件应使用中文。

2. 理化检验

理化检验的方法见《台式喷墨打印机通用规范》（GB/T 17974—2000）。

［安全］产品的安全性应符合《信息技术设备（包括电气事务设备）的安全》（GB 4943—1995）的规定。

［无线电骚扰限值］产品的无线电骚扰限值应符合《信息技术设备的无线电骚扰限值和测量方法》（GB 9254—1998）的规定，在产品标准中应明确符合 A 级或 B 级的要求。

［抗扰度限值］产品应能通过《信息技术设备抗扰度限值和测量方法》（GB/T 17618—1998）规定的试验要求。

［打印边界］产品应给出从媒体的上下左右边缘起始的打印边界（即给出一个可以打印的区域）。打印边界可随媒体尺寸变化而不同。打印边界应以 mm 为单位，由产品标准规定。

［打印精度］产品的打印精度可用 d/mm（d/in）方式给出，具体数值由产品标准规定。

［打印速度］产品标准中应规定打印速度，打印速度应以页/min 的方式给出，也可采用字符秒的方式，但应注明相当于页/min 的指标。

［成行度］产品打印时的成行度应小于 0.06mm。

［成列度］产品打印时的成列度应小于 0.07mm。

［噪声］产品正常工作时距声源中心 2m 的球面或半球面表面声压级应小于 58dB。

［可靠性及寿命］采用平均失效间隔时间（MTBF）衡量产品的可靠性。产品的平均失效间隔时间（MTBF）的 m 值不低于 6000h。产品标准中应给出主要消耗品的寿命指标，如墨盒和打印头。

［电源适应性］产品应能在 220V±15％、（50±1）Hz 的条件下正常工作。

3. 保养

（1）预热。在刚开启喷墨打印机电源开关后，电源指示灯或联机指示灯会闪烁，这表示喷墨打印机正在预热。在此期间，用户不要进行任何操作，待预热完毕后指示灯不再闪烁时用户方可操作。应特别注意只要在指示灯闪烁期间，一定不要着急，应耐心等待。有些喷墨打印机的操作面板功能很强，几乎可以控制喷墨打印机的所有功能。打印结果与面板的设定不一样时，要确定软件的设置是优先于面板的设置的，所以必须使两者统一。

（2）选用质量较好的打印纸。喷墨打印机对纸张的要求比较严，如果纸的质量太差，不但打印效果差，而且会影响打印头的寿命。所以应该选用特制的用于360DPI和720DPI分辨率打印的打印纸。很多喷墨打印机在说明书上都表明可以支持普通纸打印，但其打印的质量有很大差异。有些喷墨打印机在普通纸上打印时，其抗散能力较差。为了获得最佳的打印效果，应选用较好的普通纸。

（3）正确使用打印纸。在装打印纸时应注意正反面，只有正面打印效果才好。在装纸器上不要上纸太多，以免造成一次进纸数张，损坏进纸装置。若使用单页打印纸，在将打印纸到送纸器内之前，一定要将纸充分拨开，排放整齐后装入，以免打印机自动送纸时数张纸一齐送出。此外，不要使用过薄的纸张，否则也有可能造成数张纸一齐送出的故障。喷墨打印机可以打印透明胶片和信封。在打印透明胶片时，必须单张送入打印，而且打印好的透明胶片要及时从纸托盘中取出，并要等它完全干燥后方可保存。在打印信封时，一定要按打印机说明书中规定的尺寸操作。

（4）正确设置打印纸张幅面。由于喷墨打印机结构紧凑小巧，所支持的打印幅面有限，所以一定要对所打印的纸张幅面进行适当设置。若使用的纸张比设置值小，则有可能打印到打印平台上而弄脏下一张打印纸。如果出现打印平台弄脏的情况，要及时用柔布擦拭干净，以免影响打印效果。对于超过喷墨打印机所支持的打印幅面的大尺寸文件，只能用"缩小打印"功能实现打印输出。

（5）正确调整纸介质调整杆和纸张厚度调整杆位置。在正式打印之前，用户一定要根据纸张的类型、厚薄以及手动、自动的送纸方式等情况，调整好打印机上的纸介质调整杆和纸张厚度调整杆的位置。

（6）正确选择及使用打印墨水。液态墨水或固体墨只有在让电阻丝产生的热量加热或熔化后才能实现打印，劣质的墨水汽化（或液化）所需的热量不会正好是电阻丝产生的热量。此外，优质的墨水也要正确使用。墨水是有有效期的，从墨水盒中取出的墨水应立即装在打印机上，放置太久会影响打印质量。喷墨打印机的墨水价格较贵，而且消耗量大，墨水用完后，最好更换整个墨盒，这样才能保证打印质量。有些用户出于对打印成本的考虑，也可以购买单独的打印墨水，尝试从墨盒外部注入，然后通过控制面板清洗打印头。注意要多清洗几次，直至打印流畅为止。

（7）不得随便拆卸墨盒。为保证打印质量，墨盒不要随便拆卸，更不要打开墨盒，这样可能损坏打印头，影响打印质量。在安装或更换打印头时，要注意取下打印头上的保护胶带，并一定要将打印头和墨水盒安装到位。墨盒未使用完时，最好不要取下，以免造成墨水浪费或打印机对墨水的计量失误。

（8）确保使用环境清洁。使用环境灰尘太多，容易导致字车导轴润滑不好，使打印头的运动受阻，引起打印位置不准确或撞击机械框架，造成死机。这种死机会因打印头未回到初始位置，而进行清洗打印头操作，造成墨水不必要的浪费。

（9）关机前让打印头回到初始位置。有些打印机（如 Stylus color、Stylus pro XL）在关机前自动将打印头移到初始位置，有些打印机（如 MJ－800K、Stylus－1000 等）必须在关机前确认处在暂停状态（即"暂停灯"或"Pause"灯亮）才可关机，这样做，一是避免下次开机时，打印机重新进行清洗打印头操作而浪费墨水；二是因为打印头在初始位置可受到保护罩的密封，使喷头不易堵塞。

（10）部分打印机在初始位置时处于机械锁定。此时如果用手移动打印头，将不能使之离开初始位置。应特别注意，不要强行用力移动打印头，否则将造成打印机机械部分的损坏。

（11）换墨盒时一定要按照操作手册中的步骤进行。特别注意要在电源打开的状态下进行上述操作。因为重新更换墨盒后，打印机将对墨水输送系统进行充墨，而这一过程在关机状态下无法进行，使得打印机无法检测到重新安装上的墨盒。另外，有些打印机对墨水容量的计量是使用打印机内部的电子计数器来进行计数的（特别是在对彩色墨水使用量的统计上）。当该计数器达到一定值时，打印机判断墨水用尽，而在墨盒更换过程中，打印机将对其内部的电子计数器进行复位，从而确认安装了新的墨盒。特别要防止在关机状态下自行拿下旧墨盒，更换上新的墨盒。这种操作对打印机来说是无效的。

（12）及时更换喷头。在墨水使用完后及时更换新喷头，以确保打印效果。

（13）防止喷头堵塞。使用时严格按操作规程进行，以使喷头工作完毕能够归位。

（14）带电时不能插拔信号线。因带电插拔信号线所产生的脉冲容易造成接口芯片的损坏，要防止喷头干枯后堵塞。

（15）纸张的使用。纸张要在纸盒内摆平，一次不宜放太多，一般不超过100 张。

（五）包装、储存和运输

同针式打印机。

三、激光打印机

激光打印机具有高速、高印字质量的特征，而且在技术上比较成熟，具有较好的性能价格比，在市场上具有一定的竞争能力。但激光打印机的印字原理是采用单束激光进行串行扫描，进一步提高印字速度却受到了机械传动部件的限制。激光打印机需要一套精密复杂的光学系统，对机械可动部件的机械加工和装配的精度要求极高。因此，进一步降低成本就受到了限制。

从技术发展的观点来看，采用其他光源的打印机以及利用其他印字技术的各种打印机，其发展目标都是把竞争对象瞄准了激光打印机。因此，激光打印机的进一步发展，面临的竞争对手是多种机种，尤其是发光二极管式打印机，它是最强劲的对手。激光打印机最终将被其他机种取代，这是技术发展的必然趋势。

（一）工作原理与组成

1. 工作原理

无论是黑白激光打印机还是彩色激光打印机，其基本工作原理是相同的，它们都采用了类似复印机的静电照相技术，将打印内容转变为感光鼓上的以像素点为单位的点阵位图图像，再转印到打印纸上形成打印内容。与复印机唯一不同的是光源，复印机采用的是普通白色光源，而激光打印机则采用激光束。我们以最简单的黑白激光打印机为例，详细介绍激光打印机的工作原理。从功能结构上，激光打印机分为打印引擎和打印控制器两大部分。激光打印机的打印引擎由Canon、Minolta、Xerox、Brother、Samsung、Hitachi等少数几个引擎生产厂商提供。而打印机厂商则是向引擎厂商购买或者定制打印引擎，根据引擎设计控制器和打印驱动，从而完成整个打印机的设计和生产。这就是目前形成激光打印机领域的打印引擎和打印整机二级市场的原因。在激光打印机中，打印控制器的作用是与计算机通过接口或网络进行通信，接收计算机发送的控制和打印信息，同时向计算机传送打印机的状态。打印引擎在打印控制器的控制下将接收到的打印内容转印到打印纸上。因此，打印控制器、打印引擎的性能和质量影响了整个打印机的性能和质量，这也是采用相同引擎的激光打印机产品出现性能差异的重要原因。

所有的打印控制器都是一台功能完整的计算机，基本都包括了通信接口、处理器、内存和控制接口四大基本功能模块，一些高端机型还配置了硬盘等大容量存储器。通信接口负责与计算机进行数据通信；内存用以存储接收到的打印信息和解释生成的位图图像信息；控制接口负责引擎中的激光扫描器、电机等部件的控制和打印机面板的输入输出信息控制；而处理器是控制器的核心，所有的数据通信、图像解释和引擎控制工作都由处理器完成。由于各打印机采用的控制方式和控制语言不同，对打印控制器的配置和性能要求也不同，如采用 PCL 和 Post Script 语言的打印机，由于计算机和打印机之间采用了标准的页面描述语言进行打印信息的传送，在打印机中要将接收到的来自计算机的使用标准语言描述的打印信息解释成打印引擎可以接收的光栅位图图像信息，打印控制器的性能和内存大小直接会对整个打印机的性能产生影响，因此这样的打印机对打印控制器中的处理器的速度和内存大小要求非常高。而 GDI 打印机与采用页面描述语言的打印机有所不同，其在打印过程中，在计算机中完成打印内容到光栅位图图像信息的解释并直接传送到打印机中，因此打印机中的打印控制器主要是存储接收到的光栅位图图像，并控制打印引擎完成打印。由于不需要承担复杂的图像解释工作，GDI 打印机对打印控制器的性能要求相对比较低。打印引擎由激光扫描器、反射棱镜、感光鼓、碳粉盒、热转印单元和走纸机构等几大部分组成。在工作过程中，打印控制器中光栅位图图像数据转换为激光扫描器的激光束信息，通过反射棱镜对感光鼓充电，感光鼓表面就形成了以正电荷表示的与打印图像完全相同的图像信息，然后吸附碳粉盒中的碳粉颗粒，形成了感光鼓表面的碳粉图像。而打印纸在与感光鼓接触前被一充电单元充满负电荷，当打印纸走过感光鼓时，由于正负电荷相互吸引，感光鼓的碳粉图像就转印到打印纸上。经过热转印单元加热使碳粉颗粒完全与纸张纤维吸附，形成了打印图像。

2. 组成

（1）感光鼓。感光鼓是图像生成系统的核心。它是一个用铝挤压出来的圆柱筒，表面覆盖着一层具有光敏性的无毒的有机化合物。感光鼓表面的涂层是精密而脆弱的，当暴露在光线下时，涂层呈导电性。切勿将感光鼓直接暴露在阳光下，直接的阳光照射可能永久破坏感光鼓的涂层。

（2）墨粉。激光打印机使用的墨粉是附着在铁颗粒上的塑料树脂制品和有机化合物形成的极细的颗粒状粉末。单色激光打印机一般使用黑色墨粉。

（3）盒组件。盒组件即电子照相（Electrical - Photographic，EP）盒，由墨粉源和打印机图像生成系统的大部分结构组成一个单一的、可更换的盒。为保持可接受的正常运行，作为关键的图像生成系统的 EP 盒组件必须每打 5000～10000 次就更换一次。通过更换 EP 盒，也就更换了诸如主电源、EP 感光鼓和显影辊等精密、易损的零件。EP 盒的集成化简化了激光打印机的维修，提高了总的可靠性。

（4）精密机械。精密机械即电子控制包（Electrical Control Package，ECP）。激光打印机是一个集传动、强电、弱电、微电子和光学系统于一体的产品，每项操作都由一系列的电子电路进行控制，ECP 就是这些控制电路的总成。ECP 可分成四个功能区：接口电路、主逻辑电路、存储器、控制面板。

（二）分类与性能

1. 按打印效果分类

激光打印机可以分为黑白激光打印机和彩色激光打印机两大类。精美的打印质量、低廉的打印成本、优异的工作效率以及极高的打印负荷是黑白激光打印机最为突出的特点。尽管黑白激光打印机的价格相对喷墨打印机要高，功能也比多功能一体机少，可是从单页打印成本以及打印速度等方面来看，它具有绝对的优势，仍然会是追求效率的商务办公人士的首选。

2. 按激光光源分类

（1）氦氖激光机。以氦氖气体激光器为激光光源的激光打印机。氦氖激光的光谱波长为 632.8nm，其特点是激光光源衰减慢，性能稳定。

（2）半导体激光打印机。在半导体物理发展的推动下，半导体激光器得到了快速发展，首先获得应用的是不同波长的半导体红外激光发生器，后来又开发了670nm 波长的半导体红激光发生器。由于半导体激光器具有电注入、调制速率高、寿命长、体积小、使用方便等优点，使其获得了更快的发展。

3. 按打印速度分类

激光打印机按照输出速度，可分为高速、中速、低速三种类型。

（三）技术参数与标准

1. 技术参数

［打印速度］激光打印机打印速度的计算单位是 ppm——每分钟打印的页数。有时候也会用 ipm 来计量，表示每分钟打印的图像数。决定打印速度的因素主要是引擎的速度。另外，还要考虑数据的传输方式及 CPU 对数据的处理能力。这涉及打印机与外界的连接方式、内存的大小、相应的打印控制语言等因素。能够实现网络打印的激光打印机比普通打印机的速度快很多。目前普通打印机的打印速度为 10～35ppm，高速激光打印机的打印速度为 35～80ppm。

［分辨率 dpi］这个概念与喷墨打印机相同，即每平方英寸的点数。但是激光打印机的 dpi 值在横向与纵向上是相同的。该值越大，表明打印机的打印精度越高。

［打印机控制语言］关于这项指标如前所述，不同档次的打印机配不同档次的打印机语言。打印机语言决定打印输出的质量。新款机型应该配置最新版本的打印机语言。

［内置字体］打印机有内置字体可以使数据传输量大大减少（一个字符只需要几个字节），打印速度也要快一些。否则，打印机控制语言要用"点阵法"、"曲线法"来描述字符，传给打印机的数据就需要几十个甚至上百个字节。但是字库的价格较贵，为降低打印机价格，有些激光打印机的字库是选配的。

［纸盒容量］激光打印机的纸盒容量包括进纸盒的容量和出纸盒的容量。这项指标对于普通打印机不重要，但是对于网络打印机来说则显得比较重要，它可以减少重复添纸的麻烦，提高工作效率。

［打印机内存］这一类指标也和前一项一样，对于普通打印机来说，打印机的内存大小不是很重要，而对于网络打印机来说就显得很重要了。

［色彩饱和度］指在打印输出一个点内彩色的充满程度。不同的打印机，标准也不同，只有选择合适的打印介质，才能达到较好的色彩饱和度。

［最大打印幅面］根据激光打印机的打印幅面，可以将打印机分为 A3、A4、A5 等幅面打印机。打印机的打印幅面越大，打印的范围越大。

［介质类型］一般激光打印机可以处理的介质为普通打印纸、信封、投影胶片、明信片等。

［纸张容量］指打印机所能提供的标准纸张输入容量，包括多用途纸盒的总容量和标准输入纸盒的总容量。

　　［首页输出时间］指在执行打印命令后，多长时间可以输出打印的第一页内容。一般的激光打印机在 15s 内可以完成首页的输出工作，测试的基准为 300dpi 的打印分辨率，A4 幅面，5% 的打印覆盖率，黑白打印。

　　［最大打印能力］指打印机所能负担的最大打印能力。如果经常超过最大打印能力，打印机的使用寿命就会大大缩短。最大打印能力的定义为每月最多打印多少页。

　　［硒鼓型号及寿命］指该款打印机可以使用的硒鼓型号。应使用厂商推荐的硒鼓型号。硒鼓寿命指其可以打印的纸张数量。可打印的纸张量越大，表示硒鼓的使用寿命越长。

　　［接口类型］打印机可以以多种方式与电脑进行连接，常见的接口方式有并口、USB 接口等。

　　2. 标准

　　GB/T 17540—1998《台式激光打印机通用规范》

　　GB/T 191—2008《包装储运图示标志》

　　GB/T 1988—1989《信息处理　信息交换用七位编码字符集》

　　GB 2312—1980《信息交换汉字编码字符集　基础集》

　　GB/T 2421—1989《电工电子产品基本环境试验规程》

　　GB/T 2422—1995《电工电子产品环境试验》

　　GB/T 2423.1—1989《电工电子产品基本环境试验规程　试验 A：低温试验方法》

　　GB/T 2423.2—1989《电工电子产品基本环境试验规程　试验 A：高温试验方法》

　　GB/T 2423.5—1989《电工电子产品环境试验　第 2 部分：试验方法 试验 Ea 和导则：冲击》

　　GB/T 2423.5—1989《电工电子产品环境试验　第 2 部分：试验方法 试验 Fc 和导则：振动（正弦）》

　　GB/T 4857.2—1992《包装 运输包装件　温湿调节处理》

　　GB/T 4857.5—1992《包装 运输包装件　跌落试验方法》

　　GB 4943—1995《信息技术设备（包括电气事务设备）的安全》

　　GB/T 5080.7—1986《设备可靠性试验　恒定失效假设下的失效率与平均无故障时间的验证试验》

　　GB/T 5271.14—1985《数据处理词汇 14 部分：可靠性、维护性和可用性》

　　GB/T 6107—1985《使用串行二进制数据交换的数据终端设备和数据电路终

接设备之间的接口》

GB/T 6833.2—1987《电子测量仪器的电磁兼容性试验规范　磁场敏感度试验》

GB/T 6833.3—1987《电子测量仪器的电磁兼容性试验规范　静电放电敏感度试验》

GB/T 6833.4—1987《电子测量仪器的电磁兼容性试验规范　电源瞬态敏感度试验》

GB/T 6833.5—1987《电子测量仪器的电磁兼容性试验规范　辐射敏感度试验》

GB/T 6833.6—1987《电子测量仪器的电磁兼容性试验规范　传导敏感度试验》

GB/T 6881—1986《声学、噪声源声功率级的测定　混响室精密法和工程法》

GB 9254—1998《信息技术设备的无线电骚扰限值和测量方法》

GB 13000.1—1993《信息技术通用多八位编码字符集（USC）　第1部分：体系结构与基本多文种平面》

（四）质量检验与保养

1. 感官检验

产品表面不应有明显的凹痕、划伤、裂缝、变形和污染等。表面涂覆层应均匀，不应起泡、龟裂、脱落、磨损和有其他机械损伤。金属零部件不应有锈蚀和机构损伤。各操作开关、按键应灵活、可靠、方便。供用户使用的选择开关应便于操作。上纸、装卸墨粉盒应简单、方便。告警和纸尽指示灯均应置于明显位置。说明功能的文字、符号和标志应内容正确、清晰、端正，所有标志内容中的文字应使用中文。

2. 理化检验

理化检验方法详见《台式激光打印机通用规范》（GB/T 17540—1998）。

［安全］产品的安全性应符合《信息技术设备（包括电气事务设备）的安全》（GB 4943—1995）的规定

［无线电干扰极限值］产品的无线电干扰极限值应符合《信息技术设备的无线电骚扰值和测量方法》（GB 9254—1998）的规定，在产品标准中应明确符合A级或B级的要求。

［电磁敏感度］产品应能通过GB/T 6833.2～6833.6规定的试验要求。

［打印边界］产品应给出从媒体的上下左右边缘起始的打印边界。打印边界可随媒体尺寸变化而不同。打印边界应以mm为单位，由产品标准规定。

［双面打印］产品如具有双面打印的功能，由产品标准规定该功能的技术要求。

[字符集]产品如安装字库，应符合《信息处理 信息交换用七位编码字符集》（GB/T 1988—1989）、《信息交换汉字编码字符集 基础集》（GB 2312—1980）、《信息技术通用多八位编码字符集（USC） 第1部分：体系结构与基本多文种平面》（GB 13000.1—1993）规定的字符集。并应采用与字符集对应的字型标准。产品在具有处理上述字符集的能力时，也可增加其他字符集的能力，但应在产品标准中列出。

[媒体类型]有产品标准具体规定所适用的媒体类型，如：胶片、标签、纸、信封等，并应给出可使用媒体的技术要求。

[打印精度]产品的打印精度可用 d/mm（d/in）方式给出，其数值应从下列参数中选取。如产品在同一机型的基础上采用软件处理的方式达到较高的打印精度亦应在下列参数中选取。

12×12（300×300）、12×24（300×600）、12×48（300×1200）、24×24（600×600）、24×48（600×1200）、48×48（1200×1200）。

大于48×48（1200×1200）的应以12（300）的整数倍方式增加。产品标准中应给出具体的打印精度。

[打印速度]低速为小于等于10页/min；中速为11～30页/min；高速为大于30页/min。

3. 保养

（1）连接。在使用并口与计算机连接的时候，一定要把计算机和打印机的电源彻底断开再行连接，否则极容易损坏打印机的缓冲器。

（2）清洁保养。在使用激光打印机的过程中，需经常对其进行清洁保护，避免因不注意清洁保养或使用不当而造成的不该发生的故障。需清洁的主要部件有四个。①转印电极丝。这是一种非常精细的钢丝，可将吸附着墨粉的负电荷从感光鼓传到打印纸上。打印机使用一段时间后，会有一些残留的墨粉在电极丝周围。清洁时用小毛刷或略浸酒精或清水的棉签清洁电极丝周围的区域。清洁此部位时一定要格外小心，不要弄断横跨在电极丝上方的几根单丝线。②传输器条板和传输器锁盘。清洁传输器条板和传输器锁盘的方法是用软布略蘸清水，擦净银白色长条板和传输锁盘上积存的纸屑和尘土。③输纸导向板。输纸导向板位于粉盒下方，它的作用是使纸张通过墨盒传输到定影组件。清洁时用软布略蘸清水擦净导向板的表面。④静电消除器。静电消除器的位置与转印电极丝的水平位置在一起，清洁时需用打印机所带小刷清除掉静电消除器周围的纸屑和墨粉（经常清洁此部位可减少卡纸现象）。特别应注意，在做上述工作之前必须先关闭电源，不要推开感光鼓护盖，以免感光鼓曝光。

（3）处理卡纸。打印最常见的故障是卡纸。卡纸以后切不可生拉硬拽，甚至用工具往外撬。无论什么打印机都应该设有压纸轮放松开关，如遇卡纸可以释放此开关，将卡在机器里的纸轻轻地拉出来。注意不要把纸拉碎，一旦拉不出来的时候，可以把机器外壳拆下来，卸下压纸轮。如有碎纸片，可以用镊子夹拾干净。

（4）墨粉与光导鼓。激光打印机用的墨粉和光导鼓有的是一体的，有的是分体的。光导鼓一定要密闭保存，不可以在明处久放。墨粉盒里的墨粉是可以再次灌装的。从环保角度和经济角度考虑，不应该将其过早丢弃。一般鼓粉一体机至少可以灌装五次以上。灌粉时注意把废粉仓中的废粉清除掉。

（5）机器内部清洁。注意保持机器内部的清洁。尤其是打印纸传输通道上的清洁，每换一次墨粉都要做一次清洁处理。可以用酒精棉将容易脏的部位擦拭干净。注意不要留下棉花纤维。

（6）感光鼓的修复和疲劳消除。激光打印机通过较长时间使用之后，打印的文字/图像会出现模糊不清、底灰加重、字形变长等现象。之所以如此，主要是由于感光鼓的鼓表面膜光敏特性衰老、表面电位下降、残余电压升高而引起的。在这种情况下，可以仔细检查感光鼓表面，若没有破坏（如无感光膜脱落等），可以对鼓表面疲劳的光敏表层进行简便处理即可以修复。激光打印机的感光鼓为有机硅光导体，存在工作疲劳问题。因此，刚使用过的感光鼓不宜连续工作，最好放置一星期左右或更长的时间后再使用。建议用两只以上墨盒交换使用，以避免感光鼓的疲劳。

（7）墨盒的再生利用。激光打印机在使用过程中若停止工作，并在显示器屏上显示"16 TONER LOW"时（如HPⅡ、HPⅢ型激光打印机皆如此），则表示墨盒中已无墨粉，应该添加墨粉。这时，若把储存在收墨粉盒内的废墨粉重新加入墨盒，还可以打印600多份A4稿纸。墨盒拆卸安装步骤如下：拆下墨盒外壳。墨盒的左右两侧各有两个定位销，用改锥从里侧把定位销稍微用力向外顶，拨下定位销，卸下外壳；这时可以看见墨盒左右两侧各有一个拉紧弹簧，卸下弹簧，墨盒和收墨粉盒即可分开；将收墨粉盒上的显影电阻丝架轻轻抬起抽下来，卸下收墨粉盒密封铁板上的两颗螺丝，打开收墨粉盒；转动齿轮，将收墨粉盒里的墨粉全部倒出来；把墨盒侧面的白色塑料盖拔下来，将收集的墨粉倒入墨盒，然后按相反的顺序把墨盒安装好，激光打印机即恢复正常。

（五）包装、储存和运输

同针式打印机。

四、新产品展望

随着办公市场竞争的不断加剧，为了能在打印产业取得领先地位，各品牌办公厂商都不遗余力地研发新技术，并推出自己的新产品。尤其是新技术的不断推陈出新，使打印产品在打印质量、色彩表现力、打印速度等方面得到很大提升。

可以说采用最新技术的产品不但在性能上处于领先地位，在市场上也起到引领潮流的作用。

（一）Bi-ink 双黑墨打印头技术

Bi-ink 双黑墨打印头技术是在喷墨打印机的打印头上错位排列了两行黑色喷嘴，每行 180 个，黑色喷嘴数量高达 360 个，打印头宽度也扩大为 1 英寸，打印过程中两排黑色喷嘴同时工作，使原本需要打印两行的内容只需打印一行便可实现，大大提高了打印速度。打印机在文本模式下可实现 25 页/min 的输出速度，草稿模式下，可实现 37 页/min 的输出速度。这一速度达到了一些普通激光机输出速度的 2.5～3 倍。

此外，Bi-ink 双黑墨打印头的两排错位喷嘴排列更紧密，相邻黑色喷嘴之间的分辨率达到了 360dpi，使打印机在一行状态下的打印质量得到了提高。

（二）安捷打印技术

安捷打印技术在一台打印机上综合了激光打印机的速度和喷墨打印机低成本彩色输出两种优势，具有更出色的可靠性、更低的成本、更加锐利清晰的文本及图形、更为逼真的图像和更快的打印速度，使用户不再为选购喷墨打印机还是激光打印机而左右为难。

安捷技术作为一种基于墨水的打印技术，设计了带有更多喷嘴的大型打印头。采用了安捷打印技术的打印头跨整个页面宽度，使打印可以快速、准确地在一个运动循环内喷射墨水。这种打印喷头不动，而纸张运动的激光打印模式，第一次出现在喷墨类型的打印机上，从而大大提高了喷墨打印速度。

采用安捷打印技术的打印机提高了纸张介质适应性和打印品质，在打印头喷射墨水前，纸张首先经过 Fixer 喷头进行喷涂。墨水喷在 Fixer 涂层上之后，墨水的稳定性大大提高，文档的保存时间比普通喷墨打印文档更长。稳定性更高，打印出来的文档更耐水。

安捷打印技术独有的 Color Accent 技术使打印机将如公司标志、需要突出强调的有色彩的文字等文档默认为黑白模式，按照黑白打印核算单页打印成本，却能获得彩色打印的文档，解决了多数用户最为关注的打印成本问题，加速了办公室彩色办公的普及。

（三）水平一次成像技术

一次成像技术也可以称作彩色黑白同速技术。为了能使激光打印机实现彩色打印，工程技术人员利用青色、洋红和黄色覆盖黑色墨粉这一过程以四个打印周期来实现，称为"四次成像"打印技术。也就是说，彩色打印过程要重复四次，这就是传统的彩色激光打印速度只有黑白打印速度的 1/4 的原因。

一次成像技术就是为激光打印机配备四套独立的成像系统，它由四个激光发射器（或 LED 阵列组）和四个感光鼓组成，在打印彩色文档或图像时，四个激光发射器和四个感光鼓同时进行激光照射、吸附碳粉的工作，并行打印青、洋红、黄、黑四种色彩，省去了传统彩色激光打印的四个套色周期，只需一个打印周期即可将彩色图像转印到纸上并定影输出。从而使打印时间比传统的四次成像打印机节省将近 3/4 的时间。因避免了多次打印灰套色过程，其彩色打印的品质也更高。

采用传统的一次成像技术打印机，各色鼓粉采用都垂直一线的单列式架构设计，而"兄弟"公司先进的水平式一次成像是将激光打印机内的粉和鼓单元水平成一线排列，这样的设计实现了彩色、黑白同速打印，并能有效降低机身的高度，减小了对办公空间的占用，更有利于对打印机的维护与操作。

（四）高山极限核技术

高山极限核技术是联想公司为了能让打印机在极为恶劣的环境下工作而开发的。此技术应用了独有的聚合炭粉，与普通粉粒相比，更加圆润、饱满、细致，具有附着力更强、色度更纯、打印质量更好的优点。最为关键的是，该技术的打印机内置温度和压力传感器可以根据外界温度和压强的变化自动调整，降低了打印纸被定影后的卷曲度，真正实现不卡纸打印，使打印机在温差很大的环境下工作也一样稳定。

该技术还采用密封纸盒，有效降低外部环境对纸张的影响，并且在散热通道和出风口还采用了微孔设计，确保了在环境极差情况下的走纸和定影也能正常进行。在打印耗材方面，其采用 25000 页超长寿命硒鼓，能轻松应付大量的打印任务。

（五）3D 打印技术

3D 打印机又称三维打印机，是快速成形技术的一种机器，它是一种以数字模型文件为基础，运用粉末状金属或塑料等可黏合材料，通过逐层打印的方式来构造物体的技术。过去其常在模具制造、工业设计等领域被用于制造模型，现正逐渐用于一些产品的直接制造，意味着这项技术正在普及。

3D 打印机的原理是：把数据和原料放进 3D 打印机中，机器会按照程序把产品一层层造出来。打印出的产品可以即时使用，是一种累积制造技术，通过打印一层层的黏合材料来制造三维的物体。现阶段三维打印机被用来制造产品。2003 年以来三维打印机的销售逐渐扩大，价格也开始下降。该技术可用于珠宝、鞋类、工业设计、建筑、工程和施工（AEC）、汽车、航空航天、牙科和医疗产业、教育、地理信息系统、土木工程和其他许多领域。

3D 打印技术的核心制造思想最早起源于 19 世纪末的美国，到 20 世纪 80 年代后期，3D 打印技术发展成熟并被广泛应用。3D 打印是科技融合体模型中最新的高"维度"的体现之一，据报道，美国科学家发明了一种可打印出三维效果的打印机，并已将其成功推向市场。普通打印机能打印一些报告等平面纸张资料，而这种最新发明的打印机不仅使立体物品的造价降低，而且激发了人们的想象力。未来3D打印机的应用会更加广泛。3D打印带来了世界性制造业革命，以前是部件设计完全依赖于生产工艺能否实现，而3D打印机的出现将会颠覆这一生产思路，这使企业在生产部件的时候不再考虑生产工艺问题，任何复杂形状的设计均可以通过3D打印机来实现，无须机械加工或模具，就能直接从计算机图形数据中生成任何形状的物体，从而极大地所缩短了产品的生产周期，提高了生产率。尽管仍有待完善，但3D打印技术市场潜力巨大，势必成为未来制造业的众多突破技术之一。

3D打印机的技术原理如下：

使用打印机就像打印一封信：轻点电脑屏幕上的"打印"按钮，一份数字文件便被传送到一台喷墨打印机上，它将一层墨水喷到纸的表面以形成一幅二维图像。而在3D打印时，软件通过电脑辅助设计技术（CAD）完成一系列数字切片，并将这些切片的信息传送到3D打印机上，后者会将连续的薄型层面堆叠起来，直到一个固态物体成型。3D打印机与传统打印机最大的区别在于它使用的"墨水"是实实在在的原材料。

堆叠薄层的形式多种多样。有些3D打印机使用"喷墨"的方式。例如，一家名为Objet的以色列3D打印机公司使用打印机喷头将一层极薄的液态塑料物质喷涂在铸模托盘上，然后此涂层被置于紫外线下进行处理。之后铸模托盘下降极小的距离，以供下一层堆叠上来。另外一家总部位于美国明尼阿波利斯市的公司Stratasys使用一种叫做"熔积成型"的技术，整个流程是在喷头内熔化塑料，然后通过沉积塑料纤维的方式形成薄层。

还有一些系统使用粉末微粒作为打印介质。粉末微粒被喷撒在铸模托盘上形成一层极薄的粉末层，然后由喷出的液态黏合剂进行固化。它也可以使用一种叫做"激光烧结"的技术熔铸成指定形状。这也正是德国EOS公司在其叠加工艺制造机上使用的技术。而瑞士的Arcam公司则是利用真空中的电子流熔化粉末微粒。以上提到的这些仅仅是许多成型方式中的一部分。当遇到包含孔洞及悬臂这样的复杂结构时，介质中就需要加入凝胶剂或其他物质以提供支撑或用来占据空间。这部分粉末不会被熔铸，最后只需用水或气流冲洗掉支撑物便可形成孔隙。如今可用于打印的介质种类多种多样，包括塑料、金属、陶瓷以及橡胶类物质。有些打印机还能结合不同介质，令打印出来的物体一头坚硬而另一头柔软。先通过计算机建模软件建模，如果有现成的模型也可以，例如动物模型、人物或者微缩建筑等。然后通过SD卡或者USB优盘把模型拷贝到3D打印机中，进行打印设置后，打印机就可以把它们打印出来。3D打印机的工作原理和传统打印机基本一样，都是由控制组件、机械组件、打印头、耗材和介质等架构组成的，打印原理是一样的。3D打印机主要是在打印前在电脑上设计了一个完整的三维立体模型，然后再进行打印输出。3D打印与激光成型技术一样，采用了分层加工、叠加成型来完成3D实体打印。每一层的打印过程分为两步，第一步在需要成型的区域喷洒一层特殊胶水，胶水液滴本身很小且不易扩散。第二步是喷洒一层均匀的粉末，粉末遇到胶水会迅速固化黏结，而没有胶水的区域仍保持松散状态。这样在一层胶水一层粉末的交替下，实体模型将会被"打印"成型，打印完毕后只要扫除松散的粉末即可"刨"出模型，而剩余粉末还可循环利用。

思考题

1. 简述各种打印机的工作原理。
2. 打印机的系统组成有哪些部分？
3. 如何对打印机进行保养？

第四节　扫描仪

掌握扫描仪的工作原理和系统组成，了解并熟悉扫描仪的相关标准，并能按标准进行操作。

扫描仪是将各种形式的图像信息输入计算机的重要工具。扫描仪通常用于计算机图像的输入，而图像这种信息形式是一种信息量最大的形式。从最直接的图片、照片、胶片到各类图纸图形以及文稿资料，都可以用扫描仪输入计算机，进而实现对这些图像形式的信息的处理、管理、使用、存储、输出等。目前，扫描仪已广泛应用于各类图形图像处理、出版、印刷、广告制作、办公自动化、多媒体、图文数据库、图文通信、工程图纸输入等许多领域，极大地促进了这些领域的技术进步。扫描仪是一种捕获图像并将之转换为计算机可以显示、编辑、存储和输出的数字化输入设备。扫描仪是除键盘和鼠标之外被广泛应用于计算机的输入设备。可以利用扫描仪输入照片建立自己的电子影集；输入各种图片建立自己的网站；扫描手写信函再用 E－mail 发送出去以代替传真机；还可以利用扫描仪配合 OCR 软件输入报纸或书籍的内容，避免键盘输入汉字的辛苦。

一、扫描仪的工作原理及组成

（一）扫描仪的工作原理

扫描仪是图像信号输入设备。它对原稿进行光学扫描，然后将光学图像传送到光电转换器中变为模拟电信号，又将模拟电信号变换成为数字电信号，最后通过计算机接口送至计算机中。

扫描仪扫描图像的步骤是：①将欲扫描的原稿正面朝下铺在扫描仪的玻璃板上，原稿可以是文字稿件或者图纸照片。②启动扫描仪驱动程序后，安装在扫描仪内部的可移动光源开始扫描原稿。为了均匀照亮稿件，扫描仪光源为长条形，并沿 y 方向扫过整个原稿。③照射到原稿上的光线经反射后穿过一个很窄的缝隙，形成沿 x 方向的光带，又经过一组反光镜，由光学透镜聚焦并进入分光镜，经过棱镜和红绿蓝三色滤色镜得到的 RGB 三条彩色光带分别照到各自的 CCD 上，CCD 将 RGB 光带转变为模拟电子信号，此信号又被 A/D 变换器转变为数字电子信号。

至此，反映原稿图像的光信号转变为计算机能够接受的二进制数字电子信号，最后通过串行或者并行等接口送至计算机。扫描仪每扫一行就得到原稿 x 方向一行的图像信息，随着沿 y 方向的移动，在计算机内部逐步形成原稿的全图。

在扫描仪获取图像的过程中，有两个元件起关键作用。一个是 CCD，它将光信号转换成为电信号；另一个是 A/D 变换器，它将模拟电信号变为数字电信号。这两个元件的性能直接影响扫描仪的整体性能指标。

扫描仪的关键部件是电荷耦合器件（CCD），一般由数千个光电元件排成线性阵列，这些光电元件对光照的强度变化很敏感。扫描仪工作时，光源（冷极荧光管）产生的白光逐行照亮原稿，原稿每一行的反射光经过光学透镜依次投射到电荷耦合器件上，原稿上的每一点与电荷耦合器上某一个光电元件相对应，原稿黑的地方，投射给对应的光电元件的光就弱，光电元件就输出一个低电压；原稿上白的地方情况正好相反，因而就产生一个高电压；至于介于黑白之间的灰色则转换成相应的电压。这样，扫描仪利用 CCD 器件再加上光源与光学镜头，就能"看见"黑白原稿了。彩色扫描仪为了提取原稿中的彩色信息通常利用滤色镜分别扫描来实现，由此可见，它与黑白扫描仪的工作原理基本一样，只是更加复杂一些。

（二）扫描仪的组成

扫描仪主要包括扫描头（光学成像部分）、机械转动部分（步进电机与导轨）以及主板（控制、A/D 转换等电路）。

1. 扫描头

扫描头是扫描仪中实现光学成像功能的重要部分。它包括光源、反光镜、镜头和 CCD 光电耦合器件。光源由一个带变压器的灯管构成，现在许多扫描仪的光源都采用阴极辉光放电技术。灯管的直径为 3～4mm，长度与扫描仪稿台玻璃的宽度相当，特点是两端没有灯丝，只有一根电极，发光均匀、稳定，体积小，使用寿命长。扫描仪的光路由四个反光镜构成。从灯管发出的光向上投射到稿件上，经稿件反射后投射到这组反光镜光路，最后投射到光电耦合器件 CCD 上。

2. 机械转动部分

机械部分由步进电机、齿轮、导轨和皮带构成。机械部分的运动受主板的控制。

3. 主板

扫描仪的主板上有一块相当于 CPU 的集成芯片，具有对周边元件实行电源控制和 A/D 转换等功能。主板还集成着 BIOS 芯片、SCSI 芯片以及 Cache 芯片等。BIOS 芯片的主要功能是启动时对扫描仪进行自检。SCSI 芯片提供了 SCSI界面和 SCSI 数据通道。Cache 芯片则是用来暂存图像数据的，目前普通扫描仪的 Cache 为 512kB，有的可达 2MB。

二、扫描仪的分类与性能

（一）按发展阶段分类

扫描仪按发展阶段分类，可分为以下三类：

（1）黑白扫描仪。这种扫描仪只能扫描简单的黑白二色图像，分辨率也较低，性能不十分稳定。

（2）灰度/彩色扫描仪。这种扫描仪可以扫描灰度中间色调，经过红、绿、蓝三次扫描合成彩色图像，过程与分色印刷相似。这一阶段同时也出现了专用扫描仪，例如条码读入、卡片阅读机等。该阶段又称三次扫描阶段。

（3）彩色扫描仪。这种扫描仪一次完成彩色扫描，采用白光源和彩色 CCD扫描头。图像无须套色，色彩准确，速度较快。此阶段又称一次扫描阶段。

（二）按所支持的颜色分类

按所支持的颜色分类，可分为单色扫描仪和彩色扫描仪。

（三）按扫描仪的宽度和操作方式分类

按扫描仪的宽度和操作方式分类，可分为大型扫描仪、台式扫描仪和手持式扫描仪。

（四）按扫描仪所添加的配件分类

按扫描仪所添加的配件又可为：进纸式扫描仪，可以连续扫描多页照片或印刷品；幻灯片式扫描仪，用来扫描透射性文件，如投影片和幻灯片。

（五）按扫描原理分类

按扫描原理划分，可将扫描仪分为以 CCD 为核心的平板式扫描仪、手持式扫描仪和以光电倍增管为核心的滚筒式扫描仪。

（六）按扫描图像幅面的大小分类

按扫描图像幅面的大小划分，可分为小幅面的手持式扫描仪、中等幅面的台式扫描仪和大幅面的工程图扫描仪。

（七）按扫描图稿的介质分类

按扫描图稿的介质划分，可分为反射式（纸材料）扫描仪、透射式（胶片）扫描仪，以及既可扫反射稿又可扫透射稿的多用途扫描仪。

（八）按用途分类

按用途划分，可将扫描仪分为可用于各种文稿输入的通用型扫描仪和专门用于特殊图像输入的专用型扫描仪（如条码读入器、卡片阅读机）等。

（九）按接口方式分类

按接口方式划分，有 SCSI 卡接口方式扫描仪、EPP 接口方式扫描仪、USB 接口方式扫描仪等。

三、技术参数与标准

（一）技术参数

［灰度位宽］灰度位宽表明了扫描仪可以表现出来的灰度范围。越大的灰度范围会有更好的色阶过渡。灰度位宽的表示方法与色彩深度相同，如 16 位灰度位宽表示扫描仪可以反映 65536 级灰度。目前的 1200dpi 平板式扫描仪的灰度位宽多为 12～16 位，2400dpi 平板式扫描仪的灰度位宽多为 16 位。

［光学分辨率］扫描仪 CCD 的分辨率是光学分辨率，它是指每英寸上有多少个点，如 300dpi，就是说在每英寸上它扫描 300 个光学点数。分辨率是扫描仪的重要性能指标，表示扫描仪对图像细节的表达能力。分辨率决定了扫描仪所记录的图像细致度，其单位为 dpi。dpi 的数值越大，扫描的分辨率和得到的图像文件也就越大。较高的分辨率可以提高扫描图像的品质，但它确实是有限度的，当分辨率大于某一个特定值之后，只会使图像文件增大而不易处理，并不能对图像品质产生显著的改善。被扫描图像单位长度上像素点的 dpi 越多，对原图像细节的表达能力就越强。光学分辨率又分为水平分辨率和垂直分辨率两种方式，水平分辨率由光源系统 CCD 的真实分辨率及相应的硬件电路设计决定，垂直分辨率由扫描仪传动机构的精密程度决定。水平分辨率较垂直分辨率显得更为重要。常见扫描仪水平分辨率有 300dpi、600dpi 及 1000dpi 以上。对于大多数的应用而言，

扫描到 300dpi 就已经足够了。

[最大分辨率] 最大分辨率又称为插值分辨率。它是在相邻像素之间求出颜色或者灰度的平均值后作为一个点插入图像中，从而增加像素数的办法。内插算法增加了像素数，但不能增添真正的图像细节。

[扫描幅面] 大多数平板扫描仪都是 A4 幅面的，还有部分是 A4 幅面加长成 A3 幅面的，专业用户使用 A4 幅面加长和 A3 幅面的较多，而一般用户选择 A4 幅面即可。

[色彩位数] 色彩位数又称为位深度（bit depth）或者色彩深度（color depth），其中，位深度通常用每个像素点上颜色的数据位数（bit）来表示，色彩深度则以 2 的幂来表示。位深度和颜色深度表示扫描仪在对每一个像素取样时，所获得的最多的颜色种类及灰度等级。如果以灰度（8bit）方式扫描，则会产生 256 级灰度；如果以 RGB（24bit）方式扫描，则会产生 2 的 24 次方种颜色。大多数滚筒式扫描仪能够自动以 CMYK 方式进行扫描；而一些平板式扫描仪及胶片/透光片扫描仪则是通过软件进行扫描，其过程是以 RGB 方式扫描，然后通过软件对其进行分色，转化为 CMYK 方式。

[扫描速度] 扫描速度的表示方式一般有两种。一种用扫描标准 A4 幅面所用的时间来表示；另一种用扫描仪完成一行扫描的时间来表示。不管采取哪种方法，用彩色方式扫描一张 A4 纸需要的时间都在 4～5min。

（二）标准

GB/T 18788—2002《平台式扫描仪通用规范》

GB/T 191—2008《包装储运图示标志》

GB/T 2421—1999《电工电子产品环境试验 第 1 部分：总则》

GB/T 2422—1995《电工电子产品环境试验术语》

GB/T 2423.1—2001《电工电子产品环境试验 第 2 部分：试验方 法试验 A：低温》

GB/T 2423.2—2001《电工电子产品环境试验 第 2 部分：试验方 法试验 B：高温》

GB/T 2423.3—1993《电工电子产品基本环境试验规程 试验 Ca：恒定湿热试验方法》

GB/T 2423.5—1995《电工电子产品环境试验 第 2 部分：试验方法 试验 Ea 和导则：冲击》

GB/T 2423.10—1995《电工电子产品环境试验 第 2 部分：试验方法 试验 Fc 和导则：振动（正弦）》

GB/T 4857.2—1992《包装运输包装件 温湿度调节处理》

GB/T 4857.5—1992《包装运输包装件 跌落试验方法》

GB 4943—2001《信息技术设备（包括电气事务设备）的安全》

GB /T 5080.7—1986《设备可靠性试验 恒定失效率假设下的失效率与平均无故障时间的验证试验方案》

GB/T 5271.14—1985《数据处理词汇 14 部分：可靠性、维修和可用性》

GB/T 6882—1986《声学噪声源声功率级的测定消声室和半消声室精密法》

GB 9254—1998《信息技术设备的无线电骚扰限值和测量方法》

GB/T 15533—1995《信息处理系统小型计算机系统接口》

GB/T 17618—1998《信息技术设备抗扰度限值和测量方法》

四、质量检验与保养

（一）感官检验

扫描仪在进行结构设计时，其面板和机箱的尺寸应符合有关国家标准的规定。扫描仪表面不应有明显的凹痕、划伤、裂缝、变形和污染等。表面涂覆层应均匀，不应起泡、龟裂、脱落、磨损或有其他机械损伤。金属零部件不应有锈蚀或机构损伤。

（二）理化检验

扫描仪的理化检验方法详见《平台式扫描仪通用规范》（GB/T 18788—2002）。

［扫描噪声］扫描时产生的噪声应小于 55dB。

［接口特性］产品具有的 SCSI 接口特性应符合《信息处理系统小型计算机系统接口》（GB/T 15533—1995）的规定，并行接口、USB 接口或 IEEE 1394 接口特性应符合有关标准的规定。

［安全要求］产品的安全性应符合《信息技术设备（包括电气事务设备）的安全》（GB 4943—2001）的规定。

［电源适应性要求］产品应能在 $220\pm22V$、$50\pm1Hz$ 的条件下正常工作。

［无线电骚扰限值］产品的无线电骚扰特性应符合《信息技术设备的无线电骚扰值和测量方法》（GB 9254—1998）的要求。

［电磁抗扰度］产品的电磁抗扰度特性应符合《信息技术设备抗扰度限值和测量方法》（GB/T 17618—1998）的要求。

［可靠性及寿命］采用平均失效间隔时间（MTBF）衡量产品的可靠性水平。本标准规定产品的平均失效间隔时间（MTBF）的 rn 值不低于 2000h，产品标准中应给出主要消耗品的寿命指标，如电机、灯管、图像传感器等。产品标准中应给出产品按键（如果有）的寿命指标。

（三）保养

（1）保证用好原稿。要想得到好的扫描效果，首先要保证用好原稿，原稿的好坏直接影响扫描效果。不要用半色调图像资料介质及一些图形、文字不清楚的杂志印刷品等作为原稿，因为在扫描这类介质时会有扫描网纹出现。

（2）保持扫描仪的清洁。要保证扫描仪的清洁，尤其是镜面的清洁度，以免灰尘影响扫描质量。如果扫描仪不清洁，则会使扫描出的信息出现底灰、图像不清晰、有斑点等现象。可以用软布蘸少量的酒精进行擦拭。

（3）扫描仪应避免震动和碰撞。在室内搬运时应小心平稳，如需长距离搬运，必须先将固定螺栓复位。避免将物件放在扫描板玻璃和外盖上。

（4）扫描仪应保持平稳。扫描时，如原稿不平，可以轻压上盖，但不能用力过大；扫描较厚的书时，可以先将原稿复印，再进行扫描。

（5）其他注意事项。不要拆开扫描仪或给一些部件加润滑油。电源电压要符合要求，电源电压一定要符合扫描仪的工作电压范围。工作环境要好。当扫描仪工作时，不要随意搬动或震动，以免破坏扫描仪的正常工作。扫描仪绝不可在潮湿的环境中工作，当然工作环境温度也不能太高。当扫描仪从一个环境温度较低的地方搬入一个环境温度较高的地方时，应该注意湿气的影响，必须等一段时间使湿气蒸发掉，否则机器将保护，停止工作。

五、包装、运输和储存

包装箱外应标有产品名称、型号、制造厂名称、地址、产品标准编号，出厂日期或生产批号。包装箱外应印刷或贴有"小心轻放"、"怕湿"、"向上"、"堆码极限"等运输标志或相应的说明文字。运输标志应符合《包装储运图示标志》（GB/T 191—2008）的规定。包装箱外印刷及所贴标志不应因运输条件和自然条件而褪色、脱落。包装箱应符合防潮、防尘、防震的要求，包装箱内应有检验合格证、质量保证书、附件及有关的随机文件。包装后的产品应能以任何交通工具进行运输。长途运输时，不得装在敞开的船舱或车厢中。中途转运时不得存放在露天仓库中，运输过程中不允许和易燃、易爆、易腐蚀的物品棍装。产品不允许经受雨、雪或液体物质的淋湿与机械损伤。

储存时，产品应放在原包装箱内。存放产品的环境温度为0℃～40℃，相对湿度为30%～85%（40℃）。仓库内不允许有各种有害气体、易燃、易爆的产品及有腐蚀性的化学物品，并且应无强烈的机械振动、冲击和强磁场作用。包装箱应垫离地面至少20cm，距离墙壁、热源、冷源、窗口或空气入口至少50cm，若无其他规定，储存期一般不应超过6个月。若在制造厂存放期超过6个月，则应在交付前重新进行交收检验。

六、新技术

（一）LIDE 技术

应用 LIDE（二极管间接曝光 LED Indirect Exposure）技术是 Canon 公司独创的技术，其最重要的设计理念就是化繁为简，从原稿图像的反射次数来说，LIDE 扫描仪中只有原稿反射光导照明这一次（CCD 扫描仪中存在 4 次），由于省略了一系列反射镜，LIDE 扫描仪就能避免因此带来的各种像差和色差，可以最为逼真地重现原稿的细节和色彩。

LIDE 扫描仪主要由三部分组成：光导（LightGuide）、柱状透镜和线性光学传感器。如果将 LIDE 扫描仪比作计算机的眼睛，那么光导就相当于外部光源，柱状透镜相当于角膜，线性光学传感器则可比作视网膜，通过这双"眼睛"，原稿的光信号转换成电信号，进而经过模数转换，转变成数码图像数据。

光导的主要作用是增强红、绿、蓝三个色彩通道的光照强度。柱状透镜则可以确保反射光更好地向传感器聚焦，为提高扫描仪的分辨率和扫描精度立下了汗马功劳。线性传感器则最大程度地避免了边缘变形问题。

（二）VAROS 技术

平常使用的办公级扫描仪通常将胶片适配器作为选配件提供给用户，由于胶片适配器的价格较高，只有需要底片扫描的用户才会考虑。先进的 VAROS 技术使用户能在办公室或是在家中轻松地进行图像处理或胶片扫描。采用这种技术的扫描仪集图文、胶片扫描于一身，能实现 $1200 \times 1200 dpi$ 的胶片扫描。

普通的 CCD 扫描仪在扫描时，须在被扫描物体表面形成一条细长的白色光带，光线通过一系列镜面和一组透镜，最后由 CCD 元件接收光学信号。但是，在这种条件下，光学分辨率被 CCD 像素数量所限制。在 VAROS 技术中，CCD 元件与透镜之间放置一片平板玻璃，首先，扫描仪进行正常的扫描工作，这一步得到的图像与其他扫描仪基本相同。其次，平板玻璃倾斜，使扫描图像移动 1/2 个像素，扫描过程重复一次。这样可以使扫描仪读取被移动后的像素数据。最后，运用软件合成第一次与第二次的扫描数据，得到两倍数量的图像信息。换言之，运用 VAROS 技术，我们可以将普通 600dpi 的扫描仪变成 1200dpi 高分辨率的扫描仪。

（三）双 CCD 技术

在扫描仪的传统 CCD 上，规则地排列着三条感光元件阵列，分别获取红、绿、蓝三色光学信息。每条感光元件阵列上光电耦合元件的数目，也就是这个 CCD 能够获取的像素数，同时也决定了这台扫描仪的最大光学分辨率。例如，对于 A4 幅面（8 英寸×10 英寸）的扫描仪，如果 CCD 像素数为 5000，那么它的最高光学分辨率就是600dpi。同样，如果CCD像素数为10000，那么它的最高光学分辨率就是600dpi。CCD的制造依靠高精度的微电子加工工艺，后者在一定程度上限制着CCD的长度和单个像素面积。制造长度更长的CCD，意味着非常昂贵的价格、很低的成品率；而保持当前CCD长度不变的情况下，提高像素数就会相应减小单个感光单元的面积。感光单元面积缩小，会带来敏感度和图像信噪比的降低。因此，为了获得同等质量的扫描图像，扫描仪必须增加每次扫描的曝光时间。对于1200dpi的扫描仪而言，其像素尺寸为$3.2\sim3.5\mu m$，如果希望保持CCD长度而增加像素至20000点，像素面积会缩小到$2\mu m$以下。除了信噪比的影响外，这也是当前微电子工艺很难达到的，而且产品的成本也很高。

为了能获得1200dpi这样高的分辨率，而产品的成本又不会增加太多，惠普推出了一种双CCD技术，为高分辨率扫描输入带来了新的途径。这种双CCD扫描仪采用了交错像素设计来实现2400dpi的高光学分辨率。CCD传感器中，包含两组像素单元：低分辨率部分（5000像素点）的传感器单元具有较大的信号感受面积，可以提供高速、高质的扫描，光学分辨率为600dpi；而高分辨率部分采用了6条感光元件——红、红、绿、绿、蓝、蓝，每两条同色感光元件错开半个像素的位置。因为每条传感器都具有10000像素点。每次扫描过程中，根据特殊的算法把6条传感器的数据结合在一起，就可以实现2400dpi的有效光学分辨率，足以适应35mm幻灯片或负片放大的需求。

（四）"微雕"扫描技术（A.C.E.色彩增强技术）

由于受硬件物理特性和色彩还原技术的限制，图像输入时色彩的偏差和损失是无法避免的。为了补偿在输入过程中丢失的色彩，减轻后期复杂的校验工作，国际色彩协会（ICC）制定出了统一的色彩标准，以帮助软、硬件制造商根据自身的产品特性创建属于自己的色彩管理体系，共同维护色彩的统一。符合ICC标准的色彩特性文件描绘了硬件无法达到的色彩空间的色域特性，是一种软件色彩增强技术。相应的色彩管理软件根据ICC特性文件，控制创建、转换和传输色彩。但受成本和硬件实现能力的限制，这种增强技术多被用于广告设计、印前出版等专业级扫描仪产品中，在中低端的扫描仪产品中很少出现。

"微雕"扫描技术是明基在自身产品特性的基础上，独立开发的符合ICC标准的色彩管理引擎，率先在3000元以下的产品中实现了这一专业功能的大众化。它的色彩管理软件不提供色彩校验应用程序。因为复杂、高深的校验工作及特性文件的生成在扫描仪出厂前早已完成，并直接内置在扫描仪的Mirascan驱动程序中（3.43版及以上的驱动均内嵌"微雕"技术）。

用户在实际扫描时可以自由选择使用或屏蔽"微雕"功能，从而保证色彩在输出设备间进行准确的传递和转换。"微雕"技术还提供了常见品牌显示器、打印机等输出设备的色彩特性文件供选择，以保证扫描图像得到精确、忠实地显示和输出。没有了复杂、烦琐的色彩校验过程，"微雕"扫描技术仍然在一定范围内保持了色彩还原的真实准确和一致性。

七、扫描仪的选购

根据扫描仪的技术指标，在购买扫描仪时应主要考虑以下因素。

（一）分辨率

分辨率是扫描仪最重要的一项技术指标。扫描仪的分辨率包括光学分辨率和插值分辨率两种。在选购时应该首先考虑光学分辨率，因为它不仅决定了扫描仪的价格档次，也是扫描仪对原始图像感知能力的具体表示。就光学分辨率而言，当前市场上主要有以下几类扫描仪。

（1）300×600DPI：适用于家庭进行普通图像扫描及办公室文档的扫描，扫描后无须对图像进行放大或仅放大 1～2 倍即进行打印输出或保存。300×600DPI 表示其水平分辨率为 300DPI，垂直分辨率为 600DPI。

（2）600×1200DPI：能够达到这种分辨率的扫描仪一般为中档扫描仪，适用于专用图像处理和桌面印刷排版系统。在使用高分辨率对图像进行扫描后，可以将图像放大数倍而不致使图像分辨率过低从而达不到输出精度要求，这对于从事广告图像设计和大型喷绘写真的购买者是非常必要的。

（3）1000×1200DPI 或更高：能够达到这种精度的扫描仪在市场上可谓是凤毛麟角，其价格也相当昂贵，起码要在万元以上，是当之无愧的专业高档扫描仪。

在选择扫描仪时绝不是分辨率越高越好。扫描的精度提高一倍后，其扫描速度会大大降低，而生成的图像文件的大小则会成 4 倍增长。因此，完全不必非要选择分辨率很高的扫描仪，而应该选择一款最适合自己使用的扫描仪。

（二）色彩位数

自然界的色彩变化万千，在电脑屏幕和纸张上只能够尽可能地模拟出与自然色一致的色彩，其方法是通过 RGB（红绿蓝）三原色的合成来实现。电脑在存储一种色彩时，实际上存储了生成它的 RGB 三原色的一组数据。电脑用不同位数的二进制数来存储不同灰度级的某种原色。例如，使用 8 位二进制数来表示红色，则可以得到 256（$2^8=256$）种灰度级的红色，当它与 8 位绿色、8 位蓝色相合成时，就可以得到 1670 万种色彩，即我们通常所说的真彩色。而此时的色彩实际上是使用了 3×8＝24 位二进制数据来表示的，因此我们也称其为 24 位色。由此可以看出，色彩位数越高，表达的色彩种类就越丰富，也就越接近自然色。

目前市场上扫描仪的色彩位数一般有 24 位、30 位、36 位等几个档次，它们分别表示了扫描仪在识别色彩能力上的高低。对于普通的扫描仪用户，24 位或 30 位的扫描仪就足够用了，因为一般的文稿或图片其本身的质量不会很高，即使使用高色彩位数的扫描仪进行扫描，效果也并不会提高很多。

（三）扫描幅面

扫描仪的扫描幅面通常分为三档：A4 幅、A4 加长幅、A3 幅（具体的大小根据具体扫描仪型号的不同而略有不同）。由于一般情况下扫描对象多为相片和普通文档，而文档的大小一般为 A4 幅，所以 A4 幅和 A4 幅加长的扫描仪已经可以满足日常的应用。若原稿幅面较大，则也可以通过分块扫描后再拼接的方法来实现扫描。A3 幅面的扫描仪由于造价较高，目前多用于一些高档专业扫描仪中。

（四）透扫适配器（TMA）

对于大多数扫描仪来说，如果要扫描底片、胶片或幻灯片等透明稿件，就需要选购透扫适配器。每种品牌的扫描仪厂商都提供了相应的透扫适配器选件，而一些中高档的扫描仪则将透扫适配器与扫描仪做成一体，这样既提高了扫描精度又使操作得到简化。不过，对于一般的个人及商业应用，TMA 并不十分必要。

（五）随机软件

每一款扫描仪都会随机赠送一些应用软件，如 Photo Look、iPhoto、Photoshop、Photo Impact 等图像编辑软件、"清华文通"、"尚书办公专家"等 OCR 文字识别软件。在使用扫描仪时它们都会起到很大的作用，因此，在选购扫描仪时应对其有足够的认识。

由于文档在扫描进电脑后其格式为图像格式，对其中的文字并不能够进行直接编辑，而 OCR 软件却能够通过软件方式对其中的文字进行识别并将其转换为文本格式，从而达到可编辑的目的。在选择 OCR 软件时，应该注意考虑它是否能够识别各种印刷体文字、中英文混排以及表格等因素。

（六）接口方式

目前扫描仪与电脑的连接方式有三种：SCSI 方式、USB 方式和 EPP 方式。SCSI 方式是指扫描仪通过 SCSI 接口卡与电脑相连，这需要占用一个 PCI 槽和有限的电脑资源（中断号和地址），而且安装较复杂，但其数据传输速度快，扫描质量高。EPP 方式又称增强并行端口，也就是打印机并口，但在实际使用前需要 BIOS 对其进行重新设置才行。许多使用 EPP 接口的扫描仪都为打印机提供了另一个并行接口，从而解决了扫描仪和打印机共用一个并口的矛盾。EPP 接口的缺点是传输数据慢，扫描质量稍差。

任何一件电脑外设产品都应该具有良好的兼容性和可操作性，应该支持不同的操作系统。扫描软件界面应该通俗易懂，即使是不熟悉电脑的使用者也能够很快学会操作。选择购买哪种接口方式的扫描仪，还要看计算机软、硬件配置。

思考题

1. 简述扫描仪的工作原理。
2. 扫描仪的系统组成有哪些部分？
3. 如何对扫描仪进行保养？

第五节　电话机

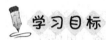

通过本节的学习，了解电话机和移动电话的通信原理，理解电话机和手机的功能和分类，掌握电话机和手机的常见故障并能在日常生活中有效维护。

一、电话机的概述

在当今信息高速传递的社会中，电话机被广泛使用。由于电话有着传递信息方便、快速、可远距离通信等特点，因此，成为当今传递信息和人们不可缺少的通信工具。随着现代科学技术的发展与世界范围内电话通信网络的建立，以及越来越多新型电话的出现，电话在现代办公中起到越来越大的作用。

作为通信网络终端设备电话机，至今已历经了三个阶段，即磁石式人工电话机、机械号盘旋转式自动电话机和电子按键式自动电话机。

在通信过程中，使用最普遍、用量最大的终端设备是电话机。电话机是一些电话部件的组合体，其中至少要包括送话器、受话器和连接器以及与送、受话器密切相关的部件。随着微电子技术的发展，各种各样的集成电路相继产生，供电话机专用的振铃集成电路、拨号集成电路、通话集成电路均被一一开发出来。目前，电话机的外形结构样式很多，按实际使用的需要一般可分为普通式、面包式、壁挂式和装饰式等。这些电话机虽然外形结构差别很大，但主要功能基本相同，即完成振铃提示、拨号和互相通话等功能。

二、电话机的工作原理

1876 年，美国人贝尔发明了第一部电话，1878 年第一台人工交换机在美国康涅州投入运营，此后电话不断普及，成为人类信息交换的主要工具。

电话通信是借助声电、电声转换和电信号的传输实现远距离语言通信的电信系统。电话通信的工作原理如图 5-1 所示。

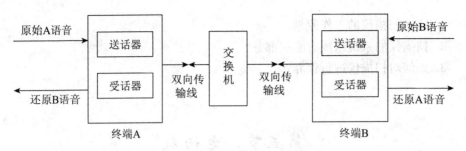

图 5-1 电话通信的工作原理

电话通信系统由终端设备（电话机）、传输线路和电话交换设备三部分组成。传输线路与交换设备主要用来完成信号远距离的传输，而终端设备（电话机）的基本功能是完成语音与电信号之间的变换。在终端设备中用来完成声—电变换的装置称为送话器（话筒），完成电—声变换的装置称为受话器（听筒）。在送话器中装有振动膜片，可将声带振动产生的声波压强转换为相应的电流变化（简称话流）；话流沿传输线送到收话人的受话器，由受话器再将电流信号转换成声音信号，使受话人听到发话人的讲话。

由上可知，电话通信是在发送端将声音变成电信号，接收端再将电信号还原为声音，收话人听到的只是具有一定保真度的"复制品"。每部电话机上既有送话器，又有受话器，所以电话用户可同时发话与受话。

三、电话机的一般功能

电话机的一般功能概述如下：

电话机的一般功能主要是拨号、振铃、通话三个基本功能，但为了通话方便，电话机的一般功能具体包括：暂停功能、闭音功能、重拨功能、免提功能、存储功能、R 键和恢复记忆功能功能等。

1. 暂停功能

暂停功能是通过暂停键（PAUSE）来完成的，它是在电话拨号时需要延时一个拨号时间的基础上设置而成。暂停时间一般为等待程控交换机选择服务方式所需要的时间差。

2. 闭音功能

闭音功能是通过闭音键（MUTE）来完成的。其作用是在通话人通话期间与旁人进行秘密商讨，不想让通话对方听到，此时按下闭音键即可实现。

3. 重拨功能

重拨功能是通过重拨键来实现的。它是在拨出一个电话号码后，又要再拨一次相同的电话号码，此时按下重拨键即可实现重拨，避免重复输入电话号码的麻烦。

4. 免提功能

免提功能是通过免提键来完成的。按下免提键后，不需拿起手柄即可通过电话机的机身内部麦克风进行和扬声器通话。

5. 存储功能

存储功能是通过存储键（STORE）来实现的。存储键主要用于存储用户电话号码，其操作方法是：摘机→按存储键→拨入存储电话号码→按存储键→按存储号码记存位置→挂机。

6. R 键功能

R 键是程控交换机为实现三地通话服务而专设的功能键。在甲乙双方通话过程中，需要与丙同时通话，此时，只要甲按下 R 键，当听到程控交换机送到特殊服务信号后，同时拨通丙的电话号码，即可实现甲、乙、丙三地通话。

R 键的作用实质上就是中断一下线路电流（其中断时间为 100ms 左右），向交换机发出一个脉冲信号，开始另一个拨号程序，再恢复通话。

7. 恢复记忆功能

恢复记忆功能是通过记忆键（RECALL）来实现的，主要用于发出已记存的电话号码。操作方法是：摘机→听到拨号音→按存储记忆键→按已记存电话号码的位置。此时，原存入此位置的电话号即被发出。

8. 来电显示功能

来电显示是通过程控交换机将 FSK 或 DTMF 双制式主叫用户信息向被叫用户自动传送的一项功能。被叫用户借助具有来电显示功能的电话机看到主叫方的电话号码信息，以方便做出是否接听的选择。

9. 防盗打功能

防盗功能的电话机是通过防盗开关来实现的。如果将"防盗开关"拨到"开"位置，话机进入线路防盗打状态，此时如果有并机拨号，话机将发出报警信号，同时发出干扰信号，使并机者无法拨号和通信。

10. 号码回拨功能

该功能是具有号码存储功能和来电显示功能电话机所具有的一项附加功能，通过回拨键自动实现。另外也可以先输入号码，再按"回拨"键，以完成自动摘机和拨号功能。

11. 录音接口功能

带录音接口功能的电话机并不是录音电话，它只是提供了一个录音插孔，用户使用连接线可以将电话机的语音信号录入录音机或计算机中。

四、电话机的使用环境

（一）使用条件

环境温度：－10℃～40℃；相对湿度：45％～95％；大气压力：860～1060mbar；环境噪声：≤60dB（A）。

（二）技术性能

（1）工作频率：300～3400Hz。

（2）脉冲通断比：1.6±0.2：1。

（3）双音频拨号频偏：≤±1.5％。

（4）双音频信号电平：①低频群－9±3dB；②高频群：－7±3dB；③频率组合中，高频分量比低频分量高2±1dB。

（5）振铃声级：≥70dB（A）。

（6）电声性能。

①在0千米时，客观发送参考当量≥＋3；在3千米时，客观发送参考当量≤＋15；在5千米时，客观发送参考当量≤＋15。

②在0千米时，客观接收参考当量≥－5；在3千米时，客观接收参考当量≤＋2；在5千米时，客观接收掺考当量≤＋2。

③在0千米时，客观侧音参考当量≥＋3；在3千米时，客观侧音参考当量≥＋10；在5千米时，客观侧音参考当量≥＋10。

五、电话机的分类

根据人们实际使用的需要，生产厂商在普通电话机的基础上又开发出了多种具有特殊功能的电话机，如录音电话机、投币电话机、磁卡电话机、IC卡电话机、卡片电话机及可视电话机等。

（一）有线电话机的分类

有线电话机作为信息交流最便捷的工具，已普及社会的各个领域。有线电话机的分类方法有多种，按其外形结构形式可分为普通式、面包式、壁挂式和装饰式等几种；按其附加功能可分为录音电话机、可视电话机、投币电话机、磁卡电话机、传真电话机、IP电话机和智能电话机等，其中录音电话机又可分为电话录音电话机、留言录音电话机和自动应答录音电话机三种。具体介绍如下。

1. 按拨号制式分类

（1）脉冲电话：在拨号时，根据发出的脉冲个数多少直接代表电话号码数字。

（2）双音多频电话机：拨号时，用高低两个频率信号代表一个电话号码的数字。

（3）脉冲、双音多频兼容电话（PT型电话机）：可在前两种拨号方式上任意选择的电话机。

2. 按功能分类

（1）普通电话机：只具有一般拨号、通话功能的电话机。普通电话机不论采用何种计费方式，均是按月收取费用。普通式电话机的手柄由送话器和受话器组成，而手柄通过 4 芯线与主体载机相连。主体载机由手柄搁床、叉簧开关、功能开关、功能输入键及内部电路等组成，并通过 2 芯线与用户电话机相连。

（2）多功能电话机：除具有一般拨号、通话功能外，还具有号码重拨、锁号、脉冲/音频兼容拨号、防盗打等功能。

（3）特种电话机。

①磁卡电话：与 IC 卡电话机基本相同，只是话费存储于由磁性材料制成的磁卡中。磁卡电话是高科技产物，是一种先进方便的新型公用电话装置，它具有市内、国内、国际直拨功能，其外形图与投币电话机相似，目前已淘汰，被 IC 卡电话机所取代。磁卡电话机也是一种即时收费电话机，但它不使用现钞，而是接受一种实质是预付电话费方式购买的带有磁性材料的卡片——磁卡。

②投币电话：拨打时须投入硬币方可接通的公用电话。投币电话机是专用于公共场所的电话机，其只适用于打市内电话、市郊区电话及市郊县电话，不适合打长途电话。

使用投币电话机时，首先投入硬币，经话机检测和判别。检测合格后，话机自动接通电话机电路，发出允许打电话的信号，此时方可拨号。话机根据硬币面额对通话时间进行限制，到时告警和自动折线，收取硬币。

交换机主要用于提供被叫摘机信号。当被摘机后，交换机向主叫的投币电话机送来被摘机信号，投币电话机检测到这一信号后便收取第一次通话费用并开始计时。因此，投币电话机的计费时间一般是从被摘机开始的。

③IC 卡电话机：这是利用集成电路芯片存储剩余话费金额，拨打时须将带有芯片的卡插入电话机内，并按时计费的一种公用电话。IC 卡电话是继投币电话、磁卡电话之后出现的新一代智能型公用电话，是电话与计算机技术相结合的高科技产物。外形与磁卡电话相似，只不过将磁卡电话的磁卡入口改成 IC 卡入口。

IC 卡电话由 IC 卡和 IC 卡电话机两大部分组成，IC 卡也称集成电路卡，在其卡面上嵌粘着一个集成电路 IC 芯片。IC 卡与磁卡的区别主要有：IC 卡不易弯曲折损，不存在消磁现象，且可重新编写，从而避免了磁卡造价/售价比高的弊端。

电话机上使用的 IC 卡有两种，一种是管理卡，另一种是用户卡。其中，管理卡又有 SMDR 卡和普通卡，区别在于 SMDR 卡可以存储用户话单，而普通卡则不能。管理卡每部话机一张，配合话机内部管理器对电话的各种功能进行管理。如果管理卡丢失或损坏，应与经销商或厂家联系，重新配置。

④可视电话：通话时利用电话机自带摄像设备，可见到对方面容表情的电话。可视电话采用数字化传输系统，在通话的同时，可通过视频同步清晰地看到对方影像。可视电话主要应用于远端监视，具有自动应答、留言留像等功能。

可视电话按其使用的制式可分为：普通 PSTN 可视电话、数据 ISDN 可视电话和因特网可视电话。其中普通 PSTN 可视电话采用 ITU-TH.245 协议标准，传输图像时，必须通过 ITU-TH.245 协议，且传输的帧速率只有 10～15 帧/秒，只支付普通电话费，传输静态图像效果较好，但传输动态图像模糊，有时会出现马赛克现象。

ISDN 可视电话是基于数字程控交换机的综合业务数字网（ISDN）功能而开发出来的一类可视电话机。使用 ITU-TH.320 协议标准，传输帧速率可达 15～25 帧/秒（CIF 格式）或 25～30 帧/秒（QIF 格式），传输的图像和声音较好，通话费为 PSTN 可视电话的 1～2 倍。

因特网可视电话是基于 PC 机和因特网而开发出来的一类可视电话机。采用 IP 协议，可实现 IP 语音、可视图文、电子邮件等多种功能，通话费用较低。

⑤录音电话：录音电话机目前分为三种，即电话录音机、留言电话机和自动应答录音电话机。

电话录音机是电话机和磁带录音机的组合，使用时由人工操作录下双方讲话内容，当需要重放时可按下放音键。

留言电话机。当电话振铃 3～4 次仍无人接听时，留言控制电路会自动完成摘机、应答并启动录音机将对方留言记录到磁带上。对方留言完毕挂机后，控制电路将自动切断供电电源，等待记录下次电话的留言。

自动应答录音电话机是一种能实现自动应答和自动录音的电话设备。

录音结束方式有两种，一种是定时结束，另一种是对方挂机数秒钟后自动停止录音并自动挂机。

⑥IP（Internet Phone）电话：即国际互联网电话，简称网络电话，是利用计算机网络传输技术进行长途拨打的电话机，因采用了先进的 TCP/IP 协议，通话费率比普通电话拨打长途要低得多。它是利用计算机和国际互联网来转换和传送通话信息的。使用 IP 电话时，应先选择安装适宜的软件，并预先购买 IP 电话卡，按规定输入接入码、卡号和密码，通话费用采用记账方式自动记在规定的账号上。

网关又叫 IP 电话的"程控交换机"，它的一端与公众电信网（PSTN）相连，另一端与国际互联网相连。网关设备一般由硬件系统、软件系统及配套服务系统三大部分组成。其中，硬件系统由网关、关首和网管三台设备组成，关首和网管是两台高档电脑主机；软件系统由网关控制软件、关首服务软件及网管管理软件组成，配套服务系统包括四台硬件设备和服务软件，分别用于计费密码认证、数据和管理、语音查询、Web 站点话单查询。

3. 按安装位置分类

按电话安装位置分为桌式电话机、墙式电话机。

4. 按发展历程分类

（1）磁石手摇电话机：电信局须利用人工接线来完成话音交换接续，每次通话前须用手摇动电话机侧面的摇把，带动电话机内小型发电机发电方能进行通话。

（2）机械拨盘电话：在交换过程中的选线、拆线等完全交由交换机自动完成，不须人工操作，拨号时，用户用手拨旋转号盘，在号盘转动过程中形成脉冲电流传送号码。

（3）按键电话机：拨号时，只须按动电话机表面的号码按键即可拨号，是一种先进的自动化程度最高的电话机，现在所使用的电话机一般都是这种类型。

（二）无绳电话机的分类

无绳电话机属移动通信的范畴，但它与移动电话、全双工对讲机有一定的区别。无绳电话机简单地说就是将传统电话机的机身和手柄分离成主机与手机两部分，使主机与市话网连接，手机通过无线电信道由主机延续，其不受传统电话机手柄话绳所限制。一般来说，用户可以携带手机在主机周围 100m 半径范围内自动移动通话。

无绳电话机是从有线电话机发展起来的一种无线电话通信设备，其基础是公用电话网，是有线电话网的无线延伸终端。无绳电话机的分类方法有多种，按其通信信道可分为单信道无绳电话机、双信道无绳电话机和多信道无绳电话机；按应用的场所不同，无绳电话机可分为家用无绳电话机、办公用无绳电话机和公用无绳电话机，实质上就是对讲机。其中，家用无绳电话机又分为基本型无绳电话机、双键盘型无绳电话机、双电话型无绳电话机、家庭内线型无绳电话机和录音电话型无绳电话机五种。办公用无绳电话机又分为基本型无绳电话机、多区域型无绳电话机两种。

1. 单信道无绳电话机

单信道无绳电话机就是手机与座机之间采用两个频率的无绳电话机，又称为单信道机。信道是指信号的传输媒介。

2. 双信道无绳电话机

双信道无绳电话机就是在手机与座机之间采用两个信道，两个频率的无绳电话机，又称为双信道机。

3. 多信道无绳电话机

为了扩大用户数，增加无绳电话的接通率，在双信道的基础上增加多信道，利用单片计算机集中控制，采用人工或自动的方式更换信道，从而使同一通信范围内同时容纳多个用户通信。

4. 基本型无绳电话机

基本型无绳电话机具有普通电话机基本功能，座机一般不配备键盘、手柄和免提功能，座机一般不能打电话。

5. 双键盘型无绳电话机

双键盘型无绳电话机是座机配备键盘、扬声器、话筒、耳机、手柄和免提功能的无绳电话机，座机和手机均可打电话。

6. 双电话型无绳电话机

双电话型无绳电话机是座机配有键盘、话筒、耳机、手柄的电话机，座机和手柄均可打电话，座机可作为普通电话使用。

7. 家庭内线型无绳电话机

家庭内线型无绳电话机的座机带有数台手机，组成多手机无绳电话系统，每个手机均能与外线通话，并能转接外线电话，座机能与单个手机进行内部通话。

8. 录音电话型无绳电话机

录音电话型无绳电话机是座机具有录音功能，手机可远距离操作来控制录音功能的无绳电话机。

9. 多区域型无绳电话机

多区域型无绳电话机系统由专用自动小交换机、数台座机和若干个手机组成。每个座机能带多个手机，可以组成多个区域。该区域内的无绳电话机则称为多区域型无绳电话机。

六、电话机的命名

依据《中华人民共和国通信行业标准》（YD/T992—1998），电话机型号命名的一般格式 A1-××××（×）A2，即电话机类别、产品入网编号、外形编号和产品功能四个部分。

（一）A1表示电话机类型

HA：按键电话机；

HW：无绳电话机；

AHP：寻呼按键式电话机；

HT：投币电话机；

HC：磁石电话机；

HCD：主叫显示电话机；

HJ：报警电话机；

HL：录音电话机；

HWCD：无绳主叫显示电话机；

HB：拨号电话机；

HIC：IC卡公用付费电话机（室内、室外）。

（二）××××表示电话机入网编号

××××一般为2～4位数字，同一种型号的电话机编号相同。

（三）（×）表示电话机的外形编号

该编号是反映各厂家在电话机外形上的产品序列。

（四）A2表示电话机功能

P/T：脉冲拨号/双音频拨号；

S：存储功能；

L：锁功能；

d：扬声（半免提）功能；

D：免提功能；

J：计费功能；

G：防外线并机功能；

E：子母机无绳电话；

A：应答功能；

V：语声控制拨号功能；

M：抗电磁干扰加强型；

LCD：液晶显示功能；

F：防雷击加强型。

七、电话机的使用与选购

（一）电话机的使用

1. 有线电话机的使用

正确使用电话机，对于延长电话机的寿命、保障通信联络的通畅十分必要。在使用电话机时应注意以下问题：

（1）防潮。电话机是电子仪器，潮气会使电话机发生短路，损坏电话机，因此电话机须放置在干燥环境下，远离洗手间与厨房等潮湿环境。

（2）不要用力拍压各按键、按钮。

（3）不要随便玩电话，随意乱拨号。

（4）使用拨号盘式自动电话的用户，在拨号时应让号盘自动回转，不要用力拨号盘，以防损坏号盘元件和拨错号。一旦拨号盘发生故障，应送维修部门修理，不要随便调整和修理。

（5）防机械性碰撞，电话的手柄应轻拿轻放。打完电话后，要将手柄放好、放实。

（6）手柄线不要打结、纽绞，使用手柄时不要生拉硬拽，以防内芯线折断。

（7）不要随意移动电话的位置，并注意保持电话的清洁。平时最好用一块布将电话盖好，以免灰尘侵入。

（8）一些电子元器件较多、电路比较复杂的电话，出现故障时不宜自己修理，应及时找有关专业部门保修或维修。

（9）经常除尘，用柔软干布擦拭机体表面。

2. 无绳电话机的使用

无绳电话机由主机和手机两部分组成。由于有些用户不能很好地掌握其使用方法，常易造成故障。

（1）要认真阅读使用说明书。无绳电话机使用说明书是全面介绍该机技术指标、使用环境及功能特点的技术资料，只有读懂了使用说明书，才能正确掌握无绳电话机的操作方法，充分发挥无绳电话机性能，延长其使用寿命。

（2）要正确调整天线，以便改善通信质量。由于无绳电话机工作频率较高，属于直射波传播，受地形、地物影响较大，故在高大建筑物阻隔地区，其通信距离会明显缩短。因此，应尽量将主机置于离地面较高的位置，并随时随地调整手机拉杆天线的长度、方向，以便改善通信质量。

（3）确保主机、手机正常供电。为了使主机正常工作，通常加有交流输入端口，整流器分内置式和外置式两种。对于输入的交流电压，国际上一般采用110V、60Hz 或 220V、50Hz 两种制式，我国使用后一种。

（4）无绳电话机的手机通常采用镍镉或镍氢可充电电池供电，额定电压一般为 3.6V。对于初次使用的电池需连续充电 15h。当手机长期不使用时，应将电池拔掉。手机及充电座下的金属触点应保持清洁，以免影响充电效果。

（5）注意无绳电话安装位置。无绳电话主机应安装在阴凉、干燥、通风、无腐蚀气体的地方，在通话范围中心尽量避免金属屏蔽物遮挡，特别注意不能离电视机、电脑、音响等电器太近。

无绳电话手机应放在小孩难以碰触的地方，尽量避免手上沾有油污和灰尘时使用手机，防止水、腐蚀性气体等侵入机内。

（6）无绳电话主机与手机之间的使用距离。我国规定的无绳电话使用频率为45/48MHz，手机与主机的发射功率不得超过 20mW，因此使用距离一般为 150～200m。在无绳电话发射功率已规定的情况下，要想增加无绳电话的使用距离，确保最好的通话效果，解决办法有两种：①将主机放在较高的位置；②将手机和主机的天线全拉开并垂直于水平面。

（二）电话机的选购

电话机是电话通信的终端设备，用户要保证电话通信畅通，必须根据通信需要和市话通信网的设备情况合理选用。

选购电话时应注意以下事项：

（1）目前各种各样的电话大量涌入市场，其中有的产品质量不高，并且不标明生产厂家，也无法保修。所以，选购电话时应选购邮电部批准，并发给进网证的各类合格电话机产品。

（2）用户选购的电话机在申请安装时，必须经市话部门检验合格后，才能接入市话网。

（3）用户选购电话机，应与使用环境及功能要求相适应。例如拨盘式电话机对环境适应性较强，比较适用于地下室、浴室、厨房、化工区，高温、高湿车间以及电台区、高压区内等场所。按键式电话机功能较全，适合于办公室、商店、住宅、公用电话服务站安装使用。多功能组合电话机功能齐全，适用于重要用户、专线电话、调度、指挥中心，以及科研、情报、公安机构等。

（4）如果电话可以接入程控交换系统，最好选购"双音频按键式电话机"。这种电话机可以配合程控交换机接续速度快的特点。它在拨号时是有两个音频频率组合而成的数字（0～9），不仅速度快，而且准确。此外，在电话面板上还有实行各种新服务功能所需要的按键供选用。

八、电话机的维护

（一）有线电话机的维护

电话机的种类和型号很多，目前应用最多的属按键式电话机，按键式电话机的日常维护及保养方法如下。

（1）保持电话机的清洁，经常进行除尘处理。除尘时，严禁用水清洗或用化学试剂擦拭，应经常用干软布或软毛刷除尘。除尘时也不要用力过猛，以免损坏电话机的按键和叉簧（重力开关）。

（2）要经常进行消毒处理。电话机在使用过程中，各种病菌会被带到电话机的手柄话筒、听筒和按键上，因此应经常进行消毒处理。一般可采用电话机专用的具有杀菌、除臭等功能的消毒膜，贴装在电话手柄话筒、听筒上，也可以用电话机消毒喷雾剂经常喷洒，达到杀菌、消毒、除臭的效果。

（3）在寒冷的冬季，室外使用的电话由于气温过低，电话机的塑料强度会明显下降，容易发脆破裂，所以在搬运和使用中应避免碰撞、敲击，应轻拿轻放。

（4）有些电话机内装有电池，应经常检查电池电压及是否有漏液现象，以免影响机器正常工作和腐蚀机器部件。一般电池使用半年就应检查一次。需要更换电池时，应注意电池的正负极，不要安错。

（二）无绳电话机的维护

（1）无绳电话机使用的环境必须干净无尘。

（2）无绳电话机安装的地方应避开阳光直射，热源、强电场及强磁场。

（3）打印机工作环境的温度及湿度应适宜，工作环境不能酷热、寒冷或潮湿。

（4）保证无绳电话机干燥，防止湿气和液体浸入。

（5）应避免身体触及天线，保持无绳电话机及附件放在小孩拿不到的地方。

（6）不要安装不合格的天线或改装零件。

（7）使用时要轻拿轻放，不要摔、敲或震动无绳电话机。

（8）坚持只使用推荐的电池充电器，应先让电池完全放电后才为电池充电。

（9）若无绳电话机长期闲置不用，则需进行特别的防潮处理。

（10）在不慎进水后，要用"冷"吹风机吹干，不能用热吹风机，否则印刷电路板会变形。

 思考题

1. 电话机在选购时有哪些注意事项？

2. 如何做到正确使用电话机？

第六节　其他办公设备

一、碎纸机

随着社会的发展，人们越来越认识到保密工作的重要性。在现代办公自动化系统中，为防止信息在交换、传递和处理的过程中泄漏和失密，必须采取一定的措施和必要的保密设备。碎纸机是办公室中销毁保密文件与资料的辅助办公设备。它与以往使用的人工烧毁、指定专门部门回收等方法相比，具有方便、快捷、无污染、经过环节少、更具保密性等特点。因此，碎纸机是目前适合各种类型办公室用来销毁纸质机密文件的专用设备。

（一）工作原理及组成

碎纸机又称文件粉碎机，是一种特殊的机电设备，一般由切纸部件和箱体两大部分组成。切纸部件包括旋转电机和锋利的刀具，电动机带动刀具快速转动，可将文件快速粉碎成条状或米粒状，甚至更小。箱体主要包括容纳纸屑的窗口和机壳，一些碎纸机箱底下还装有脚轮，以方便使用。

碎纸机的主要指标是碎纸后纸屑的大小以及碎纸的速度。一般来说，用于销毁机密文件的碎纸机应首先考虑碎纸的大小是否符合保密的要求，然后再考虑其他指标，而销毁工作量大的单位，则还应同时考虑选择碎纸速度快、自动化程度高的机型。

（二）分类及性能

根据工作效率的差异，国际上将碎纸机细分为四个等级：桌上型碎纸机、桌边型碎纸机、部门型碎纸机、工业型碎纸机。

（三）技术参数与标准

1. 技术参数

［碎纸形状］粒状应小于等于 4mm²，纸尾允许有长 20mm 以下段状碎纸；段状的长度为 5～60mm，宽度为 0.8～4mm，根据需要，长×宽可在范围内任意组合；条状的宽度为 1～8mm。

［碎纸能力］一次可切割 45g/m² 白纸 10 张以下，不允许有卡纸和连接不碎现象。

［进纸速度］应不小于 3m/min。

［启动特性］文件粉碎机在电源额定值的 85％时，电动机应能启动。

［使用电压范围］电源电压在额定值 10％范围内波动时，文件粉碎机应能正常工作。

［温度范围］−5℃～40℃。

［绝缘电阻］不小于 10 兆欧姆。

［泄漏电流］应不大于 0.5mA。

［绝缘强度］应能承受 50Hz、1250v 正弦交流电压 1min 不击穿。

［整机噪声］应不大于 68dB。

2. 标准

GB 4706.1—2005《家用和类似用途电器的安全 第 1 部分：通用要求》

ZBY 003—1984《仪器仪表包装通用技术条件》

GB/T 191—2008《包装储运图示标志》

ZBY 002—1981《仪器仪表运输、运输储存基本环境条件及试验方法》

GB 2828—2003《逐批检查计数抽样程序及抽样表》

GB 2829—2002《周期检查计数抽样程序及抽样表（适用于生产过程稳定性的检查）》

JB/T 6165—1992《文件粉碎机技术条件》

（四）质量检验与保养

1. 感官检验

文件粉碎机外表要造型美观，色彩协调。电镀层和涂漆层应牢固、光滑细密、色泽均匀，表面不得有剥落、露层等缺陷。塑料件表面应平整光滑，色泽均匀，不得有裂纹、气泡、明显的缩孔等缺陷。厂标、商标、产品名称、型号、标号牌以及电器工作面板要求粘贴平整、美观、牢固。

2. 理化检验

理化检验的方法详见《文件粉碎机技术条件》（JB/T 6165—1992）。

3. 保养

（1）碎纸机纸屑的清理。若碎纸机的盛纸箱已满，应及时清理。有的碎纸机还发出声音，提醒用户及时清除装满的纸屑。操作步骤如下：拿开主机；当确定机器关好后，手持机侧的把手，便可把主机拉起拿走，并将主机放置在平地上；倒去纸屑；将主机放回盛纸箱上。

（2）操作碎纸机的注意事项。操作碎纸机时应注意以下事项：当机器运转时，千万不要将手指放进入纸口，或试图用其他物件清理入纸口，以防发生危险；操作时，要防止领带、项链等卷入机器中；除纸张外，严防把金属物品、布料、塑料、胶纸等其他物料放入机内，以免损坏机器；不要将潮湿的纸张塞入碎纸机，以免刀具生锈或损坏；不要连续使用机器 30min 以上，以免发动机发生故障；不要将比入纸口大的纸张放进入纸口，也不要斜放纸张；切勿遮挡通风口，以免影响发动机散热，产生故障；除清理卡在入纸口的纸张外，一般不要做反向旋转机器操作，否则纸张会散布在入纸口周围，导致事故的发生；切勿随意打开主机，因为碎纸机的各种机件特别是刀具，很容易对人体造成伤害。

（五）包装、运输与储存

1. 包装

对包装的要求按《包装储运图示标志》（GB/T 191—2008）及《机电产品包装通用技术条件》（GB/T 15464—2008）中有关规定执行。产品包装有效期由企业自定，但不应少于一年。包装应保证在正常的运输和储存条件下，不致因颠震、装卸、受潮或进入灰尘而使机器受损或紧固件松动。包装箱内应随带有下列内容的中文文件：产品合格证；产品使用说明书；装箱单。

2. 运输、储存

运输过程中不得直接承受雨淋、曝晒、摔撞等激烈冲击或重压。产品在仓库中储存时保持原包装状态，仓库应通风良好，周围空气中不应有腐蚀气体及有机溶剂气体。长期储存要求环境温度为 5℃～35℃，相对湿度不超过 90%。产品储存的堆放高度不应超过包装箱上标示的要求。产品储存期不应超过两年。对超过储存期的产品应按本标准进行抽检。

二、速印机

速印机是一种高级数字式印刷机器，它能准确清晰地印刷各种文件资料和图纸，已经成为现代办公设备中不可缺少的主要设备之一。

（一）工作原理与组成

速印机从功能上来划分，一般由原稿扫描、制版、进纸、印刷、出纸、控制电路和操作面板七部分组成。

（1）原稿扫描。将需要印刷的原稿的图像经光电扫描后，得到数字化的图像信号。

（2）制版。将扫描得到的数字化的图像信号经电热敏头在版纸上产生与原稿一致的图像，并自动将版纸装在印刷滚筒上。

（3）进纸。通过一个进纸搓动轮搓动，自动将印刷用纸一张一张地送入印刷部分。

（4）印刷。将滚筒版纸上的图像转印到进纸部分送来的纸张上。

（5）出纸。将印刷好的印刷件一张一张地送出到出纸台上。

（6）控制电路。接收控制面板输入的各种操作命令和其他各功能部件的反馈信息来控制整个系统，使之自动协调工作。

（7）操作面板。接收使用者输入的各种操作命令及显示使用者输入的命令和机器工作的状态信息。

（二）分类及性能

按工作方式，速印机可分为机械式和数字一体化式。

数字速印机主要功能如下：

（1）易于使用和全自动化。在控制面板上可以看到能够使用的所有功能，包括提示机器当前状态的指示灯、简单易懂的液晶显示（LCD）和一个故障提示的剖面图。速印机处理原稿时先制版后印刷。通过液晶显示，可以看到当前的处理过程。

（2）印刷速度和印刷浓度可以控制。五档印刷速度和印刷浓度可供选择，以获得最佳性能。

（3）保密功能。原稿印刷后，版纸能被自动废除以防止其他非法印刷。

（4）彩色印刷选件。通过更换滚筒，能够使用彩色油墨。

（5）放大和缩小功能。印刷件根据需要，按标准比率进行放大或缩小。

（6）编程印刷功能。简单地控制面板操作就能自动完成不同类型的印刷分组，以节省印刷工作时间。

（7）记忆功能。多次使用或复杂的印刷设定可以存储在存储器中，便于随时调用。

(8) 二合一功能。能将原稿合并到一张版上印刷。

(9) 自动拌墨功能。机器长时间停置后，能够在第一次制版时自动搅拌油墨，以达到第一个印张既清晰又明了的效果。

（三）技术参数与标准

1. 技术参数

［可读度］对印品清晰程度的评价，用以可认读的字数与被认读的总字数之比值的百分数表示。

［分辨力］评定图像细部的能力，用每毫米内可分辨的最多线对数表示。

［天地可调范围］印刷图像在输纸方向上的可调整范围。

［左右可调范围］印刷图像在垂直于输纸方向上的可调整范围。

2. 标准

GB/T 191—2008《包装储运图示标志》

GB 1002—1996《家用和类似用途单相插头插座型式、基本尺寸和参数》

GB/T 2829—2002《周期检验计数抽样程序及抽样表（适用于对过程稳定性的检验）》

GB 4943—2001《信息技术设备的安全》

GB/T 15464—1995《仪器仪表包装通用技术条件》

GB 15934—1996《电线组件》

GB/T 17712—1999《速印机和文件复印机图形符号》

GB/T 18338.1—2001《办公机械速印机规格表中应包含的基本内容》

JB/T 7475—1994《全自动速印机调试版》

JB/T 7476—1994《复印机械噪声测试方法》

JB/T 8274—1999《复印品图像漏印测试版》

JB/T 9444.1～11—1999《复印机械基本环境试验方法》

（四）质量检验与保养

1. 感官检验

会影响产品外观质量的零件，应进行必要的防锈处理。电镀涂砚层、化学和油漆涂覆层的质量应牢固平整，不起泡，不起皮、无凸瘤，色泽均匀。塑料件表面应平整、光滑、色泽均匀，不得有裂纹、气泡。

2. 理化检验

速印机理化检验的方法详见《速印（油印）机技术条件》（JB－T 10453—2004）。

3. 保养

(1) 清洁压力辊。橡胶压力辊把印刷纸压在滚筒上。若压力辊弄脏了，污点则会出现在印刷件的背面。这时，要用蘸有酒精的软布彻底擦拭压力辊或者利用保密功能在装空白版纸的滚筒下过纸来清洁压力辊。

（2）清洁自动进稿机组的扫描玻璃。打开自动进稿机组。扣住自动进稿机组释放杆，打开自动进稿机组。用软布或薄纸轻轻擦拭扫描玻璃。扫描玻璃非常脆弱，要避免硬物划碰。要有效地清扫，应先在软布或薄纸上蘸少许酒精。

（3）清洁热敏头。每用完两卷版纸应清扫一次热敏头。其方法是：提起扫描台，打开制版机组，用软布或薄纸轻轻擦拭热敏头数次。为更有效地清扫，擦拭前先在软布或薄纸上蘸少许酒精，由于热敏头非常精密，要避免硬物划碰。

（4）清洁速印机外壳。定期用软布擦拭机器外壳，去掉灰尘。应使用合适的清洁剂去污。因机器外壳是塑料的，切勿使用酒精或溶液进行清洗。

（5）图形符号。产品各部位使用的与安全有关的图形符号，应符合《信息技术设备的安全》（GB 4943—2011）的规定，其他图形符号应符合《速印机和文件复印机图形符号》（GB/T 17712—1999）的规定。

（6）工作条件。产品在下述条件下应能正常工作，主要技术指标应达到企业产品规格表的规定。温度：10℃～30℃；相对湿度：30％～80％。

（7）工作电压与频率。电压：220（1±10％）V；频率：50Hz。

（8）抗电强度。在产品两根供电线与地线之间施加 50Hz、AC1500V 电压，经 60s 后产品绝缘不被击穿，产品在生产线上抗电强度试验的时间不少于 1s。

（9）电源插头、插座或电线组件。电源插头、插座的型式和标志、电源软线的类型应符合《家用和类似用途单项插头插座 型式、基本参数和尺寸》（GB 1002—2008）和《电器附件电线组件和互连电线组件》（GB 15934—2008）的要求。

（10）接地性能。产品的接地性能应符合 GB 4943—2001 中 2.6.3.3、2.6.3.4、2.6.5.6 的要求。

（11）接触电流。产品的接触电流应不大于 3.5mA。

（12）输入电流。产品在额定电压及正常负载条件下，其稳态输入电流不应超过额定电流的 110％。

（13）噪声测量。产品在工作期间产生的噪声应不大于 70dB。

（14）电压波动运行性能。电压波动运行试验中，产品在额定负载时，将电源电压分别调整到额定值的（1±10％），应保证无机械电气故障，图像密度、分辨力、文字可读度等指标应满足《速印（油印）机技术条件》（JB－T 10453—2004）表 2 印品图像质量要求所列出的要求。

（15）环境适应性。环境适应性试验条件分为两组：低温、低湿温度 10℃±20℃，相对湿度（30±5）％；高温、高湿温度 30℃±2℃，相对湿度（80±5）％。

第六章　数码相机与数码摄像机

✐ 学习目标

　　掌握数码相机和数码摄像机的工作原理、组成部分，了解相关标准，理解并能熟练运用所学标准知识进行质量检验。

第一节　数码相机

　　数码照相机的最大特点是不用胶片成像，而是将影像通过数码影像传感器（多数为 CCD 半导体芯片）记录在存储器中，并可以通过计算机对影像进行加工处理，最后打印出照片。数码摄影的整个过程是物理变化过程，一改传统摄影的化学变化过程。摄影技术的这一革命性变革，使得摄影本身更加适应现代社会快节奏的要求。

　　数码摄影有以下优势：所摄影像可以通过数码照相机本身的彩色液晶显示屏或计算机的显示器直接呈现；由于影像是通过文件形式记录在存储器上，因此可以通过计算机直接对影像进行加工处理，其中某些效果是传统摄影技术无法实现的，而且这种处理可以在一瞬间完成；影像可以由打印机直接打印成照片，影像文件可以通过因特网或卫星高保真迅速传输到世界各地，实现了实时传递图像；数码摄影没有污染，有利于环境保护。

一、工作原理与组成

（一）工作原理

　　数码相机与传统相机的成像原理比较相似，都是通过光学方式成像。但不同的是传统相机是将所拍摄的景物成像到感光胶片上，而数码相机则是以数码的 CCD 取代了传统的胶片。简单地说，它接收成像后的光学信号，通过内部处理，将光图像转变成电信号，把拍摄到的景物转换成数码格式存储到数码相机的半导体存储器中。所以，数码相机实际上是用光学镜头，让影像聚焦后成像到光电耦合器 CCD 上，再通过数码信号处理，将包含影像信息的部分存储到存储器中。

数码相机在使用过程中，半按快门对准被摄的景物（快门 ON 状态，与胶片相机相反），从镜头传来的光图像经过光电转换器（CCD 或 CMOS）感应将光信号转换成为一一对应的仿真信号，再经 A/D 模数转换器转换，把仿真电信号变成数字信号，最后经过图像处理器 DSP（Digital Signal Processor）和主控程序芯片（MCU）按照指定的文件格式，把图像以二进制数码的形式显示在 LCD 上，如按下快门，则把图像存入存储器中。

数码相机的工作步骤如下：

（1）开机准备：当打开相机的电源时，其内部的主控程序就开始检测各部件是否正常。如某一部件有异常，内部的蜂鸣器就会发出警报或在 LCD 上提示错误信息并停止工作。如一切正常，就进入准备状态。

（2）聚焦及测光：数码相机一般都有自动聚焦和测光功能。当打开 DSC 电源时，相机内部的主控程序芯片（MCU）立即进行测光运算、曝光控制、闪光控制及拍摄逻辑控制。当对准物体并把快门按下一半时，MCU 开始工作，图像信号经过镜头测光（TTL 测光方式）传到 CCD 或 CMOS 上，并直接以 CCD 或 CMOS 输出的电压信号作为对焦信号，经过 MCU 的运算、比较再进行计算、确定对焦的距离和快门速度及光圈的大小，驱动镜头组的 AF 和 AE 装置进行聚焦。

（3）图像捕捉：在聚焦及测光完成后再按下快门，摄像器件（CCD 或 CMOS）就把从被摄景物上反射的光进行捕捉，并以红、绿、蓝三种像素（颜色）存储。

（4）图像处理：把捕捉的图像进行 A/D 转换、图像处理、白平衡处理、色彩较正等，再到存储区合成在一起形成一幅完整的数字图像，图像出来后再经过 DSP 单元进行压缩转换为 JPEG 格式（静止图像压缩方式），以便节省空间。

（5）图像存储：在图像处理单元压缩的图像送到存储器中进行保存。

（6）图像的输出：存储在数码相机存储器的图像通过输出端口可以输出送到计算机，可在计算机里通过图像处理程序（软件）进行图形编辑、处理、打印或网上传输等。

数码相机中，一般都含有 AE 功能和 AF 功能。

AE 功能：当 DSC 相机对准被摄物体时，CCD 根据镜头传来的图像亮度的强弱，转变为 CCD 数字电压信号，DSP 再根据 CCD 数字电压信号进行运算处理，把运算结果传输给 MCU 迅速找到合适的快门速度和镜头光圈的大小最佳值，由 MCU 控制 AE 机构进行自动曝光。

AF 功能：直接利用 CCD 输出的数字电压信号作为对焦信号，经过 MCU 的运算比较进行驱动镜头 AF 机构前后运动。

（二）系统组成

数码相机从外观来看，包括镜头、闪光灯、取景器、拍摄功能控制键、拍摄状态显示屏、快门按键、液晶监视屏、图像功能操作面板等部件。

从系统组成上划分为：光学部分、光电变换部分、信号处理部分、相机机能控制部分、电源部分、记录及输出部分。其中光学部分包括镜头保护玻璃、透镜部分、光圈快门、光学低通滤光器、红外截止滤光器、CCD保护玻璃。

二、分类及性能

（一）按照性能和工作原理进行分类

按性能分类，可分为以下几类。

（1）长焦数码相机。长焦数码相机指的是具有较大光学变焦倍数的机型，而光学变焦倍数越大，能拍摄的景物就越远。代表机型为：美能达 Z 系列、松下 FX 系列、富士 S 系列、柯达 DX 系列等。一些镜头越长的数码相机，内部的镜片和感光器移动空间更大，所以变焦倍数也更大。长焦数码相机的主要特点其实和望远镜的原理差不多，通过镜头内部镜片的移动而改变焦距。当我们拍摄远处的景物或者是被拍摄者不希望被打扰时，长焦的好处就发挥出来了。另外，焦距越长则景深越浅，和光圈越大景深越浅的效果是一样的，浅景深的好处在于突出主体而虚化背景，相信很多摄影爱好者在拍照时都追求一种浅景深的效果，这样使照片拍出来更加专业。一些镜头越长的数码相机，内部的镜片和感光器移动空间更大，所以变焦倍数也更大。

（2）单镜头反光式数码相机。单反就是指单镜头反光，即 SLR（Single Lens Reflex），这是当今最流行的取景系统，大多数 35mm 照相机都采用这种取景器。在这种系统中，反光镜和棱镜的独到设计使摄影者可以从取景器中直接观察到通过镜头的影像。因此，可以准确地看见胶片即将"看见"的相同影像。该系统的心脏是一块活动的反光镜，呈 45°安放在胶片平面的前面。进入镜头的光线由反光镜向上反射到一块毛玻璃上。早期的 SLR 照相机必须以腰平的方式把握照相机并俯视毛玻璃取景。毛玻璃上的影像虽然是正立的，但左右是颠倒的。为了校正这个缺陷，现在的眼平式 SLR 照相机在毛玻璃的上方安装了一个五棱镜。这种棱镜将光线多次反射改变光路，将影像送至目镜，这时的影像就是上下正立且左右校正的了。取景时，进入照相机的大部分光线都被反光镜向上反射到五棱镜，几乎所有 SLR 照相机的快门都直接位于胶片的前面（由于这种快门位于胶片平面，因而称作焦平面快门），取景时，快门闭合，没有光线到达胶片。当按下快门按钮时，反光镜迅速向上翻起打开光路，同时快门打开，于是光线到达胶片，完成拍摄。大多数照相机中的反光镜会立即复位。

（3）旁轴数码相机。所谓旁轴数码相机又称联动测距式相机，是 35mm 相机最早的一种样式，早期相机基本采用测距仪为聚焦装置，并且沿用至今。后来专业相机曾一度是单反相机的天下，随着数码影像的发展，单反相机早已进入了数码世界，而旁轴相机迟迟没有突破性的数码产品问世。爱普生 R－D1，可谓是旁轴相机领域里一款里程碑式的产品。作为目前全球第一款也是唯一一款旁轴数码相机，R－D1 还创下了另外两项世界第一的纪录。作为全球第一款兼容莱卡 L 接口镜头和 M 接口镜头的数码相机，它可以兼容 200 种以上不同的传统镜头，甚至包括拥有 80 多年历史的老镜头也可以在 R－D1 上熠熠生辉。它还是全球第一款采用等倍率取景器的数码相机，真正实现完全开阔的大视野，让拍摄者轻松掌控。同时，爱普生还在 R－D1 中加入了特有图像处理引擎——EDiART。该引擎可以对 CCD 捕获的图像元素进行综合处理，实现完美的影像再现。技术上的突破并不意味着置传统旁轴爱好者的使用习惯于不顾。事实上这款相机无论是外表还是操作细节都兼顾了传统旁轴相机用户的喜好。R－D1 的外观尽可能地保留了传统胶片相机的特点。例如液晶屏可以 180°翻转，将 LCD 朝内收纳后机背丝毫看不出任何数码相机的影子；机顶的快门转盘和 ISO 设置一如传统相机，复古的指针式状态显示器也继承了同出一门的精工表的深厚造诣，就连机械相机标志的快门拨杆也予以保留；除了操控方面的独具匠心外，R－D1 还用全镁合金结构，结构也因此变得更加坚固，同时机身的平衡性也更佳。

（4）卡片式数码相机。卡片相机在业界内没有明确的概念，小巧的外形、相对较轻的机身以及超薄时尚的设计是衡量此类数码相机的主要标准。其中索尼 T 系列、奥林巴斯 AZ1 和卡西欧 Z 系列等都应划分在这一领域。虽然它们功能并不强大，但是最基本的曝光补偿功能还是超薄数码相机的标准配置，再加上区域或者点测光模式，这些小巧的卡片机有时候还是能够完成一些摄影创作。至少拍摄者对画面的曝光可以有基本控制，再配合色彩、清晰度、对比度等选项，很多漂亮的照片也可以来自这些被"高手"们看不上的"小东西"。

（二）按照相机自身技术特点分类

（1）面阵 CCD 数码相机。面阵 CCD 数码相机是采取面阵 CCD 作为图像传感器的一种数码相机。面阵 CCD 图像传感器是一块集成电路，常见的面阵 CCD 尺寸有 1/2 英寸、1/3 英寸、2/3 英寸、1/4 英寸和 1/5 英寸共 5 种。它由并行浮点寄存器、串行浮点寄存器和信号输出放大器组成，三色矩阵排列分布，形成一矩阵平面。拍摄影像时由大量传感器同时瞬间捕捉影像，并一次曝光完成。因此，这类数码相机拍摄速度快，对所拍摄景物及光照条件无特殊要求。面阵 CCD 数码相机所拍摄的景物范围很广，不论是移动的，还是静止的，都能拍摄。目前，绝大多数数码相机都属于面阵 CCD 数码相机。

（2）线阵 CCD 数码相机。线阵 CCD 数码相机也称作扫描式数码相机。与面阵 CCD 数码相机不同，这种相机采用线阵 CCD 作为图像传感器。在拍摄景物时，线阵 CCD 要对所拍摄景象进行一行行的扫描，由三条平行的线状 CCD 分别对应记录红、绿、蓝三色信息，在每一条线状 CCD 上都嵌有滤光器，每一个滤光器分离出相应的原色。然后再由 CCD 同时捕获所有三色，最后将逐行像素经过组合从而生成最终拍摄的影像。由于这种特殊的工作原理，线阵 CCD 数码相机的拍摄过程会生成很大的数据量，因此，这类相机的拍摄一般都由计算机进行控制，并且在曝光的同时将所生成的文件数据实时地通过数据电缆传输到计算机的存储设备中进行存储。这种特殊的工作原理还使得其实际拍摄时曝光时间非常长，一般在十几分钟。当然，这类相机所拍摄的图像质量是最高的。这类相机通常只在专业领域使用，由于其曝光时间过长，线阵 CCD 数码相机无法用来拍摄运动的景物，并且对光源的要求也十分苛刻。这也使它的应用范围相当有限，一般只能用来拍摄连续光源的静止物体。

（3）CMOS 数码相机。CMOS 数码相机采用 CMOS 作为图像传感器。CMOS 实际上是一种互补金属氧化物半导体集成电路，是近些年发展起来的新型集成电路。CMOS 具有结构简单、成本低廉、能耗低和集成度高等特点。在 CMOS 中甚至可以把数码相机的其他功能集成进来。这些优点使 CMOS 越来越被人看好。虽然 CMOS 在清晰度方面还有差距，但由于 CMOS 制造成本较 CCD 相比降低了许多，所以 CMOS 数码相机的价格一般家庭都能够接受，加上其功耗小，非常适用于普通家庭使用。

（三）按照相机自身的存储能力分类

（1）联机型数码相机。联机型数码相机本身并不带有存储设备，这类相机在使用时必须与计算机相连，将计算机作为其存储设备，将所拍摄内容直接存储到计算机的存储设备中，这类相机设有 RS‐232 串行数据接口，并附带与 PC 机和 MAC 机连接所需的并行、串行电缆。早期的数码相机多为联机型数码相机，由于这类相机在使用时离不开计算机，许多功能实现多半需要依赖计算机完成，所以这类相机结构相对简单，功能较少，性能也相对较差，现在基本上已趋于淘汰。

（2）脱机型数码相机。脱机型数码相机顾名思义就是相机自身带有存储器，使用时可以脱离计算机独立拍摄。目前，市场上的数码相机基本上都属于这一类。这类相机由于所带的存储器方式不同，又可分为固化式和可移动式两种。脱机型固化式数码相机的存储器是与数码相机固化在一起的，不能另外再接其他存储设备，也不能更换，这使相机的存储能力受到很大的限制。一旦存储器空间被占满后只能先进行删除，再进行拍摄，因此，这类相机不适合连续的大量拍摄。另一种脱机型可移动式数码相机的存储形式是采用存储卡或其他可更换存储器作为存储设备，当存储设备存满后，可以像计算机的软盘一样随时更换。因此，只要有足够的存储卡，就可以进行任意的拍摄，不会有任何存储容量上的限制，这类数码相机是数码相机市场发展的方向。

此外，根据取景器的特征分为单反型数码相机、双镜头数码相机和仅 LCD 取景相机；根据数码相机的操作程度将它们分成全自动数码相机、半自动数码相机和手动数码相机；根据组成结构分为集成式数码相机和非集成式数码相机；根据传输方式不同分为 USB 数码相机、PCI 数码相机和 PP 数码相机等。

三、技术指标与标准

（一）技术指标

　　［分辨率］数码照相机的分辨率相当于胶卷的解像力，是影响影像清晰程度的一个主要因素。数码照相机分辨率的高低主要由 CCD 芯片上像素的数量来决定。一般来说，像素越多，分辨率越高，细部表现越好，色彩还原越真实，数码照相机的档次也越高。分辨率与像素的关系是十分密切的，是指一幅数字图像水平方向和垂直方向的像素数，是用于衡量数据在一张图片上的密度或者衡量设备捕捉、显示或输出那些数据的能力。

　　［焦距］把数码相机的镜头看作是一组透镜，当平行光线穿过透镜时，将会聚到一点上，这个点叫做焦点，而焦点到透镜中心的距离称为焦距，用 f 表示。焦距固定的镜头即为定焦镜头；焦距可以调节变化的镜头，就是变焦镜头。在摄影领域，焦距主要反映镜头视角的大小。对于传统 135 相机而言，50mm 左右的镜头的视角与人眼接近，拍摄时不变形，称为标准镜头，一般涵盖 40～70mm 的范围；18～40mm 的镜头称为短焦镜头的镜头，也叫广角镜头；70～135mm 的镜头称为中焦镜头；135～500mm 的镜头称为长焦镜头；500mm 以上的镜头称为望远镜头；18mm 以下的镜头则称为超广角镜头或鱼眼镜头。

　　［变焦］数码相机的变焦一般分为光学变焦和数字变焦两种。光学变焦就是和传统的光学成像相机一样，通过镜头的伸缩组合来实现变焦，这也是真正意义上的变焦。但光学变焦镜头的成本较高，而且非常复杂。复杂的变焦镜头体积一般都过于庞大，这一点对于体积趋于小型化的数码相机来说，并不适用。数字变焦可以说是数码相机所专有的。它的基本原理是通过数码相机里的运算器对所拍摄的景物数据进行插值计算，从而对被摄物放大，达到变焦的效果。这种变焦方式似乎可以呈现更多的细节，其实只是对原先所拍摄影像做单纯的放大，并不会增加图像的清晰度。因为所多出来的像素数并不是镜头实际摄入的，而是通过软件插值计算出来的。

　　［快门速度］快门是用来调节、控制光线透过镜头到达感光面时间的装置。通俗地讲，快门决定了拍摄影像的时间，它遮挡在感光元件的前面，一般情况下处于关闭状态。只有在按动快门按钮的时候才会打开，其打开的时间就是根据设定的快门速度决定的。通常相机的快门速度范围有：4s、2s、1s、1/2s、1/4s、

1/8s、1/15s、1/30s、1/60s、1/125s、1/500s 和 1/1000s。如果在快门打开期间，相机因不稳而产生晃动，则拍摄所得的影像就会变得模糊不清。

［最大光圈］光圈（Aperture）是机械装置，是一个用来控制光线透过镜头进入机身内感光面的光量的装置，它通常在镜头内，通过控制镜头光孔的大小来达到这一作用。当外界光线较弱时，就将光圈开大；反之，就将光圈关小。表达光圈大小通常是用 F 值表示。公式为：光圈 F 值＝镜头的焦距/镜头口径的直径。完整的光圈值由小到大依次为：F1、F1.4、F2、F2.8、F4、F5.6、F8、F11、F16、F22、F32、F44 和 F64。

［等效感光度］在传统胶卷相机上 ISO 代表感光速度的标准，在数码相机中 ISO 定义和胶卷相同，代表 CCD 或者 CMOS 感光元件的感光速度，ISO 数值越高，说明该感光材料的感光能力越强。ISO 的计算公式为 $S = 0.8/H$（S 感光度，H 为曝光量）。从公式中我们可以看出，感光度越高，对曝光量的要求就越少。ISO 200 的胶卷的感光速度是 ISO 100 的两倍，换句话说，在其他条件相同的情况下，ISO 200 胶卷所需要的曝光时间是 ISO 100 胶卷的一半。在数码相机内，通过调节等效感光度的大小，可以改变光源多少和图片亮度的数值。因此，感光度也成了间接控制图片亮度的数值。

（二）标准

JB/T 10362—2002《数码照相机》

GB 5296.1—2012《消费品使用说明　第1部分：总则》

GB 10047—2005《照相机》

GB 10072—2003《照相用电子闪光装置技术条件》

JB/T 7474.1—1994《照相机内藏闪光灯 技术条件》

JB/T 8250.3—1995《照相机耐久性要求及试验条件》

JB/T 8250.4—1999《照相机自由跌落试验条件》

JB/T 8250.5—1999《照相机高、低温试验方法》

JB/T 8250.6—1999《照相机振动试验方法》

JB/T 8250.7—1999《照相机械包装、运输、储存条件及试验方法》

四、数码相机的质量检验与保养

（一）感官检验

数码相机外观应美观，无明显缺陷，外壳质地良好，无划痕，重量适中，各种按键应操作灵活可靠，配件齐全。开机后，相机反应快速灵活，取景器、液晶显示器应显像清晰，无明显色差，各种功能菜单应齐全，功能与菜单对应并能可靠调节；闪光灯应能可靠工作，应具备防止红眼、自动闪光、闪光快门等功能；相机菜单中应具备多种模式以备用户选择；镜头的光学变焦倍数高，数码变焦的清晰度应能满足需求，要求越精细越好；快门反应时间应短；拍摄的照片应有多种模式可以选择。相机应具备多种外设接口，如 USB 接口、1394 接口、A/V 接口，以便于与计算机和其他设备相连，相应的数据线应符合要求，连接反应正常，数据交换速度快，相机的包装应完好，相机的备件应齐全。打开相机的外包装后，首先从整体外型上对相机进行认真查看，检查相机的外表是否清洁，是否有划痕，胶粘处是否牢固平整，电池盖及其他扣合处是否紧密、严整等。也就是从外型上检查相机是不是新的，是否存在明显的质量问题。认真检查相机的镜头部分，一是注意相机镜头不应有油污或发霉等现象；二是注意镜头中有无气泡，一般的镜头玻璃中难免会有气泡，但气泡不能太大，更不能太靠近镜头的中央，这会影响拍摄的效果。注意取景器及 LCD 液晶显示器是否清洁，从中显示的影像是否清晰、真实。尤其是检查取景器时要注意影像的重合效果。

（二）理化检验

理化检验方法请参照《数码照相机》（JB/T 10362—2002）。

［分辨率］中心视场不低于 $90\%N_0$，边缘视场不低于 $80\%N_0$，其中 N_0 为数码照相机理论上可以达到的最高分辨率：$N_0 = \dfrac{1}{2}\sqrt{\dfrac{有效像素数}{影像面积}}$，单位为线对（mm）。

［灰阶］应能区分灰阶板上从黑到白 10 级不同灰度。

［白平衡功能］在晴天、阴天、白炽灯、荧光灯、闪光灯等光源条件下，应能保证获得合适的色彩。各种色温条件下，对黑白目标的色彩还原误差不得超过 $\pm20\%$。

［色彩还原］应能对颜色准确再现，数码相机对彩色标板上每种色条的三原色 R_0、G_0、B_0 的还原误差不超过 $\pm20\%$。

［曝光控制］根据照相机的感光度，不同的照度条件下，数码照相机曝光误差不能超过 $\pm0.5EV$。

［成像均匀度］均匀目标的影响面上 L、R、G、B 三色标准误差不能超过 5，其中（x 为整个像面上 L、R、G、B 的平均值）。

［电子影像传感器缺陷］电子影像传感器不得有明显缺陷，拍摄的影像中，缺陷点不得有两点相邻，缺陷点数目不得超过 0.002%。

［畸变］相对畸变小于 5%。

［图像存储特性］对各种标准图像进行拍摄应能保证达到相机明示的存储张数。

［取景器］光学取景器的取景现场应完全包括在实际所拍摄画面内，取景视场各边应为实际所拍摄画面各边的 75% 以上，取景器其他性能应符合《照相机》（GB 10047—2005）中相应规定的要求。液晶取景器的取景视场完全包括在实际所拍摄画面内，取景视场各边应为实际所拍摄画面各边的 95% 以上。液晶取景

器显示图像应清晰、完整、稳定，全屏之内白点或黑点缺陷点不得相邻，并满足《数码照相机》（JB/T 10362—2002）的要求。其动态相应满足目视，不应有明显的滞后。应能正确显示屏幕操作菜单的选择及参数设置。主动式液晶取景器中心亮度应达到 100cd/m²。

［耐久性］存储耐久性为 1000 次、闪光耐久性 2500 次、电源开关 2500 次、快门 10000 次、液晶显示 2000 次、可动部件 3000 次、模式选择开关 10000 次。

（三）数码相机的保养

数码相机结构精密、电路复杂，无疑是当前新一代的高新技术产品。加上其不菲的价格，使得对数码相机的维护就更显得重要了。如何使数码相机能够延长使用寿命、保持良好的性能已成为每一个数码相机用户关注的问题。

数码相机的使用寿命除了本身产品的日常消耗外，关键还是在于如何保养。这不仅要求在使用数码相机时要十分小心外，更重要的是要养成良好的习惯。

（1）数码相机对环境的要求。

①数码相机应避免潮湿。数码相机是一种高精密电子产品，自然是怕水的，这是一般性的常识。其实，周围环境的湿度过大对数码相机也有很大的影响。如果使用或存放的环境湿度过大，很容易导致数码相机电路故障。不仅如此，如果相机不经常使用，长时间在潮湿环境中存放，也很容易使相机的镜头发霉。因此，在存放数码相机时要选择干燥处妥善放置。在遇到雨、雪、雾等不良天气时，尤其要注意收好相机，一般不要在雨、雪天或海边、湖泊等环境下拍摄。如果必须要在上述情况下使用相机，建议使用防水机壳。目前，大部分出品的数码相机在市场上都可以购买到数码相机防水机壳，只要将数码相机放置于防水机壳中，将机壳锁好，就可以进行拍摄，因为大部分防水机壳都能承受 30m 水压，甚至在水中也可以进行正常拍摄。

②数码相机应防止烟尘。数码相机应在清洁的环境中使用和保存。在灰尘较多的环境里，尽量不要将相机暴露出来，即使必须使用，在拍摄后应立即将相机的镜头盖盖好，放入防尘的相机保护套内，这样可以在一定程度上避免外界灰尘对相机的污染。如果外界灰尘较多，很容易使污染物掉落到相机的镜头上从而弄脏镜头，直接影响拍摄的清晰度。严重时还会影响相机的整体性能。因此，外界环境的清洁对数码相机也是很重要的。保持数码相机使用环境和存放环境的干净、清洁可以大大降低相机因外界灰尘、污物等污染而导致故障的可能性。

③数码相机应远离电、磁场。由于数码相机是光电一体的精密设备，主要工作原理是将所拍摄景物的光信号通过 CCD、DSP 等光电转换部件转换成电信号。CCD、DSP 芯片等一些光电转换部件对强磁场和电场都很敏感，这极易导致相机故障，直接影响拍摄质量，所以在使用和存放相机时应尽量远离强磁场和电场。

④数码相机对温度的要求。数码相机不仅对湿度有要求，对周围的温度同样有要求。一定不要将数码相机直接放置于高温环境中，更要避免强光对相机的直接照射。数码相机所采用的 CCD 或 CMOS 固体成像器件虽然对强光和高温有较强的承受能力，但其接受强光和高温的能力也有一定限度。如果直接用数码相机拍摄太阳或非常强烈的光源，很容易造成成像器件的灼伤损坏。如因特殊需要无法避免时，也应尽量将拍摄时间缩短，尽可能快速完成拍摄。另外，长时间的强光照射或周围温度过高也很容易导致相机机身变形。因此，在存放相机时，勿将相机直接放置于强光之下或暖气等温度过高处。

值得注意的是，在天气十分寒冷时，对相机的存放保管也应十分注意，要尽量保证相机的正常温度。尤其是从低温处突然转至温暖处时，相机内部会产生冷凝液或雾气，容易损坏镜头和机内电路。

⑤数码相机应避免剧烈震动。一般来说，许多家用电器都禁上下剧烈震动和碰撞，对于像数码相机这样精密的设备更不例外，数码相机的防震能力甚至远远比不上传统的胶片相机。数码相机中复杂的成像系统、光学镜头，以及精密的电子器件等都是极容易受到损害的部分。剧烈的震动和碰撞很容易导致相机机械结构性能的损害。因此，在实际使用时要特别注意，不要将相机随意甩来甩去，最好始终将相机套在手腕或脖颈上，避免无意掉落。存放或携带出行时不要将相机装在有很大活动余地的箱包内，因为这样容易使相机在颠簸中发生意外的碰撞。应将相机放在相机保护套内，必要时还可再购置一个较能防震的摄影包，大小最好刚刚能够容纳相机。放置地点也要选择绝对牢固、确保不会受到意外撞击的地方。

⑥数码相机固件升级。数码相机通过固件（Firmware）的升级来获得更稳定的性能，可以提高系统的性能并改善其功能。数码相机的固件和电脑主板 BIOS 一样，是烧录在芯片上的。目前，大部分数码相机的固件采用了可擦写芯片，只需要利用一个简单的工具软件以及相应的数据，就可以对数码相机的固件进行升级。

⑦数码相机的长期保存。数码相机长时间不使用时，除了按照上面的提示对机身和镜头等重要部件做仔细地清洁、做好各个重要部件的保养工作和储存准备以外，还应该把相机与皮套分开，避免皮套发霉影响相机。相机已上紧的快门、自拍机等部件，应予以释放，不使这些机构长时间处于疲劳状态。镜头光圈宜设定在最大档位，调焦距离应设定在无限远。若是双焦距镜头或变焦距镜头的照相机，还应把伸出的镜头退缩回原来的位置，再放置到保持干燥的存储容器中。数码相机最理想的收藏环境，首推中高档电子温控防潮箱。另外，如果长时间储存，还应该选择天气较好的日子，取出相机，取下镜头保护盖、开大镜头光圈，放在干燥通风、无阳光直射的地方透透气，而且在透气的过程中，要调换几次角

度，使照相机各部位都舒张一下。

总之，数码相机是一种精密的光电设备，在使用和存放时一定要注意周围的环境条件。最简单实用的鉴别方法是：只要正常的人体感觉舒适的环境，数码相机一般能够"适应"。延长数码相机的使用寿命，除了注意数码相机的外部环境外，还要进行适时的特别维护。因为无论在使用相机时多么小心，相机也难免会受到损伤，这时就需要进行及时地维护，否则容易对相机造成伤害。相机的维护并不简单，需要有一定的专业性。

（2）数码相机镜头的维护。

不论是传统相机，还是数码相机，一提到维护，首先想到的应该是镜头，因为相机的镜头是一个非常精密而且又非常"娇气"的光学器件，在使用拍摄时，避免不了灰尘或沙粒等杂质会附着在相机镜头上。一般来说，镜头表面有一些灰尘其实并不会对成像的清晰度产生多么大的影响。因此，在不是必须处理时，尽量不要擦拭镜头。如果镜头表面有沙粒或其他硬性颗粒附着，很容易造成损伤，这时，必须对镜头进行擦拭。注意在擦拭镜头时，绝对不能使用软布或一些普通纸质物质，这些都极易划伤镜头表面；也要慎用一些专门的镜头纸，因为有些镜头纸是经过化学处理过的。清洁时可以选择专用的镜头清洁布，也可以到相机专营店选购一些未经处理的镜头清洁用纸，适当时也可根据说明使用镜头专用清洗液。一般情况下，建议使用吹气皮囊，也可以配合使用软毛刷轻拂镜头表面。如果镜头表面有雾气出现，最好将相机翻转，使相机镜头朝上，让雾气自然散去；如果必须擦拭，也最好使用专用镜头纸对镜头表面进行"沾吸"。但一般还是尽量不要使用此种方法。

（3）LCD液晶显示器的维护。

LCD液晶显示器是数码相机特有的部件，也是数码相机上除镜头之外另一个价格昂贵的装置，且也极易受到损伤。因此，对它的维护也必须注意。在维护过程中要注意以下几点。由于显示器是液晶的，因此自然不能将其置于阳光下直射。LCD液晶显示器经常会沾上一些不容易擦除的指纹或其他污物，一般用镜头布或干净的软布轻轻擦拭即可，不要用有机溶剂清洗。使用时还要注意不要让液晶显示器表面受重物挤压，有些数码相机的LCD液晶显示器在使用一段时间后会出现显示器显示的影像变暗或是不能正常显示影像的现象，因为液晶显示器背面的灯泡老化，只需更换灯泡。另外，由于显示器是液晶的，所以显示器显示的亮度会随温度的变化而变化。在温度较低时，显示器显示影像的亮度会随之降低，当温度恢复时，液晶显示器也会恢复正常显示。这些都是正常的现象，不必担心是液晶显示器出现了故障。

（4）CCD芯片的维护。

CCD芯片是光电信号转换装置，若其感光面脏污，便不能得到清晰完整的画面。判断 CCD 芯片感光面是否清洁的方法是将数码照相机与计算机连接，镜头光圈设在最大光圈系数下，对着干净墙壁等白色物体拍摄，然后在计算机显示器上观察所摄画面，如果画面中有暗色斑团，说明 CCD 感光面已脏污，需要擦拭。对于数码单反照相机，还可以卸下镜头，打开 B 门，从照相机前端直接观察 CCD 芯片表面是否脏污。擦拭 CCD 芯片可以到照相机维修部门。自己动手擦拭要慎重，需要有防静电腕带等专门用具，并小心分离照相机的后背与机身，用蘸有清洁剂的清洁纸轻轻擦拭芯片表面，待完全擦拭干净后，将机身与后背安装好。

（5）数码相机电源的维护。

数码相机需要使用电力，且因为它采用 LCD 显示屏，耗电较大，在使用电池时最好不使用碱性电池。最好选用可以再充电的镍镉、镍氢电池或锂电池。这些电池比一般碱性电池容量大很多，使用时间也长，而且最主要的是能重复使用。在使用充电电池时要注意掌握正确的充电方法，上述推荐的三种充电电池在原理结构上各有不同，充电方法也略有区别，如果充电方式选择不当，会缩短电池的使用寿命。

①镍镉电池。镍镉电池是目前使用最多的一种充电电池。这种电池既可以在小电流方式下慢速充电，也可以在大电流方式下快速充电，但镍镉电池的自放电速度较快，在充满电后，如果一段时间不使用，电量会下降很多。所以一般适合放电保存，等到需要使用时再临时进行充电。但镍镉电池都具有记忆特性，因此在使用镍镉电池时一定要将电池的电量彻底耗尽后再进行充电。选用充电器时要选用具有放电功能的充电器，以便在充电前先自动对电池进行放电，彻底放电后再充电，这样就能保证电池电量总是充足的。

②镍氢电池。镍氢电池的出现较镍镉电池晚，它的外壳由无毒金属制成，属于环保型电池。它的充电时间比镍镉电池略长，各方面性能较镍镉电池都优良许多，电容量也更大。价格相对昂贵，记忆特性并不十分明显，但不论在电量供应方面还是充电方面，都比镍镉电池有很大进步。

③锂电池也称锂离子电池，它是近些年研制的一种高新技术产品，完全没有记忆特性，而且充电时间短，电量充足，使用时间长，寿命也比前两种电池长许多。另外，锂电池还具有无毒、无污染、不伤害人体等许多独特的绿色环保特性，被称为"绿色能源"。当然，它的价格也相当昂贵。

不论使用哪一种充电电池，都不宜在充电后马上装入数码相机使用，最好是将刚充完电的电池稍微放置一会儿，这样做主要是因为刚完成充电的电池其闭合回路的电压有可能比额定电压值要高，如果马上装入相机，会对相机内部的有关电路元件造成影响。所以，最好等充电电池自放电到额定电压时再进行使用。如果有条件能够使用 AC 稳压适配电源，最好还是使用 AC 稳压适配电源，毕竟充电电池的造价比较高。大多数数码相机都配备有适配自己的 AC 稳压适配电源。在使用前应先弄清楚 AC 适配电源是外接 110V 电压，还是 220V 电压，因为如果插接不当，很容易烧坏电源甚至相机。使用的 AC 稳压适配电源一定要与自己的相机相配套。

（6）存储卡的维护和保养。

对于数码摄影而言，存储卡在摄影过程中扮演着相当重要的角色。但是，由于存储卡的使用比较简单，经常会由于用户漫不经心地使用、处理而导致存储卡损坏。保护存储卡的首要原则是，永远只在数码相机已经关闭的情况下安装和取出存储卡。使用者常犯的错误是，急着要将储存卡从相机中取出，虽然电源已经关闭，但有些相机的储存速度较慢，或是图档较大要花较长的时间，相机也许看起来已经处于停止状态，但事实上储存动作仍在继续，这时存到一半的资料毁了不说，还可能造成储存卡的永久毁损。因此，建议用户关闭相机后稍等片刻或注意相机的亮灯完全熄灭后再取出储存卡。平时不要随意格式化存储卡，在使用相机格式化存储卡时，注意相机是否有足够的电量；在使用电脑格式化存储卡时，注意选择准确的格式。如果您使用 Windows XP 之类的操作系统，需要注意系统格式化时，默认的 FAT32 格式是不正确的，一般数码相机都采用 FAT 格式。同时，还需要注意避免在高温、高湿度下使用和存放存储卡，不要将存储卡置于高温和直射阳光下。避免重压、弯曲、掉落、撞击等物理伤害，远离静电、磁场、液体和腐蚀性的物质。在拆卸存储卡时，避免触及存储卡的存储介质。如果长期使用后，存储卡插槽的接触点脏了，导致存储、读取信息的故障，可以使用压缩空气去吹，但千万不要用小的棍棒伸进去擦，否则可能引起更大的问题。

五、包装、运输和储存

（一）包装

产品包装的防护类型及其要求按《照相机械包装、运输、储存条件及试验方法》（JB/T 8250.7—1999）的规定。

（二）运输和储存

产品包装件不允许和易燃、易爆、易腐蚀的物品同车装运，装车应整齐、平稳、牢固、不允许超高、超重，运输中应有防雨、防日晒、防撞击和防跌落措施。

产品包装件应储存在常温、干燥和通风良好的仓库内，且不能与化学药物、酸碱物质及其他有害物质一起存放。

思考题

1. 简述数码相机与传统相机的差异。
2. 简述 CMOS 和 CCD 作为感光器件有什么不同。
3. 简述单反相机与卡片机相比较，有哪些异同。
4. 简述数码相机的保养应注意哪些问题。

第二节　数码摄像机

学习目标

通过本节的学习，了解数码摄像机的工作原理及组成，理解数码摄像机的新技术与功能，掌握数码摄像机的选购方法。

数码摄像机就是 DV（Digital Video），即"数字视频"，是由索尼、松下、胜利、夏普、东芝和佳能等多家著名家电巨擘联合制定的一种数码视频格式。在绝大多数场合，DV 则代表数码摄像机。

数码摄像机的特点：①外形小巧，结构紧凑，布局合理；②功能强大，技术参数高；③操作使用简单方便；④自适应高亮度控制功能；⑤拐点饱和度控制功能；⑥串色抑制功能；⑦三肤色细节控制功能；⑧肤色自动光圈功能；⑨自适应细节控制功能；⑩精确的自动黑/白阴影补偿功能；⑪电子柔焦功能；⑫高性能γ校正功能。

一、数码摄像机的工作原理

数码摄像机进行工作的基本原理简单地说就是光—电—数字信号的转变与传输，即通过感光元件将光信号转变成电流，再将模拟电信号转变成数字信号，由专门的芯片进行处理和过滤后，将得到的信息还原出来就是我们看到的动态画面了。

数码摄像机的感光元件能把光线转变成电荷，通过模数转换器芯片转换成数字信号，主要有两种：一种是广泛使用的 CCD（电荷耦合）元件；另一种是 CMOS（互补金属氧化物导体）器件。其中 CCD 摄像机工作原理如下。

（一）同步发生器

摄像机复合视频输出信号需要包含亮度、同步、色度和色同步信号，所有这些都根据 NTSC 或 PAL 技术指标以一个有条理的方式组合在一起。同步发生器为摄像器件提供水平和垂直驱动信号，或提供同步信号到一个单独的驱动信号发生器，为视频输出提供复合同步和色同步，为彩色调制器提供 3.58MHz（NTSC）或 4.43MHz（PAL）副载波基准信号，以及为摄像机所有其他电路提供定时信号，以保证摄像机输出信号互相合适地同步。

这些同步信号是由一个主同步振荡器的信号分频得来，这个主同步振荡器典型地以 7～25MHz 振荡，再分频到每一个所需要的频率。该电路中由一个调节电位器设定主同步振荡器的频率，影响摄像机所有输出信号的频率。另外，这个调节电位器也影响色同步频率设定在 3.58MHz（NTSC）或 4.43MHz（PAL）。

（二）CCD 摄像器件

CCD 摄像器件将通过透镜的光能转换成电信号，然后经摄像机电路处理成 NTSC 或 PAL 标准复合视频信号。CCD 是固态摄像器件，由许多光电二极管组成，在 IC 透明窗口下以行和列方式按水平和垂直方向排列。光能向电能的转移发生在每一个光电二极管上，其中每一个光电二极管产生一个对应落在那个光电二级管上的来自景物单个点的光能的小电荷。景物上的这些小取样点称作图像元素或像素。

CCD 摄像器件利用与主同步发生器同步的垂直和水平频率驱动脉冲，控制其光栅扫描过程。这种驱动脉冲通过电子行和列信号通道（移位寄存器）控制摄像器件光电二极管上电荷的有序收集。在垂直消隐期间，CCD 驱动电路的垂直脉冲使在前面垂直场期间产生的所有各个像素电荷耦合到相邻垂直移位寄存器中。然后，在后面场的每一水平消隐期间，水平驱动脉冲使一完整的水平扫描行电荷移位到公共水平寄存器。最后，在每一有效水平扫描时间里，电荷以一次一个像素电荷移出水平寄存器。如果这个过程得到重复，那么一个半连续的亮度信号就建立起来了。输出缓冲放大器，是一个典型的双极性射随器或 FET 放大器，当信号通到后面的亮度、色度和控制级时为 CCD 提供输出隔离。这个信号包含产生黑白 NTSC 或 PAL 复合视频信号所需要的所有亮度图像信息。CCD（电荷耦合器件）之所以如此命名，就是因为通过垂直和水平移位寄存器收集和耦合各个电荷到 IC 输出引脚这样的方法而来。

（三）透镜组件和控制电路

透镜将来自景物的反射光线聚焦到 CCD 摄像器件的光敏表面。透镜组件与 CCD 摄像器件之间距离的调整影响透镜可变焦距比率，从广角变化到远距离时图像仍然保持聚焦状态，称作"后聚焦"调整。

透镜组件中一个小电动机确定内部的聚焦透镜，以便在一个具体距离时有适当的聚焦。聚焦电动机受控于一个伺服控制电路以提供自动聚焦。自动聚焦控制电路使前视频信号中的高频信息达到最佳聚焦，响应于一个红外光或 LED（光电二极管）测距感知器。自动聚焦电路的调整使光学镜片在最大可变焦距（远距）设定时调到最远聚焦。透镜组件中另一个电动机响应来自用户操作的摄像机可变焦距开关的输入，以确定内部可变焦距透镜的位置。

自动光圈电路控制通过透镜的光量，操作一个小电动机以开关光圈膜片。光圈电动机受控于一个伺服控制电路来实现自动光圈操作。光圈控制电路对摄像机CCD输出信号（前视频）取样以决定落在摄像器件上的光量（光越多，信号幅度越大）。

在正常照明条件下，光圈控制电路以部分关闭光圈的方式限制落在摄像器件上的光量，从而控制前视频输出信号的幅度。光圈控制电路的调节调整CCD输出信号电平到正常照明状态。

对于视频输出，自动光圈电路的适当操作是很关键的，因为光圈膜片是弹载关闭的，光圈控制电路的失效常常导致没有光线到达摄像器件。这种失效导致摄像机没有视频输出，尽管同步将仍然出现。

（四）亮度处理

亮度处理电路是相当简单的。伽玛校正为视频信号较暗部分提供额外增益，以便为在所有电视机和监视器的CRT（阴极射线管）里出现的正常黑压缩进行校正。这种校正使电视屏幕上图像甚至暗部分的亮度直接响应到被摄像机拾取的图像的光强度。

在光照很低度的情况下，当光圈已经完全打开时，由于不足的光线输入，信号白电平趋向于降到714mV以下。ACC放大器以额外的放大作用响应于来自AC检测器的控制电压，以在放大器输出维持恒定的信号白电平。这个额外的ACC放大作用也增加杂波到信号上，通常只是当光圈已经达到其范围的极限且不能再打开，以便进一步为输出电平和前视频信号输出电平提供补偿时在低照度期间是有效的。

除了以毫伏为单位来表示复合视频信号电平外，一种更方便的视频测量尺度已被无线电工程师协会（IRE）研究出来。这个测量尺度扩展从消隐上达白峰（+714mV）为100IRE单位和从消隐下达同步尖（-286mV）为40IRE单位。

黑设定是在消隐电平以上7.5IRE单位。因为总的140单位IRE尺度对应于1Vp视频信号，所以1IRE单位=7.14mV。

（五）色度处理

彩色摄像机产生一个对应于在景物每一点处出现的光的色饱和度和色调的色度信号，以及对应于景物每一点处光的总亮度的亮度信号。光的色饱和度是指彩色强度，又称彩度（Saturation），其变化范围从鲜艳到暗淡。色彩越纯越浓，饱和度越高，因此也可以说，饱和度是表示某种色彩掺进白色的程度或者纯净的单色光被白色光冲淡的程度。

光的色调是指"颜色"，如橙色、褐色、蓝色等，也称为色相（Hue），是指红、橙、黄、绿、蓝、紫等色彩的区别，与色彩的频谱特性直接相关，而黑白以及各种灰色是属于五色系的。饱和度和色调这两方面彩色特性的信息包含在摄像机色度输出信号中。

面阵CCD彩色滤镜阵列通常采用的处理彩色的方法是，滤镜上不同的色块按G—R—G—B（绿—红—绿—蓝）的顺序像马赛克一样排列，使每一片"马赛克"下的像素感应不同的颜色。线性CCD使用三线CCD处理彩色，它实际上将三行滤波器嵌在CCD元件上，每个滤波器分离出一个不同的原色，但CCD可同时捕获所有的三色，消除了分色问题并加快实际的图像生成速度。

即使全部所需要的彩色信息出现在彩色摄像器件的输出，信号也不是彩色接收机和录像机所需要的NTSC或PAL标准色度信号形式。摄像机色度处理电路将特殊形式的CCD色度输出信号转换成标准NTSC或PAL色度形式。

白平衡校正电路控制红和蓝信号电平之间的平衡，以保证在景物白的、无彩色面积正在被扫描时白图像面积被重显而无彩色着色现象，从而补偿不同景物亮度源（自然光、白炽光、荧光、汞蒸气光等）之间的颜色差异。

（六）前视频处理

半连续的CCD视频输出信号是一个由单个的、稍微分离的光电二级管上的电荷组成的数字取样信号。扫描光电二极管以收集各个像素电荷的过程建立起一个不连贯的视频信号。为了平滑视频信号，将它输送到取样和保持电路或低通滤波器。这部分的输出信号称作"前视频"，因为它包含图像信息，但不包含通常是复合视频信号部分的同步或色同步基准信号。同时，由景物反射色光所产生的彩色信号仍然处在一种因无进一步色度处理而不能被标准NTSC或PAL视频器件所使用的形式中。

（七）信号输出

在亮度和色度信号已被处理之后，在Y/G相加器（它可能与摄录机VCR部分共同利用）相加在一块，以形成复合视频。这个信号被送到电子寻像器（EVF）、摄像机输出插座和摄录机VCR视频记录输入。这种NTSC或PAL规格的复合视频包含以下几部分：

（1）亮度信号，由每个像素处亮度电平取样组成。

（2）水平消隐和同步脉冲，在每个水平扫描行结束处。

（3）垂直消隐和同步脉冲，在每场扫描结束处。

（4）副载波，通过彩色滤波器部分由亮度电平取样组成的色度信号并将幅度和相位调制成 3.58MHz 或 4.43MHz。

（5）色同步信号，在每一水平同步脉冲之后的副载波取样。

二、数码摄像机的系统组成

摄像机的技术发展经历了真空管、晶体管、集成电路和微电子固体摄像器件等几个阶段。摄像机的种类很多，外形也不同，但不论其在性能、型号上如何发展，电视摄像机的基本结构和基本原理是相同的。它们都由镜头、主机（摄像单元、录像单元）、寻像器、话筒、附件等部分组成。

摄像机一般是由光学系统、光—电转换系统、图像处理系统、自动控制系统等组成。光学系统是由变焦距镜头、色温滤色片、红绿蓝分光系统组成，通过光学系统可以得到成像于各自对应靶面上的红（R）、绿（G）、蓝（B）三幅基色光像；摄像机光—电转换系统的作用是将成像于靶面上的光像转换成电信号，然后经图像信号处理系统放大、校正和处理，同时完成信号的编码工作，形成彩色全电视信号输出；在摄像机开拍前和拍摄过程中，需要做许多调整工作，为了操作方便和使用灵活，一般的摄像机还有自动或电动的控制装置，即自动控制系统。如自动光圈、自动白平衡调整、自动增益、电动变焦等。

摄像机内部信号的变化如图6-1所示。外界景物通过透镜组聚焦在CCD上，CCD把光信号变成电信号，经过电路处理后送到录像系统，记录到磁带上，信号也可以直接输出。话筒将声音转变为电信号后，与图像信号一同记录到磁带上。这样完成素材的摄像过程，再经过编辑、配音、叠加字幕等后续工作，制作成录像节目。

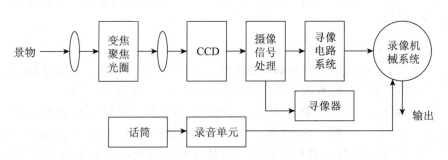

图6-1　家用摄像机内部结构原理示意

（一）镜头

摄像机的镜头与照相机的镜头非常相似，但也有一些区别。摄像机镜头的焦距一般为变焦镜头，变焦又分为光学变焦（一般为15倍以下）和数码变焦（可达100倍）；镜头的聚焦一般有自动聚焦和手动聚焦两种方式；镜头上同样有光圈，可以自动调节，也可以手动调节；镜头配有色温滤色、分色系统，可以将红（R）、绿（G）、蓝（B）色光进行分离。

变焦镜头通常由调焦镜片组、变焦镜片组、补偿镜片组和自动控制装置等组成，其作用是选择拍摄对象、调节焦距和景深。所谓景深是指被摄景物中能产生较为清晰画面的最近点至最远点间的距离。

调焦镜片组位于变焦镜头的最前端，在调焦环的转动和推动下做前后移动，以调整景物成像的焦距。调焦环分为手动和自动两种转动方式。自动调焦时，由自动控制系统通过调焦电动机驱动调焦环转动。

变焦镜片组的作用是可连续改变镜头的等效焦距，它由变焦环转动来控制，也分为手动变焦和自动变焦（由自动控制系统通过变焦电动机来驱动控制）两种方式。

补偿镜片组与变焦镜片组是联动的，其作用是补偿后焦距，以保证变焦镜头在变焦操作时只改变其前焦距，而后焦距稳定不变，使景物在变焦时始终清晰地成像在 CCD 光电转换器件的靶面上。

（二）摄像单元

这部分主要由摄像器件 CCD 来完成。其作用是将镜头送入的光信号变为电信号，再经过电路进行处理，而得到视频（图像）信号。

（三）录像单元

录像单元是一个微型的录像机，可以把摄像单元送来的视频信号经处理后转换成磁信号，记录于磁带上，它也可以作为放像机来使用。录像单元是由机械系统（磁头、带仓、走带机构）和电路系统（录放电路、伺服电路、控制电路）两大部分组成的。

（四）寻像器

摄像机上的寻像器是用来取景观察的，功能类似于照相机上的取景器。相机上的取景器是光学式的直视取景，寻像器实际上是一个微型监视器。

寻像器里的荧光屏一般是显示黑白图像的显像管，对角线不超过 25mm（1英寸）。近年来，一些新型的家用摄像机采用液晶显示屏幕，可以显示彩色图像，让人看起来更加舒服、自然、真实，只是清晰度较差，不如黑白显像管那样清晰。

寻像器前面都加有一个目镜校正器，其实就是一个凸透（放大）镜，以便看清细节。寻像器的画面上还可以显示叠加到上面的各种文字、参数、符号等说明信息，以及摄像机的工作状态指示、自动告警指示等。

（五）话筒

话筒是记录现场声音的器件，它将声音转换为电信号与图像信号一起记录到磁带上。摄像机都配有话筒，一般已固定在机身上，也可以外接话筒（此时机带话筒不起作用）。

（六）附件

为了使摄像机能正常工作，有些附件是必不可少的。主要有以下几种：

1. 交流电源适配器

交流电源适配器可以将 220V 的交流电变成低压直流电输出，可以通过电缆送到摄像机上，也可以通过转换插头对电池充电。

2. 录像带

录像带是记录图像和声音的载体。家用机常见的有标准 VHS 型、8mm 型和 DV 型。录像带不像录音带，它只有一面信息（无反正面）。可以反复录抹，也可以剥去防抹片以防误抹。常见的录像带品牌有松下、索尼、画王、JVC、SKC 等。

3. 电池

流动或者室外摄制时，摄像机可以使用充电电池提供电力。充电电池具有输出电流大、容量大、可多次充电、循环使用等特点。

4. 其他附件

为了使用方便和适应各种环境下的拍摄，摄像机还应配备照明灯、三脚架（应比相机使用的更稳固）、射频转换器、摄像机遥控器等。

三、数码摄像机的分类

目前的摄像机品种较多，生产厂商各异，因此分类方法也不一样。随着科学技术的不断发展以及元器件的不断更新换代，摄像机的种类和用途也越来越多，越来越细。

（一）根据性能和各自的用途分类

根据性能和各自的用途，摄像机可分为广播级、业务级和家用级三大类。

广播级摄像机的各项技术指标及图像质量都是最好的，适用于电视台在演播室和现场节目制作的场合下使用。其价格昂贵（好一些的要几十万元/台）、体积较大、重量较重，现在又出现了高质量的数码摄像机。

业务级摄像机价格适中，体积相对小巧轻便，在技术指标上与广播级摄像机也没有太大的差别，主要是元器件的质量等级不同。它适用于新闻采集等机动灵活的摄像工作。

家用级摄像机则属经济、小巧、操作简单、自动化程度高的摄录一体机。相对以上两个等级来说，技术指标要求较低。但因其价格低廉、功能完备、拍摄照度要求低、使用简单轻便等诸多优点，被广泛地使用在教育、工业、交通、商业和家庭生活摄像等各个领域。

（二）根据摄像机所使用的场合分类

根据摄像机所使用的场合，可以分为演播室拍摄用的座机和室外拍摄用的便携机两类。室内座机体积大，成像质量好，使用交流 2V 电压；便携式摄像机轻便灵活，工作中交、直流两用。一般室内演播、直播用座机，不固定地点的、经常移动的情况下使用便携机。

（三）根据盒带类型分类

按盒带类型可分为 VHS 带、8mm 带、DV 带等。

1. VHS 型

VHS 型又分为标准 VHS、VHS-C、S-VHS 和 S-VHS-C 型。VHS 型使用的录像带的宽度为 12.65mm（1/2 英寸），图像的解像力为 250 线，E-240 磁带可以录制 4h 的节目。

VHS 的变形 VHS-C 型采用减少录制时间的方法，将盒带体积大大缩小，摄像机的体积也相应减小。若在标准 VHS 录像机上播放时，要加一个磁带转换盒。

VHS 型的图像清晰度不是很令人满意，为了提高清晰度，对电路进行了改进，制成了 S-VHS 型，图像的解像力提高到 400 线。与电视机连接时应用 S 端子接口。

S-VHS-C 型在 S-VHS 型的基础上减小盒带的体积就得到 S-VHS-C 型，图像性能与 S-VHS 型完全相同，机械结构与 VHS-C 型完全一样。

2. 8mm 型

这种摄像机以使用 8mm 宽的录像带而得名。录像带体积较小，与 VHS-C 型差不多，摄像机的体积也较小，俗称"掌中宝"。采用薄型的金属磁带，可录 120min，声音也实现了高保真效果。

为了使图像效果更好，有改进型的机型称为 Hi8 型，也称超 8 或高 8。图像的解像力达到 400 线以上。现在这种机型采用了许多先进技术，图像质量高、体积小、重量轻、记录时间长，已成为办公及家庭使用的主要品种。

（四）根据摄像机使用的光—电转换器件分类

根据摄像机使用的光—电转换器件不同，摄像机还可分为传统的电真空器件（光—电导管）摄像机和新型电荷耦合器件（CCD）摄像机两大类。其中光—电导管摄像机已趋于淘汰。

当今，随着科学技术的突飞猛进，摄像机技术也正迅速从模拟技术向数字化转变。1989 年日本松下公司开发出世界上第一台摄像机，1992 年成功实现了整个摄像系统的数字化。

1995 年是摄像机格式推出最多的一年，近些年来摄像机技术不断向前发展，采用先进技术的数字摄像机已经逐渐成为电视摄像机领域的主流，并给传统的电视节目制作技术带来了革命性的变化。

（五）根据录方式分类

按信息的记录方式可分为模拟摄像机和数码摄像机两类。传统的摄像机一般是以模拟信号记录的，这种摄像机容易叠加噪声干扰，图像质量较差，不易进行特技处理。现在新型的数码摄像机（DIGITAL VIDEO CASSETTE，DV）是以数字的方式记录下需要录制的信号，与模拟机相比，具有图像质量高、噪声干扰小等优点，使用硬盘的摄像机记录时间更长，体积更小，功能更强（具有固定编辑机的功能、多媒体功能），可以实现各种特技操作，为电视节目的制作带来一场革命，逐步成为摄像机发展的必然趋势。

四、数码摄像机的选购

目前市场上符合单位及家庭用的摄像机种类和型号很多，应根据单位及家庭的需要和经济条件，选定一种理想的机型。由于专业机的价格很高，非专业人员使用一般购买家用摄像机，需要从以下几个方面考虑。

（一）电视制式

选购家用摄像机时，应明确它的制式是否与本国的相同。全世界现在使用的彩色电视制式有 PAL、NTSC、SECAM 三种制式，我国使用的彩色电视制式是 PAL - D/K 制。如果选购的家用摄像机不是 PAL 制，则看到的图像是黑白的，甚至图像紊乱。黑白电视制式及伴音制式若不符合，就会出现有图像无声音，或有声音无图像的情况。

（二）摄像机性能的选择

如果单位购买是用于摄制电视节目，则要尽量选购高档次的，如 S - VHS 型或 Hi8 型，其清晰度已达 400 线，可达业务级标准。如果是一般使用，则选购一般机型即可，如普通 VHS 型或普通 8mm 型。如果购买是为了进行有偿服务，如进行婚礼录像等家庭服务或为单位的活动拍摄纪录片、资料片、专题片等，也应选购档次较高的同类机型。如果纯属家庭使用，可选用 VHS - C 型、普通 8mm 型，它们具有体积小、重量轻、耗电省、携带方便等优点。

（三）摄像机的功能选择

摄像机的功能很多，但并不是一台摄像机就具备全部的功能。人们总希望有一台"全功能"的摄像机，这是不可能的。一般来说，摄像机都具备一些基本的功能，如自动聚焦、电动变焦、自动白平衡、自动光圈、电子快门、日期时间、录放等。其他的功能就要根据不同的需要而设置，以突出其特点。有的型号突出了大型彩色液晶显示屏，有的灵敏度高，有的具有大的数码变焦范围，有的具有较多的特技功能等。购买时，一定要根据使用情况，选定合适功能的摄像机。

（四）摄像机与设备的配套

摄像机与现有的影像设备要相配套。一是电视制式应一致；二是格式应一致，普通类型的应对应普通类型的，S-VHS 应对应 S-VHS 的，8mm 机型应对应 8mm 机型的；三是设备的档次要一致，若有一种带有高带（质量）功能，其余都应具有，否则系统的高带功能就发挥不出来，Hi-Fi 及立体声录放功能的配套也是同样道理。

（五）摄像机的附件

为了保证摄像机的正常工作与功能的发挥，应该配备常用的附件。必备附件有携带箱、交流适配器、充电电池、录像带、三脚架等；其他常用的附件还有照明灯、射频转换器、摄像机遥控器等。

（六）注意事项

在实际选购时还应注意以下几点。

1. 检查包装

外包装应干净无破损，检查是否开过封、是否陈旧，若无问题可以开箱，箱内材料应完整、干净、紧凑。

2. 清点装箱机件

箱内除了主机外，还应有标准附件。根据说明书清点附件，一般有交流适配器、充电电池、AV 连接线、摄频连接线、无线遥控器、磁带转换盒等。

3. 检查摄像机及附件的外观

检查外观是否明亮、整洁、有无摸过的指纹、有无碰撞的痕迹、商标标牌是否清晰完整。重点应检查镜头和寻像器，若有问题则可能是旧货或伪劣产品。

4. 通电检验

外观若无问题，即可通电试机。检查各按钮是否有效，功能能否实现；自动功能能否随外界条件的变化而自动调节；进行拍摄试验，在电视上观察图像效果应色彩正、图像清晰、声音不失真，录制重放应与前面的效果一样。若都无问题，就可以办理购机和保修等手续。

5. 购买注意事项

自己动手检验时应征得店主同意，不要盲目动手检查；有些问题不熟时，应详细阅读说明书，不可盲动，以免损坏摄像机。

五、数码摄像机的维护

摄像机是一种高科技产品，它是由精密的光学系统、电子处理系统和准确可靠的机械结构组合而成的，一旦因使用不当而出现故障，非专业人员难以维修。为了充分发挥其使用效能，延长使用寿命，除了要掌握它的各项功能和正确使用方法外，还应掌握以下一些维护性使用常识。

（一）摄像机自身的维护

（1）使用摄像机要非常注意机器的清洁工作，每次使用后都应该做一次清理工作，清理时要使用专用的毛刷和气球。不要在不干净的环境中打开带仓换带，以免灰尘进入机器内部。

（2）外出摄像时最好带携带箱，把摄像机及常用附件放置于箱内携带。既可以防尘防雨，也可以保护机器不受碰撞。

（3）拍摄时严禁对准太阳和强光源，否则会导致 CCD 图像传感器的永久损坏，使图像质量下降或完全不能使用。

（4）使用时执机要牢靠，防止失手。休息时，放置的地方要妥当，以防被碰坏。

（5）使用过程中要轻拿轻放，避免使摄像机受到强烈的震动或冲击，否则轻则导致图像变形，重则可能致使机器损坏。用后要及时装入摄像机包保存。

（6）使用三脚架时，要支稳并上紧螺丝。离开时，要锁死活动把手，保持机身平衡。

（7）在拍摄过程中，不要在温差变化过大的环境下使用，以免造成摄像机内部结露，而不能正常使用。如果出现摄像机结露无法开启时，可在常温下放置1h，待结露消失后继续使用。

（8）使用寻像器时，转动、拉出时用力要得当；不拍时要收回原位，避免意外碰伤；不要将寻像器当把手用；不要让阳光等强光直接射入寻像器。

（9）非专业维修人员不得自行拆装摄像机。

（10）使用自动聚焦时，不可人为调焦，以免损坏摄像机。手动调焦、变焦时用力要适当。

（11）装取磁带动作要轻：拍摄时不宜暂停时间过长（以免损坏磁头和磁带）；同时尽量少用摄像机放像，以延长摄像机的使用寿命。

（二）镜头

镜头是摄像机的眼睛，需要格外精心保护。在镜头的高级光学玻璃上有一层精密的镀膜，十分容易受到损坏，因此严禁任何异物接触镜头，特别是人的手指，因为人体的汗液呈碱性能腐蚀镜头镀膜，并可引起霉斑。当发现镜头沾上灰尘时，一定要用专用的镜头纸来清理。为镜头配置一片 UV 镜，即可滤去空中的紫外线，使远景清晰，色彩还原真实，又可很好地保护镜头。

在使用中要养成良好的习惯，拍摄间隙及时盖上镜头盖。这一点对摄像机镜头的保护非常重要。

（三）摄像机附件的维护

1. 交流适配器的维护

使用前应检查其是否适用于 220V 的电源，有些带有 110V 与 220V 的转换开关，应将开关打到 220V 上。要保持散热良好，注意防潮、防水、防尘、防热等。

2. 充电电池的维护

电池是摄像机的动力源泉，维护工作的好坏直接影响它的使用效率。目前市场上的电池种类很多，如镍—镉电池、镍—氢电池及锂电池等，各种电池的性能指标及使用要求也不尽相同。使用时要根据电池种类，认真阅读电池使用说明，严格按其使用规定执行。有些电池种类具有记忆特点，也就是当电池内的电力未用尽时就充电，久而久之电池便产生记忆，无法充进多余电力，缩短使用时间。因此，最好是每次要将电池内的电力用尽后，再及时充电为好。勿使电池正负极短路，避免火烤和受到强烈冲击，要置于清凉干爽的地方保存，使用专用充电器充电。

使用充电电池时，应避免摔碰，保持电池接头处的清洁；电池电力消耗到一定程度时（电力显示不足时），应及时进行充电，一般充电 2～4h 即可（最长不超过 24h）；完全用完电的电池将无法进行充电，电池将报废；充电时应先放完剩余的电量，再充满，也就是"用完、充满"原则，这样可以延长电池的使用寿命；长时间不用的电池，至少应每半年充放一次。

六、数码摄像机常见故障分析

摄像机的常见故障有整机不工作、开机数秒钟保护停机、寻像器无图像、拍摄的图像质量差、拍摄的图像无彩色、重放时无图像、重放时无彩色、录像和重放均失效、自动控制功能失效、重放图像异常等现象。

（一）整机不工作

整机不工作表现为开机后无任何显示、各操作键均失效，寻像器无光栅，整机无任何动作。此故障多发生在电源电路或系统控制电路。检修时，首先检查电源供电部分，确定是机内电路有故障还是机外电源不正常。

若使用交流适配器供电时工作正常，而用电池供电时整机不工作，则表明电池及其供电线路有故障。若使用电池供电时工作正常，而用交流适配器供电时整机不工作，则故障在交流适配器的开关稳压电路。若使用电池及交流适配器供电时均整机不工作，则故障在机内电源电路、系统控制电路或开关控制电路。应着重检查非稳压电路、系统控制电路中的保险电阻、电压调整三极管及微处理器的＋5V 稳压器是否损坏。

（二）开机数秒钟保护停机

此故障表现为电源接通后，电源指示灯亮数秒或闪烁数秒后自动熄灭，机器进入自动保护状态。电源指示灯能亮，说明电源电路及系统控制电路已工作，是微处理器检测到机内有故障，采取了保护措施。应着重检查加载电动机驱动集成电路是否损坏。若寻像器上的潮湿（DEW）指示灯亮，则表明机内受潮，可用电吹风进行加热驱潮。

（三）寻像器无图像

此故障表现为拍摄时，各功能键操作正常，但寻像器有光栅而无图像显示。检修时，可外接监视器看有无图像。若监视器有图像显示，则故障在寻像器，应着重检查显示器（显像管或液晶显示屏）驱动电路中的预视放和视放电路。若外接监视器也无图像显示，则故障在光学系统（即摄像头）或视频信号处理电路，应着重检查光圈驱动电路、CCD 驱动电路及自动控制电路。

（四）拍摄的图像质量差

此故障的表现为重放自拍摄的录像带时，图像模糊不清或抖晃、彩色失真等。图像模糊不清是聚焦不良的表现，应着重检查调焦镜片组及调焦驱动电动机、自动控制电路。图像抖晃是同步不良的表现，应着重检查同步信号发生器、副载波发生器和有关外围电路。彩色失真故障多发生在 CCD 光电转换器件至视频信号处理器之间的电路中。

（五）拍摄的图像无彩色

检修此故障时，应看重放彩色正常的录像带是否有彩色。若拍摄和重放均无彩色，则故障在色度信号处理公共电路中，应着重检查 4.43MHz 振荡信号、5.02MHz 压控振荡信号、HSW 磁头切换脉冲信号及行、场同步信号正常与否。若重放时彩色正常，只是拍摄无彩色，则故障在光学系统至视频信号处理电路之间的色度信号处理电路、编码器电路、色副载波信号发生器或同步信号发生器电路。

（六）重放时无图像

检修此故障时，应区分重放自摄录的录像带时无图像，而重放非自摄录磁带时正常，还是重放自摄录与非自摄录磁带均无图像。

若只是重放自摄录磁带时无图像，则故障在录像部分的记录电路，应检查亮度信号输入切换电路、亮度/色度信号混合电路、亮度信号处理电路、记录放大电路和磁头切换电路等。

若重放自摄录和非自摄录磁带均无图像，则故障在重放电路，应着重检查磁头控制重放电路、重放信号放大电路和亮度信号处理电路。

（七）重放时图像抖动

重放时图像抖动或有周期性噪声带，通常是伺服电路或走带机构不良所致。若图像抖动而伴音正常，按暂停键时图像仍抖动，则故障在磁鼓伺服电路；若图像抖动、伴音也失真，按暂停键时图像正常，则故障在主导轴速度伺服电路；若图像抖动但伴音正常，按暂停键时图像正常，则故障在主导轴相位伺服电路；若图像抖动、伴音也失真，按暂停键时图像仍不正常，则是磁头太脏，主导轴和压带轮间有油污所致；若图像抖动，调磁迹跟踪时有所改善，则故障在走带通路，可重放标准录像带，重新调整磁迹跟踪。

 思考题

1. 简述数码摄像机有哪些新技术和功能。
2. 在日常生活中如何选购数码摄像机？
3. 简述数码摄像机的工作原理。
4. CCD 和 CMOS 作为摄像机的感光器件，有哪些差异？

参考文献

[1] 裴昌幸，冯大智．电器原理与技术［M］．西安：西安电子科技大学出版社，2004．

[2] 虞献文．家用电器原理与应用［M］．北京：高等教育出版社，2004．

[3] 牛金生，杜学寨．VCD、DVD原理与维修［M］．北京：电子工业出版社，2002．

[4] 陈国先．办公自动化设备的使用和维护［M］．西安：西安电子科技大学出版社，2002．

[5] 孙余凯，项绮明．办公电器故障检修技巧与实例［M］．北京：人民邮电出版社，2005．

[6] 刘士杰．现代办公设备的使用与维护［M］．北京：电子工业出版社，2003．

[7] 王银．手机维修入门［M］．合肥：安徽科学技术出版社，2004．

[8] 章新德．现代通信电器使用与维修技巧［M］．北京：中国农业出版社，2004．

[9] 王建新．手机维修技能速培教程［M］．北京：机械工业出版社，2004．

[10] 王付华．办公自动化设备［M］．北京：电子工业出版社，2003．

[11] 韩雪涛．最新数字相机的原理、使用与维修［M］．北京：电子工业出版社，2002．

[12] 丁启芬，刘远航．数码摄录机原理使用与维修［M］．沈阳：辽宁科学技术出版社，2001．

[13]《家用电器维修精华丛书》编辑委员会．摄、录、放像机维修精华［M］．北京：机械工业出版社，2001．

[14] 张家谋．电视传输与测量［M］．北京：人民邮电出版社，1984．

[15] 山东省科学技术协会．家用电器的原理与修理［M］．北京：中国青年出版社，1988．

[16] 上海市电子电器技术协会．家用电器的使用与修理［M］．上海：上海科学技术出版社，1987．

[17] 董政武．电视电路与维修技巧［M］．北京：国防工业出版社，1989．

[18] 应根裕，屠彦，万博泉．平板显示应用技术手册［M］．北京：电子工

业出版社，2007.

　　[19] 中国标准出版社. 家用和类似用途电器标准汇编厨房器具卷［M］. 北京：中国标准出版社，2004.

　　[20] 中国标准出版社. 家用和类似用途电器标准汇编清洁及整理器具卷［M］. 北京：中国标准出版社，2004.

　　[21] 中国质量检验协会. 家用电器质量检验［M］. 北京：中国计量出版社，2006.

　　[22] 林金泉. 电冰箱、空调器原理与维修［M］. 2版. 北京：高等教育出版社，2007.

　　[23] 荣俊昌. 电热电动器具原理与维修［M］. 2版. 北京：高等教育出版社，2007.